区域国别学跨学科研究的理论与方法

主　编　张蔚磊

编　者（按姓氏拼音排序）

方　帆　何　武　刘　琪　苏锑平　王华树

王雪辉　王易可　王　志　闫　伟　张晨夏

张成智　张　健　张蔚磊

中国人民大学出版社
·北京·

图书在版编目（CIP）数据

区域国别学跨学科研究的理论与方法 / 张蔚磊主编
. ——北京：中国人民大学出版社，2024.1
ISBN 978-7-300-32433-3

Ⅰ.①区…　Ⅱ.①张…　Ⅲ.①国际关系—跨学科学—研究　Ⅳ.①D81

中国国家版本馆CIP数据核字（2024）第016162号

区域国别学跨学科研究的理论与方法
主编　张蔚磊
编者（按姓氏拼音排序）
方　帆　何　武　刘　琪　苏锑平　王华树　王雪辉　王易可　王　志　闫　伟　张晨夏
张成智　张　健　张蔚磊
Quyuguobiexue Kuaxueke Yanjiu de Lilun yu Fangfa

出版发行	中国人民大学出版社			
社　址	北京中关村大街31号		**邮政编码**	100080
电　话	010－62511242（总编室）		010－62511770（质管部）	
	010－82501766（邮购部）		010－62514148（门市部）	
	010－62515195（发行公司）		010－62515275（盗版举报）	
网　址	http://www.crup.com.cn			
经　销	新华书店			
印　刷	北京捷迅佳彩印刷有限公司			
开　本	889 mm×1194 mm　1/16		**版　次**	2024年1月第1版
印　张	18.25 插页 1		**印　次**	2025年5月第3次印刷
字　数	485 000		**定　价**	86.00元

序

当今世界，百年未有之大变局加速演变，政治多极化、经济全球化、社会信息化和文化多样化深入发展。在这个多元化的时代，开展跨学科合作与研究越来越成为理解与应对全球各国政治、经济、社会和文化问题的趋势。在此背景下，听闻张蔚磊教授主编的《区域国别学跨学科研究的理论与方法》一书即将付梓，我倍感欣喜。这将为我国跨学科研究提供宝贵的学术资源和独特的思考平台，也为高校和研究机构提供极其丰富的理论知识和研究路径。

《区域国别学跨学科研究的理论与方法》一书云集国内语言学、文学、历史学、经济学等学科门类的专家学者，收录了语言学、外国文学、翻译学、传播学、世界史、国际关系学、人类学、民族学、经济学和地理学等不同学科视角下的区域国别研究成果。庞大的作者团队以其自身的专业知识为基础，以深厚造诣为支撑，以实际案例为依托，深入浅出地阐释了不同学科的理论和方法在区域国别研究中的实践与综合应用，为该书提供强大的智力支持，使之成为一本具有多重学术价值的著作，也为高校师生开展区域国别问题研究提供了重要参考，成为区域国别学和区域国别研究方向的主干教材。

这本书深入阐释了各学科在区域国别研究中的作用和贡献，读者可以有效地掌握这些学科的理论与方法，理解其是如何应用到具体实践当中的。以地区研究为例，从历史学视角看，我们可以通过对一个地区历史的变迁进行探讨，理解其发展过程中的诸多因素和带来的影响；从国际关系视角看，我们可以分析不同国家间政治、经济和文化等各种关系，从而更好地把握一个地区的政治局势和发展方向；从人类学视角看，我们可以探究一个地区的社会结构、文化传统和价值观等，进而理解该地区的独特性和复杂性。由此，以不同学科为切入点对同一地区进行多维研究使得整个研究过程更加有趣，研究方法更加丰富，研究成果更加全面。

此外，本书还谈到多个具有重大现实意义的社会问题，如全球化、文化多样性、社会不平等等，这些问题涉及不同学科领域。书中采用的跨学科研究方法为读者从不同角度理解和分析区域国别问题提供了重要借鉴与启示。可以说，《区域国别学跨学科研究的理论与方法》是一本极具开创性的著作，为读者提供了理解和分析区域国别研究的全新视角，帮助他们深入分析不同地区的差异和特点，还给予他们从不同的学科角度思考全球化背景下一系列重要问题的解决思路。

当前，我国区域国别学研究方兴未艾。研读此书，我深深地感受到区域国别学研究中彰显出的跨学科研究魅力。将不同学科的理论和方法有机整合在一起，我们能够更全面、更系统地理解各种复杂的区域国别问题。与此同时，我也深刻意识到，区域国别研究应具备更高的学术素养和研究能力。我们要不断学习和思考，以更清醒的头脑、更多元的视角、更充沛的资源应对全球化带来的挑战和机遇。最后，我要向所有对区域国别研究感兴趣的朋友们推荐这本书，希望每一位读者在阅读这本书的过程中都能够有所收获、有所启发。

2024 年 1 月

前　言

2022 年，区域国别学成为新增交叉学科门类下的一级学科，这是我国学科体系建设中的一项重要变化，在学界引起广泛反响。区域国别学的学科建设和理论创新成为"2022年度中国十大学术热点"之一。为推动区域国别学学科建设与发展，构建我国区域国别学学科体系、学术体系、话语体系，提升服务国家、服务社会的意识和能力，提高区域国别学人才的跨学科研究能力，我们组织不同领域的专家编写了这本《区域国别学跨学科研究的理论与方法》。尽管我国高校已有 10 余年从事区域国别研究的经验，但区域国别学的学科建设和人才培养尚处于探索阶段。本书旨在搭建多学科交叉融合的平台，为中国特色的区域国别学的理论建构和方法创新奠定基础，最终推动区域国别学的学科发展。

在本书中我们将介绍和区域国别研究最为相关的一些学科的理论和方法。全书共包含 12 个部分，包括区域国别学跨学科研究总论、与区域国别研究相关的语言学理论和方法、外国文学理论和方法、翻译学理论和方法、跨文化理论和方法、传播学理论和方法、世界史理论和方法、国际关系理论和方法、人类学理论和方法、民族志理论和方法、经济学理论和方法、地理学理论和方法。

具体如下：绪论 区域国别学跨学科研究总论（张蔚磊）、第一章 语言学理论和方法与区域国别研究（张蔚磊、张晨夏）、第二章 外国文学理论和方法与区域国别研究（苏锑平）、第三章 翻译学理论和方法与区域国别研究（王华树、张成智）、第四章 跨文化理论和方法与区域国别研究（张健）、第五章 传播学理论和方法与区域国别研究（王易可）、第六章 世界史理论和方法与区域国别研究（闫伟）、第七章 国际关系理论和方法与区域国别研究（王志）、第八章 人类学理论和方法与区域国别研究（刘琪）、第九章 民族志理论和方法与区域国别研究（方帆）、第十章 经济学理论和方法与区域国别研究（何武）、第十一章 地理学理论和方法与区域国别研究（王雪辉）。

每一章都首先分析了该领域与区域国别研究的关系，目的是向读者揭示不同学科之间交叉的可能性；其次介绍了该领域的核心概念、主要特点或主要研究范式，目的是让读者快速了解每个领域的大致情况，为后面的研究方法的交叉应用打下基础；最后详细介绍该领域研究方法在区域国别研究中的应用。在应用部分我们选择了每个领域和区域国别研究最相关的 3 种研究方法、理论或范式。在详细介绍每种研究方法、理论或范式之后，我们给出了这 3 种研究方法、理论或范式在具体区域国别研究中的实际案例，以方便读者快速学习，并把研究方法应用在具体的区域国别研究中。在本书中，我们主要列举了当下和区域国别研究关系较为密切的学科的理论和方法，并没有穷尽所有学科，意在抛砖引玉，激发更多学者从事跨学科或交叉学科研究，进行更多的原创性研究和中国自主的知识生产。

"区域国别学理论与方法"将是区域国别学专业的核心课程之一。该课程旨在提供区域国别相关领域的跨学科研究的理论和方法，为学生搭建交叉学科思考与讨论的平台，最终促成区域国别学从不同学科间的跨越，到学科交叉，再到学科融合。

这本书由于涉及诸多学科领域，可能在一些细节方面无法做到尽善尽美。加之编者水平所限，虽然竭尽全力，但仍然会存在一些缺点，恳请专家学者多多批评指正，提出宝贵修改意见。

张蔚磊

2024 年 1 月 1 日于上海

目　录

区域国别学跨学科研究总论[①]

一、区域国别学的背景信息

目前中国正在从"面向世界"进入"走进世界"进而"引领世界"的历史崭新阶段。2013年，习近平总书记提出"一带一路"倡议，对"一带一路"沿线国家和地区的相关研究提出了要求。2013年，国务院学位委员会将"国别与区域研究"列入一级学科"外国语言文学"的五大方向之一，并清晰界定了国别与区域研究的含义：借助历史学、哲学、人类学、社会学、政治学、法学、经济学等学科的理论和方法，探讨语言对象国家和区域的历史、文化、政治、经济、社会制度和中外关系，注重全球与区域发展进程的理论和实践，提倡与国际政治、国际经济、国际法等相关学科的交叉渗透。2022年5月27日，中共中央宣传部、教育部联合印发《面向2035高校哲学社会科学高质量发展行动计划》，该行动计划提出要以能力提升为重点，统筹推进高校智库建设，优化高校智库发展环境，打造专业化创新型高质量高校智库矩阵，加强和改进国别与区域研究，这是党和国家对区域国别研究提出的具体要求。

自教育部于2011年11月发起区域国别研究专项以来，国内高校区域国别研究已取得显著进展。截至目前，教育部批准的各高校区域国别研究培育基地和备案中心共453个，分布在全国186所高校，基本上做到了对世界各国、各地区研究的全覆盖。2016年4月，中共中央办公厅从战略高度明确提出要"加快培养国别和区域研究人才"。这是国家在呼吁国别和区域研究方面的人才及研究成果。目前我国亟须培养熟悉中国党政方针、具备全球视野、通晓国际规则、精通国际事务、熟知某一个国家国情或地区情况和文化的专门人才。高校需要大力培养跨学科、复合型、宽视野的国别和区域

[①] 本章作者：张蔚磊，上海外国语大学英语语言文学博士，华东师范大学教育学博士后，上海对外经贸大学国际商务外语学院教授，国别与区域语言战略研究中心主任，研究领域：区域国别、外语教育等。

人才（张蔚磊，2021）。2022 年 9 月，国务院学位委员会、教育部印发了《研究生教育学科专业目录（2022 年）》和《研究生教育学科专业目录管理办法》，正式将区域国别学列为交叉学科门类独立设置的一级学科，编号 1407，可授经济学、法学、文学、历史学学位。我国的区域国别学就此诞生。这是中国高校学科建设的一次重大调整，是时代赋予高校的新使命。

我们不禁要思考三个问题：1）国家为什么这么重视区域国别研究？2）国家为什么这么重视区域国别知识体系？3）国家为什么要设立区域国别学？对这三个问题的思考有助于我们更好地理解区域国别学作为交叉学科的概念。首先，中国日益走近世界舞台中央，中国特色大国外交持续推进；"一带一路"倡议、人类命运共同体倡议、全球发展倡议、全球安全倡议等在内的全球性倡议需要我们对世界各地的在地性知识有透彻的了解；解决全球性、区域性问题的中国方案越来越多，我们也需要向世界推介中国方案，这些都需要中国对全球各个地区和国家开展全面、深入的研究。其次，至少到目前为止，我们尚未构建出一套较为完备的，能解读当代中国发展变化的学科体系、学术体系、话语体系。在相当大的程度上，我们是拿西方的理论、学术、知识、观点、原理、概念、范畴、标准、话语来解读中国的实践（谢伏瞻，2019）。2022 年 4 月，习近平总书记在考察中国人民大学时指出"加快构建中国特色哲学社会科学，归根结底是建构中国自主的知识体系"。区域国别知识体系就是中国亟须构建的自主知识体系之一。最后，中国的海外利益遍布全球，但是从知识生产的角度，中国的全球知识体系并不完善，中国日益增长的对全球区域国别的知识需求和当前学界的知识供给之间产生了鸿沟。全球知识生产的短缺是传统的政治学、世界史、外国语言文学、经济学等学科都难以单独解决的，也正因为如此，区域国别学才被列入交叉学科门类，并成为独立的一级学科。作为交叉学科，如何对区域国别学开展跨学科研究也正是本书要讨论的焦点。

二、区域国别学的概念

笔者认为区域国别学可以分为两种，一种是对中国内部区域进行研究，另外一种是对中国以外的国家或区域的文明、社会、文化、政治、经济、宗教、语言等开展全方位、立体化、整体性、透视化、综合性研究；该学科以形成人类社会对某一个区域或国家的整体认知为目标，以区域实体为研究对象，以问题为导向，交叉融合领域学和地域学，突出知识的地域适应性和时空关联性，形成适地性知识群落和世界性知识体系，进而实现从单领域知识生产，到区域知识生产，再到世界性社会知识生产，构建共通共享的知识体系，最终促进世界文明交流互鉴（张蔚磊 等，2023）。区域国别学须具备 8 个核心特征：语言性、实地性、全息性、地域性、立场性、超学科性、整体性、实体性（张蔚磊 等，2023）。以非洲研究为例，我们需要聚焦非洲研究的几大焦点问题，如"非洲发展问题研究""中非发展合作研究"，然后从人类学、语言学、经济学、政治学等不同学科角度，以问题为导向，研究非洲的问题。学科虽散，但问题聚焦，达到"形散而神聚"的效果。这就是专门化的"非洲学"知识形成过程。

目前我国的区域国别学科可以在 4 个学科大类，即经济学、法学、文学、历史学下进行交叉，具体来说涉及 31 个一级学科之间的交叉，详见图 0-1。既然是 31 个学科之间的交叉和融合，那么必然涉及 31 个学科的理论和方法的交叉和融合。除了不同学科之间的交叉和融合，在同一个一级学科内部也可以进行交叉和融合。正如外国语言文学的五大研究方向之间的交叉和融合，即，外国文学、外国语言学及应用语言学、比较文学与跨文化研究、翻译学、国别与区域研究之间的交叉和融合。具体请参见图 0–2。

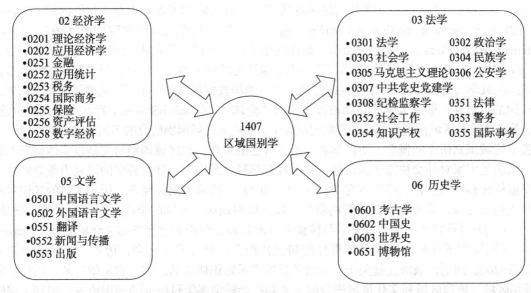

图 0–1　区域国别学交叉学科涉及的 31 个一级学科

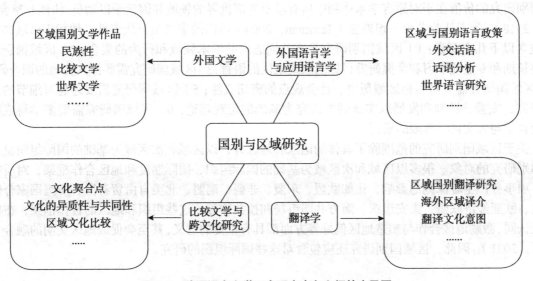

图 0–2　外国语言文学五大研究方向之间的交叉图

三、区域国别研究的概念

　　区域国别研究是"对某一国家或者区域的政治、经济、文化、社会等开展的全方位综合研究"，在《研究生教育学科专业目录（2022 年）》正式将区域国别学纳入第 14 类交叉学科一级学科目录之前，区域国别研究就已经存在，且有不同的表述名称，如地区研究、区域研究、区域国别研究、国别区域研究、国际区域学、中国周边学、全球学等。区域国别研究的英文表达也有几种，最初来自 Area Studies，泛指对西方之外的地区的研究，既有战略的考虑，也有文化的内涵。中国教育部的用语为 International and Regional Studies。清华大学的国际与地区研究院的英文表达是 Institute for International and Area Studies，突出国别研究的重要性；北京大学区域与国别研究院的英文表达是 Institute of Area Studies，将区域放在前面以突出区域研究的重要性；中国社会科学院张蕴岭教授提出的"国际区域学"，旨在突出其学科性；复旦大学石源华教授提出的"中国周边学"旨在强调周边地区对中国的重要性；暨南大学庄礼伟教授提出的"全球学"（Global Studies）旨在突出其全覆盖性。因此，我们在进行区域国别研究文献搜集的过程中，要注意区域国别研究的不同表述方式。

关于区域国别研究的概念，更多学者给出了自己的理解，如区域国别研究是以实体研究对象为核心，以满足国家对外交往需求为目标，集中现有学科体系内人文社会科学的研究力量对海外知识进行发掘梳理和组织整合的综合研究（罗林 等，2022）。区域国别研究是运用多学科的知识对地区或国家进行全方位、多角度、大视野的研究，以获取对地区、国别的全面和深刻的了解（钱乘旦，2022）。区域国别研究是一项通过多学科棱镜来寻求认知、分析和解释外部文化的事业（Lansman，2002）。区域国别研究是一国对外部世界的知识性探究，是对当地社会、历史、文化的理解（任晓 等，2020）。国别区域研究是关于一国域外世界学术知识体系的总和，它是指对某一域外特定国家 / 联邦区域、地理区域和文化区域进行的人文和社会科学多学科研究的知识体系。国别区域研究以获得对某一国别区域的地方性知识为宗旨，并不以获取普遍性知识为目标（赵可金，2021）。区域国别研究的价值在于对原有学术体制中所有涉及外部世界的领域和因素予以动员、协调和整合（牛可，2018）。笔者认为艾伦·坦斯曼（Tansman，2004）给出的定义最具代表性，他指出区域国别研究包含以下几个要素：1）区域国别研究是有共同志向的学术领域和行为的集合；2）区域国别研究需要长期和专业地学习和掌握研究目标国家或地区的语言；3）区域国研究需要深入实地的调查研究；4）区域国研究需要对目标区域历史、社会观点的密切关注；5）区域国研究需要超越对细节的描述性研究，完善、批判和发展以实地调查研究为基础的宏观理论；6）区域国研究需要多学科或跨越社会科学与人文科学界限的研讨。

关于区域国别研究的范围除了具体的国家和地区外，以区域和次区域为基础的国际组织也是区域国别研究的对象。很多以区域和次区域为基础的国际组织、国际制度和地区合作框架，对所在地区各项事务产生着深刻的影响，比如欧盟、东盟、非盟、南盟、北美自由贸易区、海湾国家合作委员会、欧亚经济联盟、集安组织、南方共同市场和拉共体等。这些组织和地区的合作框架，在构建地区认同、激励地区合作与塑造地区偏好等方面都具有重要的意义，甚至会促成地区文明的融合（赵金可，2021）。因此，区域国别研究还应包含对这些国际组织的研究。

四、区域国别学交叉学科的研究方法

区域国别学作为一门交叉学科，其理论生产和方法创新必定是由不同学科交叉而成。第一，在区域国别研究中，没有"语言"，则不真，因为语言可以帮助我们掌握第一手的真实资料。第二，没有"历史"，则不深，因为仅关注问题表面的"象"，就难以触及问题底层的"理"。中国自古就有"以古为镜，经世致用"和"无古不成今，无史不成学"的说法，因此，历史是区域国别研究的基础。第三，没有"哲学"，则不高，如果只关注问题表面的"形"，就难以达到问题高处的"意"。在区域国别研究中我们需要立足中国思想、中国哲学、中国问题和中国实践，从中演绎出中国哲学。

第四，没有"地理"，则不实，如果仅关注问题表面的"变"，就难以发现问题基础的"常"。可以说区域国别学的发展史就是一部地理发现史。地图就是区域国别最直观的表达，有助于判断整体形势。因此，在区域国别学的理论建构和方法创新的过程中，我们需要吸纳和借鉴多个学科的理论和方法。

接下来，笔者将简要概述几个主要学科的理论和方法在区域国别研究中的应用。语言、文学和翻译是打开国别研究的钥匙，其他维度的研究必须以外国语言文学为前提，或者必须是基于对象国语言文学而进行的拓展性研究（赵可金，2021）。那么哪些语言学的理论和方法可以应用到国别和区域研究之中？

首先，语言学中的话语分析理论就是一个研究区域国别问题的典型方法。例如，中国强调"宽广的太平洋两岸有足够空间容纳中美两个大国"，意为"中美两国在亚太地区可以共存，互利共赢"。美国可能会理解为"中国在与美国争夺亚太地区的领导权"，而有些国家则理解为"中美要共同领导亚太地区，共治亚太地区，而把其他国家排除在外"。与对语言的理解相类似，对于同样的事实，不同人也会产生不同的理解，即同样的事实并不代表一定会产生同样的观点（孙吉胜，2018）。我们可以应用这种"语言使用效果"与"言语使用者对语言的理解"之间的关系来解释一些区域国别研究中的现象。

其次，语言学的话语建构理论也适用于区域国别研究。例如，在伊拉克战争期间，当美国在伊拉克没有找到大规模杀伤性武器时，民主党人将此理解为大规模杀伤性武器根本不存在，伊拉克根本没有大规模杀伤性武器；而共和党人则认为伊拉克早已经转移、藏匿或是销毁了大规模杀伤性武器。在此之前，美国是如何通过话语构建，一步一步让大众确信伊拉克的核武器会威胁世界、威胁美国的？是否可以从美国的国际、国内信息传播中探寻蛛丝马迹？

再次，语言学中的话语理解和接受理论也可以用来分析区域国别问题。例如，"一带一路"倡议是当前中国特色大国外交的重要抓手，从政府到社会各界都高度关注，而对外宣传更是重要的一环。且不同国家由于其地域、发展阶段、宗教文化等方面的差异，对"一带一路"的理解和反应可能完全不同；因此，对于不同国家的外宣应采取不同策略，需开展有关"一带一路"信号的释放和对外宣传的国别受众研究，如研究"一带一路"沿线国家的社会文化语境差异，不同国家对中国的不同的背景知识储备和情感认知以及对"一带一路"倡议的认知差异及其原因等。我国可以在此基础上再进行设计和调整后续的相关外宣工作（孙吉胜，2018）。一些西方国家通过使用话语策略在国内外建立话语共识和政策联盟，以维持国际霸权地位。语言学家诺姆·乔姆斯基曾强调政治话语是用来"制造共识"的。霸权国决策者通过内部话语制衡，在国内建立支持霸权护持的话语共识和政策联盟；霸权国会对崛起国展开消极话语制衡，即试图通过话语策略将挑战去合法化；霸权国会威胁崛起国的身份认同，以阻止或削弱潜在挑战，如霸权国会一方面肯定崛起国的身份、地位和贡献，另一方面又指责崛起国违反国际规范、破坏国际秩序，威胁崛起国的身份认同和价值（孙吉胜，2018）。

最后，区域国别学研究也离不开外交话语理论和方法。外交话语是一种特殊的语言资源、文化软实力，是国际话语权和国家形象构建的核心，是一国对外政策和外交思想的重要载体，具有极强的意识形态性、跨学科性。外交话语的权力生成和形象构建是硬实力和软实力的有机结合运用（杨明星，2021）。外交话语权的生成、构建、分配和转移具有渐进性和延时性，一国硬实力的提升不会自动、快速地转化为相应的国际话语权。"区域国别话语体系"是"外交话语学"的方向之一，是研究有关国际组织、地区和主权国对外话语的特色分支学科。因此，我们可以进行以受众为导向，针对不同地区、不同国别的语言文化差异和对外关系现状，加强中国特色大国外交话语体系的精细化和差异性研究。中国特色大国外交话语体系包括全球外交话语、大国外交话语、周边外交话语、对发展中国家外交话语、多边外交话语五个子系统（杨明星，2021）。例如，"话语政策"可以研究话语生成、话语构建、话语翻译、话语传播、话语实践、话语治理、话语接受、话语赋权等方面所实施的指导思想、顶层设计、战略规划和政策法规。"话语治理"可以对全球话语失序，特别是对西方国家话语霸权、话语操控、话语极化、话语污名、话语暴力、话语野蛮、话语失真、话语双标、话语歧视等话语乱象进行深入研究。从语言角度，区域国别研究可以考虑以下几个选题：1）语料库：构建基于中国政策文献的语料库、外国媒体报道的语料库。2）话语分析：西方语言建构下的"中国形象"研究。3）语言建构功能：对语言推动社会建构，推动意识形态建构的社会现象进行研究。4）语言与舆论：语言与造势、语言与塑造、语言的权利、话语权的塑造、话语霸权、话语制衡等。通过话语塑造目标国家的身份威胁，助推战争、影响政策等现象。5）研究语言身份、语言认同、语言文化等现象。6）语言与叙事：从"语言叙事"到"战略叙事"再到"安全叙事"的研究。例如，我们可以研究如何叙事才能更好地构建中国形象、西方是如何通过叙事来建构中国在西方的形象的。这里的战略叙事指的是通过说服而实现一定的政治目标的有意建构。7）语言与传播：全球化表达、区域化表达、分众化表达。可研究如何增强我国国际传播的亲和力和时效性。8）语言与阐释：对同一段话语，从不同立场进行解读，会得到完全不同的结果；同样的话语，出发者和接收者由于知识储备、意识形态、立场、观点不同，会产生不同的理解。总之，我们利用语言学理论构建区域国别学的理论基础，具体来说有以下几个途径：1）借助语言学概念，创新区域国别学理论。2）利用区域国别问题的话语，重新阐释原问题。例如，用话语分析技术解释原有国际关系与国际政治理论解释不了的困惑。3）将语言学理论与国际关系理论、世界史、教育学、人类学、经济学等进行融合和创新。

从文学角度，我们也可以进行大量的区域国别研究。例如，我们可以进行不同区域的比较文学研究、不同区域的比较文化研究、中外文化的异质性与共同性研究、不同国家文化契合点与共同话语研究、他国的中国话语和中国形象研究、中国文化的世界性意义阐释、中国文学的海外译介研究等。找到了中外文化的最大公约数，就找到了对话沟通的支点，由此扩大、增进共识，为深层次的对话、交流奠定基础（查明建，2022）。譬如，我们可以借助文学理论探讨中国文化的"世界性因素"，即在世界文化知识体系中，探讨中国文化具有共同价值和世界性意义的思想。从当代中国实践和中国传统思想中发掘可解决当代世界问题的理论和方法。探讨当代中国文化中的世界性因素，中国改革开放四十余年的中国经验、中国思想和中国方案对解决当代世界普遍关切问题的思想价值和启发。再如，我们可以进行中国（文化）海外形象的形成原因研究。可以研究海外关于中国的话语的形成机制，海外现存的中国话语；海外对中国文学、文化译介的翻译选择、翻译的文化意图；海外中国翻译与海外中国形象的关系。其中，研究海外翻译中国文化典籍的译者阐释，是探寻、考辨中国文化形象在西方的形成和演变的重要途径。探究海外中国形象的成因，找准问题，对症下药，有针对性地澄清误解，纠正偏见，恢复被扭曲的中国形象也是我们进行区域国别研究的一大要务。我们可以利用文学研究的理论和方法，通过分析目标国家的政治、外交、经济等领域"看得见"的现象，洞察其背后存在的民族精神、国民性格、文化基因等"看不见"的底层逻辑，同时，在研究一国文化基因、民族精神的时候，也要看到其在现实领域的表征。

我们还可以借助语言政策理论、比较教育理论，进行区域国别研究。在学理层面上，我们可以研究语言、文化、思维与国家行为的关系和对国际关系的影响。在政策层面上，我们可以研究语言政策、语言战略、国家外语能力、国家话语权、话语安全、国际传播、话语身份等。譬如，研究不同国家和地区的语种规划及其背后的动因，研究美国"国家安全语言计划"中阿拉伯语、汉语、波斯语和乌尔都语等不同关键语言的教育计划背后的政治动因。

人类学视角的诸多理论和研究方法也为区域国别学交叉学科研究奠定了基础。首先，人类学的知域理论是进行区域国别研究的利器。利用人类学的知域理论，我们可以研究不用国家、跨国区域和整个世界。知域理论的核心是知识与地域的整合，即关于地域的知识，具体指认识的地域范围及其依据的空间概念，地域的知识脱离其所在的地理性空间，被不同的地域接受，成为"知域"。知识与其所依据的空间概念之间具有一种张力，即知识是在某种特定的空间概念中形成的，但只有脱离了特定的空间概念，才能形成知域（滨下武志 等，2012）。利用人类学的知域理论，我们可以研究不同族群、国家、世界体系等多主体的存在，关注多主体之间的历史与现实联系，对多主体之间的流动性进行研究，对单一主题内部进行在地性研究，进而将其升华为区域国别研究理论。其次，人类学的海外民族志方法也是区域国别研究的有效手段。海外民族志是一个共同体的代表到另一个社会中对这个社会的凝视，是指一国的学子到国外（境外）的具体社区进行长期的实地调查后撰写的研究报告（高丙中，2010）。最后，人类学的海外社会文化研究也对区域国别研究有很大的借鉴意义。它指的是在日常生活中观察变动中的世界秩序，基于这些观察进行深入的研究。人类学的这些理论和方法拓展了区域国别研究的经验基础，区域国别研究也成为多学科对话的平台，在这个平台上不同的学科可以共同探索同一个问题。

传播学的诸多理论和方法也为区域国别研究提供了参考。中共中央政治局第三十次集体学习提出：要采用贴近不同区域、不同国家、不同群体受众的精准传播方式，推进中国故事和中国声音的全球化表达、区域化表达和分众化表达，增强国际传播的亲和力和时效性，最终达到全程、全息、全员、全效传播。这里提出的三种表达就和区域国别研究的对象有着密切的关系。2021 年 5 月 31日，习近平总书记发表重要讲话，提出"构建具有鲜明中国特色的战略传播体系，着力提高国际传播影响力、中华文化感召力、中国形象亲和力、中国话语说服力和国际舆论引导力"。这就把传播学和区域国别学紧密地结合起来了。传播学中的传递论、控制论、权力论、仪式论等为区域国别研究提供了良好的理论基础。一些行之有效的方法，如媒介内容分析法、社会网络分析法、媒介框架分析法等都为区域国别研究提供了新的视角。例如，戴永红、付乐（2022）研究了在中国国际传播中，企业作为中国形象国际传播的重要行为主体的案例。传播主体的复调多音、传播受众对传播主体的积极反馈、传播环境的复杂多维等新特征共同推动了国家形象国际传播的概念内涵随时代发展而流变。

跨学科研究路径通常分为理论融合、方法融合和内容融合。也就是说，区域国别研究可以借鉴不同学科的理论和方法。目前我国现有的研究可以分为两种，一种是借鉴性研究，即以"对'我'何用"，作为研究的出发点和落脚点，作为科学研究的参照系和评价尺度。这类研究处于"跟跑"阶段。另一种是原创性研究，即以认识世界、发现规律、探讨"可能功用"为出发点和落脚点。原创性研究是为了解决社会发展中的问题。这类研究处于"领跑"阶段。中国特色的区域国别学是我国自主的知识体系，我们希望能够在借鉴研究的基础上进行更多的、原创的、基于中国实践、中国问题和中国数据的研究，进而构建中国的理论和中国的研究方法。

边界在重塑，空间在重整！学科不应成为认知发展的边界，我们须以问题为驱动，进行学科交叉、融合和创新。原有的学科体系类似盲人摸象，每个学科只是从某一个领域认识世界。随着社会发展，我们需要从整体上认识这个世界。区域国别学就是可以帮助我们从整体上认识世界的一门学科。我们需要更进一步的跨学科研究，才能从"跨学科"进入到"学科交叉"，再进入"学科融合"。在区域国别研究中，我们需要"以中国为观照，以时代为观照，立足中国实际，解决中国问题"，聚焦国家和社会发展目标。如果把学科的认知作为自我设限的边界，就很难突破现有的知识体系，也就很难再有原始创新。学问本身没有边界。新的科技革命、新的发展格局构建孕育着学科发展的巨大可能。新的社会需求和技术革命开拓出新的研究领域，学科边界不断重塑、再造。国家和社会的发展会对学科布局产生深远的结构性影响。如何尊重科学规律、对接国家需求、做好融合创新，是高校未来学科发展工作的一个重要问题（金力，2022）。国别区域研究是一面镜子，通过观照区域国别实情，间接镜鉴自身前进的方向。

我们需要深化重大基础理论的综合性、战略性、系统性研究，摆脱长期以来囿于过细的专门化、碎片化、学院化的研究方式，不断推进知识创新、理论创新、方法创新。我们需要从多学科、多维度、多层次揭示中华文明的独特贡献和时代价值，深入思考人类文明的发展趋势，切实推动中华文明与世界各国文明互学互鉴，通过厚重精彩的思想盛会，为中华文明的复兴和世界文明的发展尽绵薄之力。

五、本章参考文献

[1] 滨下武志，张婧，2012. 关于"知域"的思考：对话"知域"和"地域"[J]. 华文文学（2）：81.

[2] 戴永红，付乐，2022. 基于国家、城市、企业的中国形象国际传播赋能结构与模式 [J]. 深圳大学学报（人文社会科学版），39（4）：5–14.

[3] 高丙中，2010. 海外民族志：发展中国社会科学的一个路途 [J]. 西北民族研究（1）：20–33.

[4] 金力，2022. 学科交叉已成为高水平科研与顶尖人才的重要特征 [N]. 文汇报，05–27（3）.

[5] 罗林，张蕴岭，钱乘旦，等，2022.【学术圆桌】加快构建区域国别学的自主知识体系 [EB/OL].（2022–10–24）[2023–12–26]. https://www.cssn.cn/qygbx/202210/t20221024_5552055.shtml

[6] 牛可，2018. "发展型国家（地区）"：条件和限度 [J]. 世界知识（5）：20–23.

[7] 钱乘旦，2022. 以学科建设为纲推进我国区域国别研究 [J]. 社会科学文摘（7）：32–34.

[8] 任晓，孙志强，2020. 区域国别研究的发展历程、趋势和方向：任晓教授访谈 [J]. 国际政治研究，41（1）：134–160.

[9] 孙吉胜，何伟，2018. 国际政治话语的理解、意义生成与接受 [J]. 国际政治研究，39（3）：3–4，38–62.

[10] 谢伏瞻，2019. 加快构建中国特色哲学社会科学学科体系、学术体系、话语体系 [J]. 中国社会科学（5）：4–22，204.

[11] 杨明星，2021 新文科时代外交话语学科构建与外语学科转型发展 [J]. 中国外语，18（4）:1，8–11.

[12] 查明建，2022. 比较文学之于外语学科的意义 [J]. 中国外语，19（2）：1，11–15.

[13] 张蔚磊，2021. 新文科背景下国别和区域人才培养探析 [J]. 浙江外国语学院学报（5）：72–76.

[14] 张蔚磊，邹斌，2023. 区域国别外语人才培养：为什么？怎么做？ [J]. 外语教学理论与实践（3）：18–25，77.

[15] 张蔚磊，李宇明，2022. 区域国别研究，语言先行 [N]. 中国社会科学报，10-11（8）.

[16] 张蔚磊，杨俊豪，徐硕，2022. 新时代国别和区域人才培养体系建设 [J]. 外国语文研究（辑刊）（2）：262–265.

[17] 张蔚磊，詹德斌，2023. 加强区域国别学人才培养 [N]. 中国社会科学报，01-31（1）.

[18] 赵可金，2021. 国别区域研究的内涵、争论与趋势 [J]. 俄罗斯研究（3）：121–145.

第一章

语言学理论和方法
与区域国别研究①

    国别与区域研究作为外国语言文学的五大研究方向之一,可以借助许多语言学的方法展开。语言主要有五种功能。第一,语言具有"通事"和"通心"的功能。前者指的是只有懂得该国语言,才能知晓该国重要事件的原委,才能获取该国重大事件的一手资料,才能对该国进行精准研究,才能和该国进行有效沟通。但有时"通事"的功能会有不准确传达的情况,这是因为每个人在报道当地事件之前,已经有了先入为主的观点、选择和倾向,譬如报道什么、不报道什么、怎样报道。这时,语言的"通事"功能并不是准确的"通事"。因此,若区域国别的研究者不懂目标国家语言,只是通过英语进行研究,就容易导致信息的失真,进而影响相关咨政报告的准确性。"通心"功能指的是语言是人类最重要的沟通工具,是打开"心结"、消解误会的心灵钥匙,也是文化的阐释者和建构者。"通心"功能要求语言在新闻传播中要反映出当地事件的真实性、提供多维报道、反映当地人民的真实想法。因此,进行区域国别研究,必须全方位发挥语言的作用,尤其是目标国家语言的作用。高校各语种(尤其是非通用语种)的开设,直接关系到区域国别研究的信度和效度,关系到区域国别人才培养的质量。第二,语言具有建构功能。话语、意义与实践密不可分。话语的意义是由语言的可变性、语境、文化因素构成,社会交往、思想交流、社会观念的改变首先要反映在语言表达的意义上。由于社会的存在整体上是一个人类集体自我定义和自我理解的过程,社会建构离不开个体的实践理解和最终意义的生成。社会语境、知识背景和情感认知都对话语的理解、接受过程

① 本章作者:张蔚磊,上海外国语大学英语语言文学博士,华东师范大学教育学博士后,上海对外经贸大学国际商务外语学院教授,国别与区域语言战略研究中心主任,研究领域:区域国别、外语教育等。
张晨夏,上海交通大学外国语言学及应用语言学博士,上海对外经贸大学国际商务外语学院讲师,研究领域:语料库翻译学、话语分析等。

和最终的意义结果产生影响。就政治话语而言，如果介于某一事实和政治观点之间的是理解和意义生成过程，那么，不管事实本身如何精确，也不能最终决定人们的政治观点和评判。例如，中国这些年发生了巨变，但是很多外国人对中国的认识还停留在几十年前。第三，语言具有翻译功能。翻译是将一种语言的文本转换成另一种语言的过程，其目的是为了促进跨语言交流和理解。这一功能与区域国别研究相契合。美国学者艾伦·坦斯曼（Tansman，2003）曾给区域国别研究下过一个简洁的定义，他认为区域国别研究是一种在跨学科视野下认识、分析、诠释外国文化的事业。这一定义点明了区域国别研究的翻译特征。语言的翻译和阐释，不仅解释了为什么不同国家之间在同一议题上存在着不同的看法，更解释了为什么在国际关系中要尊重和包容国别与地区的多样性。第四，语言具有权力功能。"话语即权力"这一观点起源于法国哲学家米歇尔·福柯（Foucault，1970）的理论。他认为语言不仅仅是一种表达工具，它还在社会和权力结构中扮演着重要的角色。话语（discourse）是权力的一种运行方式，通过话语的塑造，权力得以制约和影响个体和社会。同时，话语能够产生影响力，即对社会产生正面或负面的影响，也具有感召力，引起他者的共鸣、兴趣或行动。通过控制、塑造和影响话语的内容、形式及范围等，话语权得以被塑造，其与权力和社会结构密切相关。此外，话语霸权的形成也与话语密不可分，当某一特定话语体系或意识形态在社会中占据主导地位，能够通过话语支配和影响其他话语形式和观点时，便形成了话语霸权。长期的霸权会带来变革，而话语也是推动社会变革的重要因素。通过分析话语霸权中体现的不平等，从而推动社会的公正、平等、进步或可持续发展，是批评话语研究的核心。第五，语言具有镜像功能。通过语言与国际传播建构国家形象具有一定的互构交往性。国家形象的建构并非单一性的互构交往实践，而是发生在不同文化、民族、国家之间的传播共生现象。参与国家形象建构的每一个人、每一个团队，都会借他国之镜来反照自身，在互动中进一步认识自己，完善自己的形象。这种互构交往常能够通过话语得以表征。

总之，语言学的很多方法都可以用来进行区域国别研究。本篇我们将重点介绍其中的两个常用的方法，即批评话语研究理论和方法、语料库技术理论与方法。

第一节　批评话语研究理论和方法

本章首先介绍批评话语研究和区域国别研究的关联；其次对批评话语研究进行概述，包括话语的定义，批评话语研究的起源、发展和研究范式，等等；最后对批评话语研究领域与区域国别研究相契合的三种常用研究方法，即社会文化分析法、话语历史分析法、认知语言分析法进行详细的介绍，包括每种研究方法的理论介绍、应用和案例分析。

一、批评话语研究与区域国别研究的关系

批评话语研究的主要目标是从语言入手来揭示并解构权力、意识形态和霸权等不平等社会现象以及这些现象如何通过语言和话语的运作来维持和加强。批评话语分析关注的是话语背后的权力结构和社会关系。它探究话语如何被用于构建、表达和传播权力，支配、压迫、歧视和不平等，以

及如何塑造社会认知、观念和价值观。在研究方法和研究内容上，批评话语研究都与区域国别研究不谋而合。首先，从研究方法上看，区域国别研究是关于一国对其外部世界学术知识体系研究的总和，常涵盖语言、历史、哲学、政治、经济、社会、文化、人类、地理等诸多学科，很难被纳入某一学科之下，它本质上是一种跨学科和多学科的研究（赵可金，2022）。语言学、历史学、哲学、经济学、政治学、社会学和人类学等均属于区域国别的学科范畴。而批评话语研究兼收并蓄的特征使得跨学科性成为其发展的不竭动力。例如，范迪克（van Dijk，2001）提倡联合多学科知识进行批评性语篇分析，并将心理学、社会学、语篇分析的研究成果整合，形成社会认知分析框架。因此，批评话语研究和区域国别研究都具有跨学科的属性，其研究方法存在可相互借鉴和融合之处。其次，从研究内容上看，在全球化浪潮的影响下，区域与国别研究领域的学者尝试从各自国家区域的视角，探讨并尝试解决各类全球性议题，如恐怖主义、民主、移民、性别、宗教等（赵可金，2022；Goodman，2008）。这些全球性议题常涉及对一方主导性地位与霸权性解释话语的解构（李秉忠，2022），这与批评话语研究的核心要义有异曲同工之处。批评话语研究旨在通过话语揭示社会中的不平等现象及其背后隐含的权力关系和意识形态因素（Martin，2000）。话语中明显或者隐含的歧视、权力和控制关系都是批评话语分析的重要内容（Wodak，2001）。故而，批评话语研究和区域国别研究的研究内容有许多相似甚至重合之处。

　　鉴于批评话语研究和区域国别研究的这些契合之处，现有文献已呈现出从批评话语研究视角进行区域国别研究的趋势，涵盖移民、宗教、战争、安全、政党等涉及多个地区的全球性议题。例如，博卡拉（Boukala，2014）研究了希腊左翼和右翼政党政治身份的合法化，发现他们通过话语策略构建代表民主爱国者的"自我"身份和代表希腊国家敌人的"他者"身份；同时，政治修辞中的再语境化是构建左翼和右翼政党的紧张状态和用二分法划分政党的主要方式之一。张辉、颜冰（2019）以叙利亚战争话语为例，结合趋近化理论，探讨战争话语在空间、时间与价值轴上构建的话语空间与"指称中心"的转换，发现在政治冲突话语中，处于不同指称中心的说话人为实现不同的政治目标而选择不同的语言操纵策略并隐含不同的立场和观点。

二、批评话语研究概述

　　我们在日常生活中，时时刻刻都被各种话语包围和裹挟。例如，广告中的话语可以影响我们的消费决策和观念，而社交媒体中的话语可以塑造我们的在线身份和社交关系。这些话语的种类、功能各异，对这些无处不在的话语进行研究，便是所谓的话语研究（discourse study）。

1. 核心概念

（1）话语

　　话语这一概念起源于西方，在不同学科中有着不同的内涵（田海龙等，2010）。仅在语言学领域，多位学者就曾围绕话语对其提出过多种不同的理解（Harris，1952；Schiffrin，1994；Fairclough，2003）。区别于传统的结构主义只考察句级以下单位的做法，哈里斯（Harris，1952）拓展了语言研究的层面和维度，将话语视为超出句子边界的结构单位，可以是一个段落或一本书。类似地，斯塔布斯（Stubbs，1983：1）认为话语是"句子或从句之上的语言"。哈里斯和斯塔布斯对话语的定义将语言学研究单位延伸到句级之上，并明确指出了研究句与句之间关系的需要，这是语言学家对话语的最初认识，也常被视为现代话语研究的起点。随后，希夫林（Schiffrin，1994；2001）注意到了语言在语境中的运用，认为话语研究：1）是超越句子单位的；2）关注语言的使用；3）涉及更广泛的社会实践。这一表述在文献中被大量引述。尽管这些研究转向关注语篇模式、交际目的和语境对意义的作用，但仍然没有将语篇置于更广阔的社会环境中进行研究，没有试图揭示语篇的意识形态意义（田海龙 等，2006）。

（2）批判语言学

20 世纪 70 年代末，受后现代主义思潮的影响，作为对长期处于主导地位的结构主义语言学的批判和补充，批评语言学（critical linguistics）逐渐形成，打破了语言是一个中立的、固定不变的、并且与社会分离的抽象系统这一思想（田海龙，2006）。这里，批评的主要含义是揭示社会中习以为常的权力关系及其背后的意识形态（Fairclough，1985；Fairclough，1989；Wodak，2001；Locke，2004）。批评语言学的主要思想体现在 *Language and Control*（Fowler et al.，1979）、*Language as Ideology*（Hodge et al.，1979）和 *Language as Social Semiotics*（Halliday，1978）中，这些著作从语言角度研究社会中的不平等问题。批评语言学尝试通过分析语言结构来揭示语言背后的社会意义和意识形态，并探究权力关系是如何通过语言的运用得以建立和维系的。批评语言学将语言结构与社会结构的关系直接联系起来，这一分析方法既是其核心特征，也被一些学者认为是其存在的缺陷（Kress，1989）。

（3）批评话语分析

批评话语分析（critical discourse analysis）在弥补批评语言学的缺陷、坚持批评语言学的"批评"内核的同时，拓宽了批评语言学的批评视角（田海龙，2016a）。批评话语分析强调"话语和话语与其他社会元素如权利、意识形态、机构和社会身份等之间的关系"（Fairclough，2013）。它以社会问题为出发点，旨在分析语言、权利和意识形态之间的关系，揭示话语与社会结构和权力关系之间的辩证关系。批评话语分析对话语的认识更加深刻，认为话语是再现世界的方式和社会实践的形式，社会活动的主体通过话语参与社会实践（Chouliaraki et al.，1999）。占主导地位的社会群体将意识形态自然化并在话语中予以体现，而批评话语分析要做的就是去自然化（denaturalize），即通过分析语篇中的语言形式来揭示那些隐含在语言背后的权力和意识形态之间的关系，以及揭示语言是如何服务于统治阶级，帮助其实施意识形态控制和维护其权力地位的（Fairclough，1989）。费尔克拉夫等（Fairclough et al.，1997）提出了批评话语分析的三个目的：1）系统探索话语实践、事件和语篇与更广阔的社会文化结构、关系和过程之间的因果关系；2）研究这些实践、事件和语篇与权力之间的关系；3）探讨话语与社会的关系在维护权力和霸权中的作用。

（4）批评话语研究

随着批评话语分析的跨学科性质越来越突出，范迪克等学者倡导使用批评话语研究（critical discourse studies）这一术语，以强调话语研究的语言学范式的理论建构。这些学者认为批评话语研究并不仅仅局限于分析，而是涵盖了多种语言分析的哲学基础、理论、方法和技术（van Dijk，2009a；Wodak et al.，2016）。批评话语研究一般指话语研究的语言学范式在经历批评语言学和批评话语分析两个发展阶段之后，进入的第三个发展阶段（Krzyzanowski et al., 2016；田海龙，2016）。本章节采用这一新表述的命名，但在分析文献时，批评话语分析和批评话语研究两种表述共存，以尊重史实。两种表述无高下、优劣之分。

2. 主要范式

（1）应用领域

批评话语研究因其不仅视话语为现实的表征，而且视其为社会实践的重要组成部分，而拓展了语言和语篇相关研究的方法和视野（辛斌 等，2013）。目前，它已被广泛运用到各种话语的研究中，并取得了大量成果，深化了人们对语言、权利和意识形态之间关系的认识。这些研究涉及多个领域，主要包括政治话语研究、意识形态研究、种族研究、移民话语研究、经济话语研究、广告话语与推销研究、媒介语言、性别研究、机构话语、社会工作话语、官僚话语、教育话语等（Blommaert，2005）。常考察的话题包括性别歧视、种族歧视，就业和司法上的不平等，战争、核武器和核力量，政治策略和商业行为，等等（辛斌，2005）。总体来看，这些研究关注社会中的不平等问题和权力滥用问题，学者们通过语言学分析来揭示话语中存在的不公正的语言运用形式，助力与这些不公正进行对抗（van Dijk，2009b）。

（2）应用视角

新观念、新方法和新范式在批评话语研究领域层出不穷。布洛马尔特（Blommaert，2005）曾指出批评话语分析的领军人物有费尔克拉夫（Norman Fairclough）、范迪克（Teun A. van Dijk）、沃达克（Ruth Wodak）、奇尔顿（Paul Chilton）、范利文（Theo van Leeuwen）、克雷斯（Gunther Kress）等。这些学者选用不同的视角，使用不同的研究方法和框架开展相关研究，包括：以费尔克拉夫为代表的社会文化分析法（socio-cultural analysis），以范迪克为代表的社会认知法（social cognitive approach），以沃达克为代表的话语历史分析法（discourse-historical analysis），以斯科隆（Scollon）为代表的媒介话语分析法（mediated discourse analysis），以奇尔顿为代表的认知语言分析法（cognitive linguistic analysis），以克雷斯和范利文为代表的多模态话语分析法（multimodal discourse analysis）。这些不同的方法不仅印证了批评话语研究的跨学科性质，更是从不同角度分析了话语和社会之间复杂的相互关系，阐释了话语秩序、社会参加者的实践及他们的社会认知过程（辛斌，2013）。它们并不是孤立的，而是彼此互为补充。

（3）最新动态

近年来，越来越多的学者进入批评话语研究领域，并不断对其进行思考和创新。田海龙（2019）归纳了2016年以来批评话语研究领域呈现的三个新动态：1）创新批评的视角，从"外在批评"转向"内在批评"（Herzog，2018）；2）拓展理论的视野，如将批评话语研究的理论建构拓展到与马克思主义理论的结合上（Beets et al.，2018）；3）更新研究方法，如费尔克拉夫将其1992年提出的三维分析框架更新为"过程路径"的四步分析框架（Fairclough et al.，2018）。批评话语研究领域的这些新发展重视对理论的建构，不拘泥于分析方法的发展，而是致力于推动能够阐释社会现象的理论。

三、批评话语理论和方法在区域国别研究中的应用

本节对现有的与区域国别相关的文献中较常使用的批评话语研究方法进行详细介绍。具体包括：以费尔克拉夫为代表的社会文化分析法，重点介绍其经典的三维分析框架；以沃达克为代表的话语历史分析法，重点介绍其提出的五种话语策略；以奇尔顿为代表的认知语言分析法，重点介绍卡普（Cap）基于奇尔顿的话语空间理论提出的趋近化理论。每个小节均包括理论介绍、应用和案例分析。

1. 社会文化分析法

（1）发展历程

费尔克拉夫是批评话语研究的领军人物之一，他提出的批评话语研究的分析框架，在国内外产生了广泛的影响。以他为代表的社会文化分析法（socio-cultural analysis）在继承福勒（Fowler）批评语言学成果和韩礼德（Halliday）系统功能语法理论精髓的基础上，融入了福柯（Foucault）的话语秩序理论，德里达（Derrida）的解构主义理论，伯斯坦（Berstein）的再语境化、框架和分类等概念，巴赫金（Bakhtin）的互文性理论，布迪厄（Bourdieu）的场理论和社会理论学家哈贝马斯（Habermas）等的观点，将话语分析和社会理论结合起来，形成了通过分析话语形式来研究语言、权利和意识形态的一种话语分析方法。费尔克拉夫认为话语是一种社会实践，是一种行为方式，与社会层面有着复杂的辩证关系。这里的辩证关系指的是尽管话语受到社会实践的制约，但也反作用于社会实践。因此，社会是被话语不断建构的，对话语的分析要关注话语是如何不断建构社会的。

费尔克拉夫的批评话语分析理论以福柯的话语秩序理论为基础，围绕巴赫金的互文性理论线性展开（纪卫宁 等，2009）。福柯在《话语的秩序》（*The Order of Discourse*，1970）中强调了话语秩序的约束力。费尔克拉夫（Fairclough，1992）视话语秩序为以具体方式交织在一起的社会实践所构成的社会秩序在话语层面的体现，并利用话语秩序考察话语实践。话语事件（discursive event）通过社会实践对话语秩序进行再生产或改变。他认为某种话语秩序会暂时处于霸权位置，维持现存的权力关系并使之合法化和自然化。但这种霸权会不断受到挑战和对抗，处于霸权地位的话语秩序会随着社会权利关系和社会发展的趋势而改变（Fairclough，1992）。互文性（intertextuality）是费尔克拉夫话语分析思想的另一核心概念，主要通过互文性视角考察话语秩序的变化。他认为任何文本都不同程度地与其他文本或话语产生联系，当不同的话语以新的方式结合时，就会产生变化，这些变化是社会文化变化的标记和驱动力（Fairclough，1992）。互文性分析将话语秩序的变化与社会文化变化连接在了一起。

早期，费尔克拉夫（1989）的话语分析思想主要关注对权力、意识形态的分析。他将文本、交际、社会语境看作是话语的三大要素，并将话语分析对应为对文本的描述、对文本和交际之间关系的阐释（interpretation）、对交际和社会语境之间关系的解释（explanation）三个维度，即三维分析框架的雏形。随后，费尔克拉夫对此分析框架进行了修正，将分析的焦点转向话语和社会变化。在新的分析框架中，话语事件被视为一个文本、一个话语实践的例子、一个社会实践的实例（Fairclough，1992）。话语分析也相应地在文本、话语实践和社会实践三个维度上展开（对三维分析框架的具体介绍见后文，此处为概述）。1999年，费尔克拉夫等把文本中的语言符号分析囊括进来，提出了五步分析框架，包括：注意社会问题的符号方面，确定解决社会问题的障碍，考虑社会秩序是否存在这个问题，找出可能超越这些障碍的方法，以及批评性地反思以上四个步骤

（Chouliaraki et al.，1999）。随着新的研究问题和研究方法的出现，费尔克拉夫等（Fairclough et al.，2018）又提出了一个过程分析框架，包括四个步骤，即对话语进行规范性批评、解释被规范性批评的话语、对社会现状进行解释性批评、提出改变社会现状的行动方案（Fairclough et al，2018）。

（2）核心理论

通过分析社会文化分析法的相关文献，可以发现被国内外学者使用最多的是三维分析框架（Fairclough，1992），其中有很多相关研究与区域国别研究紧密相关。因此，批评话语分析的三维分析框架可以被视为该领域的一个典型理论。费尔克拉夫（Fairclough，1992）的三维分析框架（见图 1–1）试图在系统功能语言学的基础上提出一种批评话语分析的理论范式。他认为话语是一个由文本（text）、话语实践（discourse practice）、社会实践（sociocultural practice）组成的三维统一体，通过对话语主体的社会身份、社会关系、知识及信仰体系的建构来实现其社会建构（Fairclough，2010）。换句话说，文本是话语实践的产物，而话语实践的过程是由特定的社会实践条件决定的。具体来看，话语的文本维度涉及文本和语言学分析，比如词汇、语法、衔接、文本结构等；话语实践维度涉及文本的生成（production）、传播（distribution）和接受（consumption），这一过程随影响话语的社会因素的不同而改变。社会实践层面涉及与权利和意识形态等相关的宏观社会文化因素，包括语境、机构和社会结构等。这三个密不可分的维度蕴含了费尔克拉夫的语言观：语言是社会的一部分，语言是社会过程，语言是受社会条件制约的过程（Fairclough，2001）。

费尔克拉夫在三维分析框架中指出了话语的三个维度，对应批评话语分析的三个步骤：描述（description）、阐释（interpretation）和解释（explanation）。具体来讲，对文本的描述是根据描述性框架的类别来识别和标记文本的形式属性（Fairclough，2001），比如词汇、语法、标点符号、话轮、言语行为的类型及直接或间接性等特征，属于微观层面。阐释是指文本与话语实践之间的关系，注重的是文本生产者如何利用已有的话语和体裁来创作文本，以及文本消费者如何利用已有的话语和体裁来解读文本，主要从言语效力、文本的连贯和互文等方面进行分析，连接微观层面和宏观层面，是费尔克拉夫方法论的精髓（辛斌，2013）。解释指的是话语实践过程和它的社会语境之间的关系，需要结合文化、社会等宏观因素说明权利和意识形态等如何作用于不平等和偏见等现象，属于宏观层面。

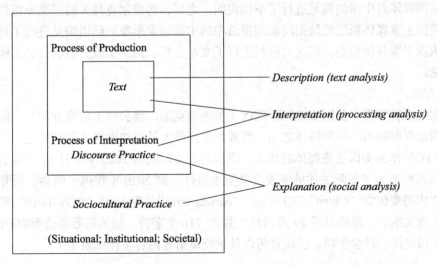

图 1–1　费尔克拉夫三维分析框架（Fairclough，1992）

（3）具体应用

费尔克拉夫的三维分析框架自提出以来，除引发学界的热烈讨论外，还被大量学者广泛运用于各类研究中。例如，德梅洛·雷森德（De Melo Resende，2009）对一份以通告形式分发给巴西联邦区巴西利亚市南阿萨的一栋中产阶级公寓的居民的报告进行了分析，利用三维分析框架，最终揭示了当代社会通过霸权主义话语的内化而使苦难自然化的问题，这些话语帮助当权者抹杀基本的社会权利。黄晓英和宋佳（2012）运用三维分析框架，选取英美代表性媒体BBC（英国广播公司）和CNN（美国有线电视新闻网），对2011年日本大地震的两篇报道进行了分析，包括对新闻语料文本层面的词汇选择、主述位分析，话语实践层面的互文性分析和社会实践层面的宏观分析，论证了运用此框架分析自然灾害类新闻报道的可行性。巴巴艾等（Babaii et al.，2018）借助费尔克拉夫的批评话语分析方法探究伊朗私立语言学院英语教学材料中呈现的新自由主义思想。此研究发现，教科书中采用如市场、消费主义、品牌、个人生产力/可销售性等新自由主义的信条，呈现了西方的"完美"形象。

（4）案例分析

鉴于有关国家形象的研究是区域国别研究的重要研究领域，且在近些年受到越来越多来自不同领域学者的关注，本小节以《美国主流媒体对中国形象的话语偏见：以"新冠疫情"报道为例》[①]为案例，分析如何利用以三维分析框架为代表的社会文化分析法考察媒体话语中的国家形象。

1）研究内容。

本研究以美国两家主流媒体2020年新冠疫情期间的涉华报道为对象，采用费尔克拉夫的三维分析框架，分析美国主流媒体中体现的话语偏见及对中国国家形象的歪曲。研究发现，美国主流媒体利用多种语言学手段抹黑中国，反映出了西方媒体对"他者"国家的认知偏差、信奉"中国威胁论"，以及操控民意的竞选策略。

2）研究步骤。

首先，作者对本文研究的"国家形象"概念进行了界定，并重点对"形象"进行了阐释，并对美国主流新闻媒体对中国的偏见进行了举例说明。之后，将费尔克拉夫的三维分析框架应用于本研究，即对美国主流媒体新冠疫情期间新闻报道中的中国国家形象的话语偏见进行了讨论。在分析部分，作者依据三维分析框架，依次对语料进行了文本分析、话语实践分析和社会实践分析。最终得出研究结论。

3）研究方法。

研究使用的语料收集自美国CNN和FOX（美国福克斯广播公司）的官方网站。前者为美国国内和全球范围最有影响力的新闻媒体之一，后者为美国最大的有线电视新闻频道之一，因此，作者选取CNN和FOX作为美国主流媒体的代表。语料的收集时间为2020年1月31日世卫组织宣布中国新型冠状病毒疫情为"国际关注的突发公共卫生事件"到2020年我国"两会"召开前。文章选择的标准为文内需要包含"China""Chinese""corona-virus""Wuhan""COVID-19"等关键词。经过人工筛除无效文本后，最终获得29篇语料，共32 716个字符，涵盖新冠疫情影响下的国际关系、中国城市、中国经济、社会生活、抗疫宣传以及抗疫举措等内容（详见表1-1）。

---

① 黄蔷，2021.美国主流媒体对中国形象的话语偏见：以"新冠疫情"报道为例[J].外国语文，37（4）：85-96.

表 1–1 语料详情

	国际关系	中国城市	中国经济	社会生活	抗疫宣传	抗疫举措
CNN	14.3%	7.1%	14.3%	14.3%	21.4%	28.6%
FOX	20.0%	13.3%	26.7%	6.7%	20.0%	13.3%

基于采集到的语料，研究主要借助 Fairclough 的三维分析框架，在对文本进行分析的基础上，对话语实践进行阐释，并对社会实践进行解释。具体而言，文本分析涉及通过考察词汇的选择，划分"自我"和"他者"；通过分析隐喻的应用，考察美国主流媒体对中国的妖魔化呈现；以及分析文本架构，即信息线索的前景化（foregrounding）和背景化（backgrounding）的使用对事实形成的重构。话语实践分析包括对美国主流媒体话语议程设置功能的分析，以揭示媒体是如何引导受众思考及如何戴着有色眼镜看中国并嫁祸于中国的；互文性分析主要考察了信息的来源和转述方式。社会实践主要集中在对意识形态的探讨上，基于对文本特征的分析解读和剖析文本所处的社会文化语境和文本生产者的意识形态。

4）研究结果。

依据三维分析框架，作者对收集到的美国主流报刊媒体进行了详细分析。首先，作者对美国主流媒体新冠疫情新闻报道中的话语偏见进行了文本分析，发现：

第一，美国主流媒体双标式的选择词汇对新冠疫情进行报道，呈现出积极的自我形象和消极的他者形象，如美方"self-quarantine at home"（自行居家隔离）、"maintain social distance"（保持社会距离），中方"state-imposed quarantine"（政府强制隔离）、"being forcibly confined in their apartments"（被强行限制在公寓里）等表述。这种利用词汇将自我和他者差异化和范畴化的表述方式，加强了受众对自我和他者的刻板化认知偏差，也体现出自我与他者之间的话语权利和社会地位不平等。

第二，美国主流媒体利用隐喻，将西方受众熟悉的极具负面内涵的文化符号投射到与中国相关的事件中，从而达到使西方受众对与中国相关的事件产生负面认知和情感的目的，进而制造偏见、操纵交际。作者对此观点进行了举例分析，例如，在例 1 中，"红坦克"为漫威电影中的大反派，通过用破坏神"红坦克"比喻上海，向西方受众传递出上海经济复苏的负面形象，反映出西方世界对中国经济从疫情中重振的恐惧和不安。

例 1. 上海是中国经济的"红坦克"……由于上海仍在努力求稳，雷表示，中国经济可能在未来的一年中会有极不稳定的一年。（Shanghai is China's economic juggernaut...With Shanghai still struggling to get back on its feet, Lei said the Chinese economy could have a rocky year ahead.）

第三，美国媒体利用文本架构隐蔽地表达对他者的偏见。它们常带有预设立场，针对性地对某些信息线索进行前景化或背景化处理，选择性地凸显或隐藏部分信息。黄蔷认为，在例 2 中，美国媒体前景化了中国抗击疫情的行动和速度及政府在其背后的主导地位，但对这些新医院火速修建的背景和各地医护人员的星夜援驰的目的避而不谈，通过回避他们不想让公众看到的事实，从而非常隐蔽地表达了自己意识形态的偏见和立场。

例 2. 官方媒体盛赞中国共产党在一瞬间建造了新医院，派遣了成千上万名医务人员，并加大了口罩的生产，但没有详细说明推动这些努力的根本条件。（Official state media extol the Communist Party's massive efforts to build new hospitals in a flash, send in thousands of medical workers and ramp up production of face masks without detailing the underlying conditions that are driving these efforts.）

接下来，黄蔷对美国主流媒体新冠肺炎新闻报道中的话语偏见进行了话语实践层面的分析，即对话语生产和理解过程的阐释，发现：

第一，在媒体话语的生产过程中，媒体通过赋予不同话语不同的显著性，引导受众关注新闻事件的某些方面，从而干涉公众认知，操纵舆论。这一过程为麦库姆斯（McCombs）和肖（Shaw）提出的媒体的议程设置（agenda setting）。通过分析研究的语料，黄蔷发现美国媒体的涉华话语时刻都运用议程设置，对中国的疫情状况进行片面报道，引导西方受众片面地理解中国；同时，黄蔷指出，美国媒体戴着有色眼镜看待中国，整体呈现负面基调，对正面议题进行负面报道；此外，黄蔷还发现美国媒体将"嫁祸中国论"设置为关键议程，从而不断激发美国公众对中国的负面情绪，使得新冠病毒成为美国对中国国家形象进行攻击的政治工具。

第二，互文性分析也是探究话语实践的重要分析方法，媒体报道对事件的转述方式和信源能够揭示其中隐含的意识形态和权利关系。黄蔷发现，美国媒体的相关报道有许多未经证实的报道，信源不明，甚至可能为谣言；同时，这些媒体通过转述，重构语篇的意义。

第三，基于文本分析和话语实践分析，黄蔷从意识形态角度对美国主流媒体新冠肺炎新闻报道中的话语偏见的社会实践进行了分析。黄蔷认为：1）美国媒体将新冠病毒政治化为一种政治病毒，2）将新冠病毒嫁祸于中国是特朗普团队寻求连任的手段，3）美国媒体对中国的污名化展现出了其背后政客的傲慢、偏见与歧视。

小结：本小节以这篇对于美国主流媒体新冠肺炎新闻报道中的话语偏见的研究为案例，分析了如何利用费尔克拉夫的三维分析法对媒体话语及国家形象进行研究。除此案例在文本分析层面的语言学分析外，许多语言学理论如系统功能语言学、语料库语言学等，都能为此类研究提供新的视角。而对于话语实践和社会实践的分析则随着需要分析的文本的变化而变化。

2. 话语历史分析法

（1）发展历程

以沃达克为代表的话语历史分析法是从分析1986年奥地利总统竞选中使用的典型反犹话语而发展起来的（Reisigl et al.，2001），从认知的视角结合人类文化历史学研究方法对话语和社会结构之间的关系进行解读。沃达克视话语为在某种领域中互动关系的总和（Wodak，1996），且强调历史语境在话语构建中的作用。她认为现在和将来都是基于历史被理解和规划的，过去的经历和记忆会对现在产生影响。因此，她提出的研究范式不仅要融合尽可能多的有关话语事件发生的社会历史背景和历史渊源等信息，也要追踪特定类型的话语在具体时间段内经历的历时变化（Reisigl et al.，2009）。除了历史背景，历史话语分析还涵盖上下文、互文和互语关系及情景语境（Reisigl et al.，2009）。再语境化（recontextualization）是互文性实现的主要方式，指的是：语篇中的某一成分脱离特定语境时，该成分被去语境化；当它被置入新的语境时，其语境得到了重构，此成分在新的语境中就获得了新的意义（Reisigl et al.，2009）。通过关注并追踪文本微观层面上再语境化成分的历史轨迹和语境因素对话语事件的影响，话语历史分析法探讨话语如何随着社会政治变化而变化（Reisigl et al.，2009）。

（2）核心理论

沃达克提出的研究范式是话语历史分析法的主要流派之一。她的研究范式分为文本生产和文本理解两个层面。文本产生过程中起重要作用的因素包括语言活动、非语言活动（如话语发生的情景、说话者的地位、实践、地点，包括组织成员的构成、年龄、职业等在内的社会变项），以及心理因素（经验、习俗等）。因此，她认为文本生产过程有认知、社会心理和语言三个向度。认知向度涉及认知、框架、图式、脚本等；社会心理向度包括文化、性别、成员、话语发生的情景等；语言向度是话语的最终语言学表征。就文本理解而言，沃达克认为它也受社会心理因素制约。受众首先借助框架对文本进行分类，使用各类策略理解文本并对文本进行阐释和建构，最终解释文本。文本生产和文本理解两个过程循环相通，在此过程中人们的心智和知识也在不断更新。

　　话语历史分析法在研究话语时一般从三个维度展开（见图1–2）：首先确立话语的具体内容或主题，其次分析使用的话语策略，最后考察语言手段和具体的、依赖语境的语言实现形式（Reisigl et al.，2001）。话语的具体内容或主题即话语主题；话语策略指的是文本中使用的各种策略，它应用在交际的不同层面，是连接不同交际者的意图和实现形式的中介体；语言实现形式是指在语篇、句子和词汇各个层面展开以探讨"原型"的语言学实现形式和语言手段（纪卫宁，2008）。同时，沃达克等（Wodak，2001）强调话语分析必须考虑话语使用的语境，他们将语境划分为四个层次：文本内部的上下文关系，语句、体裁和话语间性等关系，语言外的社会学变量及机构性因素，以及更为宽泛的社会历史语境。

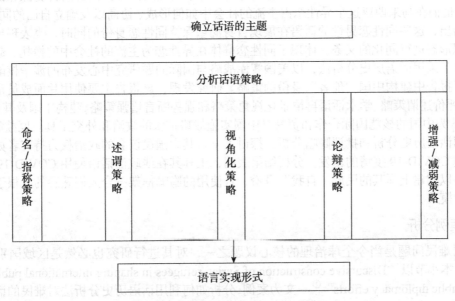

图1–2　话语历史分析法的三个展开维度

　　沃达克提出五种话语策略：命名/指称策略（referential/nomination，又称referral/naming）、述谓策略（predication）、视角化策略（perspectivation, framing or discourse representation）、论辩策略（argumentation strategy）和增强/减弱策略（intensification/mitigation）。具体来看，命名/指称策略指话语发出者通过对特定社会行为体（social actors）、客体（objects）、现象（phenomena）、事件及过程（events and processes）、行动（actions）的命名/指称来实现"自我"（Self）–"他者"（Other）身份的话语建构策略，一般通过名词、代词及包括隐喻、转喻、提喻等在内的修辞手段实现；述谓策略指对特定社会行为体、客体、现象、事件及过程和行动积极或消极的话语进行修饰或限定（discursive qualification），常通过运用评价性语言、刻板话语、对比、修辞、典故、预设等方法实现；视角化策略指话语发出者从不同视角，采用直接引语或间接引语、话语标记语、引号等话语手段，表达对某一立场的有意参与或刻意疏离；论辩策略指的是使用正论或谬误，为主张的真实性和合理性做出辩解或质疑，通过威胁、责任、法律、定义、文化、历史、危险等辩论题目，进行正面或负面的论述；增强/减弱策略指通过小品词、虚拟语气、犹豫、夸张、模糊语、间接肯定等方法的使用，从认知或道义层面加强或减弱话语的言后效力（Reisigl et al.，2014）。这五种话语策略都参与塑造了"积极的自我"和"消极的他者"形象，建构了"自我"与"他者"的对立（Reisigl，2017）。

（3）具体应用

话语历史分析法主要应用在隐含的不平等和歧视等现象的话语分析中，如反犹主义话语、种族主义话语、排外话语、右翼民粹主义话语、机构话语、生态话语等，强调话语所处的历史和文化语境，探寻话语与政治、话语与身份、话语与历史的关系。沃达克强调"批评"的思想，即通过批判性的审视和重构现存的历史叙事模式，才能改变社会中的不平等，从而营造更加公平公正的未来（Wodak，2001）。这一点使得利用历史话语分析进行研究的课题均涉及社会中的不平等和歧视，大多为地区性甚至全球性问题，与区域国别研究关注的部分问题重合，两者能够较好地融合。例如，沙姆斯丁等（Shamsudin et al.，2011）通过分析四个马来西亚同性恋男性的语言资源和话语策略的使用，探讨他们在马来西亚这个异性恋占主流的社会中如何形成、协商以及确立自己的同性恋身份。沙姆斯丁指出，这些同性恋男性的话语在展现自身渴望保持同性恋身份的同时，也表现出与异性恋的性别意识形态进行同化的义务，体现了同性恋群体在异性恋为主流的社会中的挣扎。赵秀凤、宋冰冰（2021）采用话语历史分析法，以美国智库战略与国际问题研究中心发布的涉华核能报告为语料，考察了报告中建构中国"他者"身份的策略。研究发现，该报告主要使用片面成员范畴化指称策略、消极评价述谓策略、学术话语再情景化视角策略和强势断言增强策略，建构中国及其核能的"他者"身份，认为中国的核能国际合作和贸易是中国实施战略扩张的政治和外交工具。厄兹詹（Özcan，2022）利用话语历史分析和批评隐喻分析，探讨了土耳其大国民议会的政治权力持有者如何利用概念隐喻构建COVID-19疫情的暴发。分析结果表明，土耳其在线政治话语使用COVID-19隐喻与特定论辩策略以构建土耳其的民族"自我"身份，且使用的隐喻框架符合人们熟悉的扎根于文化和宗教中的经验模式。

（4）案例分析

考虑到难民问题是当今全球治理的核心议题之一，对其进行研究也必然是区域国别研究的重点，因此，本小节以"Discursive construction of Syrian refugees in shaping international public opinion: Türkiye's public diplomacy efforts"[①]一文为案例，分析如何利用话语历史分析法对难民的话语构建进行研究。

1）研究内容。

本研究聚焦土耳其政府在与国际社会交流中对叙利亚难民问题的表述。依据话语历时分析法，分析并比较土耳其官方新闻机构在2011年至2018年间开展公共外交时在有关叙利亚难民问题的表述中使用的话语策略。研究结果揭示了诸如难民等人道主义问题是如何被用来代表政府的政治立场，以及土耳其政府是如何利用话语策略对西方霸权没有尽到人道主义责任进行批判的。研究主要回答以下五个研究问题：

第一，新闻使用了哪些术语来定义和指称难民，即话语中使用了哪些命名/指称策略？

---

① AKŞAK E Ö, 2020. Discursive construction of Syrian refugees in shaping international public opinion: Türkiye's public diplomacy efforts [J]. Discourse & Communication, 14(3): 294–313.

第二，新闻用了哪些特征和品质描述难民，即话语使用了哪些述谓策略？

第三，新闻对难民的立场是什么，即话语使用了哪些视角化策略？

第四，新闻中反映的价值/语气是什么，即话语中强化了哪些方面，又弱化了哪些方面？

第五，新闻中将难民与哪些论式联系起来？

2）研究步骤。

首先，本研究的作者在背景介绍部分提出，难民和移民问题被许多学者视为人道主义危机，其中隐含了权力关系和意识形态等。作者重点论述了公共外交与公共关系之间的联系及其对公共舆论的影响，回顾了前人有关难民的研究及难民的话语表征。同时，作者认为，呈现不平等权力关系的话语策略会影响公众对"社会阶层、女性和男性、种族/文化多数派和少数派"的看法和反应（Fairclough et al., 1997: 258）。随后，作者论证了利用话语历史分析法对叙利亚难民话语进行分析的恰当性。接下来，研究主要关注并分析了土耳其政府的官方新闻机构阿纳多卢通讯社在开展公共外交时针对叙利亚难民使用的话语策略。最后，作者对分析结果进行了多方面解读和阐释。

3）研究方法。

鉴于本研究的主题为阿纳多卢通讯社在 2011 年至 2018 年间对叙利亚难民危机的新闻报道，作者从 Lexis-Nexis 新闻数据库采集了包含关键词"Türkiye Syrian refugees"的新闻语料。时间设定为从 2011 年 6 月 9 日（叙利亚难民开始抵达土耳其）到 2018 年 12 月 31 日（数据收集完成）。共检索到 156 篇新闻报道，共 615 000 个字符。随后，作者将采集到的语料进行人工细读，标注并分析关键词、术语和短语。此研究沿用加布里埃拉托斯等（Gabrielatos et al., 2008）的方法，考察了与研究问题相关的语言指标和词项，如形容词、定语、隐喻和动词，以确定这些话语策略在每个文本中的使用特征和随时间发展的变化规律。整体分析框架为话语历史分析法，重点关注五类话语策略的使用，并在最后对研究发现进行深入解读。

4）研究结果。

作者分别针对五个研究问题，对五类话语策略的使用情况进行了逐个分析，详见表 1–2。

表 1–2　五种话语策略的使用情况

DHA categories	Thematic contents	Frequency (n= 156)	%
Referral/naming	Age	58	37
	Gender	18	11
	Relationship (ie. *brothers and sisters, neighbors, guests, doctors, nurses, teachers*)	19	12
	Legal status (i.e. *work permits, displaced people, temporary protection, registered, asylum seekers, migrants*)	24	15
Predication	Victimization	45	29
	Collectivization	107	69
Perspectivation	External praise	58	37
	Self-praise	26	17
	Criticism and call to action	49	31
Valence-Tone	Intensification	25	16
	Mitigation	16	10
Argumentation	Good host	72	46
	Aid	59	38
	Future	24	15

（Aksak, 2019）

针对第一个研究问题，作者发现文本中常使用国籍、年龄、关系和法律状态来指称或定义叙利亚难民，例如 "Syrian people" "Syrian babies" "our brothers and sisters" "asylum seekers" 等。

针对第二个研究问题，作者将识别出的描述叙利亚难民特征或品质的话语进行分类，发现研究语料中叙利亚难民的主要特征为：受害化（victimization），将叙利亚难民描述为暴力和暴行的受害者，且常常提及个人故事和人类悲剧，而这些对受害者身份的描述强调了难民极度渴望人道主义关怀和保护；集体化（collectivization），常使用数量来强调难民问题的规模，例如，有关水的隐喻 "large influx of Syrian refugees"，同时常将他们按照群体进行话语标记，包括职业、性别、所处地理位置等。

针对第三个研究问题，作者分析了表达难民属性的视角，并将这些视角具体分为：他者（多为欧洲官员）针对土耳其处理难民问题的外部表扬（external praise）；土耳其官员/当局赞扬土耳其在支持难民方面的努力时的自我表扬（self-praise）；土耳其当局对国际社会缺少支持的批评（criticism）；敦促土耳其以外的国家和行为者提供更多支持的呼吁（call to action）。

针对第四个研究问题，作者探究了土耳其难民问题的哪些方面被增强，哪些方面被弱化：16%的新闻突出了难民人数之多、资金数额之大以及支持土耳其的意义之大；10%的新闻用减弱策略来批评国际捐助的不足或不充分，以及全球收容的难民人数很少。

针对第五个研究问题，作者分析了文本中常使用的三个论式：通过提及土耳其的开放政策、国家为难民提供的庇护所和服务、为支持难民而实施的项目和计划，将难民问题与成为一个良好的东道国论式（the topos of being a good host）联系起来；通过讨论提供给难民的资金、欧盟交易和/或组织之间的合作和伙伴关系，将难民问题与援助论式（topos of aid）联系起来；通过强调难民重返家园或与难民的融合这样的未来可能出现的结果，与未来论式（topos of future）相联系。

通过以上对五类话语策略的详细分析，作者认为阿纳多卢通讯社的新闻话语中使用的话语策略是外交政策关系管理的手段，能够在国际上促进国家利益，并试图表达对土耳其参与叙利亚移民问题的拥护，以及赞扬土耳其对叙利亚难民的贡献。针对这一结果，作者指出，话语是合法化的重要工具，而媒体则在传播特定政府在某一问题上的反应和话语方面有着不可估量的作用。在本案例中，作为土耳其官方媒体的阿纳多卢通讯社在土耳其为叙利亚难民做出努力这一议题中，不仅为土耳其在国际印象的塑造方面发挥了关键的公共外交作用，同时也将土耳其参与叙利亚冲突合法化。此外，作者对土耳其政府使用的话语策略进行了历时考察，发现其在2016年3月《欧盟土耳其协约》签订之后，话语策略发生了改变，这体现了土耳其公共外交策略的改变。

小结：本小节对于土耳其公共外交话语中描述叙利亚难民问题的话语策略的讨论，表明话语历史分析法能够为研究当今世界或地区的热点问题的话语构建提供新的视角。本案例重点关注了话语历史分析法中的五大话语策略。根据对文献的分析，可以发现针对不同的研究主题，还可以选择仅对某一种或某几种话语策略进行重点研究，当然，依据前一小节介绍的话语主题—话语策略—语言手段步骤展开也很常见。

3. 认知语言分析法

（1）发展历程

认知语言分析法的发展分为较为明显的两个阶段。奇尔顿（Chilton，2004）将认知分析和社会因素分析引入批评话语研究，驱动了话语分析的认知转向，拓宽了话语分析的研究视角，也弥补了早期认知分析重"语言"轻"社会"的不足，促进了认知批评话语分析研究的蓬勃发展（刘文宇　等，2018）。为了探索如何策略性地使用符号表征表达说话人的立场和观点（胡茶娟，2021），奇尔顿（Chilton，2004）提出话语空间理论（discourse space theory）。奇尔顿（Chilton，2004）认为，话语空间是话语生产者通过概念化的指称性理据模式，构建的以自身为中心的三维几何空间，从空间、时间和价值认知域中解释话语的意义构建。如图1-3所示，话语生产者在产生话语时将外界实体定位到自身的空间中，即以话语生产者为原点，依照"空间"（s）、"时间"（t）、"情态"（"价值"）（m）三个轴确认指示中心及外界实体（参与者或事物）的位置，反映外界实体与话语生产者之间的关系（Chilton，2004）。在空间轴上，离指示中心的距离反映主体间的亲疏，与"I/We"距离越近，代表关系越紧密，意识形态越相似；离"I/We"距离越远则代表关系越疏远，意识形态越敌对。在时间轴上，"future"和"past"分别位于"now"的两端，常通过时间指示语定位位于时间轴上不同位置发生的事件。在情态轴上，"I/We"代表认识上的确定性（epistemic true）和道义上的正确性（deontic right），离"I/We"越近，信息的认知确定性和道义正确性就越大，反之则是与"I/We"的标准相悖的观念。通过三个轴可定位出不同的外界实体在话语空间中的坐标位置，综合位置可以反映外界实体与指示中心的关系，反映在政治话语中则为"盟友"或"敌人"。话语空间理论提供了一个可视化模型，为批评话语分析提出了新的视角；此理论中的距离概念涉及三个维度，是相对的，并可以通过话语得以展现。

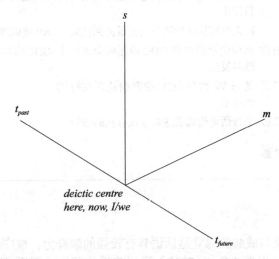

图1-3　Chilton 的时间 – 空间 – 价值三维指示图（Chilton，2004：58）

随后，波兰罗兹大学的卡普（Cap，2013；2017）认为奇尔顿（2004）的话语空间理论只关注名词词组和代词，也就是指示实体，未考虑外围实体向指称中心趋近的动态特征，即对动词的重视不足，也未解释政治话语延伸的时间跨度问题。因此，卡普（Cap，2008；2013；2018）完善了话语空间理论，发展出了"时空价值分析模型（Spatial-Temporal-Axiological analytic model，STA）"，并提出了趋近化理论（proximization theory）。卡普试图用三个维度的趋近化解构如何通过系统地、有预谋地操纵语言，唤起听众和读者对于外来威胁的迫近感，从而寻求预防措施合法化（Cap，2017）。

（2）核心理论

由于趋近化理论与话语空间理论相比，考虑到了外围实体向支撑中心动态趋近的过程，目前，应用趋近化理论进行分析的研究呈现出明显上升的趋势，逐渐成为认知语言分析法的主力理论模型。趋近化指的是一种将时空相隔的实体（包括遥远的敌对意识形态）间接、消极地呈现给说话人及听话人的话语策略（Cap，2014）。说话人可能会利用各种手段来突显遥远实体正逐步侵入（encroach）说话人和听话人的地理和意识形态领域，但主要的目标是将其自身提出的行动和政策合法化，从而消除外来实体对自身日趋深远的影响（武建国 等，2016）。基于此，卡普（Cap，2013）在其研究中使用外部实体向指示中心转移的概念，强调话语空间中外部实体向内部实体趋近的动态化表征，提出趋近化理论，包括时间趋近化（temporal proximization）、空间趋近化（spatial proximization）和价值趋近化（axiological proximization）。空间趋近化阐释了话语空间中指示中心外部的实体（outside-deictic-center，ODC）在物理空间或抽象空间的距离上由远及近逐步侵入指示中心内部实体（inside-deictic-center，IDC）。时间趋近化指以过去 – 现在和未来 – 现在的趋近，将日益增强的威胁和过去的事实性危机与未来的潜在危机联系在一起，营造出当下危机的情景，以呼吁听话者对尚未发生的事情采取一定的预防措施。价值趋近化是指价值观念和意识形态向实践活动的趋近，即ODC 和 IDC 在价值观念和意识形态上的冲突最终可能会引发实际性的冲突，对 IDC 造成影响。这三种趋近化策略又被分为若干小类，详见表 1–3。

表 1–3　空间、时间与价值趋近化策略的核心词项与语法构式

空间趋近化策略核心词项与语法构式	时间趋近化策略核心词项与语法构式	价值趋近化策略核心词项与语法构式
NP 被识解为 IDCs	NP 构建 ODC 的实际影响在不同的时间段发生	NP 被识解为 IDC 正面价值
NP 被识解为 ODCs	时态混用构建威胁从过去延伸到将来	NP 被识解为 ODC 负面价值
移动性 VP 被识解为 ODC 向指称中心移动	名词化短语构建 ODC 的影响会在将来随时发生	ODC 的负面价值在 IDC 空间的实现
行动 VP 被识解为 ODC 对 IDC 施加影响	情态 VP 构建 ODC 的影响从现在持续到将来	
抽象 NP 被识解为 ODC 对 IDC 影响的预期	平行话语构式表达对立或有利的态势	
抽象 NP 被识解为 ODC 对 IDC 影响的结果		

（王正 等，2022）

（3）具体应用

趋近化理论对构建冲突与威胁的对立型话语具有较强的解释力，被广泛地应用于针对危机话语的话语分析研究中。例如，卡普（Cap，2013）运用趋近化理论，剖析了 2003 年 3 月 26 日时任美国总统布什在美国企业研究所发表的讲话，考察了美国政府如何在话语中使用趋近化策略将发动伊拉克战争的政治意图合法化，以及语境的变化使政府做出了怎样的策略调整。胡元江、钱露（2019）分析了白宫发言人涉朝话语，发现发言人利用伊朗问题对公众进行时间趋近，通过缩短内部实体和外部实体的相对距离实现空间趋近，并通过强调我方和他方的意识形态差异，从而将涉朝问题合法化。随着利用趋近化理论展开研究的数量增多，这一理论被逐渐运用到更为广阔的其他公共话语的研究之中。例如，李等（Li et al.，2022）对健康安全话语进行研究，揭示了在 COVID-19 大流行期间，美国的旅行限制政策如何通过趋近化策略使卫生应急措施合法化。李俊义、尤泽顺（2020）则基于权威机构对专家采访的相关语料，考察了疫情威胁趋近时专家抗疫话语对知识的构建。趋近化理论在分析战争、反恐、移民等冲突型事件和健康、环境、网络等公共事件话语中的适用性表明它在区域国别研究中的部分领域也能够发挥重要作用。

（4）案例分析

考虑到案例涉及话题的广度，本小节以《政治冲突话语的批评认知语言学研究：基于叙利亚战争话语的个案研究》[①]为例，考察如何使用趋近化理论对政治冲突话语进行分析。

1）研究内容。

本研究从美国、叙利亚和中国三国的视角，结合趋近化理论，探讨叙利亚战争话语在空间轴、时间轴与价值轴上构建的话语空间，以及"指称中心"的转换。研究指出美叙中三方对于叙利亚战争在三个维度上构建的话语空间既有不同之处，又有相似之处；且指称中心的转换会对话语实体的分布产生影响；有不同政治目标的指称中心会选择不同的语言操纵策略，其中隐含着不同的政治立场和观点。

2）研究步骤。

首先，作者在研究背景部分介绍了叙利亚战争的概况及历史起源，并对奇尔顿的话语空间理论和卡普的趋近化理论及两者的关联进行了概述，又对相关文献进行了梳理回顾。其次，作者依次从空间轴、时间轴与价值轴三个维度对采集到的语料进行了定量分析和对比。最后，作者以话语空间三维图的形式，可视化地呈现三国趋近化策略的运用构建出的话语空间，并分析了背后潜在的影响因素，以揭示各方之间在立场、态度和意识形态中的分歧和对抗。

3）研究方法。

本研究使用的语料采集自美国、叙利亚、中国政府或官方媒体网站，主题为叙利亚战争。语料时间跨度为 2018 年 2 月至 6 月。最终收集到美方语料 20 篇，共计 10 468 词；叙方语料 20 篇，共计 12 693 词；中方语料 25 篇，共计 10 290 词。

基于采集到的语料，作者首先按照卡普所制定的词汇语法项目标准分别进行定量统计；其次，根据具体语境，通过人工识别将符合标准的词汇语法项目一一标记，并测算每一个项目在各个语料库中的分布频度。再次，作者在统计词项时，遵循 0.1% 门槛原则，即所统计的项目在平均每 1 000 词中要至少出现一次（Cap，2013）。从次，作者按照三个维度对三国的话语空间构建进行分析和比较。最后，对定量研究发现的结果进行定性分析。

4）研究结果。

作者对美国、叙利亚和中国三方话语中使用的趋近化策略进行了数据统计，结果如下：

第一，在美国的空间趋近化策略中，IDC 实体中占比最高的为"美国"与特朗普，并以"文明的、负责的国家"标识自己及其盟国，突显自身言语及行动的合法性。"叙利亚人民、无辜平民"占比也很高，美国声称关注叙利亚无辜平民的利益，解救他们于化学武器的危害之中是为美国进行对叙军事行动寻求的合法理由。美国的话语中动词词组的使用尤为丰富，美方采用大量动词词组描述叙利亚政府、恐怖组织及叙利亚盟国侵犯 IDC 的行为，以增强美方对军事行动的合法性。在时间趋近化策略上，过去对现在的概念转移使用更多。在积极价值观的构建中，美国作为军事战争的发起者，却宣称其目的是"和平、稳定、自由、民主"，从而在价值观上美化其军事打击行为。同时，突显"恐怖主义"消极价值观，以激起民众的敌视情感。通过两种价值策略的使用，美方强化了自身行为的正当性、必要性。

第二，在叙利亚的空间趋近化策略中，叙利亚及阿萨德政府为 IDC 核心成员，强调叙利亚人民，体现对叙利亚人民利益的关切，增强了阿萨德政府的合法性。美国为 ODC 核心成员，与叙利亚针

① 张辉，颜冰，2019. 政治冲突话语的批评认知语言学研究：基于叙利亚战争话语的个案研究 [J]. 外语与外语教学（4）：14–27，146.

锋相对，英国、法国及其三者组成的盟军也是叙利亚的重点谴责对象。值得注意的是，美方话语里区分了"白头盔"与恐怖组织，对前者予以赞誉，对后者予以打击；而叙方话语里将白头盔指示为恐怖组织的一个支系。这体现了随着指称中心的转移，IDC、ODC阵营的分布发生了颠覆性变化。在时间趋近化策略上，叙利亚也较多地使用过去对现在的概念转移。在价值观趋近化策略中，叙利亚强调其主权与领土，在价值判断上将美方行为定义为侵略，否定其合法性，对美方行动的依据予以充分抨击。

第三，在中方的空间趋近化策略中，中国为指称中心，强调对世界、联合国的关注。同时，中国同情叙利亚人民，对叙俄两方表示支持。与美国和叙利亚相比，中国使用的空间趋近策略较少，因为中方不欲激化事态，而努力为其降温，保持冷静，不采取过度渲染的语言策略。在时间趋近化策略上，现在完成时和一般过去时并行使用，表现自2010年后叙利亚局势的不断恶化。在价值趋近化策略中，中国使用的比美叙两国多，传达出希望从大局出发，尊重联合国宪章精神和国家法规的价值观，保持冷静和克制，为叙利亚危机局势降温。

在量化分析之后，作者用可视化的方法展示了三个国家的空间趋近化策略（见图1-4）。并通过定性分析得出：美叙两方都使用大量的空间趋近化策略，辅之以较为充分的价值趋近化策略，以自我和人民为IDC，以对方和恐怖组织为ODC，构建ODC向IDC趋近、产生威胁的话语空间，体现双方为寻求最佳话语效果所做出的努力，形成激烈与互攻的态势；美叙中三方在时间趋近策略中都主要采用过去到现在的概念转移，突出战争产生影响的历史性、紧迫性、急速性；随着指称中心的转换，IDC与ODC阵营的分布及相互关系发生了颠覆性变化；中方对叙利亚表示同情，对美国表示谴责，在三维坐标中拉近叙利亚与原点坐标的距离，不欲激化事态，希望以和平、理性的手段积极解决问题。

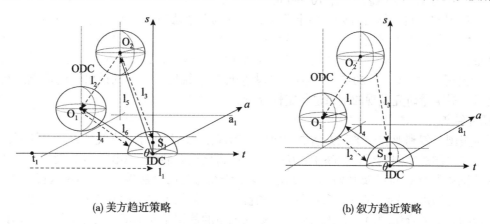

(a) 美方趋近策略　　　　　　　　　　　(b) 叙方趋近策略

(c) 中方趋近策略

图1-4　三个国家的空间趋近化策略

四、相关选题建议

本章在介绍话语、话语分析、批评话语分析的基础上，对三种较常用于研究区域国别研究领域的方法进行了详细介绍，包括社会文化分析法、话语历史分析法和认知语言分析法。这些方法的相关理论及应用的介绍，以及相关案例的分析，有助于我们更深刻地理解批评话语研究在区域国别研究中的应用。笔者在此列出一些可以应用批评话语研究理论进行区域国别研究的选题，以供参考：

1）性别歧视相关话语的批评话语分析；
2）种族歧视相关话语的批评话语分析；
3）政治话语中的批评话语分析；
4）西方新闻报道中构建难民问题使用的话语策略研究；
5）国际新闻报道中构建移民问题使用的话语策略研究；
6）各国政治领导人讲话的话语策略研究；
7）趋近化视角下的国际冲突话语分析；
8）国际生态话语的趋近化研究；
9）贸易战争话语的趋近化研究；
10）趋近化视角下的公共卫生事件话语分析。

五、思考题

1）批评话语研究的主要目标是什么？它与区域国别研究的契合之处有哪些？
2）批评话语研究中的"话语"和"批评"分别指的是什么？此概念经历了哪些发展阶段？
3）社会文化分析法指的是什么？三维分析框架指的是什么？如何运用于研究中？
4）话语历史分析法指的是什么？包括哪些纬度？如何运用于研究中？
5）认知语言分析法指的是什么？趋近化理论包含什么内容？如何运用于研究中？

第二节　语料库技术理论与方法

随着大数据和文本分析技术的不断进步，语料库技术的应用对区域国别研究中的语言研究显得尤为重要。利用语料库技术，我们可以从大规模的文本数据中发现显著的特征与规律，从而助力国别区域研究。本章首先介绍语料库和语料库语言学的概念；其次，对语料库的主要类型进行阐述；再次，聚焦在线语料库，分别介绍体裁分析、历史变化分析和其他分析功能；最后，详述语料库的建设步骤，包括语料库的设计和语料库的检索。

一、语料库和语料库语言学

语料库（corpus，复数为 corpora）一词起源于拉丁语，意为"体"或"集合体"。目前，它被广泛运用于语言学和计算机科学中。根据词典解释，语料库用于指代一种大规模的文本集合，用于了解语言的使用方式。真正意义上的语料库是一个按照一定的采样标准而采集的、能够代表一种语言或者某种语言的一种变体或文类的电子文本集（梁茂成 等，2010）。换句话说，语料库是由依据一定的抽样方法收集的自然出现的语料构成的电子数据库，是按照研究目的和语料选择方法并有序排列的语言运用材料的汇集，具有代表性和电子化的特征（胡开宝，2011）。利用建设好的语料库和相关计算机软件，可以根据研究需要对语料库内的本文进行符码和标注，进而进行存储、检索和统计。

语料库语言学（corpus linguistics）立足于大量自然发生的真实语言数据，学者可以对语料库进行系统而穷尽的观察，描述所得到的结论。部分学者认为语料库语言学是一门独立的学科，有自己的理论体系和研究方法，研究结论对语言学理论的发展和建设有极大的创新意义。然而，也有部分学者认为语料库语言学是一种研究方法。这种研究方法能够基于大量真实的语言数据，解决之前难以解答的问题，丰富语言学领域的研究方法（梁茂成 等，2010）。目前，越来越多的学者倾向于认为语料库语言学是语言学领域的重要分支且发展势头蓬勃。总体来看，语料库语言学的研究对象是依据科学的方法采集的真实语言数据，研究方法为数据统计和理论分析，是一种实证性的科学研究。

二、语料库的主要类型

随着电子信息技术的不断进步，基于语料库开展的语言研究日渐增多，成果颇为丰硕。许家金（2019）对2006—2016年在国际期刊上发表的语料库研究热点进行了分析，发现语料库研究呈现出与话语（discourse）结合的特征，且语法（grammar）研究、语法化（grammaticalization）研究和语言习得（language acquisition）研究数量都很突出。根据不同的研究领域和研究目的，语料库可划分为不同类型。按照用途划分，语料库可以分为通用语料库（general corpus）和专用语料库（specialized corpus）。前者指的是广泛采集某个语言的语言数据，以反映某个语言的全貌。这类语料库常被用作参照语料库，方便观察某种语言的各类体裁。后者又称为专题语料库（special purpose corpus），是指出于某种研究目的，只收集特定领域的语言数据，如报纸语料库、社交媒体语料库等。按照时间划分，语料库可以分为共时性语料库（synchronic corpus）和历时性语料库（diachronic corpus）。共时性语料库时间跨度不大，由同一时代的语言数据构成；历时性语料库时间跨度常为25年以上，由不同时代的语言数据构成。按照语言变体划分，语料库可以分为口语语料库（spoken corpus）和书面语语料库（written corpus）。前者由口语转录而来的文本或音频构成，后者由书面语构成。按照语种划分，语料库可以分为单语语料库（monolingual corpus）、双语语料库（bilingual corpus）和多语语料库（multilingual corpus）。平行/双语语料库和多语语料库又可分为平行语料库（parallel corpus）和可比语料库（comparable corpus）。

在研究中，研究者们需要根据研究的目的，设计并构建针对研究的语料库，也可按需求直接使用线上语料库进行检索。接下来将分别介绍在线语料库和语料库的建设。

三、在线语料库

在线语料库以通用为目的，能够公开获得并使用。库中语料一般涵盖范围较广，规模庞大。研究者可以使用此类大规模平衡语料库进行研究。目前，较常使用的在线语料库包括美国当代英语语料库（Corpus of Contemporary American English，简称 COCA）、英国国家语料库（The British National Corpus，简称 BNC）、北京语言大学汉语语料库（BLCU Chinese Corpus，简称 BCC）等。这些语料库提供的检索信息基本相似，这里以 COCA（https://www.english-corpora.org/coca/）为例进行介绍。

　　COCA 是当今世界上被广泛使用的语料库之一，有超过十亿字符，且涵盖八大类体裁（详见表 1-4）。

表 1-4　COCA 的语料构成

Genre	# texts	# words	Explanation
Spoken	44,803	127,396,932	Transcripts of unscripted conversation from more than 150 different TV and radio programs [examples: All Things Considered (NPR), Newshour (PBS), Good Morning America (ABC), Oprah]
Fiction	25,992	119,505,305	Short stories and plays from literary magazines, children's magazines, popular magazines, first chapters of first edition books 1990 present, and fan fiction
Magazines	86,292	127,352,030	Nearly 100 different magazines, with a good mix between specific domains like news, health, home and gardening, women, financial, religion, sports, etc.
Newspapers	90,243	122,958,016	Newspapers from across the US, including: *USA Today, The New York times, Atlanta Journal Constitution, San Francisco Chronicle*,etc. Good mix between different sections of the newspaper, such as local news, opinion, sports, financial, etc.
Academic	26,137	120,988,361	More than 200 different peer-reviewed journals. These cover the full range of academic disciplines, with a good balance among education, social sciences, history, humanities, law, medicine, philosophy/religion, science/technology, and business
Web (Genl)	88,989	129,899,427	Classified into the web genres of academic, argument, fiction, info, instruction, legal, news, personal, promotion, review web pages (by Serge Sharoff). Taken from the US portion of the GloWbE corpus.
Web (Blog)	98,748	125,496,216	Texts that were classified by Google as being blogs. Further classified into the web genres of academic, argument, fiction, info, instruction, legal, news, personal, promotion, review web pages. Taken from the US portion of the GloWbE corpus.
TV/Movies	23,975	129,293,467	Subtitles from OpenSubtitles.org, and later the TV and Movies corpora. Studies have shown that the language from these shows and movies is even more colloquial / core than the data in actual "spoken corpora".
	485,179	1,002,889,754	

1. 体裁分析

　　COCA 能够提供单词、词组和语法结构在不同体裁中出现的频率，从而判断它们在非正式体裁（如电视和电影的字幕以及口语转录文本）、正式体裁（学术论文）或正式程度介于两者之间的体裁（杂志和报纸）的使用情况。例如，检索 lucky 和 got（get 的被动形式）（见表 1-5），可以发现，两者都是在非正式体裁文本中出现频率较高，而较少出现在学术文本中。同样地，在"soft＋名词"的检索情况中（见表 1-6）可以发现，出现频率最高的是 soft tissue，常用在学术文本中；soft drinks 也常出现，多用在杂志和报纸中；而 soft money 则常用在口语文本中。

表 1-5　lucky 和 got（get 的被动形式）在不同体裁中的使用情况

lucky

SECTION	BLOG	WEB	TV/M	SPOK	FIC	MAG	NEWS	ACAD
FREQ	6370	4877	16697	5094	9249	4825	3916	741
WORDS (M)	128.6	124.3	128.1	126.1	118.3	126.1	121.7	119.8
PER MIL	49.53	39.25	130.37	40.39	78.17	38.27	32.17	6.19
SEE ALL SUB-SECTIONS AT ONCE								

got

SECTION	BLOG	WEB	TV/M	SPOK	FIC	MAG	NEWS	ACAD
FREQ	34353	26869	50926	33009	21756	19638	17673	3867
WORDS (M)	128.6	124.3	128.1	126.1	118.3	126.1	121.7	119.8
PER MIL	267.10	216.24	397.63	261.69	183.87	155.74	145.17	32.28
SEE ALL SUB-SECTIONS AT ONCE								

表 1–6 "soft + 名词" 在各体裁中的使用情况

		CONTEXT	ALL	BLOG	WEB-GENL	TV/MOVIES	SPOKEN	FICTION	MAGAZINE	NEWSPAPER	ACADEMIC
1	☐	SOFT TISSUE	1120	62	67	74	39	36	100	35	707
2	☐	SOFT DRINKS	1109	123	123	42	90	83	304	296	48
3	☐	SOFT MONEY	790	21	34	12	446	8	78	153	38
4	☐	SOFT SPOT	867	133	110	166	63	159	135	86	15
5	☐	SOFT DRINK	721	43	60	48	77	68	191	199	35
6	☐	SOFT VOICE	546	12	39	10	11	351	53	52	18
7	☐	SOFT POWER	421	49	53	1	64	1	51	32	170
8	☐	SOFT TISSUES	328	13	23	5	6	10	41	6	224
9	☐	SOFT LANDING	274	42	19	18	38	17	56	63	21
10	☐	SOFT LIGHT	247	22	25	9	1	121	38	21	10
11	☐	SOFT PEAKS	216	2	4		1	2	144	62	1
12	☐	SOFT SKIN	207	9	24	28	6	114	19	4	3
13	☐	SOFT TOUCH	213	22	26	28	15	43	51	25	3
14	☐	SOFT SKILLS	219	41	41		7		13	13	104

此外，通过检索 COCA 语料库，还可以对比某一单词或语法架构在不同体裁中的搭配词的区别。表 1–7 为检索 "chair" 在学术体裁文本和科幻体裁文本中的使用情况，可以发现，"chair" 在这两种体裁中的搭配词截然不同。

表 1–7 "chair" 在学术体裁文本和科幻体裁文本中的使用情况

SEC 1 (ACADEMIC): 119,790,456 WORDS

	WORD/PHRASE	TOKENS 1	TOKENS 2	PM 1	PM 2	RATIO
1	DIVISION	56	1	0.5	0.0	55.3
2	ENGINEERING	53	1	0.4	0.0	52.4
3	ABA	55	0	0.5	0.0	45.9
4	PROGRAM	46	1	0.4	0.0	45.4
5	EDUCATION	42	0	0.4	0.0	35.1
6	RESEARCH	34	1	0.3	0.0	33.6
7	FACULTY	38	0	0.3	0.0	31.7
8	ASME	36	0	0.3	0.0	30.1
9	COMMISSION	30	1	0.3	0.0	29.6
10	ROLE	33	0	0.3	0.0	27.5
11	SUBCOMMITTEE	24	1	0.2	0.0	23.7
12	DESIGN	28	0	0.2	0.0	23.4
13	MEMBER	45	2	0.4	0.0	22.2
14	RISE	44	2	0.4	0.0	21.7
15	DEAN	26	0	0.2	0.0	21.7

SEC 2 (FICTION): 118,322,084 WORDS

	WORD/PHRASE	TOKENS 2	TOKENS 1	PM 2	PM 1	RATIO
1	KITCHEN	293	3	2.5	0.0	98.9
2	WING	111	0	0.9	0.0	93.8
3	WAY	87	1	0.7	0.0	88.1
4	FEET	220	3	1.9	0.0	74.2
5	FOOT	72	1	0.6	0.0	72.9
6	MOTHER	134	2	1.1	0.0	67.8
7	COMMAND	65	1	0.5	0.0	65.8
8	LEATHER	409	7	3.5	0.1	59.2
9	CANVAS	58	1	0.5	0.0	58.7
10	BEACH	67	0	0.6	0.0	56.6
11	FINGERS	53	1	0.4	0.0	53.7
12	LAWN	318	6	2.7	0.1	53.7
13	VISITOR	51	1	0.4	0.0	51.6
14	CAPTAIN	61	0	0.5	0.0	51.6
15	DAY	50	1	0.4	0.0	50.6

当遇到同义词时，COCA 能提供强大的语境和搭配信息，区别于从词典的视角看它们之间的差异。例如，表 1–8 列出了 "deep" 和 "profound" 的搭配词信息，可以发现，deep breath 是常见表达，相应地 profound effects 更符合表述习惯。类似地，还可以利用 COCA 等语料库比较如 boy 和 girl 等代表性别的词汇在不同体裁中的搭配情况，从而探究深层次的社会语境因素。

表1-8 "deep"和"profound"的搭配词信息

	WORD 1 (W1): DEEP (7.33)	W1	W2	W1/W2	SCORE		WORD 2 (W2): PROFOUND (0.14)	W2	W1	W2/W1	SCORE
1	BREATH	7687	0	15,374.0	2,096.7	1	HEARING	54	0	108.0	791.9
2	SPACE	1292	0	2,584.0	352.4	2	DISABILITIES	25	0	50.0	366.6
3	BREATHS	1285	0	2,570.0	350.5	3	AFFECT	23	0	46.0	337.3
4	POCKETS	764	0	1,528.0	208.4	4	EFFECT	695	16	43.4	318.5
5	WATER	1224	1	1,224.0	166.9	5	EFFECTS	214	7	30.6	224.2
6	THROAT	513	0	1,026.0	139.9	6	DISABILITY	14	0	28.0	205.3
7	OCEAN	414	0	828.0	112.9	7	REVELATION	14	0	28.0	205.3
8	VOICE	799	1	799.0	109.0	8	LESSON	27	1	27.0	198.0
9	SNOW	360	0	720.0	98.2	9	MANNER	11	0	22.0	161.3
10	RED	337	0	674.0	91.9	10	RETARDATION	11	0	22.0	161.3
11	SEA	671	1	671.0	91.5	11	SHIFT	100	5	20.0	146.7
12	FREEZE	327	0	654.0	89.2	12	GIFT	10	0	20.0	146.7
13	EYES	318	0	636.0	86.7	13	IMPAIRMENT	10	0	20.0	146.7
14	ROOTS	615	1	615.0	83.9	14	STATEMENT	57	3	19.0	139.3

2. 历时变化分析

鉴于COCA内收录了涵盖1990—2019年这三十年间的数据文本，且每年的数据分布均衡，因此，通过检索可以直观地发现某一单词、词组、语法结构等在不同体裁中的历时变化。例如，通过检索，可以发现，在过去的三十年间，like结构和end up + V-ing结构使用频率持续增长（详见表1-9）。

表1-9 like结构和end up + V-ing结构的使用频率

SECTION	1990-94	1995-99	2000-04	2005-09	2010-14	2015-19	1990-94	1995-99	2000-04	2005-09	2010-14	2015-19
FREQ	140	393	639	1145	1780	2581	1826	2340	2489	2849	2949	3293
WORDS (M)	139.1	147.8	146.6	144.9	145.3	144.7	139.1	147.8	146.6	144.9	145.3	144.7
PER MIL	1.01	2.66	4.36	7.90	12.25	17.83	13.13	15.83	16.98	19.66	20.30	22.75
SEE ALL SUB-SECTIONS AT ONCE	like construction (CONJ PRON BE like '|,)						END up V-ing					

当然，历时比较搭配词的变化，可以反映这些年语义的改变。例如，观察表1-10可以发现，在2000年以前，"green"多与和植物相关的词搭配，如green pepper、green vegetables、green plants等等，而2000年以后，"green"则多和环境有关，如green jobs、green practice、green energy等等。

表1-10 "green"搭配词的历时频率

	SEC 1 (1995-1999, 1990-1994): 286,833,557 WORDS	TOKENS 1	TOKENS 2	PM 1	PM 2	RATIO		SEC 2 (2010-2014, 2015-2019): 290,003,115 WORDS	TOKENS 2	TOKENS 1	PM 2	PM 1	RATIO
1	GREEN RANGER	187	0	0.7	0.0	65.2	1	GREEN GAZETTE	96	0	0.3	0.0	33.1
2	GREEN PEPPER	215	35	0.7	0.1	6.2	2	GREEN JOBS	87	0	0.3	0.0	30.0
3	GREEN CROSS	52	9	0.2	0.0	5.8	3	GREEN PRACTICE	60	2	0.2	0.0	29.7
4	GREEN VEGETABLES	73	32	0.3	0.1	2.3	4	GREEN ENERGY	170	7	0.6	0.0	24.0
5	GREEN PEPPERS	94	47	0.3	0.2	2.0	5	GREEN ARROW	192	8	0.7	0.0	23.7
6	GREEN MAN	58	31	0.2	0.1	1.9	6	GREEN BUILDING	130	18	0.4	0.1	7.1
7	GREEN ACRES	52	31	0.2	0.1	1.7	7	GREEN SCREEN	85	12	0.3	0.0	7.0
8	GREEN BELL	154	92	0.5	0.3	1.7	8	GREEN ZONE	118	21	0.4	0.1	5.6
9	GREEN PLANTS	61	37	0.2	0.1	1.7	9	GREEN LANTERN	96	21	0.3	0.1	4.5
10	GREEN GLASS	61	37	0.2	0.1	1.7	10	GREEN SPACES	97	23	0.3	0.1	4.2

同时，COCA 还可以提供某一话题的历时变化。例如，通过观察表 1–11 中的"crisis"搭配词的历时分布，可以发现，在 2000 年以前，人们十分关注石油危机；2000 年以后，陆续出现了能源危机、信用危机、债务危机、健康危机、难民危机和气候危机等。

表 1–11 "crisis"搭配词的历时分布

CONTEXT	ALL	BLOG	WEB-GENL	TV/MOVIES	SPOKEN	FICTION	MAGAZINE	NEWSPAPER	ACADEMIC	1990-1994	1995-1999	2000-2004	2005-2009	2010-2014	2015-2019
DEBT	1513	370	419	4	264	2	76	203	175	115	63	25	29	420	72
CRISIS	1088	142	146	64	268	24	140	128	176	194	128	76	116	162	124
HEALTH	917	65	92	36	209	7	214	177	117	149	84	84	133	115	195
ENERGY	771	87	96	32	129	10	135	196	86	94	43	245	123	48	35
GULF	656		5	3	267	1	122	194	64	629	11	3	2	4	2
OIL	437	58	38	8	76	8	89	69	91	132	46	64	53	28	18
REFUGEE	381	10	16	6	122	6	57	65	99	47	48	19	15	27	199
SOLUTION	381	49	49	4	97	7	42	67	66	116	31	33	36	40	27
MIDLIFE	348	32	33	115	62	24	40	21	21	25	31	45	26	104	52
CREDIT	385	86	82	2	46	1	50	94	24	3	9	2	138	50	15
CLIMATE	396	114	80	2	65	4	86	14	31	2	1	12	48	33	106

3. 其他分析功能

类似 COCA 这类的在线语料库，除上述功能外，还有许多其他功能能助力语言学领域的研究。除显示单个词语的词频和分布外，还能显示各类语法搭配的频率和分布，如表 1–12 呈现的 NOUN + NOUN 和 VERB + ADJ + NOUN 的频率分布情况。

表 1–12 NOUN + NOUN 和 VERB + ADJ + NOUN 的频率分布情况

		USE LARGE NGRAMS [?]	FREQ	TOTAL 8,108,778 | UNIQUE 17,446 +
1		HEALTH CARE	64877	
2		WORLD WAR	32709	
3		LIVING ROOM	23171	
4		LAW ENFORCEMENT	23057	
5		WEB SITE	22382	
6		CLIMATE CHANGE	21967	
7		AIR FORCE	19768	
8		REPUBLICAN PARTY	16928	
9		STATE UNIVERSITY	16926	
10		HEALTH INSURANCE	16378	
11		FAMILY MEMBERS	16031	

		USE LARGE NGRAMS [?]	FREQ	TOTAL 178,237 | UNIQUE 6,395 +
1		TAKE GOOD CARE	1226	
2		MAKES PERFECT SENSE	1120	
3		PAY CLOSE ATTENTION	706	
4		FIND COMMON GROUND	683	
5		BEGIN AUDIO CLIP	651	
6		SAY GOOD NIGHT	641	
7		TAKE FULL ADVANTAGE	558	
8		GRATED PARMESAN CHEESE	553	
9		COME FULL CIRCLE	536	
10		COME RIGHT BACK	491	
11		WORK FULL TIME	445	
12		TRY NEW THINGS	439	

此外，除可以利用在线语料库对某些词汇、短语或语法结构在各个体裁中的使用频次进行查询之外，还常对它们的高频搭配词（表 1–13 为"tree"的高频搭配词，分为高频名词、高频形容词、高频动词和高频副词）、高频多词搭配（表 1–14 为"bread"的 2、3、4 词高频搭配）和相关索引行（表 1–15 为 crack 的索引行）进行检索。

表 1–13　"tree"的高频搭配词

COLLOCATES 　TREE　NOUN　　　Advanced options　　　　　　　　Collocates　Clusters　Topics　Dictionary　Texts　KWIC

+ NOUN		NEW WORD	?	+ ADJ		NEW WORD	?	+ VERB		NEW WORD	?	+ ADV		NEW WORD	?
4322	5.32	christmas		1392	4.46	tall		2514	2.95	grow		84	3.28	overhead	
2787	5.81	branch		793	5.50	olive		2282	5.96	plant		50	3.90	eg	
2333	5.98	palm		728	2.58	green		1929	2.59	fall		23	4.78	gnarly	
2021	5.12	fruit		497	6.34	fallen		1711	2.61	cut		20	2.64	gracefully	
1888	6.34	oak		395	2.99	thick		1452	4.64	climb		16	3.64	thickly	
1880	6.39	trunk		387	3.71	nearby		421	3.54	line		15	2.57	densely	
1782	6.14	pine		368	3.24	giant		412	4.83	decorate		15	3.79	headfirst	
1653	4.44	forest		368	4.12	bare		402	2.74	surround		14	2.61	thick	
1488	4.05	apple		365	7.75	phylogenetic		379	2.63	lean		14	3.62	yonder	
1475	4.77	leaf		315	7.79	downed		280	4.61	trim		12	3.32	skyward	
1236	7.73	shrub		278	4.34	mature		240	4.39	bark		10	2.52	organically	
1055	5.30	shade		276	3.26	orange		214	4.40	sway		8	2.91	precariously	
1052	4.22	root		236	8.18	deciduous		203	2.55	crash		7	2.73	headlong	
948	3.42	species		217	6.73	flowering		195	7.40	fell		7	3.21	sustainably	
945	2.71	plant		210	6.16	evergreen		191	5.91	shade					
929	5.56	limb		209	7.25	uprooted		174	3.44	chop					
848	3.99	stand		200	4.05	lone		155	6.47	prune					
754	4.21	grass		193	3.62	tropical		151	4.74	topple					
726	2.87	wind		177	3.81	dense		149	2.82	hug					
711	3.37	flower		174	5.60	towering		148	3.54	harvest					

表 1–14　"bread"的高频多词搭配

CLUSTERS 　BREAD　NOUN　　See also: VERB　　LIMIT: Loose Medium Tight N+N　　　Collocates　Clusters　Topics　Dictionary　Texts　KWIC

1145	bread crumbs	828	white bread	700	bread and butter	860	loaf of bread	74	bread on the table	133	day our daily bread
421	bread pudding	544	corn bread	374	bread and wine	368	piece of bread	62	bread for the world	103	thing since sliced bread
284	bread slices	391	french bread	158	bread and water	250	loaves of bread	25	bread and the wine	35	breaking of the bread
177	bread dough	374	daily bread	158	bread and cheese	234	slice of bread	24	bread in five minutes	26	slices of white bread
156	bread cubes	306	wheat bread	128	bread of life	194	slices of bread	16	bread in the toaster	24	top with remaining bread
128	bread basket	302	fresh bread	84	bread and circuses	167	whole wheat bread	16	bread and butter issues	23	side of each bread
119	bread flour	233	banana bread	71	bread and milk	109	pieces of bread	16	bread for the city	22	loaf of french bread
111	bread machine	226	garlic bread	53	bread is buttered	92	gluten free bread	15	bread is buttered on	19	slice of white bread
94	bread loaf	210	pita bread	50	bread and pasta	62	freshly baked bread	14	bread in the oven	19	loaf of wonder bread
83	bread knife	205	sliced bread	48	bread and other	56	whole grain bread	14	bread which came down	18	french or italian bread
79	bread lines	199	rye bread	39	bread and circuses	56	crust of bread	12	bread and peanut butter	16	salad and garlic bread
78	bread made	197	wonder bread	35	breads and cereals	55	milk and bread	12	bread to the hungry	16	serve with crusty bread
77	bread baking	190	crusty bread	35	bread and forgive	50	kind of bread	12	bread to sop up	16	smell of baking bread
76	bread box	171	break bread	35	bread and salt	47	eat the bread	11	bread with olive oil	15	consecration of the bread
71	bread crumb	166	stale bread	26	bread and then	45	trail of bread	11	bread and wine become	14	feast of unleavened bread
71	bread alone	157	baking bread	26	bread and roses	44	cheese and bread	10	bread from the earth	14	loaf of white bread

表 1-15 "crack" 的索引行

	WEBSITE		SORT	SORT	SORT
	KWIC [CRACK] [VERB] See also as: NOUN ADJ # lines: 100 200 500 1000			Collocates Clusters Topics Dictionary Websites [KWIC]	
11	TV:1996:	to need some minor adjustments . Want me to take a	crack	at it	Vince ? Look , Vince if you insist on
12	MAG:1996:	, and cacao . While there , he took his first	crack	at making wine	. But not from grapes-from palm trees . "
13	BLOG:2012:	for both sides " and prodded them to take yet another	crack	at negotiating some	sort of agreement while declaring that " it
14	FIC:2012:	along for years , it 's just fair we get first	crack	at the open	grazing . Last week Pick had the buckaroos mark
15	MAG:1993:	To all appearances , it was working well enough . Then	cracks	began appearing in	its facade . # One day , for example
16	MAG:2007:	Humvee , and Hallway is pulling away when a single gunshot	cracks	behind us	! " Shot fired ! " Garlick shouts . The
17	WEB:2012:	crack was the problem . But it was n't as if	crack	came to Baltimore	for the first time in 1995 . It had
18	ACAD:2007:	initially of the heroin markets of the 1970s and then the	crack	cocaine markets of	the 1980s/1990s . What we imagine in terms of
19	NEWS:2001:	it 's tough to quit . " The Net is the	crack	cocaine of sex	addiction , " she says . # Sexual addicts
20	SPOK:1992:	Voiceover) A search eventually turned up about 30 rocks of	crack	cocaine Unidentified	Man 9 : It do n't look like much
21	NEWS:1995:	auto industry has erected to keep out competition . And those	cracks	could help Ford	reach its long-term goal in Japan - a goal
22	SPOK:1997:	and she 's at large right now . She 's a	crack	dealer	very , very violent fugitive . Very violent .
23	SPOK:1996:	: O'Connor 's assessment jibes with the perceptions of former	crack	dealers and users	at a Los Angeles area halfway house called
24	NEWS:2007:	# Suddenly , his spine can turn as crooked as a	crack	down a two-lane	highway . # He must keep his quadriceps Ziploc
25	FIC:2013:	little , he remembered . Mother always opened the window a	crack	even on the	coldest nights so my brother Larson and I would
26	ACAD:2003:	world , we would certainly consider a component worrisome if a	crack	grew halfway through	its thickness . # Taking one micrometer
27	BLOG:2012:	referring to the late pop singer Whitney Houston as a "	crack	ho in	February in the wake of her untimely death .
28	TV:1994:	it 's more dangerous to go to church than to a	crack	house	There 's a woman behind St Lukes in a
29	ACAD:1997:	Software SmartCrack is a Windows based software for analysis of	cracks	in elastic materials	. Stress intensity factors for some 50
30	TV:1998:	I guess when your heart gets broken , you see the	cracks	in everything	I guess when your heart gets broken , you

四、语料库的建设

基于语料库的研究离不开语料库本身。除上述提及的包含均衡体裁文本的通用语料库外，研究者常要根据需要进行研究，自行建设专用语料库。这一过程涉及语料库的设计、语料的采集和清洗、语言学信息的标注、语料库检索等。

1. 语料库设计

专用语料库的建设应当适配于特定的研究目标。在着手建库之前，应当对语料库有一个总体规划，明确建库的目的、类型，语料的规模、代表性及加工程度等。首先，需要明确考察对象的语种，如是英语还是汉语，是口语还是书面语，是共时类型还是历时类型。例如，如果研究问题为当代英美主流报刊媒体中"中国梦"的传播和接收情况，则需要收集的语料应为英文语料，书面语料，共时语料。具体来说，对于此研究问题，选取语料的时间节点应限定在习近平主席提出中国梦之后到进行研究之前这段时间；采集网址为英国和美国主流报刊媒体的官方网站，以保证取样的代表性；文本采集标准为包含关键词 China Dream、China's Dream、Chinese Dream 等同义及相关概念。此外，语料库的规模也会影响研究结果的合理性和可靠性。尽管语料规模越大，越具有代表性，但语料规模应该根据研究目的和语料库属性确定。目前没有文献对语料库规模大小进行规定，但结合现有研究中的相关报告，在考虑取样均衡、全面的情况下，库容以不低于 100 万词为宜。对于有些研究问题，则要采集到 100 万词及以上规模的专门语料，这种情况下尽量穷尽相关语料也是可以接受的（许家金，2019）。对于这个研究问题，只需将所有检索到的符合要求的文本采集起来即可。

语料采集可以使用人工采集的方法，也可以酌情使用现有文本挖掘工具的爬虫技术，批量采集。文本采集完成后，需要辅以人工筛查，删除重复和与主题"中国梦"无关的文本。

在文本采集过程中，还应注意对文本元信息的标注，即对文本的发布时间、发布机构、作者信息等相关背景的描述。具体来说，这些元信息常常包括文本的发布时间（如文字的出版年份、口语信息的发生时间等）、发布机构（如政府机构、民间组织等）、作者信息（常包括性别、姓名，甚至根据研究需要添加的职业、民族等）。元信息常在每个文本的开头部分标明，记录得越详细，可挖掘的信息越丰富。图 1–5 为标注过元信息的文本示例。

```
<?xml version="1.0" encoding="gb2312"?>
<TEXT>
<TEXT_HEAD><LANGUAGE>English</LANGUAGE><TITLE>SanDeLaBuLuoKeHuoHaoPing</TITLE><AUTHOR>UnSp</AUTHOR><GENDER>UnSp</GENDER><CATEGORY>1</CATEGORY><STYLE>1</STYLE><GENRE>A</GENRE><PUBLISHER>UnSp</PUBLISHER><TIME>2010</TIME><SIZE>300</SIZE></TEXT_HEAD>
<TEXT_BODY>
<seg id="1">Nobody would argue that 2010 has been an up-and-down year for Sandra Bullock, given her best actress Oscar for "The Blind Side" followed by her divorce from scandal-plagued husband Jesse James.</seg>
 <seg id="2">But on Tuesday, Bullock landed atop Hollywood's heap again when financial website Forbes.com named her the highest paid actress of the past 12 months having earned $56 million from two box office hits, romantic comedy "The Proposal" and football film, "The Blind Side."</seg>
 <seg id="3">Bullock not only received a fee for acting, but also participated in the profits, and for both films, the box office numbers were hefty, according to Forbes.com.</seg>
 <seg id="4">"The Blind Side" took in nearly $310 million at global box offices on a budget of around $30 million, while "Proposal" racked up just under $320 million and cost roughly $40 million.</seg>
 <seg id="5">Tied for the No. 2 spot were Reese Witherspoon and Cameron Diaz, both making $32 million.</seg>
 <seg id="6">Though Witherspoon has not been on screen since 2008, she received advance paychecks for upcoming films, "How Do You Know" and "Water for Elephants".</seg>
 <seg id="7">Diaz's pot of gold was filled with money from the "Knight and Day" and "Shrek" films, which have grossed $2.8 billion at the global box office.</seg>
 <seg id="8">Jennifer Aniston came in at fourth place with $27 million, and "Sex and the City" star Sarah Jessica Parker was No. 5 at $25 million.</seg>
 <seg id="9">To determine actresses' compensation, Forbes.com talked to talent agents, managers, producers and lawyers and looked at other means of revenue such as perfume and clothing lines and ad campaigns.</seg>
 <seg id="10">Forbes.com based its figures on earnings from June 2009 to June 2010.</seg>
 <seg id="11">Angelina Jolie and Jennifer Aniston were the highest paid actresses during a similar period one year earlier.</seg>
```

图 1–5　标记过元信息的文本示例

在本例中，开始标签为 < >，结束标签为 </>。通过观察可以发现，该例中语料库的创建者设计了包含编码格式的技术信息、语言（language）、标题（title）、作者（author）、作者性别（gender）、文本分类（category）、体裁（genre）、发布时间（time）、文本长度（size）等元信息。这些信息对研究者而言，都具有潜在的研究价值。

在采集完需要的文本数据并标注完元信息后，需要对文本进行清洗。文本清洗指的是清除文本中包含的无用部分，如无法识别的特殊符号、乱码、多余的空格、空行等，中文文本常需要细致的文本清洗。在对文本进行清洗前，需要明确最终需要的文本数据是什么样子的。例如，在采集完英国和美国主流报刊媒体的官方网站上包含关键词 China Dream、China's Dream、Chinese Dream 等同义及相关概念的文本后，需要删除文本中的特殊符号（如 ¥、^ 等）、乱码（如鉌芸、蝾阡等）、空行等，以及统一文本内的全角/半角。这一步骤目前可以使用人工删除，也可以用现有的文本编辑器软件（如 Emeditor 等）以及利用 R 或 python 等编程语言通过代码进行批量处理。

在清洗完文本、得到干净整齐的文本后，对于中文文本一般还需要进行分词操作（tokenization）。对于英文而言，其中词与词的边界以空格为明显界限；而中文文本中的词与词之间则没有明显的界线，因此，为了让计算机更容易理解文本，需要将中文句子中的词与词之间加上边界标记，使得后续检索过程便于识别，这一过程即为分词过程。分词软件目前已有很多，譬如 CorpusWordParser 等，也可以利用计算机软件自行编程分词，如利用 python 中的 jieba 包。以上工具均能够实现在较短的时间内批量分词。

分词后的文本需要根据研究问题的需要，对相关语言学信息进行标注。常见的标注包括词性标注、语义标注、话语层面的标注等，目前，针对英文的计算机自动标注软件已较为成熟，但准确性和可靠性还有待提高（许家金，2019）。目前常用的词性标注工具有兰卡斯特大学的 Free CLAWS web tagger 和梁茂成教授编写的 TreeTagger（梁茂成 等，2010），标注准确率都能达到 96% ~ 97%。图 1–6 展示了使用 Free CLAWS web tagger 标注过词性的文本，可以看出，Chairman 被标注为 Chairman_NN1，即 singular common noun；the 被标注为 the_AT0，即 article。这些标记的含义在软件的官方网站上均可查询（https://ucrel.lancs.ac.uk/claws8tags.pdf）。对于语义标注而言，目前常用的软件为 Wmatrix，这款软件需要付费使用。当然，还有相当一部分语言学标注需要人工完成。例如，在研究当代英美主流报刊媒体中"中国梦"的传播和接收情况时，如果需要利用其他语言学理论，如系统功能语言学进行考察，而这类标注并没有自动标注软件，就需要研究者自行设计标注格式，进行人工标注。

```
Wu_NP0 Bangguo_NP0 ,_PUN Chairman_NN1 of_PRF the_AT0 Standing_NN1
Committee_NN1 of_PRF the_AT0 National_AJ0 People_NN0 's_POS Congress_NN1
attended_VVD the_AT0 ceremony_NN1 ._PUN </seg>_SENT -----_PUN
**12;99;seg On_PRP that_DT0 day_NN1 ,_PUN a_AT0 festive_AJ0 and_CJC
lively_AJ0 atmosphere_NN1 filled_VVD the_AT0 Xiamen_NN2 International_AJ0
Exhibition_NN1 Center_NN1 ,_PUN with_PRP colorful_AJ0 flags_NN2 fluttering_VVG
and_CJC guests_NN2 gathering_VVG ._PUN </seg>_SENT -----_PUN
**12;112;seg At_PRP about_AV0 10:00_CRD ,_PUN Wu_NP0 Bangguo_NP0 waved_VVD
the_AT0 golden_AJ0 key_NN1 in_PRP his_DPS hand_NN1 ,_PUN put_VVB it_PNP in_PRP
the_AT0 keyhole_NN1 of_PRF the_AT0 startup_NN1 table_NN1 ,_PUN and_CJC
started_VVD the_AT0 CIFIT_NN1 with_PRP warm_AJ0 applauds_VVZ on_PRP the_AT0
spot_NN1 ._PUN </seg>_SENT -----_PUN
**12;125;seg Before_CJS the_AT0 opening_NN1 ceremony_NN1 ,_PUN Wu_NP0
Bangguo_NP0 inspected_VVD the_AT0 exhibition_NN1 halls_NN2 of_PRF the_AT0
CIFIT NN1 . PUN </seg> SENT ----- PUN
```

图 1–6　词性标记后的文本

2. 语料库检索

在完成文本数据采集、文本清洗、标注等步骤之后，为了完成研究，需要将文本导入语料库软件进行检索分析。这一操作是通过大规模语料探究语言规律的核心。目前常用的语料库检索软件有 AntConc、Wordsmith、Lancsbox 等，其核心功能基本类似。这些语料库研究使用的分析软件主要量化统计词出现的频次、词与词之间共同出现的频次、词或短语在文本中的分布以及基于这些基础数据进行的更为复杂的统计等。这里，以 AntConc（https://www.laurenceanthony.net/software/antconc/）为例进行展示。

利用 AntConc 展开研究时，最常用的四个功能为：KWIC（key word in context）索引、词表、搭配词、关键词。

KWIC 索引是基于语料库研究的最基本工具，它的核心是索引行（concordance line），即语料库中含有所研究的关键词的句子片段（卫乃兴，2002）。在使用此功能时，输入关键词，软件会显示出包含此关键词的相关索引。例如，图 1–7 为以"Chinese Dream"为关键词进行检索所得到的索引行，其中，关键词 Chinese Dream 居中出现，左右为构成关键词相关语境的词语，这里按照左边前三个词语首字母顺序排序呈现。研究者常通过观察语境词语来考察分析关键词的使用特征。对于标注过相关语言学信息的语料库，还可以考察关键词的语法结构等使用情况。

图1-7 包含 "Chinese Dream" 的索引行

对于一些没有明确检索目标的情况，词表（wordlist），又称词频表功能，可以勾勒出语料库的大致内容。这里还以英美等西方媒体中的"中国梦"语料为例子，检索语料库的词表，按照频率对这些词进行排序。图1-8为此语料库的前23个高频词，可以发现，除China、Chinese外全部为虚词，对于研究问题提供的信息有限，因此，在研究中常考察高频实词的使用情况。如图1-9所示，仅包含实词的词表能更加有效地提供研究问题的相关信息。同时，还可以考察多词的词频表，以更好地总结规律，揭示深层信息。多词的长度可以根据研究需要逐渐增大，从两词、三词到四词、五词等。

	Type	Rank	Freq	Range	NormFreq	NormRange
1	the	1	8369	1	61359.004	1.000
2	of	2	3875	1	28410.341	1.000
3	to	3	3636	1	26658.064	1.000
4	a	4	3388	1	24839.802	1.000
5	and	5	3367	1	24685.837	1.000
6	in	6	3013	1	22090.415	1.000
7	s	7	1879	1	13776.266	1.000
8	is	8	1662	1	12185.287	1.000
9	that	9	1577	1	11562.092	1.000
10	china	10	1428	1	10469.669	1.000
11	for	11	1243	1	9113.304	1.000
12	it	12	1145	1	8394.797	1.000
13	as	13	1000	1	7331.701	1.000
14	with	14	900	1	6598.531	1.000
15	chinese	15	825	1	6048.653	1.000
16	are	16	789	1	5784.712	1.000
17	on	17	764	1	5601.419	1.000
18	but	18	712	1	5220.171	1.000
19	be	19	670	1	4912.240	1.000
20	was	19	670	1	4912.240	1.000
21	has	21	668	1	4897.576	1.000
22	by	22	644	1	4721.615	1.000
23	he	23	639	1	4684.957	1.000

图1-8 "中国梦" 语料库的前23个高频词

	Type	Rank	Freq	Range	NormFreq	NormRange
1	china	10	1428	1	10469.669	1.000
2	chinese	15	825	1	6048.653	1.000
3	one	38	394	1	2888.690	1.000
4	world	41	357	1	2617.417	1.000
5	people	42	350	1	2566.095	1.000
6	new	43	335	1	2456.120	1.000
7	said	43	335	1	2456.120	1.000
8	like	49	287	1	2104.198	1.000
9	beijing	50	278	1	2038.213	1.000
10	would	58	251	1	1840.257	1.000
11	us	60	243	1	1781.603	1.000
12	year	62	237	1	1737.613	1.000
13	years	64	233	1	1708.286	1.000
14	many	65	228	1	1671.628	1.000
15	mr	68	211	1	1546.989	1.000
16	also	72	203	1	1488.335	1.000
17	dream	76	193	1	1415.018	1.000
18	government	79	186	1	1363.696	1.000
19	power	79	186	1	1363.696	1.000
20	state	82	185	1	1356.365	1.000
21	country	83	179	1	1312.374	1.000
22	first	86	173	1	1268.384	1.000
23	says	86	173	1	1268.384	1.000

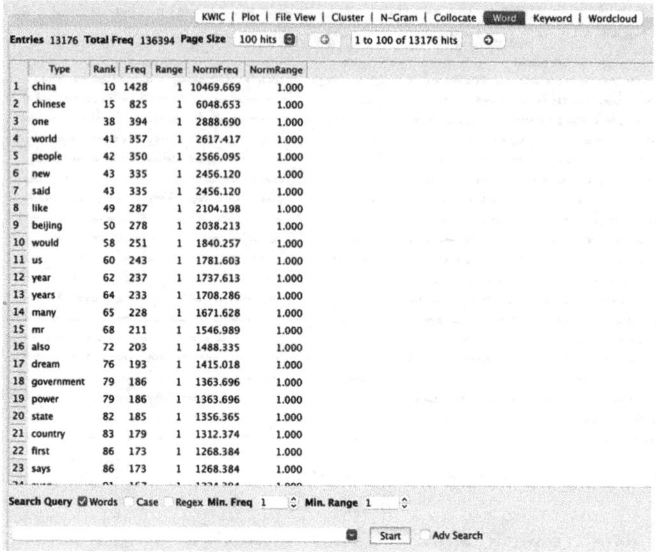

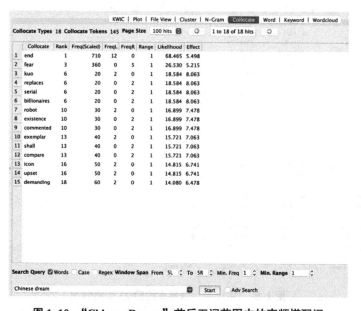

图 1–9 “中国梦”语料库的前 23 个高频实词

通过分析词表，得到有显著意义的词语后，可以继续对该词或词组进行深入分析，这时，需要用到搭配词（collocate）检索。弗思（Firth，1957）曾指出，词的意义体现在与它共同出现的词中。因此，通过检索关键词的搭配词，可以探究某一词语或词组在语境中的真实含义。在“中国梦”语料库中，在通过词表大致了解了语料库全貌后，可以聚焦于“Chinese Dream”，探究本语料库中“Chinese Dream”前后五词范围内的高频搭配词有哪些。如图 1–10 所示，end 和 fear 指向了西方媒体对“中国梦”不看好的消极观点，当然，这需要研究者继续通过索引行回溯原文语境进行进一步分析。通过这样“点—线—面”逐渐拓展的方法，能够获得从语言学视角对某一语言现象或区域国别研究现象的充分阐释。

	Collocate	Rank	Freq(Scaled)	FreqL	FreqR	Range	Likelihood	Effect
1	end	1	710	12	0	1	68.465	5.498
2	fear	3	360	0	5	1	26.530	5.215
3	kuo	6	20	2	0	1	18.584	8.063
4	replaces	6	20	0	2	1	18.584	8.063
5	serial	6	20	0	2	1	18.584	8.063
6	billionaires	6	20	0	2	1	18.584	8.063
7	robot	10	30	2	0	1	16.899	7.478
8	existence	10	30	0	2	1	16.899	7.478
9	commented	10	30	0	2	1	16.899	7.478
10	exemplar	13	40	2	0	1	15.721	7.063
11	shall	13	40	0	2	1	15.721	7.063
12	compare	13	40	0	2	1	15.721	7.063
13	icon	16	50	2	0	1	14.815	6.741
14	upset	16	50	2	0	1	14.815	6.741
15	demanding	18	60	2	0	1	14.080	6.478

图 1–10 “Chinese Dream”前后五词范围内的高频搭配词

此外，关键词（keyword）也是利用语料库工具进行分析时常用的方法。关键词指的是频率显著高于或低于参照语料库中对应词频率的那些词汇（胡开宝，2011）。一般而言，参照语料库为BNC、COCA等大型通用语料库，也可根据研究需要选取其他的语料库。通过将研究的语料库与参照语料库进行对比，可以考察哪些词语代表的主题在研究语料库中得到突显，哪些又被弱化，从而揭示话语背后潜在的社会文化和意识形态内涵。图1–11为“中国梦”语料库中根据研究需要，将中国梦提出的第二个阶段与第一个阶段对比得到的关键词表，大致可以发现“习近平主席”和“中国共产党”等话题在第二阶段较为凸显。

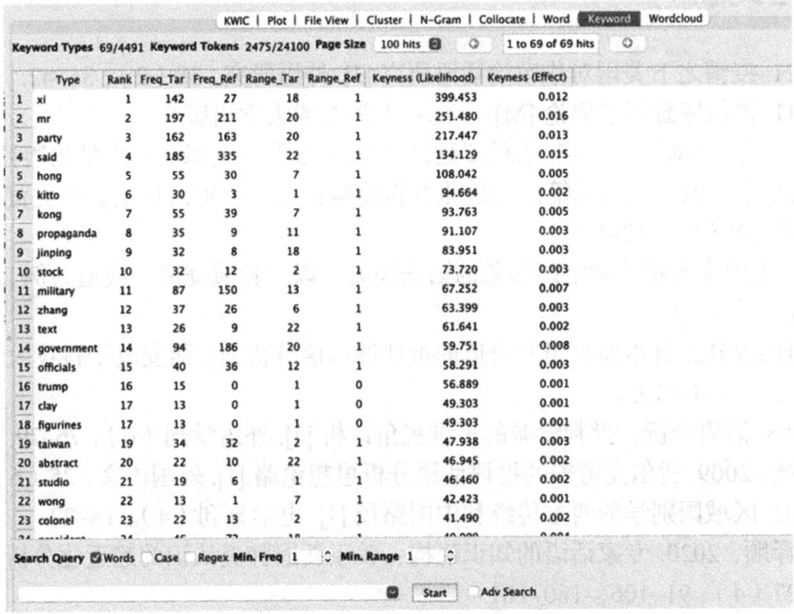

	Type	Rank	Freq_Tar	Freq_Ref	Range_Tar	Range_Ref	Keyness (Likelihood)	Keyness (Effect)
1	xi	1	142	27	18	1	399.453	0.012
2	mr	2	197	211	20	1	251.480	0.016
3	party	3	162	163	20	1	217.447	0.013
4	said	4	185	335	22	1	134.129	0.015
5	hong	5	55	30	7	1	108.042	0.005
6	kitto	6	30	3	1	1	94.664	0.002
7	kong	7	55	39	7	1	93.763	0.005
8	propaganda	8	35	9	11	1	91.107	0.003
9	jinping	9	32	8	18	1	83.951	0.003
10	stock	10	32	12	2	1	73.720	0.003
11	military	11	87	150	13	1	67.252	0.007
12	zhang	12	37	26	6	1	63.399	0.003
13	text	13	26	9	22	1	61.641	0.002
14	government	14	94	186	20	1	59.751	0.008
15	officials	15	40	36	12	1	58.291	0.003
16	trump	16	15	0	1	0	56.889	0.001
17	clay	17	13	0	1	0	49.303	0.001
18	figurines	17	13	0	1	0	49.303	0.001
19	taiwan	19	34	32	2	1	47.938	0.003
20	abstract	20	22	10	22	1	46.945	0.002
21	studio	21	19	6	1	1	46.460	0.002
22	wong	22	13	1	7	1	42.423	0.001
23	colonel	23	22	13	2	1	41.490	0.002

图1–11　“中国梦”语料库中两阶段对比得到的关键词表

五、本章小结

本章梳理了语料库技术的相关理论，并呈现了研究中最常使用的语料库技术及其能提供的信息。目前，将语料库作为研究工具融入区域国别研究已是大势所趋，在线语料库和自建语料库都能提供有意义的研究视角。本章后两节分别对在线语料库的主要功能，以及语料库的建设（包括设计和常用检索功能）进行了介绍。对在线语料库和自建语料库的实践应用还需要研究者根据所研究的区域国别问题对提取出的文本信息结合语言学等背景知识进行深挖，从而得出有意义的、启发性的结论。

六、思考题

1）语料库指的是什么？语料库语言学指的是什么？

2）语料库的主要类型有哪些？

3）在线语料库一般能提供哪些信息的检索？

4）语料库的建设包括什么步骤？分别需要进行哪些操作？

5）请自行选择一个话题，围绕该话题设计并建设一个库容约50万词的语料库，并进行高频词、关键词、搭配词等核心数据的相关检索。

七、本章参考文献

[1] 胡茶娟，2021. 疫情之下美国对华政治话语研究 [J]. 外语研究，38（2）：36–42.

[2] 胡开宝，2011. 语料库翻译学概论 [M]. 上海：上海交通大学出版社.

[3] 胡开宝，朱一凡，李晓倩，2018. 语料库翻译学 [M]. 上海：上海交通大学出版社.

[4] 胡元江，陈洁雯，2021. 新闻语篇的趋近化共识建构：以《华尔街日报》中美贸易摩擦话语为例 [J]. 外语研究，38（5）：12–17.

[5] 黄蔷，2021. 美国主流媒体对中国形象的话语偏见：以"新冠疫情"报道为例 [J]. 外国语文，37（4）：85–96.

[6] 黄晓英，宋佳，2012. 日本地震新闻报道的批评性话语分析 [J]. 西安电子科技大学学报（社会科学版），22（2）：114–119.

[7] 纪卫宁，2008. 话语分析：批判学派的多维视角评析 [J]. 外语学刊（6）：76–79.

[8] 纪卫宁，辛斌，2009. 费尔克劳夫的批评话语分析思想论略 [J]. 外国语文，25（6）：21–25.

[9] 李秉忠，2002. 区域国别学的西方传统和中国路径 [J]. 史学集刊（4）：18–22.

[10] 李俊义，尤泽顺，2020. 专家话语的知识建构：关于新冠肺炎认识的趋近化分析 [J]. 天津外国语大学学报，27（4）：91–106，160–161.

[11] 梁茂成，2016. 什么是语料库语言学 [M]. 上海：上海外语教育出版社.

[12] 梁茂成，李文中，许家金，2010. 语料库应用教程 [M]. 北京：外语教学与研究出版社.

[13] 刘文宇，徐博书，2018. 从"伙伴"到"对手"：《美国国家安全战略报告》的话语空间分析 [J]. 外语研究，35（6）：8–15，52.

[14] 田海龙，2006. 语篇研究的批评视角：从批评语言学到批评话语分析 [J]. 山东外语教学（2）：40–47.

[15] 田海龙，2016a. 话语研究的语言学范式：从批评话语分析到批评话语研究 [J]. 山东外语教学，37（6）：3–9.

[16] 田海龙，2016b. 批评话语分析精髓之再认识：从与批评话语分析相关的三个问题谈起 [J]. 外语与外语教学（2）：1–9，144.

[17] 田海龙，2019. 批评话语研究的三个新动态 [J]. 现代外语，42（6）：855–864.

[18] 田海龙，程玲玲，2010. "Discourse"的含义及其汉译 [J]. 燕山大学学报（哲学社会科学版），11（1）：68–72.

[19] 田海龙，张迈曾，2006. 话语权力的不平等关系：语用学与社会学研究 [J]. 外语学刊（2）：7–13，112.

[20] 王正，张辉，2022. 三角互证视域下中西媒体中国扶贫话语的批评认知语言学研究 [J]. 外语教学，43（6）：15–21.

[21] 卫乃兴，2002. 基于语料库和语料库驱动的词语搭配研究 [J]. 当代语言学（2）：101–114，157.

[22] 武建国，林金容，栗艺，2016. 批评性话语分析的新方法：趋近化理论 [J]. 外国语（上海外国语大学学报），39（5）：75–82.

[23] 辛斌，2005. 批评语言学与西方马克思主义：批评性语篇分析中的意识形态观 [J]. 常熟理工学院学报（5）：7–10.

[24] 辛斌，高小丽，2013. 批评话语分析：目标、方法与动态 [J]. 外语与外语教学（4）：1–5，16.

[25] 许家金，2019. 语料库与话语研究 [M]. 北京：外语教学与研究出版社.

[26] 张辉，颜冰，2019. 政治冲突话语的批评认知语言学研究：基于叙利亚战争话语的个案研究 [J]. 外语与外语教学（4）：14–27，146.

[27] 赵可金，2021. 区域国别研究的内涵、争论与趋势 [J]. 俄罗斯研究（3）：121–145.

[28] 赵秀凤，宋冰冰，2021. 美国智库涉华核能话语中"他者"身份建构的话语策略：批评话语分析视角 [J]. 外国语言文学，38（4）：353–372，446.

[29] AKŞAK E Ö, 2020. Discursive construction of Syrian refugees in shaping international public opinion: Türkiye's public diplomacy efforts [J]. Discourse & Communication, 14(3): 294–313.

[30] BABAII E, SHEIKHI M, 2018. Traces of neoliberalism in English teaching materials: A critical discourse analysis. Critical Discourse Studies, 15(3): 247–264.

[31] BLOMMAERT J, 2005. Discourse: A Critical Introduction. Cambridge: Cambridge University Press.

[32] CAP P, 2008. Towards the proximization model of the analysis of legitimization in political discourse [J]. Journal of Pragmatics, 40(1): 17–41.

[33] CAP P, 2013. Proximization theory and critical discourse studies: A promising connection? International Review of Pragmatics, 5 (2): 293–317.

[34] CAP P, 2014. Applying cognitive pragmatics to critical discourse studies: A proximization analysis of three public space discourses [J]. Journal of Pragmatics, 70: 16–30.

[35] CAP P, 2017. The Language of Fear: Communicating Threat in Public Discourse [M]. Hardcover: Palgrave Macmillan.

[36] CAP P, 2018. "We don't want any immigrants or terrorists here": The linguistic manufacturing of xenophobia in the post-2015 Poland [J]. Discourse & Society, 29(4): 380–398.

[37] CHILTON P, 2004. Analysing Political Discourse: Theory and Practice [M]. London: Routledge.

[38] CHOULIARAKI L, FAIRCLOUGH N, 1999. Discourse in Late Modernity: Rethinking Critical Discourse Analysis [M]. Edinburgh: Edinburgh University Press.

[39] DE MELO RESENDE V, 2009 It's not a matter of inhumanity: A critical discourse analysis of an apartment building circular on homeless people [J]. Discourse & Society, 20(3): 363–379.

[40] FAIRCLOUGH N, FAIRCLOUGH I, 2018. A procedural approach to ethical critique in CDA [J]. Critical Discourse Studies, 15(2): 169–185.

[41] FAIRCLOUGH N, WODAK R, 1997. Critical Discourse Analysis [C] // Van Dijk. Discourse as Social Interaction: 258–284.

[42] FAIRCLOUGH N, 1985. Critical and descriptive goals in discourse analysis [J]. Journal of Pragmatics (9): 737–763.

[43] FAIRCLOUGH N, 1989. Language and Power [M]. London: Longman.

[44] FAIRCLOUGH N, 1992. Discourse and Social Change [M]. Cambridge: Polity Press.

[45] FAIRCLOUGH N, 1995. Critical Discourse Analysis: The Critical Study of Language [M]. London: Longman.

[46] FAIRCLOUGH N, 2001. Language and Power [M]. 2nd ed. London: Longman.

[47] FAIRCLOUGH N, 2003. Analyzing Discourse: Textual Analysis for Social Research [M]. London and New York: Routledge.

[48] FAIRCLOUGH N, 2010. Critical Discourse Analysis: The Critical Study of Language [M]. New York: Routledge.

[49] FAIRCLOUGH N, 2013. Critical discourse analysis and critical policy studies [J]. Critical Policy Studies, 7(2): 177–197.

[50] FIRTH J R, 1957. Papers in Linguistics 1934–1951 [M]. London, Oxford University Press.

[51] FOUCAULT M, 1970. The Order of Discourse [M]. London: Routledge.

[52] FOWLER R, HODGE B, KRESS G, et al. Language and Control [M]. London, Boston and Henley: Routledge & Kegan Paul.

[53] GABRIELATOS C, BAKER P, 2008. Fleeing, sneaking, flooding: A corpus analysis of discursive constructions of refugees and asylum seekers in the UK press 1996—2005 [J]. Journal of English Linguistics,36(1): 5–38.

[54] HALLIDAY M A K, 1978. Language as Social Semiotics: The Social Interpretation of Language and Meaning [M]. London: Edward Arnold.

[55] HARRIS Z, 1995. Discourse analysis. Language, 28(1): 1–30.

[56] HODGE R, KRESS G, 1979. Language as Ideology: Politics of Language [M]. London, Boston and Henley: Routledge & Kegan Paul.

[57] https://www.english-corpora.org/coca/.

[58] https://www.laurenceanthony.net/software/antconc/.

[59] KRESS G, 1989. History and language: Towards a social account of linguistic change [J]. Journal of Pragmatics (13): 45–46.

[60] KRZYZANOWSKI M, FORCHTNER B. 2016. Theories and concepts in critical discourse studies: Facing challenges, moving beyond foundations [J]. Discourse & Society, 27(3): 253–261.

[61] LI K, GONG X, 2022. Proximization: a critical cognitive analysis of health security discourse [J]. Text & Talk, 42(5): 713–734.

[62] LOCKE T, 2004. *Critical Discourse Analysis*. London & New York: Continuum.

[63] ÖZCAN E, 2022. Pull the weeds out or perish: Using pandemic metaphors to strengthen in-group solidarity in Turkish political discourse [J]. Metaphor and Symbol, 37(2): 171–184.

[64] REISIGL M, WODAK R, 2001. Discourse and Discrimination [M]. London and New York: Routledge.

[65] REISIGL M, WODAK R, 2009, The discourse-historical approach (DHA) [M] //WODAK R, MEYER M. Methods for Critical Discourse Analysis. London: Sage: 87–121.

[66] REISIGL M, 2017. The discourse-historical approach [M] // FLOWERDEW J, RICHARDSON J. The Routledge Handbook of Critical Discourse Studies. London: Routledge.

[67] SCHIFFRIN D, 1994. Approaches to Discourse [M]. Oxford: Blackwell.

[68] SCHIFFRIN D, TANNEN D, HAMILTON H, 2001. The Handbook of Discourse Analysis [M]. Oxford: Blackwell.

[69] SHAMSUDIN Z, GHAZALI K, 2011. A discursive construction of homosexual males in a Muslim-dominant community [J]. Multilingua-Journal of Cross-Cultural and Interlanguage Communication, 30(3/4): 279–304.

[70] STUBBS M, 1983. Discourse Analysis [M]. Oxford: Blackwell.

[71] VAN DIJK T A, 2001. Multidisciplinary CDA: A plea for diversity [C] // WODAK R. MEYER M. Methods of Critical Discourse Analysis [M]. London: Sage Publications.

[72] VAN DIJK T A, 2009a. Critical discourse studies: A sociocognitive approach [C] // WODAK R, MEYER M. Methods of Critical Discourse Analysis [M]. 2nd. London: Sage Publications.

[73] VAN DIJK T A, 2009b. Society and Discourse: How Social Contexts Influence Text and Talk. Cambridge: Cambridge University Press.

[74] WODAK R, 1996. Disorders of discourse [M]. London: Longman.

[75] WODAK R, 2001. What CDA is about: A summary of its history, important concepts and its developments [C] // WODAK R, MEYER M. Methods of Critical Discourse Analysis. London: Sage Publications.

第二章

外国文学理论和方法与
区域国别研究①

　　本章首先介绍外国文学研究和区域国别研究的关联；其次，对外国文学研究进行概述，包括世界文学、区域文学、外国文学、国别文学等概念，中国的外国文学研究起源、发展、研究范式，等等；再次，分别对外国文学研究领域与区域国别研究相契合的三种常用视角，即民族性研究、情报挖掘研究、战略文化研究进行详细介绍，包括每种研究视角的理论介绍、应用和案例分析；最后，给出了一些开展相关研究的选题建议。

一、外国文学研究与区域国别研究的关系

　　英国、美国、法国、俄罗斯等国家的小说在全世界都有着广泛的读者群，它们吸引读者的部分原因在于表达并帮助定义了一个特定的国家。虚构叙事有助于我们洞察特定社会或国家的内在机制，其作用类似于使我们得以体验与个人经历迥异的他者生活（Parrender, 2006）。帕特里克·帕伦德（Patrick Parrender）在《国家与小说》中如此界定小说或文学作品与国家之间的关系：通过阅读与研究小说可以探寻一国之内幕，可以了解一国之性情，熟悉一国之发展历程。文学艺术的状态与国家的状态存在直接联系，因此文学的变化往往成为国家复兴或衰落的隐喻。文学与国家之间的关系如此之紧密，尤以现代中国为甚，晚清的"诗界革命""文界革命""小说界革命"是晚清变革的先声，五四新文化运动的现代文学变革则同反帝反封建与科学民主交织在一起、同个人解放与民族

---

① 本章作者：苏锑平，中国人民大学比较文学博士，澳大利亚国立大学历史学博士后，西安外国语大学英文学院国别与跨文化系主任、副教授，研究领域：国别研究、英语文学等。

解放交织在一起，可以说现代中国的变革同借鉴与师法外国文学密不可分（吴元迈，2016）。

中国的外国文学研究肇始于晚清，由翻译带动研究。20 世纪，中国有过几次翻译高潮：晚清、五四之后、中华人民共和国成立之初以及改革开放之后。晚清小说刊行了 1 500 种以上，而翻译小说又占有全数的三分之二，仅林纾的译作就有百余种（唐弢，1984）。鲁迅创办了中国第一本专门翻译和介绍外国文学的杂志《译文》，与他同时代的很多现代作家如周作人、郭若沫、矛盾、巴金、田汉、冯至等都是由翻译而评论，进而研究，他们为中国的外国文学研究奠定了良好的基础。譬如，在 1928—1929 年不到两年的时间里，100 部长长短短的俄国文学作品，以狂热的速度涌进中国图书市场（林语堂，2001）。他们通过翻译外国文学作品引进革命思想，进而影响中国革命道路；他们通过介绍欧洲文学思潮引领中国文学变革，进而启发民智。马克思主义和马克思文艺思潮就是在早期共产党人的提倡与引介下进入中国的，对中国革命文学产生了重大影响，诞生了如沈雁冰兄弟的《文学与革命的文学》、蒋光慈的《现代中国社会与革命文学》等代表性著作。后来的左翼作家联盟通过引介和翻译马克思的文艺理论著作，不仅对中国的文艺思潮产生了影响，同时也对中国的革命道路和指导思想产生了重要影响。

1949 年，中华人民共和国成立，中国开始进入一个新纪元。作为同为马克思主义指导下的社会主义阵营国家，苏联成为中国全面学习的榜样，苏联文艺也因此成为中国的外国文艺工作者最主要的学习和研究目标。1950 年，中国新译初版俄苏文学著作高达 38 部，再版重印的就更多了，20 世纪 60 年代头四年，内部出版发行的苏联作品单行本至少有 52 部，其中包括 13 种苏联文学理论和评论著作。这一时期中国在政治上"一边倒"，在文化上也是"一边倒"，以至于"当时苏联的任何文艺理论的小册子都被看作是马克思主义的经典，得到广泛传播"（童庆炳 等，2000）。这一时期苏联文学最受重视，亚非拉文学得到强调，但是欧洲古典文学遭到批判，现代主义文学则被视为糟粕而基本消失。20 世纪 70 年代，中国学界对苏联文学译介的政治倾向更加明显，但与之前的顶礼膜拜不同，这一次中国学界选择了在拒绝中接受和传播，比如《普隆恰托夫经理的故事》所塑造的"当代英雄"在中国译介者眼中却是"苏修新生资产阶级分子"的典型。一批继承了批判现实主义传统的反映苏联各种社会现实问题的作品被翻译成中文，在译介者眼中苏联社会也已经成为"无可救药的《人世间》"（宋炳辉，1994）。总而言之，从中华人民共和国成立到改革开放之前的这段时间里，中国的苏联文学研究，换言之，中国的外国文学研究可以说是多译介而疏评论，理性思考少而政治跟风多。外国文学研究界对苏联文学及其思潮要么采取全面引进、全面接受的态度，要么采取选择引进、全面否定的态度，不能以我为主、以民族的主体性为主，进行具体问题具体分析。

改革开放之后，中国进入一个新的历史时期，外国文学译介和研究也步入一个百废待兴、百花齐放的新历史时期，中国历史上第一个外国文学工作者社团组织"中国外国文学学会"正式成立。在邓小平理论的指导下，学界重新校准了文学与政治之间的关系，外国文学研究重回历史与美学相统一、方法多样化的时代，从而大大扩展了外国文学研究的范围，使其得到全方位、全领域的发展。同以往几个时期一样，这一时期的外国文学研究依然是译介先行，不仅重视西方现当代文学的译介，而且重视西方古典文学和亚非拉文学的引介，既引进严肃文学和先锋文学，也照顾到通俗文学和畅销作品，苏联文学依然受到关注，但沦为外国文学的一个组成部分。随着"解放思想"的提出，西方的各种思潮纷纷涌入，20 世纪 80 年代初，学界延续了之前对马克思主义文论和西方古典文论的关注，但是 1985 年后外国文学研究界普遍体验到一种落后的"焦虑"，因为当时整个中国知识界都在寻找新的理论和学术话语，中国当代文学评论界新锐迭起，他们对西方形式主义话语的运用得心应手，而外国文学研究界依然局限于单纯注重思想内容、忽视艺术分析的旧的准社会学式的思想方法与话语结构。借助于外语的优势，外国文学研究界将西方的各种文论思潮和流派不加选择地加以译介，神话–原型批评、心理学批评、形式–文体批评、系统论、比较文学、阐释学与接受美学等尤其受到中国学界的青睐。从外国文学研究实践来看，他们纷纷采用西方的新理论和新方法，比如精神分析批评、新批评、女权主义批评、结构主义与符号学理论、叙事学等等，研究对象则聚焦于福克纳、乔伊斯等现代主义和后现代主义作家。尽管有部分研究能够跳出西方理论与方法的窠臼，但是多数研究依然只是对西方已有评论的简单重复。概而言之，外国文学研究界在这一时期重复了过去学习苏联的那些失败经验，对西方的种种理论模式不求甚解，生搬硬套，反过来又唯西方文学样式和西方理论模式马首是瞻，不加分析地跟着走（吴元迈，2016）。直到进入 21 世纪，外国文学研究界才有了理论自觉和自信，诞生了一些中国本土的理论流派，如基于文学根源性研究的"文学人类学"以及基于道德伦理评价的"文学伦理学"，这些理论在国际上产生了一定的影响。

纵观一个多世纪以来的外国文学研究状况，外国文学与中国的政治生态紧密相连、与国家和民族的命运紧密相关。文学既是一种反映社会现实和人类精神状态的艺术形式，也反映国家和民族的历史、文化、政治、经济和社会现状等方方面面。它不仅可以激发人们的思想、情感和行动，还可以推动社会的进步与发展，甚至影响国家的命运和发展方向。外国文学则可以为国家和民族提供新的思想和观念。通过阅读外国文学作品，人们可以了解到不同国家和民族的文化、历史、人文精神和社会现状，这些新的思想和观念可以为国家和民族的发展带来新的思路和方向。在过去一个多世纪的外国文学研究实践中，把外国文学按国别、按区域来进行译介和研究，但我们只是把外国文学当作革命种子、思想资源和文学样本，我们也试图按照国别和区域来划分外国文学的体系，如美国文学、美国文学史，俄苏文学、欧洲文学史等等，但是从根本上来说，他们是"文学"，是"文学研究"，而不是"国别研究""区域研究"。

那么何为"区域国别研究"？国务院学位委员会第六届学科评议组提出和确定"区域国别研究"为外国语言文学学科的一个分支时对其做过一个定义，即"借助历史学、哲学、人类学、社会学、政治学、法学、经济学等学科的理论和方法，探讨语言对象国家和区域的历史文化、政治经济社会制度和中外关系，注重全球与区域发展进程的理论和实践，提倡与国际政治、国际经济、国际法等相关学科的交叉渗透"（国务院学位委员会第六届学科评议组，2013）。该定义明确了区域国别研究要借助的理论与方法，明确了要研究的问题，也指出了要交叉的学科，尽管该定义没有明确规定研究对象，但既然是外国语言文学下的二级学科，其研究对象自然就是外国语言和文学。在过去的研究实践中，我们不难看出其中部分研究借鉴了相关的理论与方法，也探讨了相关的问题，但这是学者们的自发性研究行为，不成体系和建制，一方面成果数量有限，另一方面成果分散，难以形成聚集效应以建构某个国家或区域的知识体系。区域国别研究的一个重要任务是建构关于某个国家的知识体系，而这个知识体系则不限于政治、外交、军事和安全等方面的问题，要了解一个国家或地区的政治、外交行为背后的规律和深层原因，离不开对这个国家或地区的语言、历史、文化、宗教等人文知识及背景的深入理解。文学即人学，文学反映人类生活的方方面面，是了解一个国家或地区的语言、历史、文化、宗教的极佳材料。因此，区域国别学视域下的外国文学研究不是对文学性的探讨或某些细枝末节的了解，而是要建构关于一个国家或区域的知识体系。

国内一些学者认为中国早就有了区域国别研究，而且是与文学融为一体的。例如，有学者从学术史的角度提出《诗经》是中国最早的一部"区域研究"著作，该书对世界的认识和思考影响了中国学术对区域、地域、文明等"时空概念"的理解（刘鸿武，2020）。文史不分家的《史记》《匈奴列传》《南越列传》等书籍为国人对周边和世界的认识提供了早期的资料积累（李安山，2021）。

此外，古今中外的很多志记、游记也被认为属于区域国别研究，比如《山海经》、宋代的《诸蕃志》、明朝的《西洋番国志》、唐朝的《大唐西域记》、北非的《伊本·白图泰游记》、西亚的《道里邦国志》、意大利的《马可·波罗游记》、英国的《曼德维尔游记》等，它们记载了本土和异域的风土人情、物产资源等各种异域知识和体验，不过这些都是经验性的，不具备我们今天所说的区域国别研究意识。多数学者还是认可现在的区域国别研究形成于第二次世界大战后的美国，当初美国是为了加强对世界各地区和国别的研究以适应其国家战略和对外战略的需求（陈岳，2022）。

一般认为，1941 年成立的"战略事务办公室"（Office of Strategic Services）是美国区域研究的开端，但是其源头可以追溯到不晚于 14 世纪出现的东方学，即研究亚洲和非洲（主要是北非）地区的历史、经济、语言、文学、艺术及其他物质、精神文化的综合性学科。东方学的一个重要研究领域是语言和文学，研究亚洲各国的语言体系、语法、语义、词汇和文字等，以及相关的文学作品、传统文化和文学批评等。美国的区域研究在很大程度上继承了东方学的话语和观念，其中一个方面就是区域研究，语言先行。在人才培养上，多所大学开设语言、文化相关课程，并且成立各种语言项目以资助语言与区域研究，如 1958 年成立的"外语和区域研究奖学金项目（FLAS）"和 2002 年成立的"语言领航项目（NFLI）奖学金"（刘超，2022）。在科学研究上，各种专业性区域研究社团相继成立，其中吸纳了从事语言文学研究的学者，如美国亚洲研究协会在 1968 年年度报告中对会员研究领域的统计显示，3 722 名会员中有 343 人从事语言和文学研究，接近全体成员的 10%（张杨，2022）。加州大学伯克利分校、芝加哥大学、哥伦比亚大学、康奈尔大学、哈佛大学、密歇根大学、宾夕法尼亚大学、普林斯顿大学、威斯康星大学和耶鲁大学等美国研究型大学引领了这一学科方向，因为美国所需要的并不只是经济学家和政治学家，还需要专注于这些社会的基本结构与动力、它们的社会组织、人口、社会心理、文化与道德价值观、审美、宗教传统、宇宙观与哲学观等方面研究的人文学家和社会科学家（桑顿 等，2004）。其中涌现出很多研究中国文学的专家、学者，比如我们耳熟能详的宇文所安（Stephen Owen）、孙康宜（Kang-i Sun Chang）、傅汉思（Hans Hermannt Frankel）、苏源熙（Caleb Powell Haun Saussy）等。

由文学研究而进入区域国别研究最有影响的学者当属爱德华·赛义德（Edward Said）。赛义德是美国当代重要的批评理论家，后殖民批评理论代表人物。他本来是循规蹈矩的文学研究者，但是第三次中东战争让出生于巴勒斯坦的赛义德积极介入巴勒斯坦政局，将学术与政治相结合，成为一个介入式知识分子。1978 年出版的《东方主义》是他这一转折的成果，也是他最重要的作品，从而为当时相对保守的文学研究之路打开了一条通往政治的道路。在这部作品中作者选取了大量具有东方主义倾向的文学作品作为支撑其思想的证据。通过对各类文本进行政治化、历史化解读，赛义德揭示了西方如何凭借东方主义制造关于东方的知识，并以此为基础建构了一个沉默的、愚昧的、落后的"东方"，以实现对东方的控制、支配和征服。他主要借鉴了德里达的"解构主义"理论、福柯的"话语"理论、葛兰西的"霸权"理论，将"东方主义"界定为一个高度封闭的知识领域、一种西方中心主义的思维方式、一套西方主导的权力话语。他发现西方学者研究东方的资料来源、理论假设都受到了殖民思想的影响。在他们眼里，东方被认为是欧洲的另一个世界，是一片充满异域生物和可开发财富的土地，主要是为西方的经济和想象服务。在赛义德看来，他们对东方的研究（东方学），实际上是在塑造一种为西方殖民统治服务的价值观（王启龙，2023）。《东方主义》不仅是赛义德个人的代表作，还开创了后殖民主义研究的先河，是文学研究和区域国别研究相结合的典范。

文学作品经常被用作理解特定地区的文化、语言和历史的主要来源，可以洞察特定区域或社会的价值观、信仰和社会结构。通过分析特定区域与国家的文学作品，研究者可以更深入地了解作品及其作者所处的文化和历史背景。因此，文学研究可以成为区域国别研究跨学科方法的重要载体和工具。同时，区域国别研究可以让文学研究者更广泛地了解社会、政治和经济力量对其所研究的文学作品的形成所起的作用。在非洲研究领域，钦努阿·阿切贝（Chinua Achebe）、恩古齐·瓦·提安哥（Ngugi wa Thiong'o）和布基·埃梅切塔（Buchi Emecheta）等作家的文学作品可以用来理解后殖民时期非洲的文化、历史背景和文化认同。在拉丁美洲研究中，加布里埃尔·加西亚·马克斯（Gabriel Garcia Marquez）涉及南美洲的历史事件和政治背景，如哥伦比亚的内战和军政府统治，而伊莎贝尔·阿连德（Isabel Allende）涉及智利的政治历史，如她的代表作《屋顶之下的蜘蛛网》反映了智利军事独裁统治的故事。美国文学和英国文学也有类似的例子，例如，在美国文学中，马克·吐温的作品被广泛研究，以理解 19 世纪美国社会、文化和历史背景。而在英国文学中，莎士比亚的戏剧作品一直被视为理解英国文化和历史的重要工具，甚至被美国中情局作为分析英国情报的重要来源。其他著名的英国作家，如狄更斯、简·奥斯汀也经常被用来理解英国社会和文化的变化。澳大利亚文学中也有类似的例子，例如，帕特里克·怀特（Patrick White）以及彼得·凯里（Peter Carey）、戴维·马洛夫（David Malouf）、科琳·麦卡洛（Colleen McCullough）、蒂姆·温顿（Tim Winton）和海伦·加纳（Helen Garner）等的作品被广泛研究，以理解澳大利亚社会、文化和历史的背景。在东亚研究中，日本作家如村上春树对暴力的反思、对日本狭隘的民族主义的批判，三岛由纪夫的作品常被分析以理解当代日本社会。

总之，外国文学研究与区域国别研究既有密切的联系，也有很大的差异，不是所有的外国文学研究都可以纳入区域国别研究。外国文学研究这一概念或学科包含两个关键词，一个是外国，一个是文学，如果侧重的是"文学"或"文学性"的研究，则属于文学研究，如果侧重的是"外国"研究则属于区域国别研究。通过研究外国文学作品，我们能够了解和分析特定区域或国别的文化特点、价值观、社会习俗以及历史传承等方面。外国文学作品通常会描述和描绘特定地域的环境、地理特征和景观等，从而帮助区域国别研究者了解特定区域的地理背景、自然资源、气候条件等方面的特点。文学作品中也会涉及特定区域国别的历史事件、政治背景和社会变迁等，通过研究这些方面，我们可以深入了解和分析特定区域国别的历史演变、政治制度、社会问题以及文化变迁等等。外国文学研究为区域国别研究提供了文化、地理、历史、政治和社会等方面的参考和借鉴，让我们能够更好地理解和研究特定区域国别的特点、背景和发展情况，从而为了解特定区域和国家提供基础知识，这属于区域国别研究的基础理论和基础知识层次。

二、外国文学研究概述

外国文学研究是一门广泛而深入的学科，涵盖了丰富多样的文学作品和文化传统。它涉及来自世界各个国家和地区的大量文学作品，包括但不限于小说、诗歌、戏剧以及散文等。这些作品不仅种类繁多，而且主题丰富，既包括反映各个国家和地区的特殊历史、文化、社会和政治背景的文学作品，也包括反映人类共同经验与情感的作品。外国文学研究的目标是深入探究和理解各个国家和地区的文学表达，以及其所承载的文化内涵，不仅包括对文本的语言、风格和技巧的分析，也包括对文本背后的社会、历史、文化和政治背景的探究，以及对其所反映的文化价值观、信仰和理念的解读。

1. 核心概念

（1）文学

何谓文学（literature）？这一概念似乎不言自明却又人言人殊。一般而言，文学是指以语言为手段来塑造形象，以反映社会生活、表达作者思想感情的一种艺术，它起源于人类的生产劳动。最早出现的是口头文学，通常与音乐结合形成可以演唱的抒情诗歌。最早形成书面文学的有中国的《诗经》、印度的《罗摩衍那》和古希腊的《荷马史诗》等。欧洲传统文学理论分类法将文学分为诗、散文、戏剧三大类。中国先秦时期将以文字写成的作品都统称为文学，魏晋以后才逐渐将文学作品单独列出，现代通常将文学分为诗歌、小说、散文、戏剧四大类别。对于文学，西方学者有两种不同的观点，一种观点认为"文学是创造性的，是一种艺术"，即想象性的文学，一个重要的区分特征是语言的特殊用法，它不同于日常的和科学的语言，它是高度"内涵的"（connotative）。文学语言不仅用来指称或说明，它还有表情达意的一面，可以传达说话者和作者的语调和态度，不仅陈述和表达所要说的意思，还要影响读者的态度，劝说并改变读者的想法。文学语言的另一个重要特征就是强调文字符号本身的意义，强调词语的声音象征。人们发明出各种文学技巧来突出强调这一点，如格律（metre）、头韵（alliteration）和声音模式（patterns of sound）等。但是文学的本质还是处理一个虚构的、想象的世界，无论是诗歌、戏剧还是小说，从字面上说都不是真实的，即使是历史小说，它所陈述的故事与历史书或社会学书所载的同一事实之间仍有重大差别，这也被称为狭义的文学或纯文学（belles-lettres）。另一种观点认为凡是印刷品都可被称为文学，如格林罗在《文学史的范围》一书中说，"与文明的历史有关的一切"都在文学研究的范围之类，在设法理解一个时代或一种文明时，不应局限于"纯文学"。在许多学者的实践中，文学研究不仅与文明史的研究密切相关，而且实际上二者就是一回事（韦勒克 等，2017）。事实上，很多文学研究者不认可这一观点，认为它绝不是文学研究，不过倒是与区域国别研究下的文学研究有异曲同工之妙，只不过它的涵盖对象太广，难以驾驭，不如将其研究对象限定于第一种观点中的文学，而采用第二种观点中的研究视角，则可称之为区域国别研究视域下的文学研究。

（2）世界文学

"世界文学"的定义很多，有学者将其归纳为三类。第一类是"集合论"，即各种民族文学的集合；第二类是"聚焦论"，即关注世界范围内的主旋律品格，从而孕育出一种跨文化、跨语种、跨民族利益的普遍性文学；第三类是"辐射论"，即有些民族文学作品不仅在本民族范围内产生发散性影响，同时也对其他民族精神产生辐射性影响，这些才算世界文学（王列生，2000）。第一类定义太泛，第二、三类比较具体，强调了那些具有共通性的文学，其中影响较大是歌德（Johann Wolfgang von Goethe）和达姆罗什（David Damrosch）提出的概念。

一般认为"世界文学"的概念是歌德发明的，最早于1827年1月15日见于他的日记。但研究发现，施勒策尔（August L. Schlözer）发表于1773年的《冰岛文学与历史》（*Isländische Litteratur und Geschichte*）的《题记》（"Vorbericht"）中已用到"世界文学"（Weltlitteratur）一词，尽管这个概念的广度和深度可能不及歌德，但它肯定不仅仅是一个词语，而是一个概念。歌德笔下的世界文学不同于今人的理解，既非当时所知的所有文学，也非各种民族文学的经典文本，而是一种现象、一种态度和一种行为。他的世界文学运作形式包括创办文化刊物、从事翻译工作和广交文友等，是各种文学行为的汇总。世界文学行为就是他说的"精神贸易"或对外文化交流，开展国际文学活动。美国著名比较文学学者达姆罗什对"世界文学"的定义部分地继承了歌德的思想，但同时也扩展了歌德的概念。他提出北美学界所认知的世界文学长期以来被囿于欧洲经典杰作，但新兴的全球视角对欧洲的关注和"经典"的分类提出了挑战。他认为，世界文学是不同民族文学的一种椭圆形折射（elliptical reflection），即民族文学在语际传播中产生的向外扩大的放射性影响；世界文学是在翻译中获益的书写，是翻译让民族文学走向世界文学，比如《双城记》《动物农场》《战争与和平》等名著就是通过翻译才进入中国人的视野；世界文学也是一种阅读模式，它跳出了经典文学的圈子，通过添加新作和淘汰旧作的方式不断重塑世界文学的版图（Damrosch，2003）。中国比较文学界提出的"译介学""变异论"等可算是对此概念的回应，通过翻译等"精神贸易"以了解异国的精神世界也是区域国别研究的应有之义。

（3）区域文学

《文学评论》2002 年第 4 期组织了一期"区域文化与文学"的笔谈，其中谈到的区域既有超越国家边界的区域，也有国家内部的区域，但是其内涵的界定还是值得借鉴。每个区域拥有的独特的生存环境、生存形态及其体验导致了独特的行为方式、思维方式、情感表达方式、风尚习俗、价值观念、文化心理、知识结构、语言体式等等，从而生成其独特的文化，而文学是这种生活的审美反映和表现（杨星映，2002）。区域文学不同于地域文学，区域文学关注的是文学的社会条件和现实需要，而地域文学关注的是文学的自然环境和历史传统，但是全球化和经济一体化对原有自然经济基础上形成的文化特色产生了巨大冲击，文学的地域特色不再明显。因此，区域文学就是以区域文化为审美对象，拥有意识文化导向、地区文化限度、地缘文化特征和民族文化底蕴这四大文化内涵的文学现象（郝明工，2002）。

在区域国别研究视域下的区域文学自然就是指超越国界的区域文学，以民族文学、国别文学为最小单位，以区域文学的整体建构为重要目标，以世界文学为广阔平台的宏观研究，主要着眼于文学的民族性、国民性、区域性和世界性的研究。区域文学研究的根本宗旨在于揭示区域文学的形成机制，在于寻求超越国别文学的共通性和联系性，亦即区域特性（王向远，2023）。而这种区域特性是建构性的，需要研究者做出共同努力，形成区域认同，否则这个区域只是国际政治与国际关系的需要，是利益和权力的产物，会因利益和权力的变化而改变。区域文学中的区域包括大区域和小区域，比如东亚地区的汉文学圈、南亚和东南亚地区的印度文学圈、西亚和中东地区的伊斯兰文学圈，三者既相互独立又相互关联、重叠，最终连成一片，形成亚洲文学区域（王向远，2009）。类似的区域文学圈还有发源于"两希文明"的欧洲区域文学，以及英语文学（anglophonic literature）等等。

（4）国别文学

书写语言或作者国籍是判断国别文学最常见、最简便的标准。但这个标准往往也会引起争议。比如哥尔德斯密斯（O. Goldsmith）、斯特恩（L. Sterne）、谢立丹（R. B. Sheridan）为什么不是爱尔兰作家，而叶芝（W. B. Yeats）和乔伊斯（J. Joyce）却是爱尔兰作家？比利时、瑞士、奥地利等国作者创作的文学就一定是比利时文学、瑞士文学和奥地利文学吗？在美国写的文学作品为什么算是美国文学而不是"英国殖民地"文学？是仅仅根据政治上独立的事实，还是根据作家自身的民族意识，还是根据采用的民族题材或具有地方色彩，或根据明确出现的民族文学风格来确定（韦勒克 等，2017）？哈佛大学教授王德威探讨了现代中国文学是否应该包含非华语文学创作的各种各样的文本这一问题，比如赛珍珠的作品，因为很多现代美国人对于中国的第一印象都来自赛珍珠（王德威，2012）。因此，文本所传递的内容和形式应该是一个重要的考量方面，这一方面能凸显文学本身的意义，另一方面也能彰显文化精神的属性。

综合来说，国别文学是指特定国家或地区所产生的文学作品和形成的文学传统，它涵盖了该国或地区的各类文学体裁，如小说、诗歌、戏剧、散文等。判断的标准包括：1）地域性，即与特定国家或地区紧密相关的文学创作，其内容、主题和风格反映了该地区的历史、文化、社会和人民的生活；2）文学传统，即一个持续发展的文学体系，继承了该国家或地区的文学传统，并在此基础上不断创新；3）语言，即通常使用该国家或地区的主要语言进行创作，但也应该包括使用其他语言进行创作，通过语言的表达方式体现该地区的独特性和文化特征。

2. 主要范式

（1）内部研究

20世纪之前，西方的文学研究主要关注文学产生的外在条件和环境，如政治、社会、经济因素等，对文学的背景极为关注，反而轻视文学作品本身。进入20世纪之后，作品本身重新得到重视，产生了法国的原文诠释派、德国的形式分析法、俄国的形式主义、英美的新批评等新的研究理论与方法，力求分析作品的艺术手法与叙述技巧。所以文学的内部研究是指对文学作品本身进行分析和解读的研究领域，它关注文学作品的语言运用、意义、主题、结构、风格等方面。谐音、节奏与格律属于语言运用方面，研究者会分析诗歌或韵文中的押韵、内韵、音节长度和音调等要素，以及散文或散文化的文学作品中的节奏和韵律感。这些音韵美学特征，可以揭示出作品的情感表达、意义和艺术效果。意象、隐喻、象征属于意义方面，意象是通过形象化的语言来描绘具体的感官形象，隐喻是通过一个词或短语与另一个具有某种相似性的词或短语进行比较，以传达隐含的意义或象征意义，而象征则是通过特定符号或形象来代表更深层次的意义。研究者通过分析作品中的意象、隐喻和象征，探讨它们对作品的主题、情感和思想的表达起到的作用。叙述的性质与模式则属于结构方面。叙述是文学作品中故事的呈现方式，包括第一人称叙事、第三人称叙事、多重叙事等不同形式。通过分析叙述者的视角、叙述的时间顺序和结构，以及叙述的手法和技巧等，我们可以了解作品的叙事策略、叙事效果和叙事意义。文体研究也属于内部研究，它关注文学作品的语言运用、表达方式和风格，以及不同文体之间的差异和变化。通过分析文学作品的语言运用、句法结构、修辞手法等，文体研究可以揭示作品的艺术特色和表达意图，帮助人们深入理解作品的内涵和作者的意图。文学作品的形式和风格会随着时间的推移而发生变化，研究文体在不同历史时期和不同文化背景下的演变和变化，可以揭示文学发展的脉络和规律。

（2）外部研究

除了经典的修辞、批评和韵律等老方法，西方文学研究中流传极广、盛行各处的种种文学研究方法都关涉作者的生平与心理、文学的背景、文学的环境和文学的外因等等，这些对文学外在因素的研究被称为外部研究。有研究者认为文学主要是创作者个人的产品，作者的生平和心理对于理解文学作品的创作动机和背景非常重要。通过深入了解作者的个人经历、成长环境、家庭背景以及心理状态，研究者可以更好地理解文学作品中的情感表达和主题选择。例如，如果一个作家在他的作品中表达了对童年时代的怀旧情感，研究者通过研究他的生平可以了解到他在成长过程中经历了怎样的事件和过往，以及他的童年时代对他的人生观和价值观产生了怎样的影响。围绕文学作品来研究它的作者生平和外部环境，如果最终是为了更好地理解文学作品，那么它依然是文学研究。即使只是研究作者的生平和成长的外部环境，这些研究还是能够为我们提供大量相关国家的背景知识，这也可以看作是为建设区域国别研究的"知识大厦"添砖加瓦。下面几类研究从传统上看归属文学研究，但是从区域国别学的视角下看，它们无疑是区域国别的，它们生产比其他学科如历史学、政治学等更生动、更具体和更有温度的区域国别知识。

其一，人类组织化的生活，有研究者认为人类组织化的生活即经济、社会、政治条件是文学创作的决定因素。经济条件包括社会的财富分配、生产方式以及阶级结构等方面。不同的经济制度和社会阶级往往导致不同的生活方式、价值观念和社会矛盾。作家处于特定的经济环境中，他们的创作往往受到这些条件的制约和影响。例如，在资本主义社会中，作家可能更关注阶级冲突和社会不公平，而在社会主义社会中，作家可能更关注阶级团结和社会进步。因此，了解作者所处的经济条件有助于我们理解他们的创作动机和主题选择。社会条件包括文化传统、道德观念、社会风气等方面。作家是社会的一部分，他们的创作往往反映了他们所处社会的特点和问题。例如，在一个传统的社会中，作家可能更关注家庭关系和道德伦理；而在一个多元化的社会中，作家可能更关注文化冲突和身份认同。了解社会条件有助于我们理解作家选择特定主题和表达方式的原因。政治条件包括国家的政治制度、政府的宣传政策以及文学界的审查制度等方面。政治环境对作家的自由创作有着直接影响。在一个自由开放的政治环境中，作家可能更有机会表达个人观点和批评社会现象；而在一个封闭的政治环境中，作家可能受到审查和限制，只能选择更安全或更符合政府宣传的创作方式。因此，了解作者所处的政治条件有助于我们理解他们创作的内容和形式，但更重要的是提供关于该国的政治、社会和经济相关方面的知识。

其二，人类精神的集体创造活动，如有研究者从人类精神的集体创造活动如思想史、神学史和其他艺术中探索文学的起因。思想史是人类智慧和理性的集大成，它涵盖了哲学、科学、宗教和道德等方面的思考和思想发展。文学作品经常涉及对于人类存在、道德困境、伦理选择等问题的思考，这些问题正是思想史中的核心议题。通过对文学作品的研究，我们可以更深入地理解文学作品中的思想基础。神学是人类对于神秘和超自然事物的思考和信仰，譬如，宗教文学通过神话、传说、信仰和宗教仪式等方式表达人们对于宇宙、神灵和人类灵魂等问题的思考。通过研究文学作品中的神学话题，我们可以更好地理解文学作品所在国的宗教主题、宗教符号和宗教背景。因此，结合文学文本来看，文学思想或宗教主题的研究可以说非常形象地呈现了作家所代表国家的思想状态和思维的底层逻辑，而这也是区域国别研究的必要基础。

其三，"时代精神"（Zeitgeist），有研究者从"时代精神"（Zeitgeist），即一个时代的精神实质、知识界气氛或舆论环境等方面来解释文学。时代精神包括人们的思想观念、价值观念、文化氛围以及社会环境等，它是一个时期内人们共同的思考方式、情感表达和社会现象的集合体。文学作品不是孤立存在的，它们是在特定的历史时期和社会环境中创作的。时代精神是作家们思想和创作的基础，它影响着他们的观点、态度和主题选择。通过作品，作家可以传达他们对社会、人性和价值观念的看法。通过研究时代精神，我们可以更好地理解和解读文学作品，理解文学作品的背景和内涵，同时也了解那个时代的精神实质、知识界气氛或舆论环境，这是我们的对外交往、对外政策所必需的背景知识。

（3）最新动态

如果说外部研究是正，内部研究是反，那么区域国别学视域下的外国文学研究就是合，是将外部研究与内部研究相结合，目的不是理解文学作品，而是以文学作品为研究对象，来探索某个国家的精神实质、国情民意、历史文化、政治经济社会制度、中外关系等，以建构关于这个国家和区域的知识体系。外国文学可以做区域国别研究的素材，以其生动形象的讲述呈现某国或某区域的状况。19世纪兴盛的美国色情文学反映了相关法律制度和社会舆情的变化与发展，而《汤姆叔叔的小屋》《飘》《哈克贝利·费恩历险记》等为研究美国南北战争、西进运动提供了生动的文本。苏格兰作家，如司各特等，笔下的世界极好地反映了苏格兰的地理、历史、经济、法律以及与周边的关系，《威弗利》则是理解苏格兰与英格兰矛盾关系和苏格兰民族性的极佳文本（吕洪灵，2022）。《傲慢与偏见》《简·爱》等可挖掘英国社会理想男子模式的变迁及其背后的政治、经济原因，从而阐释英国如何从乡村社会走向帝国。菲律宾"启蒙派"作家何塞·黎萨尔（José Rizal）把作品作为思想试验场，借用德法东方学的研究成果，探讨去殖民化的策略或亚洲问题（魏然，2020）。可以说，外国文学是获取情报的一个重要来源，不仅如此，外国文学研究还可以作为区域国别研究的方法。

从国情研究专家的视角来看，文学研究的方法可用于情报分析、国际关系和战略文化等领域。美国联合军事情报学院的杰弗里·怀特（Jeffrey White）所著的《莎士比亚对于情报分析者的意义：文学与情报》（*Shakespeare for Analysts: Literature and Intelligence*，2003）以莎士比亚作品分析为例，提出作品中关于重大问题的描写值得情报分析界注意，肯定了理解人性本质（the essence of human nature）在不同文化中的运作方式对于情报分析的重要意义。萨塞克斯大学国际关系教授辛西娅·韦伯（Cynthia Weber）在《国际关系理论：批评导论》（*International Relations Theory: A Critical Introduction*）中用文学批评的方法来诠释国际关系理论，通过对不同电影的分析，诠释了现实主义、理想主义、建构主义和性别理论等七种国际关系理论。在她看来，故事是国际关系理论的本质，国际关系神话①是国际关系理论获得认同的根由。美国哈佛大学教授阿拉斯泰尔·I. 约翰斯顿（Alastair I. Johnston）的《文化现实主义：中国历史上的战略文化与大战略》用认知地图绘制（cognitive mapping）进行内容分析，从语言描述（linguistic description）入手来寻找语言的战略文化（strategic culture）意义，从而获得关于战略文化的可视化呈现（李建波 等，2019）。

总之，在区域国别研究视域下，外国文学既可以是研究对象也可以是研究方法，但是其最终旨归不是为文学而研究，而是为区域国别而研究，这是区域国别研究下的外国文学研究不同于外国文学研究之处。

三、外国文学研究理论和方法在区域国别研究中的应用

本节对与区域国别研究相关的外国文学研究理论和方法进行详细介绍。具体包括：涵盖文化模式理论、基本人格结构理论、众趋人格理论的民族性研究；基于情报研究与文学研究的相通性，从国情专家视角下的文学情报挖掘研究；基于现实战略的潜在意识和历史文化情结研究的战略文化研究。每个部分均包括理论介绍、应用和案例分析。

1. 民族性研究方法

（1）发展历程

欧洲对民族差异的自觉意识由来已久。在普通的谈话和散文中，人们会发现丹麦人和瑞典人之间、比利时人和荷兰人之间、德国人和意大利人之间，甚至意大利北部和南部、比利时北部和南部，或荷兰北部和南部之间都有差异。每个国家团体都会在一段时间内形成对其他国家实体成员的某些

---

① 国际关系神话是指国际关系实践中表现出来的对某些原则的崇拜，且常用来解释国际关系中的一些现象，比如软实力神话、威斯特伐利亚神话等。

刻板印象。通常持有的刻板印象可能会以客观超然的语气进行讨论，或者对所考虑的特征有不同程度的认可。虽然对行为差异的感知导致了大量的言语表达和印象写作，但直到20世纪40年代，人们才认真系统地探索他们所感知到的不同民族特征的确切性质。

在第二次世界大战期间，许多人类学家发展出这样一种观点，即他们对文化决定的人格差异的关注与理解西方国家之间的差异具有同等的相关性。他们认为，仔细评估参与世界冲突的国家中相当一部分人口的共同特征，可以对这些国家内部发生的各种社会、政治发展进行更有意义的分析。此外，他们认为，对西方社会内部"民族特征"的差异进行系统分析，将有助于深入了解当时结盟和敌对民族团体的个别成员之间出现的周期性紧张关系和误解。

民族性研究源于文化与人格的各种研究方法，包括爱德华·萨丕尔（Edward Sapir）和露丝·本内迪克特（Ruth Benedict）的配置主义方法（configurationalist approach），拉尔夫·林顿（Ralph Linton）和艾布拉姆·卡迪纳（Abram Kardiner）发展的基本人格结构（basic personality structure），以及科拉·杜波依斯（Cora DuBois）的众趋人格方法（modal personality approach）。这些方法在人格和文化之间的确切关系上各有不同。配置主义和基本人格结构都将文化中的个性视为相对同质，而科拉·杜波依斯则认为，在一个社会中没有一个共同的个性特征存在于每个成员身上。1941年珍珠港袭击事件后，为了更好地从战略的层面上理解亚洲人，美国进行了一些全国性的性格研究，以区分日本民族性和中国民族性。这些研究是由一组专家进行的，其中包括社会学家、人类学家和心理学家。到1953年，美国学者的民族性研究包括了法国、西班牙、捷克斯洛伐克、波兰、苏联、东欧犹太人、叙利亚和中国的文化。

尽管20世纪40年代和50年代，民族性研究在北美人类学研究中获得了科学合法性，甚至形成了一个独立的研究领域：民族性研究，但此后，它成了各种学术争议的中心，许多人质疑其理论地位，并将其科学上的不足归因于其与民族主义意识形态的本质主义有密切关系。然而，最近，注重理解民族归属感和新形式的民族主义的社会理论研究再次将民族性纳入研究范围。不过，当前的研究更关注民族性表达作为社会行为和社会群体中的实践范畴，以便理解其所研究的社会行为主体和群体的观点和行动。

（2）核心理论

文化模式理论是一种理论框架，它强调每个民族都有其独特的民族性，而这种民族性主要由文化因素而非生物因素决定。该理论的出现与解决实际社会问题的需求有关。

在20世纪最初的二十年，西方社会普遍出现了青少年反抗父母和权威的现象，青少年犯罪也逐渐增加。人们普遍认为这种现象是由于青少年的生理变化引起的，与社会无关。然而，人类学家米德（Mead）对这一观点表示怀疑。她认为，如果这些行为是由生理变化引起的，那么，每个社会的青少年都应该有相似的行为特征。米德的怀疑促使她前往南太平洋的萨摩亚岛进行实地调查。她的研究结果表明，这种行为现象与文化传统密切相关。这一发现推翻了当时流行的将行为归因于生理因素的观点（Mead，1961）。米德的研究启发了她的同事本内迪克特对北美印第安人的研究，这些研究进一步加深了人们对文化模式的理解。

本内迪克特在《文化模式》一书中提出了"文化模式"的概念。她认为每种文化都由多个文化因素组成，这些因素经过整合形成一个稳定的整体，构成一种文化精神。这种文化精神都贯穿于文化中的个体之中，塑造了共同的价值观、思维方式和行为观。由于每个人都生活在特定的文化中，受到相同的文化精神的影响，所以每个民族都具有独特的民族性（Benedict，2005）。米德和本内迪克特的研究被称为文化模式理论，该理论揭示了文化在民族性形成中的重要作用。

文化模式理论认为，文化是塑造民族性的重要力量。在历史的长河中，文化的思想、价值观和行为方式不断在人们的内心世界中沉淀，形成一种难以改变的精神实体。文化对个体的行为产生推动力或阻力，影响着个体的感知、动机、思想、信仰、观念、态度和行为。文化规范个体的行为习惯，奖励符合文化标准的人，惩罚违反文化标准的人。这些影响在民族群体中形成了相似的民族心理，即民族性。

然而，文化模式理论存在一些局限性。它忽视了民族群体内部的心理变异，并没有解决文化在个体成长过程中的最大影响阶段的问题。因此，在 20 世纪 30 年代末，基本人格结构理论逐渐取代了文化模式理论，为进一步研究民族性提供了新的理论视角。基本人格结构理论是在 20 世纪 30 年代初兴起的一种理论框架，主要强调个体的人格特征形成受家庭环境和童年经验的影响。该理论在第二次世界大战期间得到了广泛应用，并对民族性研究起到了重要的推动作用。在 20 世纪 30 年代初，世界经历了一场空前浩大的经济危机，给社会各个阶层带来了巨大的冲击，导致精神病患者的数量急剧增加。在这种情况下，对心理学理论的修正迅速发展起来。这种新的心理学理论反对弗洛伊德的泛性论[①]观点，强调社会文化和人际关系等因素在精神分析中的重要性，认为人格的形成主要受家庭环境和童年经验的影响。在 20 世纪 30 年代末，心理学家卡迪纳、林顿以及人类学家杜波依斯等共同举办了民族性研究的讨论会，并提出了基本人格结构理论。

基本人格结构理论的支持者认为，个体在早期经历中所受到的影响会对其人格产生持久的影响，特别是会对其心理投射系统的发展起着至关重要的作用。尽管不同的家庭在儿童养育方式上存在个别差异，但就整体而言，社会中的儿童往往经历相似的童年期经验，并以类似的方式对待这些经验，从而发展出许多共同的人格特征。基本人格结构理论认为，每个社会中的儿童都受其文化的影响，接受相似的儿童养育方式，因此，每个社会和民族都具有独特的基本人格结构。

基本人格结构理论在民族性研究中取得了重大的突破，并获得了广泛的应用。例如，研究日本民族性的戈勒发现，由于早期严格的排泄训练，日本人形成了一种强迫性的基本人格。本内迪克特也认为日本人的民族性是由早期儿童教养方式决定的（Benedict, 1946）。这表明早期儿童教养方式是该时期民族性研究的重点，而基本人格结构理论则成为主要的理论框架。基本人格结构理论揭示了社会中存在着不同程度的民族性，并认识到早期儿童教养方式对塑造民族性的重要性。然而，基本人格结构理论也存在一些问题。它过分强调了儿童教养方式的作用，忽视了个体心理的变异和其他因素对儿童教养方式的不同反应，以及个体的地位、性别和年龄等因素的影响。基于这些问题，杜波依斯放弃了基本人格结构的概念，提出了更具统计意义的"众趋人格"概念，更全面地考虑了个体心理的变异和民族群体中的共同趋势。

众趋人格理论是人类学和心理学领域中的一个重要概念。它旨在描述在特定社会或文化中最常见的人格特质组合，并强调这些特质并不适用于该社会或文化中的所有成员。该理论最早由人类学家林顿在与卡迪纳的合作研究之后提出，并对其进行了进一步的发展。林顿强调，尤其是在更复杂的社会中，人格模式并非是不变的。因此，他引入了众趋人格的概念，用以描述人格的多样性和变化性。众趋人格理论与弗洛伊德的心理分析理论不同，它并不基于心理分析学说中的一系列假设，而是通过使用投射测试和生活史等方法，结合统计学的支持，建立了更加实证的人格类型构建基础（Barnard et al., 1996）。众趋人格理论并不要求对特定文化中存在的人格配置的程度、范围或种类进

---

① 泛性论（pansexualism）是弗洛伊德精神分析学说的一个重要组成部分，他认为在性本能背后有一个潜在的力量，称为"力比多"（libido），它对人的行为具有推动作用。

行判断。它描述的是某个社会或文化中最常见的人格特征组合，而不定义特定群体中可能存在的人格类型数量。因此，它是一种定量描述的概念。需要注意的是，众趋人格理论并不排除在特定文化中存在的个体人格变异。它只是强调了在某个社会或文化中最常见的人格特质组合，并提供了一种定量描述的方式。因此，这一理论为研究人格的形成和发展提供了一个更全面的视角。

（3）具体应用

民族性研究的一个主要目的是将特定人群的可观察到的特定行为特征与结构性人格成分的相对分布联系起来。这种关系被认为是群体之间行为差异或相似的部分原因。为了充分实现这一目标，一个人必须区分与表层社会模式相关的可观察行为和与潜在心理结构或人格成分相关的行为。因此，民族性研究的目的是发现潜在心理结构在特定人群中的分布，并确定它们与行为现象的关系的性质。哈根（Hagen，1962）在一项对一些离散社会的经济和社会变化的综合研究中，讨论了人格变量与不同经济传统的关系，以及它们促进或阻碍经济发展的方式。这项研究说明了这样一个事实，即对民族性的考察是对经济学和政治学理论方法的有效补充。

民族性研究在文学研究中有着广泛的应用。戴鸿斌（2021）通过分析苏格兰作家缪丽尔·斯帕克或隐或显的写作方式呈现出来的苏格兰的民族特征，提出斯帕克的小说体现了苏格兰的重要民族特性，为这个民族留下了宝贵的文化遗产，彰显出她与苏格兰民族间的写作渊源。何宁（2020）提出当代爱尔兰诗人谢默斯·希尼对当代爱尔兰民族性的建构具有极为重要的影响。希尼通过诗歌创作、诗学评论和经典翻译来深入勾画当代爱尔兰民族的精神世界，以诗学评论来解构英格兰诗歌的霸权，并运用对英语经典诗歌的翻译来彻底颠覆英格兰在英语文学中的中心地位，从而成功地建构了独立的当代爱尔兰民族性。

（4）案例分析

民族性研究可以帮助人们理解不同民族文学作品中的共性和特点，并能揭示文学作品与民族性之间的相互关系。通过对文学作品中的语言、主题、情节和人物形象进行分析，研究者可以推断出作者和作品所代表的民族性特征。民族性研究还有助于探索文学作品与历史、社会和文化背景之间的联系。本小节以《风景叙事与民族性的塑造》[1]为案例，分析文学作品如何利用风景叙事塑造民族性。

1）研究内容。

该研究以风景叙事和民族性为对象，采用文献研读法和文本细读法，分析风景与文化共同体和民族性的联系、风景叙事对英国民族意识的构建以及意识形态化风景作为文化实践对现实的形塑。研究发现，风景作为话语形式、现实的再现以及实存的现实，深度渗透于权力与知识的关系中。风景叙事作为一种意识形态化的叙事，潜移默化地联结土地共居者，构建出共同的民族心理。

2）研究步骤。

首先，作者对该文研究的"风景"概念进行历时性梳理，并重点对现代"风景"的意义进行了阐释。通过探究现代"风景"意义的发端和演变，并基于科斯格罗夫（Cosgrove）1988年对风景的文化性质的明确定义，作者指出言语风景、视觉风景与人为风景的历史复杂交织。风景表征着人的主观意识，内含意识形态意义。风景可以理解为一种观看的方式。

其次，作者对风景对塑造民族性的重要作用进行了论述。结合充足的史实进行举例论证，指明

---

① 苏锦平，2015. 风景叙事与民族性的塑造 [J]. 沈阳大学学报（社会科学版），17（6）：816–820.

古代民族将自然环境与集体认同相联系的趋势、16世纪欧洲初具民族意识的思想家对风景的文化意义的阐释以及18世纪启蒙主义先贤对风景在社会定位方面关键作用的关注。

再次，作者的论述渐进深入风景叙事对英国性的建构，厘清了西方学界关于风景与民族的关系研究的三种理路，并指出上述理论的研究共性以及不足之处，从而导出本文论证的核心内容，即意识形态化再现的风景，以文字与绘画为重要形式，在英国民族意识的形塑中具有举足轻重的作用。作者继而对英国民族意识的形成的相关观点进行了考证，并反驳了英国民族国家基于宗教改革建立的观点，从而提出18世纪70年代俄国女皇凯瑟琳订购瓷器这一事件标志着英国将英格兰、苏格兰和威尔士共同纳入民族风景的范畴。以同时期华兹华斯对英国风景的民族化描绘进一步举例论证，并引证本内迪克特·安德森和琼斯关于文字和文学作为民族想象的载体的观点，作者推论意识形态化的风景叙事具有弥合民族情感的作用。

最后，作者由上述推论引申，以沈从文笔下的"本真"呈现的湘西风景标识中国民族认同为例，并引证古斯塔夫·勒庞在《乌合之众：大众心理研究》中关于词语能够唤起风景指向的想象的观点，证实了风景叙事的意识形态化的普遍性，继而作者得出研究结论。

3）研究方法。

本文主要采取文献研读法，起笔于"风景"概念的意识形态意义，深耕风景叙事与民族的关系研究，对涉及的历史事件和文学创作进行历时性梳理，深入浅出地纠正了文学批评界有关英国民族国家建立的重要时间概念的误读，极具说服力地证实了英国民族意识以意识形态化再现的英国风景为重要承载体。本文还结合了文本细读法，阐明了华兹华斯的《登岸之日作于多佛尔附近山谷中》中描绘的英国风景所独具的民族内涵和民族自豪感，赋予英国风景以民族特性，并作为英国民族综合体的一部分。全文从概念细节入手探幽索隐，对更为宏大的问题考镜源流，引向新的见解。

4）研究结果。

采用文献研读法和文本细读法，作者对风景叙事与民族性的关系进行了递进式的一步步的推论。首先，作者分析风景与文化共同体和民族性的联系，发现：第一，欧洲多数民族都有"大众符号"（crowd symbol），这一符号能够产生和维持一种民族归属感。自然环境属于民族的"大众符号"。作者结合例1进行了论证。

例1. 对英格兰民族来说就是海洋、对德国人来说是森林、对瑞士来说则是山脉。

第二，古代民族将自然环境与集体认同相联系，在希腊时代，人们认为环境与人类文明的程度相关，该观点影响着罗马作家。16至17世纪，随着欧洲以外的文化被发现，思想家阐明了自然只有通过人类的改造才能构成风景。16世纪文艺复兴时期和18世纪西方启蒙主义时期，社会的动荡导致人们转向关注稳定的自然环境。作者指出，特定的风景被作为政治化的自然成为18世纪后半期欧洲民族主义和民族认同中最重要的资源。

接下来，作者梳理了西方学界关于实体风景与民族关系研究的三种理路，并重点阐释风景叙事对英国民族意识的构建，发现：第一，西方学界对风景与民族的关系研究多从人文地理学、人类学、社会学、历史地理学等角度考察实体风景对民族认同和民族特性的影响与形塑。而经过意识形态化再现的风景则起到更强的固化身份和强化自我或集体意识的作用。以文字与绘画为重要再现形式的风景形塑英国的民族意识。第二，18世纪70年代俄国女皇订购绘有英国风景的瓷器，标志着英国人民真正将英格兰、苏格兰和威尔士作为民族整体进行考量。同时期华兹华斯的诗歌对英国风景意识形态化的再现也证实，英国风景以其自身特色和价值成为英国民族综合体的一部分。第三，在例2的举例论证中，作者指出再现风景的叙事无论刻意与否，都普遍被意识形态化。风景因此也成为一种文化权力的工具和民族身份赖以形成的文化实践。

例2. 风景也能成为一个民族的名片，就如福克纳的约克纳帕塔法、哈代的威塞克斯郡、莫言的高密东北乡和沈从文的湘西世界，尤其是威塞克斯和湘西。

小结：本文对风景的文化以及意识形态属性进行了鞭辟入里的阐释，风景叙事内含意识形态，通过强化地缘亲近感，形塑和强化民族心理。但在现代信息技术推动下，不断模糊的民族界限和不同层面的越界交流对传统民族性的保持提出了挑战。

2. 情报挖掘研究方法

（1）发展历程

情报（intelligence）是冲突或竞争的产物，在对抗双方利益冲突的关系中不具备共享性，是"检索"不到的，其传播具有一定的隐匿性和定向性，使用对象一般局限于特定决策主体，具有一定的指向性（沈固朝，2009）。情报工作自古就有，古代主要表现在军事上，搜集军事情报主要为战争服务，第二次世界大战期间产生了科技情报工作，但在我国，情报工作在20世纪50年代后期才开始起步。美国对情报问题较为广泛的关注和研究始于1975年，即所谓"情报之年"（the year of intelligence）。对于"水门事件"广泛而深入的调查，使情报机构的行动浮出水面，一些文件得到公开，引起了人们尤其是学者们的关注，因此，专门研究情报问题的著作和文章渐渐多了起来（李建波 等，2021）。美国情报界约有40余个涉及国家安全和国外情报工作的联邦级情报机构，1980—1989年间的情报费用增长了125%，虽然20世纪90年代初略有下降，但20世纪90年代中期，仍比1980年高出80%，远远高于当时的国防支出。2001年度的情报经费约为30亿美元，而且每年维持8%的增长率。涉及军事、国家安全的仅是其中的一部分，还有许多决策部门也需要大量情报，如能源的效率和美元的稳定，影响美国国家安全和公众利益的外国政府或集团的活动等（沈固朝，2009）。然而，"9·11"恐怖袭击事件发生之前没人提出过什么情报理论，也没人提出过经得起检验的概念（Kahn，2009）。美国乃至整个西方在情报理论研究上的实质性进展发端于"9·11"（Phythian，2009）。围绕"9·11"事件的一系列情报失误及其导致的严重后果使美国相关学者和情报工作者意识到了情报理论研究缺失的危害性，开展情报理论研究的紧迫感进一步增强，情报研究从学理到应用都涌现出了大量成果（李建波 等，2021）。

"情报之年"之后，美国关于情报概念的范畴扩大，刺激了地方大学和研究机构对情报研究的热情（Writz，2007）。想象作品被纳入情报研究的范畴，从一个新的角度确认了文学研究与情报研究的相关性（Ferris，1995）。美国情报界也欢迎学术界的加盟，杰弗里·怀特的《莎士比亚对于情报分析者的意义：文学与情报》便是其中的一项成果。之后，诸如《"9·11"与小说》（*Out of the Blue: September 11 and the Novel*）之类的文学批评与情报联结紧密的专著纷纷涌现（李建波，2015）。

国内有期刊在20世纪80年代组织过关于文学与情报的讨论，但当时的关注点是文学创作与情报信息的关系且对情报的理解也不一致，而不是文学研究与情报挖掘的关系。商子雍（1985）提出文学创作重在现实生活中捕捉情报信息的能力，敏锐的作家通过对社会生活中的人和事的了解，准确而及时地捕捉人民的愿望、人民的企求，这就是情报信息。有人提出了"情报文学"的概念，但是这个概念范畴较窄，比如"情报文学应以情报生活为主题，情报生活是情报文学的灵魂……是为了让人们去反映在四化建设中的情报活动，去讴歌情报工作中出色的人物从而唤起人们对情报科学和情报工作的重视"（袁兰，1987）。后来有人扩大情报的范围，提出"当今社会，情报渗透在一切领域，相应的，情报工作也存在于一切实践。'情报生活'是丰富多彩的"，文学作品要反映情报生活，塑造情报人物。几年后有人提出建立"情报文学学"的建议，但似乎至今无人响应，也鲜见再探讨文学创作与情报的关系的研究。

（2）核心理论

情报分析没有自己的独特理论和方法，也未提出过多少有影响的概念，但文学批评的理论与方法不仅可以成为情报分析的重要补充，而且有助于解决情报的难题。文学批评与情报分析都需要想象力，同时也需要具备从碎片信息中获取线索的能力，因此，批判性阅读就很重要，要能读出"写作的目的，为谁而写，有何种宗教、教化或政治的目的动机，其历史和文化语境为何"（Habib，2005：1）。英美新批评提供了一整套文本分析的策略、方法，尤其是文本细读。英美新批评之后，尚没有任何一家批评理论可以摆脱这种阅读方式。英美新批评主张文学反映论，相信"词语指向外部世界"，诗歌"面对的是现实的图景"，"文本不是与外部世界毫无关系的某种神圣之物"，提出"文本细读"的新批评也不排除历史或社会因素（朱刚，2006：56）。不过更准确地说，新批评提出的"文本细读"是原则，而非具体的方法和实践，他们会在著作中提供广泛的案例，因此，不同的人有不同的读法，解读出不同的内容。哈佛大学写作中心曾提出过一个三步阅读法：边读边注释—寻找文本中的模式—对模式进行提问。复旦大学的陈思和教授以案例的方式阐述类似的方法：直面作品—寻找经典—寻找缝隙—寻找原型。

尽管文本细读不排斥历史和社会因素，但也非其主要关注点，而新历史主义批评的历史重构、文本互参、"深描"等方法有助于我们厘清历史文化脉络、深入挖掘叙事内涵、有效获取认知。两者结合则能极便利地挖掘文学作品中的情报信息。新历史主义重申社会历史语境对于理解文本的重要性，提倡打破文学文本和历史文本的界限，认为文学与其"背景"或其"反映对象"之间是一种相互影响、相互塑造的关系。在研究中，批评者将文学文本、史料以及其他文化文本进行并置阅读，往往能挖掘出新的历史内涵。新历史主义深度切入历史文化的优势契合了情报学研究对象从文献转向信息，而后又转向知识和文化内容的趋势。新历史主义批评尤其适用于与历史文化相关的情报研究，例如战略情报，国民心态，政治人物的态度、目标，等等。一直以来，情报界往往并不缺乏情报消息，而缺乏对与情报相关的历史文化背景的深度评估。正如《美国国家情报战略》中提出的，情报系统要提供高质量的情报，就要深入了解"战区的文化、政治、宗教、经济、民族、部落派别"（孟东红，2016）。

（3）具体应用

在国内，文学与情报的结合除了20世纪80年代有过一些讨论，之后便陷入沉寂。文学研究与情报分析的结合则是外语学界受到美国情报界对文学进行研究的启发。李建波（2015）发表了《外国文学批评与情报分析》一文，提出外国文学作品蕴含丰富的所在国的人文意义，用细腻、具象、生动、富于情感进展的逻辑刻画揭示外国文化本质和人的行为模式，有助于弥补情报分析的关注空缺；文学批评的理论和方法也可以成为情报分析理论方法的重要补充。而在外国文学批评研究和教学中借鉴情报分析的方法和关注点，则有利于拓展外国文学批评研究的疆域。孟东红（2016）回应称新历史主义批评的历史重构、文本互参、"深描"等方法为情报学界提炼情报研究方法、深入挖掘叙事内涵提供了诸多启示，并以莎剧《裘力斯·恺撒》为例进行解读。在具体应用上，李建波以石黑一雄的《团圆饭》为例，指出石黑一雄通过将家庭晚餐与"最后的晚餐"以题目和情节相勾连，在隐性叙事层面将小说中的父亲与基督相关联，从而制造为第二次世界大战罪行喊冤叫屈的效果（李建波，2009）。《石黑一雄日本题材小说对战后日本受害者形象的建构》一文指出石黑一雄配合日本重塑第二次世界大战后形象的企图，通过小说叙事，助力日本从战争加害者重塑为战争"受害者"的形象（李霄垅 等，2018）。美国关于文学研究与情报分析的著作很多，比较具有代表性的如上面提到的杰弗里·怀特所著的《莎士比亚对于情报分析者的意义：文学与情报》、福尔斯莱斯（Kristiaan Versluys）的《"9·11"与小说》（*September 11 and the Novel*）、霍恩的（A. Houen）的《恐怖主义与现代文学：从康拉德到卡森》（"Terrorism and modern literature, from Joseph Conrad to Ciaran Carson"）等等。

（4）案例分析

文学是情报的来源。文学批评探究文本深层的意义，与情报分析在理论、内容和方法上有所重合。本小节以《石黑一雄日本题材小说对战后日本受害者形象的建构》[①]为例，分析如何从石黑一雄的文学作品中解读第二次世界大战后日本的战略相关情报。

1）研究内容。

该研究以石黑一雄的《远山淡影》和《浮世画家》两部日本题材小说为解读对象，通过细读文本的叙事策略和人物形象建构策略，深入剖析石黑一雄小说极力重塑第二次世界大战后日本形象所做的尝试及其效果。研究发现，对于第二次世界大战后日本从战争加害者形象重塑为战争"受害者"形象的国家战略，石黑一雄的日本题材小说起到了重要作用。

2）研究步骤。

首先，该研究结合石黑一雄对自身日本文化属性的认同及其对日本第二次世界大战后选择将自己重塑为战争"受害者"战略的支持，指出石黑一雄日本题材小说具有助推日本政府为洗白战争罪行、渲染其"受害者"形象的效果。其次，该研究通过分析《远山淡影》中为建构日本"受害者"身份而使用的多种独特的叙事策略，揭露石黑一雄小说为隐去日本战争罪行、建构"受害者"身份认同所做的尝试。再次，该研究探析了《远山淡影》中着重叙述的作为第二次世界大战间接"受害者"的妇女和儿童的人物形象，挖掘石黑一雄小说建构的第二次世界大战后日本"受害者"形象。最后，该研究剖析了《远山淡影》和《浮世画家》中负有战争罪责的第二次世界大战后日本人物类型的"受害者"化处理，分析石黑一雄小说将战争的加害者变成了"受害者"的写作策略。

3）研究方法。

该研究主要运用了形式研究、语言研究和比较研究三种研究方法。

运用形式研究分析《远山淡影》中为建构第二次世界大战后日本"受害者"身份而使用的不确定叙事、象征性叙事和空间叙事等一系列独特的叙事策略，指出石黑一雄的小说的叙事策略旨在迎合日本建构"受害者"形象的战后策略。

① 李霄垅，李建波，2018. 石黑一雄日本题材小说对战后日本受害者形象的建构 [J]. 当代外国文学，39（4）：118–125.

运用语言研究解析《远山淡影》在描述佐知子住的木屋周围环境和"和平公园"雕像中刻意选择的特别词汇，阐释石黑一雄在谴责第二次世界大战中原子弹爆炸给日本带来灾害的语言策略。

运用比较研究对比《远山淡影》和《浮世画家》中对负有战争罪责的人物绪方先生和小野增二两个角色在罪责限定、加害方式、认罪压力等方面的相似性，揭示石黑一雄日本题材小说在叙事中将战争的加害者变成了"受害者"的策略。

4）研究结果。

第一，该研究结合石黑一雄的个人访谈和学者们对第二次世界大战后题材文学作品中战败国重塑"受害者"形象的框架分析，指出石黑一雄的日本题材小说对日本政府第二次世界大战后战略选择的深刻认同。石黑一雄在获得诺贝尔文学奖后的一次访谈中对自己日本属性的认识表露无遗，对日本在第二次世界大战后的冷战世界里选择成为西方盟友的战略也表示深刻认同。该研究按照康菲诺（Alon Confino）对德国文学作品重塑自己双重受害者形象的分析框架，发现日本将自己重塑为战争"受害者"的外部加害源集中到了原子弹轰炸上。根据霍尔斯坦（Holstein）等学者的"受害者意识是一种社会建构"的观点和巴尔–塔尔（Bar-Tal）等学者的"冲突的双方都倾向于形成受害者的意识"的观点，该研究指出石黑一雄的日本题材小说将日本塑造成"受害者"形象的做法非常有助于日本战后重建。

第二，该研究分析了《远山淡影》中的叙事者悦子的不确定叙事、与原子弹爆炸相关的空间叙事、对环境和雕塑的象征性叙事，发现石黑一雄的日本题材小说运用独特的叙事策略成功地建构了日本国家的"受害者"形象。《远山淡影》的叙事者是悦子，整篇小说围绕悦子给她女儿的讲述进行叙事，通过叙述呈现了日本妇女悦子作为第二次世界大战"受害者"的身份感。该研究认为石黑一雄在《远山淡影》中对日本"受害者"形象的建构首先是通过与原子弹爆炸相关的空间叙事来实施的。石黑一雄基本没有直接叙述原子弹爆炸，而是依靠不确定叙事，在叙事中尽量与原子弹爆炸场景保持足够的距离，而这正是基于石黑一雄对日本第二次世界大战后选择遗忘战争罪行的战略的理解。该研究发现石黑一雄暗示毁灭的词汇被多次用来描述小河与悦子寓所之间的那片荒地，且小说中多次论及到达彼岸就意味着跨过死亡的冥河，即用象征叙事谴责原子弹爆炸所带来的深刻而持久的灾害。此外，《远山淡影》还运用显然带有黑色幽默色彩的叙事情态描绘"和平公园"雕像，呈现出一种对原子弹爆炸无以复加的怨恨和难以言说的愤怒。

第三，该研究剖析了《远山淡影》中的四个妇女和儿童的形象及其替身关系，指出石黑一雄以讲述"受害者"悲惨故事的方式有效塑造了日本民众作为原子弹爆炸间接受害者的形象。该研究发现，在《远山淡影》中没有原子弹爆炸的直接"受害者"描述，而是着重叙述了作为原子弹爆炸间接受害者的妇女和儿童的微妙创伤。悦子象征着经历过原子弹爆炸的长崎妇女，她的叙事以小见大地呈现了战争带来的伤害，刻画出悦子作为战争"受害者"的创伤。佐知子的穷困潦倒则是战争之罪，她的故事也因借用了《蝴蝶夫人》的故事结构而让日本妇女的"受害者"形象更加易于被西方人接受，其中的道德和情感蕴含也更加丰富。万里子作为悦子在日本时的女儿景子的替身，是儿童"受害者"的化身。石黑一雄用景子的自杀提醒西方读者思考这一结局背后的深层原因，这一叙事方式塑造了一个从小就受到战争惊吓的第二次世界大战的"受害者"形象。

第四，该研究通过对比分析《远山淡影》和《浮世画家》中分别出现的负有战争罪责的重要人物绪方先生和小野增二，指出石黑一雄通过将负有战争罪责的人物类型进行"受害者"化处理以及借助于冷战世界的政治格局定位人物阵营的方式，成功将战争的加害者变成了"受害者"。绪方先生在战时作为学校教师鼓动学生参军参战，小野增二则在第二次世界大战时为军国主义画宣传画，然而，石黑一雄通过把他们的罪责限定在教书和画画的范畴内，将其罪责转变为间接的和边缘的，轻松地对人物类型进行了受害者化处理。该研究认为《远山淡影》和《浮世画家》中的两个负有战争罪责的人物似出自同一原型，二者的加害方式相似，二者的"受害"也类似，都是面临着促使其认罪的强大压力。通过描写绪方先生和小野增二正直、有信念，默默地但坚韧地忍受着来自各方面的压力，石黑一雄把负有战争罪责的人物直接当作正面人物来描写。此外，该研究发现石黑一雄对这两位负有战争罪责的人物的界定是通过"见敌知人"的手段来完成的。通过将绪方先生与小野增二的敌人塑造为背信弃义、苟且偷生的人物，石黑一雄完成了这两个负有战争罪责的人物的正面人物定位。

小结：本小节以石黑一雄日本题材小说对第二次世界大战后日本"受害者"形象的建构的研究为案例，分析了石黑一雄迎合日本第二次世界大战后战略选择的意图，解读出日本在战后选择成为西方盟友以及用原子弹爆炸带来的伤害为切入点来重塑第二次世界大战后受害者形象。本案例通过解读文学作品中作者的政治目的和动机，揭露了石黑一雄为了配合日本政府洗白战争罪行的战略，以非常隐晦的方式颠倒黑白，通过抹去前因将战争罪犯和罪行进行"受害者"化处理，将战争加害者转变成"受害者"，从而获得西方的"同情"，为区域国别研究中的情报分析提供了重要补充。

3. 战略文化研究方法

（1）发展历程

不同国家与地区有不同的战略文化。古有美索不达米亚的宗教文化向西方及世界各地输出并形成了"基督教文化圈"和"伊斯兰文化圈"，中国的儒家文化向亚洲的传播形成了东亚的"儒家文化圈"。统治者和政治家也因此认识到文化对安抚民心、安邦定国的重要性，只有文化上的征服才能真正实现地区统治。一国的对外辐射能力体现在其文化的扩散性上，同时，也只有不断强化自己的战略文化才可能在世界民族之林站稳脚跟并产生影响。但直到1977年，美国学者斯纳德（Jack Snyder）才首次提出"战略文化"（strategic culture），之后由布思（K. Booth）、约翰斯顿（A. I. Johnston）、格雷（C. S. Gray）和朗赫斯特（K. Longhurst）分别于1990、1995、1999和2004年分别对该概念进行补充，形成了今天的"战略文化"概念。战略文化对于一个国家对外政策的制定和执行具有重要的指导意义，它是一国在进行战略决策时，决策者所采用的基于本国历史和现实而形成的，以指导其用军事或非军事手段来实现该国战略目标、维护该国战略利益和战略安全的行为模式。战略文化、文化输出、国家策略和文学体现之间存在着复杂的关系。

（2）核心理论

战略文化是指一整套宏观的战略观念，其基本内容被国家决策人所认同并据此建立起一个国家长期的战略取向。战略文化包含一套综合完整的符号系统，以帮助确立军事力量在国家间政治关系中的作用和有效性的信念，从而形成国家主导的战略偏好。简而言之，就是指影响一个国家（或者战略群体）选择战争与否的文化要素（李建波，2009）。战略文化包括对战略环境秩序的基本估计，确立国家决策者对国际冲突及其解决方式的理解，尤其涉及对武力的认识。战略文化在很大程度上决定战略选择。战略文化可以划为两类：冲突型战略文化和合作型战略文化。"战略文化的因素包含地缘政治、国际关系、政治文化、军事文化、文武关系与官僚体制、武器与军事科技、社会结构。"（莫大华，1996：47）。与此同时，一国战略文化的形成既受国家层次的内生因素的影响，也受来自国际体系与结构的外生因素的影响。战略文化生成的内生因素包括地理环境、生产生活方式、传统文化、历史经验和社会因素等，而外部因素主要包括外部世界的主流战略文化和国家间战略文化的互动。

（3）具体应用

战略文化是一个国家制定现实战略的潜在意识和历史文化情结。它是在特定历史文化传统的战略思想和理论基础上形成的，指导战略行动并影响社会和文化的思想趋势（李晓燕，2009）。国内的战略文化研究主要局限于国际关系与国际政治研究领域。周丕启（2001）是国内较早对战略文化的定义、决定战略文化的因素、战略文化的内容和类型进行论述的学者。张露、王迎晖（2005）从战略文化的角度对中国崛起过程中的和平主义取向的文化根源进行了理论说明。近年来不少学者从战略文化的角度探讨国际问题。日本通过与中国的冲突确定了发展战略的方向，政治家、社会精英和媒体达成共识，成功动员社会舆论，借助中国元素强化国民意识和身份认同，影响国家战略选择（林晓光，2008）。俄罗斯的"东转战略"是其乌克兰危机后实施的重要战略，旨在加强与亚太国家的联系以缓解西方的战略压力，并通过远东发展为俄罗斯经济打造新引擎，该战略受到了战略文化、央地关系和政治结构的影响（徐博，2019）。澳大利亚战略文化则呈现出地缘政治色彩浓厚、深受英国战略文化影响、西方文化底色难改、依附性大于独立性、缺乏战略思想支撑的特征，这是澳大利亚制定对华政策背后的文化逻辑（许善品 等，2021）。事实上，在文学作品中也能解读出一国的战略文化，李建波（2009）就从石黑一雄的短篇小说《团圆饭》中读出了日本战略文化中的两种基本特征：一是独特的等级观念，二是武士道的传统。

（4）案例分析

文学作品是战略文化的重要体现，文学作品也能反映出一国的战略意图，因为优秀的作品不是作者个人的情感表达，而是时代的情感表达，是集体记忆的个性化表达。本节以《战略文化视域下的石黑一雄解读》[①]为例，解读石黑一雄的《远山淡影》和《团圆饭》两个作品所传递的战略文化。

1）研究内容。

作为日裔英籍作家，石黑一雄虽未亲历战争，但对第二次世界大战后日本民众的创伤记忆很是敏感，其小说常能敏锐捕捉到战争所带来的巨大社会冲击和心理创伤。其日本题材小说叙事与所谓日本经典历史叙事一脉相承，即"以利己主义的受害者身份"艺术化文本。细读《远山淡影》和《团圆饭》，读者会发现石黑一雄对日本从空间到心理，从平民、妇女到儿童都进行了不同程度的创伤书写，日本受害的场景叙事与日本重塑第二次世界大战后形象的战略意图相吻合。

2）研究步骤。

第一，创伤叙事策略。

基于创伤难以言说的特性，小说运用了独特的叙事手法，缄默的叙事背后隐藏着重复叙述，揭示了受创者在经历对话重创后脑中不自觉地重现创伤场景的症状。这在《远山淡影》中是通过悦子和小女儿妮基之间的对话发展起来的，对话将长崎原子弹爆炸与主人公的经历联系起来。悦子在长崎原子弹爆炸中遭受了严重的创伤，她决定移居英国并开始新的生活，但遭到女儿景子的强烈反对，最终母女虽成功移民到英国但却未能治愈创伤，反而导致了景子的死亡。在《团圆饭》中，作者描述了第二次世界大战后初期日本的社会状况。父亲和朋友经营了17年的公司因外国竞争而倒闭，

---

① 徐孟平，苏锦平.战略文化视域下的石黑一雄解读 [J].待发表.

他的父亲被迫退休，而他的朋友则自杀了。通过一次看似不起眼的晚餐，《团圆饭》揭示了人物背后的不同创伤事件。这些角色属于普通日本人，他们似乎与战争关系不大，却承受了战争带来的伤害，即使战争结束了，他们依然需要承受伤害。日裔美国社会学家桥本明子（2019：10）在《漫长的失败：日本的文化创伤、记忆和认同》中指出倡导"同情和认可战败的悲惨受害者"占据了日本社会的主流。这种叙事创造了"受害者"的形象，他们的祖父被迫为国家而死，抵消了肇事者的身份，从而将第二次世界大战中亚洲实际的受害者如中国广大民众等排除在外。远在英国、未经历过战争的石黑一雄之所以选择这些普通人来做主角，实际上是为了配合日本否认罪行的战略，将读者对日本战争罪行的视线转移到第二次世界大战后那些无辜的普通民众身上，目的是告诉读者日本的普通民众也是战争的受害者。

第二，"受创者"的集体记忆。

将个人创伤转化为集体创伤是一种战略文化。集体创伤比个人创伤具有更广泛的表现形式。《团圆饭》中叙事者的母亲因吃河豚中毒而死，邀请邻居和朋友一起共享河豚也风靡一时。这种行为可以认为是武士道传统的一种体现，带有自杀性质，是对日本战败的一种集体耻辱感的反应。《远山淡影》中悦子为了逃避战争中丧失亲人的伤痛而带女儿景子移民英国，景子在一个陌生的环境中产生了身份焦虑，而以往的生活环境又无法返回，难以治愈的心灵创伤吞噬了景子。这种创伤本质上是日本文化与西方文化碰撞的结果，但石黑一雄把它的起因归结为战争创伤。虽然"创伤受害者"受到直接影响，但其影响也在集体意识中被感受到，给人的印象是集体受到了伤害和侮辱。由此产生的转变使更广泛的受众能够感受到创伤，并且增加了同情和认同"受害者"的机会。当集体成员感到他们遭受了可怕的事件，在他们的群体意识中留下了不可磨灭的印记时，文化创伤就发生了，并以不可撤销的方式改变着他们的未来。当创伤具有一定的普遍性时就会得到集体的认同，从而变成集体创伤，集体创伤的沉淀和发酵就变成了文化创伤。文化创伤是一种强烈而难忘的痛苦记忆，会影响个人或群体的身份和未来的选择。

第三，唤起国家记忆与建构国家认同的创伤叙事。

国家认同源于被个体感知的社会活动，是被建构的过程。在小说的具体创伤呈现下，日本从空间到心理，从平民、妇女到儿童都进行了受害者化处理，石黑一雄在叙事中没有遗忘战争的加害者，只是遗忘了他们的罪行，而且通过魔术一般的手法将战争的加害者变成了"受害者"，艺术性叙事巧妙地隐去了日本的战争罪行。在石黑一雄的作品中，个人与集体的二元对立之间的界限以及爱与恨、战争与和平之间的界限变得模糊，而这种模糊化处理是为了日本第二次世界大战后的重建。日本在战后的当务之急是重拾信心，成为西方资本主义的积极盟友。日本必须否认对这场战争负有任何责任，否则国家就会分裂，经济就会停滞不前，这是当时日本当局的共识。小说通过对日本国家战略的策应，成功地让这种集体记忆上升为国家记忆，而国家记忆本质上又是集体记忆，但国家记忆是一种具有社会强制力的集体记忆。随着集体记忆在小说阅读中慢慢形成，普遍的民族认同感逐渐产生。石黑一雄的日本题材小说符合日本重塑其第二次世界大战后身份的企图，通过写作，石黑一雄在一定程度上重构了国家记忆，重建了国家形象，使得日本的侵略者形象发生了翻天覆地的变化。

3）研究方法。

近年来，创伤理论与文学文本研究相结合成为一种趋势，文学批评获得了新的视角。用口头或书面方式回忆过去是创伤叙事的常见方式，个人的创伤经历经过讲述和叙事被纳入集体框架，从重建的共同过去中发展出独特的记忆。当集体成员分担悲伤和责备时，他们会变得更加团结、强大和联系紧密。使得阅读创伤的代际传递得以重复并融入一个国家或群体的文化记忆，从而变成国家记忆。该研究通过细读石黑一雄的《远山淡影》和《团圆饭》两部作品，探讨了其背后的战略文化，解释了日本第二次世界大战后否认罪行的文化心理和脱罪技巧。

4）研究结果。

创伤是指人们在遭受身体、心理或社会上的伤害后所经历的一种心理状态，而创伤叙事则是指人们对自己遭受的创伤进行描述和解释的过程。一个国家的历史事件和人物会影响到该国人民的文化、价值观和行为方式，从而影响到该国的集体记忆。而一个国家的集体记忆又会影响到该国人民对于自己的身份认同和归属感，从而影响该国人民对于自身历史的认知和评价。通过石黑一雄的作品，我们看到小说对战略文化的巧妙反映。石黑一雄利用自己对西方文化和日本文化的熟悉度，在日本战略与西方文化之间闪转腾挪，在小说中为日本建构出一个"受害者"形象，巧妙地为日本进行脱罪化处理，从而赢得西方社会的"同情"。

四、相关选题建议

本章在介绍了中国的外国文学研究概观、文学分类、外国文学研究与区域国别研究的关系的基础上，对与外国文学研究与区域国别研究相关的三种较常用的批评方法进行了详细的介绍，包括民族性研究、情报挖掘研究和战略文化研究。这些方法的历史发展脉络、相关理论与应用的介绍，以及相关案例的分析，有助于我们理解区域国别学为何被授予文学学位，有助于我们理解外国文学研究与区域国别研究之间的相关性。为帮助进一步思考外国文学研究与区域国别研究之间的关系以及如何用外国文学研究进行区域国别研究，笔者列出一些选题供参考：

1）外国文学作品中少数民族群体的政治表达；
2）跨国作家作品中多元文化认同的研究；
3）后殖民语境下的外国文学民族角色阐释；
4）外国文学中的族群与阶层关系探析；
5）外国文学作品主题地图中的族群空间政治；
6）外国文学中的异国情结与民族认同形象；
7）外国文学迁徙叙事中的族群邂逅与融合；
8）外国文学历史叙事中族群权力关系的嬗变；
9）文学作品中的地图想象与群体记忆；
10）数字化文学地图在民族叙事研究中的应用。

五、思考题

1）外国文学被认为具有区域国别研究的特性，这种特性在哪些方面体现得尤为明显？你认为外国文学中的区域国别研究特性如何影响研究者对于不同文学作品的理解和解读？

2）外国文学研究方法中的民族性研究、情报挖掘研究以及战略文化研究等领域，如何为区域国别研究提供新的视角和方法？你能否通过具体案例说明这些方法在实际研究中的应用及成果？

3）随着全球化的加深，外国文学研究是否需要重新审视其在区域国别研究中的地位和作用？你认为在当今多元文化的语境下，外国文学研究如何更好地拓展研究视野，以更全面地理解和解读各个区域国别的文学作品？

4）在外国文学研究中，跨文化的交流和对话日益增多。在区域国别研究的框架下，如何看待外国文学作品之间的跨文化联系？这些联系如何影响我们对于各个国别文学的理解和比较？

5）外国文学研究与当代社会、政治以及经济环境的关系是怎样的？文学作品是否可以被视为反映某一国家或地区社会变革的镜子？通过研究文学作品，我们能否更深刻地理解一个国家或地区的发展轨迹？

六、本章参考文献

[1] 陈岳，2022. 区域国别学科的交叉与融合 [J]. 国际论坛（3）：9–14.

[2] 戴鸿斌，2021. 空间批评视域下斯帕克小说中的苏格兰民族性建构 [J]. 外国文学研究（3）：110–122.

[3] 国务院学位委员会第六届学科评议组，2013. 学位授予和人才培养一级学科简介 [M]. 北京：高等教育出版社.

[4] 郝明工，2002. 区域文学刍议 [J]. 文学评论（4）：82–84.

[5] 何宁，2020. 论希尼与民族性建构 [J]. 当代外国文学（4）：95–101.

[6] 李安山，2021. 中国的区域国别研究：历史、目的与方法 [J]. 云大地区研究（2）：172–196，228.

[7] 李建波，李霄垅，2021. 美国情报理论研究体系初探：为国别和区域研究学科建设提供借鉴 [J]. 浙江外国语学院学报（1）：15–22.

[8] 李建波，李霄垅，2019. 外国文学和国别与区域的交叉研究：国情研究专家的视角 [J]. 浙江外国语学院学报（5）：11–17.

[9] 李建波，2009. 从文学作品中读出战略文化：以石黑一雄的《团圆饭》为例 [J]. 译林（4）：194–196.

[10] 李建波，2015. 外国文学批评与情报分析 [J]. 外语研究（3）：1–6.

[11] 李晓燕，2009. 文化·战略文化·国家行为 [J]. 外交评论（外交学院学报）（4）：83–93.

[12] 李霄垅，李建波，2018. 石黑一雄日本题材小说对战后日本受害者形象的建构 [J]. 当代外国文学，39（4）：118–125.

[13] 林晓光，2008. 日本对华战略文化形成的社会舆论机制："普通国家"的身份建构与媒体的"共识动员" [J]. 新闻与传播研究（2）：17–24，93.

[14] 林语堂，2001. 中国人 [M]. 南宁：广西民族出版社.

[15] 刘超，2022. 美国区域研究的历史经验与发展脉络 [J]. 学海（2）：56–61.

[16] 刘鸿武，2020. 中国区域国别之学的历史溯源与现实趋向 [J]. 国际观察（5）：53–73.

[17] 吕洪灵，2022. 新文科背景下外国文学国别与区域研究的融合 [J]. 当代外语研究（1）：122–129.

[18] 孟东红，2016. 文学批评的现实应用：新历史主义与情报分析 [J]. 外语研究（6）：1–6，112.

[19] 莫大华，1996. 战略文化：战略研究的文化途径 [J]. 问题与研究（6）：60–65.

[20] 桥本明子，2019. 漫长的战败：日本的文化创伤、记忆与认同 [M]. 李鹏程，译. 上海：上海三联书店.

[21] 桑顿，耕香，2004. 美国区域研究的起源、性质和挑战 [J]. 国外社会科学（1）：15–20.

[22] 商子雍，1985. 文学创作与情报信息 [J]. 情报杂志（2）：10–12.

[23] 沈固朝，2009. 两种情报观：Information 还是 Intelligence?：在情报学和情报工作中引入"Intelligence"的思考 [J]. 术语标准化与信息技术（1）：22–30.

[23] 宋炳辉，1994. 50 ~ 70 年代苏联文学在中国的译介 [J]. 中国比较文学（1）：146–161.

[24] 苏锑平，2015. 风景叙事与民族性的塑造 [J]. 沈阳大学学报（社会科学版），17（6）：816–820.

[25] 唐弢，1979. 中国现代文学史（一）[M]. 北京：人民文学出版社.

[26] 童庆炳，许明，顾祖钊，2000. 新中国文学理论 50 年 [M]. 合肥：安徽大学出版社.

[27] 王德威，2012. 南京的文学史：11 个关键时刻 [J]. 扬子江评论（4）：9.

[28] 王列生，2000. 世界文学背景下的民族文学道路 [M]. 合肥：安徽教育出版社.

[29] 王启龙，2023. 区域国别学十问 [J]. 外语教学（2）：10–17.

[30] 王向远，2023. 比较文学、区域国别学的互鉴与学科发展新契机 [J]. 广东外语外贸大学学报（3）：35–47.

[31] 王向远，2009. 论亚洲文学区域的形成及其特征 [J]. 重庆大学学报（社会科学版）(1)：116–120.

[32] 魏然，2020. "他加禄的哈姆雷特"的抉择：何塞·黎萨尔的去殖民与亚洲问题 [J]. 外国文学评论（1）：5–39.

[33] 吴元迈，2016. 中国外国文学研究百年沧桑 [C]// 陈建华. 中国外国文学研究学术历程 [C]. 重庆：重庆出版社.

[34] 徐孟平，苏锑平. 战略文化视域下的石黑一雄解读 [J]. 待发表.

[35] 杨星映，2002. 全球化与区域文化和文学 [J]. 文学评论（4）：78–80.

[36] 袁兰，1987. 情报文学之管见 [J]. 情报杂志（3）：24–25，32.

[37] 张露，王迎晖，2005. 论当代中国大战略选择的和平性：一种基于战略文化的考量 [J]. 太平洋学报（6）：22–30.

[38] 张杨，2022. 我们需要什么样的区域国别研究：基于美国实践的省思 [J]. 史学理论研究（2）：11–18.

[39] 赵申洪，2015. 浅论新加坡战略文化 [J]. 红河学院学报（6）：77–80.

[40] 朱刚，2006. 二十世纪西方文论 [M]. 北京：北京大学出版社.

[41] 周丕启，2001. 略论战略文化 [J]. 现代国际关系（10）：56–60.

[42] 韦勒克，沃伦，2017. 文学理论 [M]. 刘象愚，等译. 杭州：浙江人民出版社.

[43] 徐博，2019. 俄罗斯"东转战略"的国内政治影响要素探析：战略文化、央地关系与政治结构 [J]. 当代亚太（6）：47–66，159.

[44] 许善品，张涛，2021. 战略文化、战略偏好与澳大利亚的对华战略疑惧 [J]. 印度洋经济体研究（3）：59–84，153–154.

[45] BARNARD A, SPENCER J, 1996. Encyclopedia of Social and Cultural Anthropology [M]. London: Routledge.

[46] BENEDICT R, 1946. The Chrysanthemum and the Sword: Patterns of Japanese Culture [M]. Boston: Houghton Mifflin.

[47] BENEDICT R, 2005. Patterns of Culture [M]. Boston: Houghton Mifflin.

[48] DAMROSCH D, 2003. What Is World Literature? [M]. Princeton: Princeton University Press.

[49] FERRIS J, 1995. Coming in from the Cold War: The historiography of American intelligence, 1945–1990 [J]. Diplomatic History (1): 87–115.

[50] HABIB M A R, 2005. A History of Literary Criticism [M]. Malden: Blackwell Publishing.

[51] HAGEN E E, 1962. On the Theory of Social Change: How Economic Growth Begins [M]. Belmont: Dorsey Press.

[52] KAHN D, 2009. An historical theory of intelligence [C] // GILL P, MARRIN S, PHYTHIAN M. Intelligence Theory: Key Questions and Debates. London and New York: Routledge.

[53] MEAD M, 1961. Coming of Age in Samoa [M]. New York: Harper Collins.

[54] PARRENDER P, 2006. Nation and Novel: The English Novel from Its Origins to the Present Day [M]. Oxford: Oxford University Press.

[55] PHYTHIAN M, 2009. Intelligence theory and theories of international relations: Shared world or separate worlds? [C]. //GILL P, MARRIN S, PHYTHIAN M. Intelligence Theory: Key Questions and Debates. London and New York: Routledge.

[56] WRITZ J J, 2007. The American approach to intelligence studies [C] // JOHNSON L K. Handbook of Intelligence Studies. New York: Routledge.

第三章

翻译学理论和方法与区域国别研究①

本章介绍翻译研究的基本概念、核心理论、主要方法和实际应用，探讨翻译研究与区域国别研究的区别与联系，着重讨论二者的关联性，并探索如何将翻译研究的理论和方法应用于区域国别研究；研究社会翻译学、生态翻译学和本地化研究与区域国别研究的结合途径，指出其为区域国别研究提供新的视角和思考方式，并在一定程度上丰富和扩展了区域国别研究的理论框架和方法论；最后通过具体案例展示如何将翻译研究的理论和方法应用到区域国别研究中，以及这种结合如何帮助读者更深入地理解特定区域的复杂问题。

一、翻译研究与区域国别研究的关系

翻译研究与区域国别研究在学术领域中都占有重要的地位。二者的研究焦点和方法虽然存在明显的差异，但它们这两个领域之间的交叉和互动为我们提供了一个独特的视角，以更全面地理解文化、语言和社会的复杂性。

翻译研究是研究翻译现象和翻译行为的学科，它关注的是如何在不同的文化和语言背景下进行有效的信息传递。这包括翻译方法、翻译理论、翻译过程和翻译评价等方面。翻译不仅仅是语言的转换，更是文化的传递和交流。因此，翻译研究的目的是探讨如何更好地理解和解决翻译中的问题，以提高翻译质量。

区域国别研究是关于一国域外世界学术知识体系的总和，它是指对某一域外特定国家／联邦区域、地理区域和文化区域进行的人文和社会科学多学科研究的知识体系。这包括历史、政治、文化、社会和经济等方面。通过对特定地区或国家的深入研究，我们可以更好地理解不同文化和社会背景

① 本章作者：王华树，北京师范大学翻译学博士，北京外国语大学高级翻译学院教授，研究领域：翻译学。
张成智，马来西亚理科大学翻译学博士，河北大学外国语学院副教授，研究领域：翻译学。

对人们的思维方式、价值观和行为方式的影响。

两者之间的主要区别如下：

1）学术传统。

翻译研究起源于古希腊和古罗马时期，它的发展受到了文学、哲学和修辞学的影响。区域国别研究则起源于19世纪的欧洲，它的发展受到了历史学、地理学和社会学等学科的影响。

2）学科属性。

翻译研究是语言学的一个重要分支，属于人文科学。而区域国别研究是一个跨学科领域，它涉及历史学、政治学、经济学、社会学等多个学科。这意味着区域国别研究需要综合多种学科的知识和方法来进行研究。

3）研究对象。

翻译研究的对象主要是文本和语言，以及从原文到译文的转换过程，它关注的是理解和解释翻译过程中的各种现象，如何在不同的语言和文化背景下进行有效的信息传递。区域国别的研究对象则更为广泛，不仅包括特定地区的语言，还包括该地区的历史、地理、政治、经济、社会和文化等各个方面。区域国别研究不仅试图理解特定地区的内在复杂性，还探讨这些地区与全球其他地区的关系。

4）研究方法。

翻译研究使用的主要方法包括文本分析、比较研究等。而区域国别研究则使用更多的跨学科方法，如历史研究、社会学研究、人类学研究等。

5）应用领域。

翻译研究的应用领域主要集中在文化交流、国际商务、外交、教育等领域，它的核心是如何准确、高效地传递信息和文化。而区域国别研究的应用领域则更为广泛，包括国际关系、经济发展、社会政策、旅游、环境保护等，它的目的是更好地理解和应对特定地区或国家的各种问题和挑战。

尽管两者各有特点，但它们之间也存在着紧密的联系。一方面，翻译研究可以为区域国别研究提供关于文化交流和传播的重要视角，而区域国别研究则可以为翻译研究提供丰富的历史、文化和社会背景知识。例如，马丁·路德将《圣经》翻译为德语，为德意志民族的形成、新教的创立、现代德语的诞生做出了巨大的贡献。又如，佛经翻译在我国持续近千年，对我国的历史、语言、文化、习俗等方方面面均产生了深刻的影响，如现代汉语中保留了大量源于佛经的词汇（方便、执着、一面之缘、痴心妄想等等）。另一方面，翻译实践是区域国别研究的重要信息渠道，翻译研究也是区域国别研究的途径之一，特别是各国翻译史的研究，包括重要的翻译家、翻译事件的研究，前者如马丁·路德和玄奘，后者如西方的《圣经》翻译和我国的佛经翻译等等都具有极高的研究价值。区域国别研究也可以为翻译研究和翻译实践提供基础信息。这种交叉和互动为区域国别研究提供了独特的视角和切入点。

二、翻译研究概述

1. 核心概念

翻译研究是一门探讨翻译行为、过程、效果以及其与文化、社会和历史背景之间相互关系的系统性学科，它不仅关注语言的转换，更深入地探索文化、社会、心理和认知等多方面的因素。翻译研究是语言学的一个重要分支，同时也与文化学、社会学、心理学、认知科学等多个学科有着紧密的联系。

翻译研究旨在揭示翻译的本质、规律和机制，为翻译实践提供理论指导，提高翻译质量，促进跨文化交流。它不仅仅局限于文本的转换，它还涉及翻译者的心理过程、翻译策略的选择、文化差异的处理、翻译伦理、翻译技术等多个层面。

翻译研究的范围非常广泛，包括但不限于文学翻译、科技翻译、口译、同声传译、影视字幕翻译、本地化翻译等。翻译研究的对象是多层次、多维度的。首先，它关注文本，即原文和译文，探索文本之间的对应关系和转换策略。其次，翻译研究也关注翻译者，即进行翻译活动的主体，探讨其心理过程、认知机制和翻译策略选择。此外，翻译研究还关注翻译的社会文化背景，如翻译的接受、评价、传播等。

翻译研究通常采用多种研究方法。文本分析是最常用的方法，通过对比原文和译文，揭示翻译的策略和技巧。实验研究，特别是眼动追踪、键盘记录等方法，用于探讨翻译的心理过程和认知机制。问卷调查和访谈则用于收集翻译者的观点、经验和策略选择。此外，翻译研究还采用了历史研究、社会学研究、人类学研究等跨学科方法。

翻译不仅仅是语言的转换，作为一门跨文化的交流艺术，它还融合了本质、规范、方法、评价、理论、实践、教育和研究等多维度的核心概念，这些概念共同奠定了翻译学的研究基础。

（1）翻译理论

翻译理论是翻译实践中概括出来的有关知识的有系统的结论以及对于翻译有关的现象或本质做系统的描写或阐释（方梦之，2005）。它探讨翻译的本质、原则、方法、可译性，翻译的标准、过程，以及作者、译者和读者之间的关系，还研究翻译批评、翻译教学、翻译管理、翻译技术等等。它为翻译实践提供理论支持，帮助翻译者更好地理解和执行他们的任务。我国翻译理论发端于前秦时期佛经翻译家道安提出的"五失本、三不易"，此后彦琮提出"八备十条"说，玄奘提出"五不翻"，傅兰雅、徐寿提出"译名七原则"，严复提出"信达雅"等。近现代以来，我国翻译学界除了吸收借鉴国外翻译理论，国内还涌现了一批优秀的原创翻译理论，比如许渊冲的文学翻译理论、黄忠廉的变译理论、吕俊的建构主义翻译学、谢天振的译介学、胡庚申的生态翻译学、张俊杰的中庸诗歌翻译观、周领顺的译者行为批评、陈东成的大易翻译学、吴志杰的和合翻译学、潘文国的文章翻译学、杨枫的知识翻译学等等。西方翻译理论发轫于西塞罗（Marcus Tullius Cicero）将翻译分为演说家式翻译和解释员式翻译的思想，之后德国哲学家马丁·路德（Martin Luther）在《圣经》翻译中提出的翻译思想，法国翻译家多雷（Etienne Dolet）提出的翻译五原则，德国学者（Friedrich D. E. Schleiermacher）施莱尔马赫提出的异化归化说等。近现代以来，西方涌现了一批优秀的翻译理论，如奈达（Eugene A. Nida）提出的功能对等理论、纽马克（Peter Newmark）提出的交际翻译理论、弗米尔（Hans J. Vermeer）提出的目的论等等，这些理论推动了翻译学科的快速发展。

（2）翻译实践

翻译实践是在实际工作中进行翻译的过程和活动，即将一种语言的文字或讯息转化为另一种语言的文字或讯息，以便不同语言之间进行交流和沟通。从类型上，它分为两种，口译和笔译。根据翻译的题材和内容，它还可以分为文学翻译、法律翻译、财经翻译、医学翻译、科技翻译等等。翻译实践是译者通过翻译活动来改造现实世界，包括改造自然界、社会和人自身的活动（方梦之，2005）。在翻译实践中，译者首先需要全面准确地理解原文的意旨，然后用目标语言精准地表达出来。

与此同时，译者还需要根据不同语言和文化之间的差异、客户的翻译要求、项目的应用场景，对译文进行相应的调整，以确保翻译的准确性和适用性。在全球化时代，翻译实践对于促进不同语言之间、不同文化之间的交流和理解非常重要，它在各个领域和行业中都发挥着重要作用。

（3）翻译技术

翻译技术是指在翻译过程中应用到的各种综合信息技术。"翻译技术"是翻译研究领域中的新生事物，在国内外有不少相似的说法。国外的说法有"Computer Translation""Automatic Translation""Computer-Aided Translation""Computer-Assisted Translation""Machine-Aided Translation""Machine Translation""Machine-aided/-assisted Human Translation"等，国内的说法也有很多，如"计算机翻译""电脑翻译""电子翻译""机械翻译""自动翻译""机器翻译""机器辅助翻译""电脑辅助翻译""人工辅助翻译"等。归结起来，翻译技术通常涵盖三个主要的概念，一是人工翻译，二是机器翻译技术，三是计算机辅助翻译技术。翻译技术包括译前的文档编码、格式转换、可译资源提取、字数统计、任务分析、术语提前、双语对齐技术、重复片段抽取技术、预翻译技术等，译中的辅助拼写、辅助输入、电子词典和平行语料库查询及验证、翻译记忆匹配、术语识别等，以及译后的质量检查、翻译格式转换、双语或多语排版、翻译产品功能和语言测试以及语言资产管理技术等。翻译技术在翻译的各个环节都发挥着越来越重要的作用。信息技术突飞猛进，翻译工具的功能不断改善，在一个追求效率的产业化时代，翻译技术在现代翻译工作中的作用日益凸显。每个具体的技术在流程中发挥应有的作用，多种技术的综合使用，可以发挥个体翻译工具没有的整体功效。

（4）翻译标准

翻译标准是指翻译活动必须遵循的准绳，是衡量译文质量的尺度（方梦之，2005）。马建忠提出"善译"说，"译成之文，适如其所译而止，而曾无毫发出入于其间。夫而后，能使阅者所得之益，与观原文无异"。严复提出了"信达雅"，"译事三难：信、达、雅。求其信已大难矣。顾信矣不达。虽译犹不译也。则达尚焉"。在此基础上，林语堂又提出了"忠实、通顺、优美"的标准；思果提出了"信、达、贴"；刘重德则提出了"信、达、切"。辜正坤提出了翻译标准多元互补论。在西方，泰特勒（A. F. Tytler）提出了良好翻译（good translation）的三条标准，即译文应完整复写出原作的思想，译文的风格应与原作相同，译文与原作同样流畅。奈达也提出了等效标准。随着翻译活动的职业化和全球化，行业协会也制定了相应的翻译质量标准，例如 LISA 质量模型、ATA Metric、TAUS 动态质量框架等。

（5）翻译能力

翻译能力是译者将源语文本转换成目标语文本的能力。语言能力是翻译能力的核心，但语言能力并不等同于翻译能力。关于翻译能力的构成元素，奈达认为其应当包含双语文化能力、双语能力、写作能力和文本内容知识。纽伯特（Albrecht Neubert）认为翻译能力应当包括语言能力、文本能力、学科能力、文化能力和转换能力，其中转换能力为核心。刘宓庆认为翻译能力应当包括语言分析能力、文化辨析能力、审美判断能力、双向表达能力和逻辑校正能力。沙夫纳（Christina Schaffner）认为翻译能力应当包含文化能力、语言能力、研究能力、文本能力和转换能力五大类。切斯特曼（Andrew Chesterman）提出翻译能力发展有五个阶段：新手阶段、熟练新手阶段、能力阶段、熟练阶段和专家水平阶段。翻译能力实证研究可分为两类：翻译过程研究和译本研究。PACTE

Group（2005）认为翻译能力包含双语能力、语言外能力、翻译专业知识、工具操作能力、策略能力等五种。

（6）归化和异化

归化（domestication）和异化（foreignization）是一对概念。最早德国学者施莱尔马赫（Schleiermacher，2004）提出了异化和归化的思想（alienating and naturalizing）。后来韦努蒂（Venuti，2004）将其进一步发展，他认为所谓归化就是让源语文本符合目标语的文化价值观，把原作者带入译语文化；所谓异化则是保持源语文本的特色，把读者带入外国情境。简而言之，归化是指采用目标语读者更加熟悉、更易理解的语言来翻译。而异化则最大限度地保留原文的异域色彩。两种译法代表两种迥然不同的翻译策略，都有各自的合理性和局限性。傅东华翻译的《飘》（*Gone With The Wind*）就采取了典型的归化策略，例如他将主人公 "Scarlett O'Hara" 译为 "郝思嘉"、"Red Butler" 译为 "白瑞德"、"Melanie Hamilton" 译为 "韩媚兰"。将 "Atlanta" "Charleston" "Georgia" 等地名分别译成 "饿狼陀" "曹氏屯" "肇嘉州" 等具有中国特色的词语。傅东华（1985:3）自陈，"关于这书的译法，……如果一定要字真句确地译，恐怕读起来反要沉闷。即如人名、地名，我现在都把它们中国化了，无非要替读者省一点气力"。当代汉语中，有不少异化翻译而来的表达，例如"洗手"，来自英语"wash hands"（"上厕所"的委婉语）。此外还有许多异化而来的表达被人们所用，例如"德律风"（telephone）被 "电话" 所取代，"赛因斯"（science）被 "科学" 所取代。

2. 主要范式

翻译研究是一个多元化和跨学科的领域，涵盖了多种研究范式。以下列举了一些主要的研究范式以及主要的代表性人物：

（1）文学翻译研究范式

这一范式强调文学翻译的艺术性和创造性，视翻译为语言转换与文化传递的双重过程。该范式关注翻译对目标语言文化和文学发展的影响，以诗歌、小说、戏剧等文艺作品为主要研究对象。代表性人物如斯坦纳（George Steiner）和巴斯尼特（Susan Bassnett）等，他们的研究推进了文学翻译理论的发展，提升了文学翻译的学术地位。

（2）社会学翻译研究范式

这一范式主要借用社会实践论、行动者网络理论和社会系统论等三种社会学理论，对翻译职业、翻译机构、翻译产品的传播进行研究，它关注翻译的社会背景和社会效果，研究翻译在特定社会文化环境中的地位和作用，和区域国别研究的联系较为紧密。沃尔夫（Michaela Wolf）和西米奥尼（Daniel Simeoni）都是这一范式的代表人物，他们的研究揭示了翻译与权力、意识形态等社会因素的关系。

（3）语言学翻译研究范式

这一范式从语言学的角度研究翻译，关注翻译中的语言现象和语言规则，研究语言的结构、功能、语义、语用等方面，以理解翻译过程中语言的作用和影响。除了奈达（Nida et al.，2004）和纽马克（Newmark，1981），贝克（Baker，2018）也是这一范式的代表人物，她提出了 "语言对等"

的概念。

（4）认知学翻译研究范式

这一研究范式从心理学和认知科学的角度研究翻译过程，主要关注翻译者在翻译过程中的思维过程，包括信息处理、决策制定、问题解决等。这一范式尝试揭示翻译活动的心理机制，以期提高翻译的效率和质量。此外，这一范式也关注翻译教学和翻译工具的设计，代表人物包括贾尔（Daniel Gile）和克林斯（Hans-Peter Krings），他们的研究对于理解翻译过程中翻译者的认知行为具有重要价值。

（5）生态翻译研究范式

这一范式从生态学的角度研究翻译，关注翻译与其所处环境的关系，如翻译与作品受众之间的密切关系，并以生态翻译学的崭新视角对翻译的策略、方法以及翻译现象等做出新的描述和解释。胡庚申（2008）和克罗宁（Cronin，2017）都是这一范式的代表人物，他们的研究揭示了翻译与生态、环境、可持续性等问题的关系。

（6）本地化研究范式

本地化是一个新兴的研究领域，包括产品或服务在其他市场销售或使用时在各个方面的适应过程。本地化要解决的问题主要有语言翻译问题、实物问题、技术问题、商业和文化问题，包括软件本地化、游戏本地化、文档本地化、音像产品本地化、网站本地化等内容。翻译的本地化研究和区域国别的在地知识建构有密切的关系。

总的来说，翻译研究是一个多元化和跨学科的领域，它涵盖了多种研究范式和方法，提供了一个全面、深入理解翻译的视角。

3. 主要特征

翻译研究是一个高度复杂而且多元化的领域，涵盖了多种不同的研究方法和学科。下面是翻译研究的五个主要特征：

（1）多元性

翻译研究的多元性不仅体现在研究的主题和方法上，更显著的是其研究对象的多样性。翻译研究并不仅仅局限于语言转换的过程，而是涵盖了一系列广泛的主题和研究领域。例如，在翻译理论领域，我们可能会探讨从功能主义到后结构主义的各种理论；在翻译方法论中，我们可能会研究如何应用不同的策略以适应特定的翻译场景；在翻译过程研究中，我们可以使用眼动追踪技术或神经影像学技术来洞察译者在翻译过程中的心理活动；在翻译质量评价领域，我们可能会探索与创新不同的评价模型和标准，以更准确地评估翻译的质量。翻译研究对象的多元性包括了各种类型的文本，如文学作品、技术手册、法律文件、电影字幕、动态游戏等，甚至包括口译，如同声传译和交替传译等。这种多元性还体现在翻译的语言对上，可以是任意两种或多种语言之间的翻译。此外，翻译研究对象还包括各种翻译工具和技术，如字典、计算机辅助翻译工具、机器翻译系统等，以及它们如何影响翻译过程和翻译结果。这种多元性使翻译研究成为一个充满挑战和机遇的领域。

（2）跨学科性

翻译的跨学科性在于它广泛融合和应用了其他学科的理论与方法。例如，从语言学的视角，我们能深入探索翻译的语言特性与规律；从心理学的视角，我们能详细分析译者的认知过程与决策机制；从计算机科学的视角，我们不仅能研究如何利用计算机辅助翻译工具和机器翻译系统地提高翻译效率和质量，更能深化人工智能和深度学习在翻译领域的应用，以及研究这些技术是如何影响和改变翻译实践和翻译教学的。此外，随着神经网络机器翻译的发展，认知翻译学也开始关注机器翻译的"认知"过程，如机器翻译模型的决策过程等。这种跨学科的研究方法，使翻译研究在理论深度和实践广度上都具有了更大的拓展空间，为翻译学科的持续发展提供了强大的推动力。

（3）实践性

翻译研究的实践性体现在其研究成果能直接应用于翻译实践，并对实际的翻译效果产生深远影响。翻译理论可以提供理论框架和指导原则，帮助译者更精准地理解和处理各种翻译问题。例如，翻译质量评价研究可以提供评估工具和标准，帮助我们更系统、更科学地评估和提升翻译的质量。翻译技术的研究，尤其是神经网络机器翻译的研究和开发，已经深刻改变了翻译行业的实践形态。例如，神经网络机器翻译不仅极大地提高了翻译的速度和准确性，还通过学习大量的翻译实例，使机器翻译的结果更接近人类的翻译风格，这对于大规模的、需要快速翻译的场合，如新闻翻译、社交媒体翻译等，有着巨大的应用价值。

（4）全球性

在全球化的背景下，翻译研究的全球性显得尤为重要。翻译在跨文化交流中扮演着关键角色，无论是在新闻、娱乐、科学技术领域，还是在政治、经济、社会等领域，翻译都起着不可或缺的作用。例如，中西方的文化差异会影响翻译的策略和效果。在诗歌翻译中，中文的意象表达和西方的抽象表达方式就构成了一个巨大的挑战。又如，在翻译宗教文本时，译者需要深入理解源语和目标语的宗教背景和教义，以准确无误地传达原作的含义。而在某些特定的国家，如瑞士和加拿大，由于存在多语种和多文化的现象，翻译在促进内部的文化交流和社会融合中起着重要的作用。相反，对于一些单一语种和文化的国家，翻译则是连接世界、开展国际交流的重要工具。翻译研究不仅涉及语言和文化的交流，也关系到全球化进程中的信息流通、国际交流、国际关系、全球经济等重要议题，其影响力远超过学术界，深入到社会的各个角落。

（5）开放性

翻译研究作为一个开放且充满活力的学科，与时俱进，紧跟科技的发展。随着新的翻译工具和技术的不断涌现，如神经网络机器翻译和大语言模型（例如 GPT [Generative Pre-trained Transformer，预训练生成式转换器] 系列模型），翻译研究需要持续吸纳、整合新的理论和方法，以扩展研究视野，挖掘并解决新的研究问题。例如，在机器翻译领域，人们不仅要探索如何提升翻译的自动化水平，更需要深入研究诸如数据隐私、数据滥用、版权问题等伦理议题，同时也要关注大语言模型在文本生成、理解和翻译方面的能力，以及其对人类翻译者角色的影响等。这种开放性使得翻译研究始终保持其活力和创新性，为翻译学科的未来发展铺设了广阔的道路，并为翻译实践和翻译教学提供了无尽的可能。

上述五个特征彼此相互关联，共同塑造了翻译研究的特点和价值。多元性和跨学科性为翻译研究提供了丰富的研究内容和方法，实践性和全球性使得翻译研究具有重要的实际价值和国际影响力，而开放性则保证了翻译研究的持续发展和创新。正因为如此，翻译研究也为区域国别研究提供了独特的研究视角和研究对象。

三、翻译研究方法在区域国别研究中的应用

区域国别研究是一门新兴学科，将翻译研究方法直接应用于区域国别研究的现有案例比较罕见。但不少研究与区域国别研究存在交叉，对区域国别研究具有重要的启示作用。本节将阐述社会翻译学、生态翻译学和本地化的发展历程、核心理论，并结合研究案例，展示三者在实际研究中的应用。

1. 社会翻译学

社会翻译学是一个关注翻译活动在社会环境中的行为和影响的研究范式，它视翻译为一种社会实践。社会翻译学的出发点是它认为翻译不仅是语言现象，更是社会现象。该范式强调翻译活动如何受到社会因素的影响，这些社会因素包括政治环境、文化传统、经济条件、技术发展等。此外，社会翻译学还关注翻译活动如何反过来影响社会环境，如何参与社会变革和文化传播。

社会翻译学关注翻译者的角色和地位，翻译活动的生产和接受过程，以及翻译的社会效果。社会翻译学的研究主题包括翻译的市场化、翻译的专业化、翻译的伦理问题、翻译的权力关系等。

总的来说，社会翻译学的目标是揭示翻译活动的社会性质，理解翻译如何在社会生活中起作用，并提出对翻译活动的社会责任和道德要求。

（1）发展历程

社会翻译学的概念最早由詹姆斯·霍姆斯（James Holmes）在 1972 年提出，他在《翻译学的名与实》一文中，提出了"社会翻译学"（socio-translation studies）并进行了简要阐述，只可惜当时应者寥寥。

20 世纪 90 年代末，古安维克（Jean-Marc Gouanvic）、帕克斯（Gerald Parks）、西米奥尼（Daniel Semioni）、因基莱里（Moira Inghilleri）、西拉–谢菲（Rakefet Sela-Sheffy）、赫曼斯（Theo Hermans）、布泽林（Hélène Buzelin）等学者借鉴了各种社会学理论和方法，如布尔迪厄（Pierre Bourdieu）的社会实践论、卢曼（Niklas Luhmann）的社会系统理论以及拉图尔（Bruno Latour）的行动者网络理论等，开展翻译研究，开始系统构建社会翻译学，使得翻译研究走向了"社会学转向"。

2005 年，《译者》（The Translator）杂志出版了一期专刊，专门探讨布尔迪厄理论框架下翻译的社会学研究，使得社会学路径的翻译研究得到了国际翻译学界的广泛关注。2006 年，皮姆（Anthony Pym）等学者编撰了《翻译的社会文化面面观》文集，进一步拓宽了翻译研究的社会学路径。2007 年，沃尔夫与弗卡里（Alexandra Fukari）合作编撰了《建构翻译社会学》文集，倡导了"翻译社会学"的理论建构。2014 年，谢尔盖·图勒涅夫（Sergey Tyulenev）出版了专著《翻译与社会导论》，全面探讨翻译与社会文化的互动以及各种翻译研究的社会学模式，代表了社会翻译学的最新进展。

　　中国的社会翻译学研究稍晚于西方，但在以下多个方面已经取得了显著的进展：如对社会翻译学理论的构建、对西方社会翻译学研究的跟进和分析，以及借鉴社会学理论和方法对中国翻译家和学者的翻译活动以及文学作品的翻译传播等进行的研究。此外，国内学者王洪涛（2011；2016）在多篇文章中深入探讨了社会翻译学的理论和实践问题，并从社会翻译学的视角深入分析了中国文学的西方传播，对社会翻译学的发展产生了积极影响。

（2）核心理论

　　社会翻译学是翻译研究的一个重要分支，它强调将翻译工作放置在相应的社会、文化和历史背景中进行考察。以下是社会翻译学的一些核心思想：

　　翻译作为社会实践：费尔克拉夫（Fairclough，1992）提出将话语作为社会实践的视角，并提出了批评话语分析的框架，用于分析话语如何被生产、被传播和被接受。翻译作为社会实践是把这一话语分析框架投射到翻译研究的结果，探索翻译作为社会实践的具体方法实际上就是分析译本的生产（译本如何产生）、译本的分配（译本如何传播）、译本的消费（译本如何被接受）的过程。

　　权力与意识形态：福柯（Michel Foucault）认为话语就是权力。话语是权力的表现形式，所有权力都是通过话语来实现的。话语是实施权力的工具，是掌握权力的关键。翻译活动并非凭空发生，它受到意识形态、文化传统等各种权力的制约。这些权力无时无刻不在影响着译者在翻译过程中的抉择。翻译与其说是一种语言交际活动，不如说是一种在两种不同的权力话语（源语话语与译语话语）制约下的对话与交流（李霞，2003）。社会翻译学重视权力和意识形态在翻译过程中的作用，研究翻译如何被用来传播、强化或挑战特定的权力关系和意识形态。

　　翻译规范：指对翻译进行描述性分析的一个范畴，即某一译语社会里所共享的价值和观念，如什么是正确的，什么是错误的，什么是适当的，什么是不适当的，转化成在特定情况下正确的适当的翻译行为原则（Toury，2012）。社会翻译学研究翻译规范的形成和发展，以及这些规范如何影响翻译实践和翻译产品。

　　翻译伦理：指翻译所构成的主体、客体、环境、社会、文化之间的关系以及处理这些关系的行为准则。翻译伦理与译者道德密切相关。社会翻译学强调翻译活动的伦理责任，探讨译者如何在满足客户需求、遵守专业规范、尊重源文化和目标文化等多重压力下做出伦理决策。

（3）具体应用

　　社会翻译学研究主要借用了社会实践论（场域理论）、行动者网络理论和社会系统论等三种社会学理论，且主要围绕以下四个核心领域展开研究：翻译职业、翻译机构、翻译产品国际流通与传播、社会学与翻译学的关系，这四个领域分别对应社会学的四个主要分支，即职场或职业社会学、组织机构社会学、文学或文化社会学、科学社会学。例如，卡坦（Katan，2009）通过对25个国家、地区的1 000名译者进行网上问卷调查，结果显示，翻译是报酬偏低的"护理职业"，区别只在于译者"护理"的是文本，而不是病患；大部分译者对本职业都颇为满意，甚至相当满意，但同时又认为翻译职业缺乏社会认可，地位较低。莫索普（Mossop，2006）通过考察加拿大政府翻译局的翻译规范，指出1995年前该局主要为社会政治目的而翻译，1996—2005年则偏重就业和创收，并出现翻译质量滑坡、粗制滥造等问题。布泽林（Buzelin，2006）调查了三家加拿大独立出版社，发现由于出版商、经纪人、译者和赞助人的目标各不相同，他们往往要经过多次沟通才能确定选题和译本风格，因此翻译项目能重新确立或颠覆相互间的权力关系。李晋、肖维青（2023）借助社会实践论和行动者网络理论，从发起、生产与传播三个维度研究了中国当代科幻文学海外译介过程，研究发现中国科幻作品通过不断积累国际声誉，积极依托有限生产场域的学术出版社、文学代理人和网络渠道，打开了海外译介之门。中国科幻作品的优秀故事内核通过华裔和汉学家译者、编辑和读者粉丝的共同助力，成功地吸引了一批海外读者。通过出版机构的推广和营销，中国科幻作品的海外译介不仅取得了较好的读者评价，还取得了较好的经济效益。可惜我国科幻作品海外译介规模较小，且过于偏重英语市场，尚有大量作家的优秀作品未被译介。哪些作品被翻译并传播到海外，哪些作品没有被翻译，这其中就在于译者选择。哪些作品被传播到欧洲，哪些作品被传播到非洲，其背后的原因是什么？这些都是区域国别和翻译跨学科研究非常好的交叉点。

（4）案例分析

本小节以尹延安（2013）博士论文研究《传教士中文报刊译述语言文化研究（1815—1907 年）》[①]为例，从社会翻译学的视角分析探寻传教士中文报刊译述语言在促进汉语现代转型中的作用及表现因素。本案例从翻译的视角观察晚清时期我国的语言演变和国情风貌，也为区域国别研究提供了一种视角。

1）研究内容。

本研究主要以 19 世纪初来华传教士所创办的《中西教会报》《东西洋考每月统记传》《中西闻见录》《万国公报》《六合丛谈》等八大中文报刊文本为研究对象，以 *China Review*、*The Chinese Recorder and Missionary Journal* 等英文报刊中传教士发表的有关汉语语言研究和对翻译认识的观点为素材，基于传教士中文报刊译述语境的分析，对传教士中文报刊译述文本语言做较为全面系统的研究，探寻传教士中文报刊译述语言在促进汉语现代转型中的作用和影响。

2）研究步骤。

本研究首先收集和查阅 1815—1907 年在马来西亚马六甲和中国广州、北京、上海地区出版的中英文报刊。选择其中影响力较大的八种中文刊物，进而从语言学视角讨论传教士报刊译述过程中的词汇、语言、文体选择及其原因，并分析报刊译述话语对汉语言变迁的作用与影响，论述报刊译述中"西译中述"模式、翻译选材和译述传播对语言变迁的重要意义，分析传教士报刊译述话语的影响机制与途径。最后，讨论传教士报刊译述文本和中国读者之间文化互动及其对中国社会和语言发展的推动作用。

3）研究方法。

本研究基于来华传教士的汉语语言观、翻译观分析，从译述文本、译述过程和译述影响三个方面探讨传教士中文报刊译述中的话语实践活动，以社会学、借译伦理与规范、文体学、互文理论等为参照，综合利用历史考证、理论阐释与个案分析等研究方法，借鉴诺曼·费尔克拉夫（Norman Fairclough）的话语分析三个向度框架，着重从文本、文本翻译实践和文本的社会实践三个方面，通过具体的翻译和写作文本分析，研究传教士中文报刊中"传教汉语"的语言符号特征、形成过程及对汉语言变化的作用、表现途径，揭示汉语言发展中的外来影响。

4）研究结果。

第一，传教士来华目的不是进行语言革新，而是利用语言进行宗教宣传，西方科学技术知识也不过是借以吸引民众的工具而已，因此，他们汉语学习和研究的成果通过不同的知识话语在报刊书写中得以呈现。作为异域文化语境下的外语书写，他们面临一定的困难，对于西学概念与知识的表

---

① 尹延安，2013，传教士中文报刊译述语言文化研究（1815—1907 年）[D]. 上海：华东师范大学.

达往往要根据主题内容进行相应的增删和节译，不能简单按照《圣经》翻译那般直译，而且翻译与写作有时是合二为一的。

第二，报刊译述文本和创作文本是中方学者与西方传教士合作的结果，语言呈杂糅形态。一方面，来华传教士隶属于不同的教派，有着不同的传教主张，对文字传教工作有着不同的看法，因此对语言活动有着不同的支持力度。另一方面，传教士自身的文化素养也影响译述的内容、策略和语言水平等。最后，中国合作学者的语言水平参差不齐，在一定程度上也会影响译述语言的流畅度和可读性。

第三，传教士中文报刊译述语言对汉语词汇、语体和文体形式演变发挥了重要作用。传教士在报刊译述中首先要面临新术语、新概念的翻译挑战，虽然他们有时也会借用中国经典中固有的词汇来表达西方的概念和思想，但常常也会利用新造词来丰富汉语语汇，这奠定了汉语现代转型的基础。此外，传教士还会借用连词、逻辑关联词等西方语法形式的表达，使得汉语表达呈现出欧化趋势。

考察传教士和中国学者的合作翻译，透视晚清时期的国情风貌，这为区域国别研究提供了独特的切入点。

2. 生态翻译学

生态翻译学是生态学视角的翻译研究。清华大学教授胡庚申（2001；2004）最早提出了翻译即适应与选择的思想，并系统阐述了翻译生态环境、翻译生态系统、译者适应、译者选择、求存择优、共生互动等一系列概念，生态翻译学由此诞生。生态翻译学为区域国别研究提供了新的思路。

（1）发展历程

斯坦纳（Steiner，1975）将翻译理论分成普适（universalist）理论和局部（relativist）理论两个类别。罗莎娜·沃伦（Rosanna Warren）提出翻译是一种认知和生存模式。"把文学作品从一种语言转换到另一种语言，就像把植物或动物从一个地方迁移到另一个地方。……它们只有适应新环境，有所改变才能生存下来。"戴维·卡坦较早论述了翻译的生态环境，如物理环境、政治环境、气候、空间等等。国际翻译学界从生态学角度研究翻译的传统为生态翻译学的诞生提供了土壤。

2001年，胡庚申在国际译联第三届亚洲翻译家论坛上宣读《翻译适应选择论初探》，阐述了译者适应与译者选择之间的关系，并从适应选择的角度对翻译的过程、原则与方法做了全新的阐释。2004年，胡庚申出版《翻译适应选择论》，受到国内外译者的高度关注，此后他又连续发表多篇论文，正式提出并系统论述了生态翻译学理论。

此后，生态翻译学进入快速发展阶段。2009年、2010年、2011年，《上海翻译》《外语研究》《中国翻译》等重要期刊先后开设了生态翻译学研究专栏，2011年，《生态翻译学学刊》正式创立。国际生态翻译学研讨会已经连续举办多届，在译界产生了较大影响。

（2）核心理论

生态翻译学是一种新兴的翻译学理论，它的核心理念是运用生态理性，从生态学视角对翻译进行综观的整体性研究。生态翻译学认为翻译是一种生态系统，翻译过程和翻译实践都是在特定的环境中进行的，而这个环境包括自然环境和社会环境。生态翻译学强调翻译的环境依存性和环境适应性，认为翻译需要适应不同的环境和文化背景，才能更好地实现跨文化交流和跨文化沟通。生态翻译学还强调翻译与社会责任的关系，认为翻译不仅是一种语言工具和文化交流方式，也是一种社会责任和文化传承方式。生态翻译学强调翻译的社会价值和影响，提倡翻译实践应该注重文化多样性、环境保护和可持续发展等方面的问题。生态翻译学的核心理念是将翻译过程和翻译实践置于生态学的框架下进行研究，重视翻译与环境之间的相互作用和依存关系，强调翻译的环境适应性和社会责任，以提高翻译的质量和社会价值。

生态翻译学包括生态范式、关联序链、生态理性、译有所为、翻译生态环境、译者中心、适应／选择、三维转换、事后追惩等九大研究焦点和理论视角。生态翻译学融合了自然科学与人文科学，以翻译生态为宏观视野，以翻译实践为基石，对翻译活动做出从"自然生态"到"翻译生态"的参照类比和综观描述，具有一定的创新价值和理论意义。这也为区域国别研究提供了新的思路，因为对不同区域和国家的翻译生态进行研究也是区域国别研究的内容之一。

（3）具体应用

生态翻译学注重翻译生态系统的整体性，从生态翻译学的研究视角和叙事方式，对翻译的本质、过程、标准、原则和方法以及翻译现象等做出新的描述和解释（胡庚申，2008）。焦卫红（2010）从生态翻译学的视角，运用两个译本对比分析的方法，从先秦古文、文化适应和译者境遇三个方面考察和解读严复的译著《天演论》，研究发现严复使用先秦古文翻译西学著作，既是严复为适应当时的翻译生态环境，又是译者根据自身能力所做出的适应与选择。严复翻译西书抱有强烈的政治目的，所以在翻译过程中经常表述自己的政治观点，以实现自己的政治诉求，这体现了严复对其政治需要和历史环境的适应与选择。孙琳、韩彩虹（2021）从生态翻译学视角切入，对《北京折叠》中文化负载词的英译进行了梳理，研究发现在译者构建的生态翻译空间中，文本永远为译语读者服务，译者在"依顺""平衡"译语生态的微观层面选择增补缺省的文化背景信息，让译语读者了解东方文化的独特魅力，顺利地将本民族风物特色移植到译语系统的生态中。佟晓梅、霍跃红（2010）从生态翻译学视角解读张爱玲的译者身份，研究指出张爱玲的翻译活动一直是其适应翻译生态环境的选择活动。翻译生态环境具有动态的、时代的、地缘性的特征。张爱玲局部适应了当时严格的具有政治色彩的翻译生态环境，这就造就了她长期被边缘化的译者身份。20世纪80年代以来，随着中国文化取向日益多元化，翻译的生态环境呈现出宽松、包容的良性发展态势。张爱玲作为译者的身份正在获得越来越多的关注，她的翻译成就势将得到更加广泛的认可。由于翻译研究和区域国别研究的密切联系，这也为后者提供了一种新颖的视角和思路。

（4）案例分析

本小节以陶李春（2018）博士论文研究《严复社会科学术语翻译中的适应选择特征与机制研究》[①]为案例，分析如何利用生态翻译理论考察社会科学术语翻译中的适应选择特征与机制。通过本案例，可以管窥我国清末民初的国情现实，同时也为区域国别研究提供了一种新的思路。

1）研究内容。

本研究结合术语学、生态翻译学、历史语义学等理论，利用术语库在数据统计方面的优势，对严复译著中社会科学术语翻译的特点进行深入系统的考察，分析其在社会科学术语翻译实践中的适应选择特征，并结合典型个案来分析译名的适应选择机制及其影响因素。

2）研究步骤。

本研究首先收集严复八大译著的中英文语料，提取术语，创建中英社会科学术语库，并对术语

---

① 陶李春，2018，严复社会科学术语翻译中的适应选择特征与机制研究 [D].南京：南京大学.

库数据加以统计分析，对其社科术语翻译过程中的适应选择特征进行具体详尽的文本考察。在此基础上选择典型案例，如天演、进化、名学、群学等术语，结合翻译适应选择论展开较为深入的学理分析与探讨，挖掘数据背后隐含的术语翻译适应选择机制及其影响因素。

3）研究方法。

本研究采用基于术语库数据统计分析与理性思辨相结合的方法。重点结合术语学、生态翻译学、历史语义学等相关学科的理论资源与研究范式，充分利用术语库在数据统计方面的优势，对严复社会科学术语翻译的整体性及过程性特点进行更为全面、详尽的考察，分析其在社会科学术语翻译实践中的适应选择特征，同时结合典型个案来探讨其译名的适应选择机制及其影响因素。

4）研究结果。

本研究运用生态翻译学理论对严复译名进行语言、概念及交际等多层面的深入考察和分析，研究发现：

第一，严复社会科学术语翻译适应选择的总体特征如下：一、严复社会科学术语的译名呈现出词组型术语居多、名词性特点突出等情况，且严复译名多源于国学中的经史子集。二、严复译名总体呈现出以意译、直译居多而音译较少的特征，核心术语采取了以意译为主、音译为辅的方法。三、严复主要采用归化的翻译策略来应对社会科学术语的翻译。四、严复主要通过概念直接输入、概念汉化及概念融合等手段来译介西学的重要概念，体现了严复对中国文化的信心和构建本国话语体系的决心。

第二，严复术语翻译的适应选择机制包括两个方面，即术语译者的适应选择机制和术语受众的适应选择机制。前者以西学著作为蓝本，以中国古典经史子集为主要参照素材，以士大夫为主要目标读者，术语汉译以意译居多，核心概念重在归化，旨在将西学重要概念译介入近代中国社会。而术语受众的适应选择机制体现在语言习惯、传播途径、语用特征等多重因素共同影响之下，术语受众会在多个译名间进行遴选和淘汰，直到译名被最终确定。

第三，严复在翻译适应选择的过程中受到了以下因素的影响：原文体裁风格、目标读者及赞助者、提出建议的友人、士大夫阶层等。但译者本身也发挥了决定性作用，包括译者生平经历、译者前期所做的准备、译者的生活环境，当然还包括译者所处的社会背景和历史背景，如新文化运动、五四运动等。

严复为了实现翻译救国的目的，不仅在翻译选题上别出心裁，而且在译文语言的选择上投贵族阶层的喜好，这从侧面可以反映我国清末民初的社会现实，为区域国别研究开启了新的思路。

3. 本地化

本地化作为一个特色研究领域，主要关注如何将产品、服务或内容充分融入目标市场的文化、法律和语言等，以更好地满足当地消费者的需求和偏好。该领域的研究不仅有助于商业实体更好地适应全球化的挑战，对人们理解全球化与区域文化之间的相互作用也具有重要意义。

（1）发展历程

1）初期阶段（1980年代末—1990年代初）。

这个阶段的相关文献比较少，因为本地化在这个时期才刚开始被企业采用。然而，一些关于全球化和跨文化通信的早期研究为本地化的发展奠定了基础，如霍夫斯泰德（Hofstede）所著《文化的影响：工作价值的国际差异》（*Culture's Consequences: International Differences in Work-Related*

Values）讨论了跨国商业活动中的文化差异因素及其影响。

2）发展阶段（1990 年代—2000 年代初）。

这个阶段的文献开始出现关于本地化的具体讨论和研究。例如，沙勒（Schäler，1994；1996）较早从本地化的视角对 Trados Translator's Workbench Ⅱ 进行了评估研究，对机器翻译、翻译记忆和术语库的作用进行研究，并讨论了爱尔兰软件本地化的发展情况。埃森林克（Esselink）的《本地化实用指南》（*A Practical Guide to Localization*）则是业内最早对本地化展开系统论述的专著之一。

3）现代阶段（2000 年代—至今）。

在这个阶段，本地化已经成为一个成熟的研究领域和实践领域，并产生了大量的文献。例如，希门尼斯–克雷斯波（Jiménez-Crespo's）的《翻译和网页本地化》（*Translation and Web Localization*）和皮姆（Pym）的《翻译理论探索》（*Exploring Translation Theories*）讨论了本地化的理论和实践，以及本地化如何影响翻译理论和实践。此外，还有奥黑根等（O'Hagan et al.，2013）分析了在全球数字娱乐产业中游戏本地化的翻译策略和实践。

（2）核心理论

本地化的核心理念可以归纳为"全球视野，本地行动"。这意味着在全球化的大背景下，需要理解和尊重各个地区的文化、语言、法律、习俗和消费者习惯等，使产品、服务和信息能够适应本地市场，满足本地消费者的需求。因此，本地化和区域国别研究有着密切的关联。具体来说，本地化包括语言本地化、文化本地化、法律和法规本地化、用户体验本地化等多个方面。

语言本地化：是指将产品、服务或内容翻译成目标语言，并根据目标市场的语言习惯、文化背景和法律要求进行适当的调整。它包括文本翻译、时间日期和数字格式变换、货币和度量衡单位变换，甚至排版调整，等等，例如阿拉伯语的排版就十分特殊。语言本地化是本地化的基础。

文化本地化：是指根据目标市场的文化背景和价值观调整产品、服务或内容，以使其更符合当地用户的习惯和需求。这包括调整颜色、图标和配图以适应当地文化的喜好，避免涉及敏感的文化或宗教问题，以及适应当地的节日和传统等，如在伊斯兰教文化中，酒、猪肉和猪肉制品都是禁忌。

法律和法规本地化：法律和法规本地化是指根据目标市场的法律和法规要求对产品、服务或内容进行调整，以确保其符合当地的法律标准和合规要求。这包括适应当地的隐私保护规定、消费者权益保护法律和知识产权法律等，例如欧盟的《通用数据保护条例》（GDPR）。

用户体验本地化：用户体验本地化是指根据目标市场的用户习惯和偏好调整产品或服务的界面、功能和交互方式，以提供更符合用户期望的体验。这包括调整界面布局、按钮和菜单的位置，适应当地的输入法和输入方式，以及提供当地的支付方式和配送选项等。

无论是语言与文化适应，还是法律和规定遵守，乃至用户体验优化和市场策略调整等，都和区域国别研究有着密不可分的关系，甚至可以说，深入的区域国别研究不仅是本地化的前期工作，也是本地化顺利实施的基础保障。

（3）具体应用

本地化是语言服务行业的新生事物，发展十分迅速，近年来，翻译研究学者对本地化研究日益关注。崔启亮（2015）以全球化视角，分析国际和国内本地化研究的现状，研究发现经济驱动、区域内核、全程管理和技术支撑是本地化的内涵特征，经济利益是本地化产生的内在动力，区域语言和文化是本地化发展的外部需求，管理是本地化的实施保证，技术是本地化实施的支撑力量。王传英、卢蕊（2015）考察了本地化翻译实践特征，指出本地化的翻译规范体系包含法律规范、技术规范、专业规范。该规范体系在维护国家主权和经济利益的同时，以满足目标读者的使用需求为根本导向，确保译本的可读性和可用性。本地化不仅是受市场力量引导的经济行为，更是由社会经济网络中权力结构做出的政治选择。

（4）案例分析

本小节将结合笔者自编案例，论述华为在海外市场的本地化策略，并分析华为的本地化战略如何助力华为产品走出国门，立足国际市场。

1）研究概要。

在全球化时代，跨国公司在追求规模经济的同时，必须注意到不同市场的特殊性，并对其产品和策略进行本地化，以适应目标市场的文化、政策和消费者行为。华为作为全球领先的信息与通信技术（ICT）解决方案提供商，已经在全球范围内获得了显著的成功。本研究将对华为在英国和印度市场的操作策略进行深入研究，以揭示华为如何通过本地化策略来取得和保持其全球领导地位。

随着市场全球化的深入，企业的国际化步伐也日益加快。在这个过程中，企业除了要有适应国际化的产品和技术，还必须掌握国际化的管理能力。本地化策略是企业国际化的重要手段之一，它涉及产品本地化、文化适应、市场策略等方面，它的目标是使产品和策略尽可能适应当地市场的特殊环境（包括政治、经济、社会文化等环境），以最大限度地提高企业在全球市场的竞争力。

2）研究方法。

本研究采用了案例研究的方法，通过对华为在英国和印度市场的本地化策略进行深度分析，揭示华为如何适应不同的市场环境，实现产品和策略的本地化。

研究数据主要来源于公开的商业报告、新闻报道以及官方公告等。我们从这些资源中收集关于华为在英国和印度市场的资讯，包括华为的产品策略、市场策略以及如何适应当地的文化环境等信息。我们从文化适应、产品本地化和市场策略三个维度对华为的本地化策略进行分析。首先对华为在英国和印度市场的具体策略进行描述，其次对比分析华为在这两个市场的策略有何异同，最后，根据华为的策略实例，探讨本地化策略的一般性原则。

虽然本研究对华为的本地化策略进行了深度分析，但是仍存在一定的局限性。首先，由于资料的限制，我们无法获取到华为所有的策略细节，因此，本文的分析可能无法全面涵盖华为的所有本地化策略。其次，由于本研究只分析了华为在英国和印度的策略，这可能使得结论无法完全适用于华为在其他市场的情况。

3）研究内容。

示例1：华为在英国市场的本地化策略

英国是全球5G网络发展的先行者之一，华为在该市场投入了大量资源，结合区域国别研究和本地化翻译，成功地将产品和服务与英国本地市场的特性结合起来。

产品本地化：华为在英国的5G设备并不单一，从基站设备到家庭路由器，华为都为英国消费者提供了一系列的5G产品。这些产品需要满足英国市场的特殊要求，比如基站设备必须符合英国电信运营商的网络规格，家庭路由器必须符合英国家庭的使用习惯。华为在产品设计阶段就进行了深入的区域国别研究，以确保产品能满足英国市场的需求。翻译不仅仅是语言文字的转换，更是文化和信息的传递。在华为的产品本地化过程中，翻译起到了桥梁的作用。例如，华为的用户手册、产品说明书、软件界面等都需要经过精准的翻译，以确保英国消费者能够准确、方便地使用华为的产品。不仅如此，华为还需要考虑到英国的语境、俚语和当地的表达习惯，以确保翻译的内容既准确又地道。

文化适应：在英国市场，华为不仅需要考虑产品的技术性能，还需要关注其社会文化影响。对于部分公众担忧的华为的 5G 技术在英国引发的健康和安全问题，华为采取了积极的策略，与英国主管部门密切沟通，对公众的关切给予了充分的关注和答复。此外，华为还与英国的大学和研究机构进行了广泛合作，共同研究 5G 技术的社会效益和影响。为了更好地与英国消费者沟通，华为投入了大量资源进行市场调研和文化研究。在这个过程中，翻译起到了关键作用。例如，华为的广告和市场推广活动都需要经过文化适应的翻译，以确保其内容能够引起英国消费者的共鸣。此外，华为还与当地的翻译专家和文化顾问合作，以确保其产品和服务能够真正融入英国市场。

市场策略：华为在英国的市场策略深深地体现了本地化的特点，其中翻译起到了不可或缺的作用。在与英国的主要电信运营商建立深度合作关系时，华为不仅提供了全面的 5G 解决方案，还确保所有的技术文档、合同和沟通都经过了精准的翻译，以确保双方的沟通无障碍，避免因文化和语言差异导致的误解。为了更好地推广其 5G 家庭路由器，华为进行了大量的市场调研，了解英国家庭用户的需求和习惯。在这个过程中，翻译起到了关键作用。例如，华为的市场调研问卷需要经过专业的翻译，确保问卷的问题既准确又地道，能够真实反映英国消费者的声音。华为在英国的广告和市场推广活动中也充分利用了翻译。为了确保广告内容能够引起英国消费者的共鸣，华为与当地的翻译和文化顾问合作，以确保广告的语言和内容都与英国文化和价值观相契合。例如，华为的广告中经常使用英国的风景、历史和文化元素，与英国消费者建立情感链接。总的来说，翻译在华为的英国市场策略中起到了至关重要的作用，它不仅仅是语言文字的转换，更是文化和信息的传递。通过精准、地道的翻译，华为成功地将其市场策略与英国市场的特性结合起来，实现了真正的本地化。

示例 2：华为在印度市场的本地化策略

印度市场对华为来说既是挑战也是机遇。作为发展中国家，印度市场的特性与英国市场大相径庭，华为也采取了相应的本地化策略。

产品本地化：在印度，华为推出了一系列适合印度市场的智能手机。这些手机具有良好的性价比，满足了印度消费者的主要需求。为了更好地适应印度的多语言环境，华为的手机系统不仅支持印地语，还支持泰米尔语、孟加拉语、古吉拉特语等多种印度方言。此外，华为还为手机内置了与印度文化和宗教相关的主题和壁纸，如印度教、佛教、锡克教等。在手机的用户手册和产品说明书中，华为特意进行了多语言翻译，以确保每种语言的版本都能准确传达产品的功能和特点。

文化适应：华为在印度市场的文化适应体现在公司的营销策略上。华为的广告和营销活动充分考虑了印度的文化特点，如宗教节日、电影明星等，以提高品牌的知名度和影响力。例如，华为在印度的广告中经常使用宝莱坞电影的元素，与印度消费者建立情感链接。华为还特意避免了与印度宗教和文化有冲突的内容，如在广告中避免使用牛作为主题（牛在印度教中是神圣的）。华为还与当地的翻译专家和文化顾问合作，以确保其广告和市场活动能够真正融入印度市场。这些不同的文化习俗差异对本地化策略提出了诸多要求，在相关的产品文案中就应避免出现相关的文字，或不符合要求的配图。否则，稍有不慎，就会跌入文化陷阱，甚至给企业带来巨大损失。

市场策略：在印度市场，华为主要通过线上销售来推广其产品，这是考虑到印度的电商市场正在快速发展，且能够覆盖到印度的广大城市和农村地区。为了更好地适应印度市场，华为还与印度的主要电商平台进行深度合作，提供了多种促销活动和优惠政策，吸引印度消费者购买。

　　总之，翻译在华为的印度市场本地化策略中起到了至关重要的作用，它不仅仅是语言文字的转换，更是文化和信息的传递。通过精准、地道的翻译，华为成功地将其产品和服务与印度市场的特性结合起来，实现了真正的本地化。

　　4）研究结论。

　　华为在英国和印度市场的成功案例表明，进行精准和细致的本地化对跨国公司进入新市场至关重要。本地化策略需要建立在对目标市场的深入研究的基础之上，企业必须全面了解当地的文化习俗、消费者偏好、商业环境等因素，以制定符合当地国情的市场定位和营销策略。

　　本研究发现，华为在产品设计、文化营销和渠道策略等方面都进行了与本地市场紧密结合的创新尝试。具体来说，华为在英国市场推出的 5G 产品系列满足了英国电信运营商和家庭用户的技术需求；通过积极开展公共交流来积极地化解公众疑虑；与英国高校和研究机构开展合作，满足本地文化和社会期许。在印度市场，华为针对印度消费者推出多语言版本的智能手机和文化定制，通过电商渠道进行推广。在两个市场中，华为都注重利用翻译与本地专家合作，以确保产品和市场传播契合目标国家的语言习惯和文化背景。

　　可以看出，华为的核心竞争力在于根据不同国家和区域的特征采取有针对性的本地化策略。这证明了在经济全球化的大环境下，企业必须做到"全球布局，本土运营"，实现标准化和本地化的有机结合。本研究为其他跨国公司提供了宝贵借鉴，应注重吸收先进的管理理念和技术手段，与此同时还要充分尊重每一个目标国家的独特性，不能简单复制母公司的模式，而要通过本地人才和渠道实现深度本地化，才能在全球市场占据优势并获得持续发展。由此可见，中国企业走出去，中国产品走出去，乃至中国文化走出去，都要求我们对目标市场所在区域和国家进行深入和全面的区域国别研究。

四、相关选题建议

　　翻译是文化交流的重要桥梁，通过翻译，不同地域和国家的文化、思想、历史等得以传播和理解。在这个过程中，翻译者需要对源语言和目标语言的文化背景有深入的理解，这正是区域国别研究的重要内容。翻译不仅需要语言的转换，更需要文化的转换，这就需要翻译者具备跨文化交流的能力。区域国别研究，特别是对特定国家或地区的深入研究，可以提供丰富的文化背景知识，有助于翻译者更好地理解和转换文化信息。翻译学的研究方法和理论，可为区域国别研究提供新的视角和工具。通过这些理论，研究者可以更深入地探究语言和文化的关系，更好地理解和解释不同地域和国家的文化现象。

　　翻译学与区域国别研究的交叉融合，可以产生许多富有创新性和实践价值的研究课题，这些课题不仅可以推动两个领域的发展，也可以拓展跨学科研究的广度和深度。例如，可以考察社会翻译学视角下特定区域的翻译市场情况，以及市场力量如何影响当地的翻译实践；也可以研究生态翻译学如何应用于某区域的语言生态保护，或者本地化翻译如何适应不同区域的用户体验；等等。这些可能的课题充分利用了两个领域的理论基础和研究视角，拓宽了区域国别研究的思路，也提供了全新的研究视野。以下是一些可能的研究选题：

　　1）社会翻译学视角下的翻译市场：在特定地区或国家，翻译市场的社会经济力量如何塑造翻译和本地化实践？

2）社交媒体和网络翻译：在社会翻译学的视角下，特定地区的社交媒体和网络的翻译现象有哪些特点？

3）社会翻译学在政策制定中的应用：如何运用社会翻译学理论来研究和理解特定地区的政策制定和执行？

4）社会翻译学与翻译伦理：在特定的区域或国别语境中，如何理解翻译的社会责任和伦理义务？

5）生态翻译学中的地域特性研究：如何运用生态翻译学的方法来研究特定地域的语言和文化生态？

6）生态翻译学与文化保护：在特定的区域或国别背景下，如何运用生态翻译学的理论和方法来研究和保护当地的文化遗产？

7）生态翻译学与语言多样性：如何运用生态翻译学的理论和方法来研究特定地区的语言多样性？

8）本地化和全球化之间的关系：在特定的国别背景下，本地化如何与全球化相互作用，形成独特的地方性表达？

9）本地化和用户体验：在不同的区域和国别背景下，本地化如何影响用户对产品和服务的体验？

10）本地化与数字化权力：在特定的国别背景下，如何理解本地化与数字化权力的关系？

五、思考题

1）翻译研究与区域国别研究存在哪些重要的区别？

2）翻译研究如何为区域国别研究提供独特的视角？

3）请分析社会翻译学的发展历程和核心理论，并说明它们如何为区域国别研究提供视角。

4）请分析生态翻译学的核心思想，并说明如何利用生态翻译学解决与区域国别研究相关的问题。

5）本地化研究与区域国别研究有哪些联系？本地化研究如何丰富区域国别研究的理论框架？

六、本章参考文献

[1] 崔启亮，2015. 全球化视域下的本地化特征研究 [J]. 中国翻译（4）：66–71.

[2] 方梦之，2005. 译学辞典 [M]. 上海：外语教育出版社.

[3] 方梦之，2019. 建设中国译学话语：认知与方法 [J]. 上海翻译（4）：3–7.

[4] 冯全功，2021. 中国特色翻译理论：回顾与展望 [J]. 浙江大学学报（人文社会科学版），51（1）：163–173.

[5] 傅东华，1985. 飘 [Z]. 杭州：浙江人民出版社.

[6] 胡庚申，2001. 翻译适应选择论初探 [Z]. 香港：国际译联第三届亚洲翻译家论坛.

[7] 胡庚申，2004. 翻译适应选择论 [M]. 武汉：湖北教育出版社.

[8] 胡庚申，2008. 生态翻译学解读 [J]. 中国翻译（6）：11–15.

[9]　胡庚申，2011. 生态翻译学的研究焦点与理论视角 [J]. 中国翻译（2）：5–9，95.

[10]　焦卫红，2010. 严复译著《天演论》的生态翻译学解读 [J]. 上海翻译（4）：6–10.

[11]　李晋，肖维青，2023. 社会翻译学视阈下的中国当代科幻文学海外译介：发起、生产与传播 [J]. 语言与翻译（2）：63–69.

[12]　李霞，2003. 权力话语、意识形态与翻译 [J]. 西安外国语学院学报（2）：67–69.

[13]　刘宓庆，2003. 翻译教学：实务与理论 [M]. 北京：中国对外翻译出版公司.

[14]　苗菊，朱琳，2008. 本地化与本地化翻译人才的培养 [J]. 中国翻译（5）：30–34.

[15]　孙琳，韩彩虹，2021.《北京折叠》中文化负载词的英译：生态翻译学视角 [J]. 上海翻译（4）：90–94.

[16]　陶李春，2018，严复社会科学术语翻译中的适应选择特征与机制研究 [D]. 南京：南京大学.

[17]　佟晓梅，霍跃红，2010. 对张爱玲译者身份边缘化的生态翻译学解读 [J]. 外语与外语教学（6）：79–82.

[18]　王传英，卢蕊，2015. 本地化翻译规范研究 [J]. 上海翻译（2）：63–69.

[19]　王洪涛，2011. 建构"社会翻译学"：名与实的辨析 [J]. 中国翻译（1）：14–18，93.

[20]　王洪涛，2016. 中国社会翻译学研究十年（2006—2016）：思考、回顾与展望 [J]. 上海翻译（5）：49–55，95.

[21]　王华树，曹达钦，2020. 新时代本地化翻译技术的创新与发展:《应用程序本地化》评析 [J]. 中国科技翻译（1）：62–65.

[22]　王华树，2015. 计算机辅助翻译实践 [M]. 北京：国防工业出版社.

[23]　王华树，2016. 翻译技术实践 [M]. 北京：外文出版社.

[24]　王华树，2023. 翻译技术研究 [M]. 北京：外语教学与研究出版社.

[25]　尹延安，2013，传教士中文报刊译述语言文化研究（1815—1907 年）[D]. 上海：华东师范大学.

[26]　张柏然，2008. 建立中国特色翻译理论 [J]. 常州工学院学报（社科版）（3）：79–83.

[27]　ALVES F, HURTADO ALBIR A, 2010. Cognitive approaches [C] // GAMBIER Y, VAN DOORSLAER L. Handbook of translation studies (Vol. 1). Amsterdam: John Benjamins Publishing Company: 28–35.

[28]　BAKER M, 2018. In other words: A coursebook on translation [M]. London & New York: Routledge.

[29]　BASSNETT, S, 2007. Culture and translation [C] // KUHIWCZAK P, LITTAU K. A companion to translation studies. Clevedon: Multilingual Matters: 13–23.

[30]　BUZELIN H, 2014. Unexpected Allies: How Latour's Network Theory Could Complement Bourdieusian Analyses in Translation Studies [C]. Bourdieu and the Sociology of Translation and Interpreting. London: Routledge: 193–218.

[31]　CRONIN M, 2006. Translation and Identity [M]. London & New York: Routledge.

[32]　CRONIN M, 2017. Eco-translation: Translation and Ecology in the Age of the Anthropocene [M]. New York & London: Taylor & Francis.

[33]　EUGENE N, 1964. Towards a Science of Translating [M]. Leiden: E. J. Brill.

[34]　FAIRCLOUGH N, 1992. Discourse and Social Change [M].Cambridge: Polity Press.

[35]　HOLMES S J, 2010. Translated! Papers on Literary and Translation Studies [M]. Beijing: Foreign Language Teaching and Research Press.

[36]　HOLZ-MÄNTTÄRI J, 1984. Translatorisches Handeln: Theorie und Methode [M]. Helsinki: Narr Francke Attempto Verlag.

[37] KATAN D, 1999. Translating Cultures [M]. Manchester: St. Jerome Publishing.

[38] LEFEVERE A, 2002. Translation/history/culture: A sourcebook [M]. London & New York: Routledge.

[39] MARTÍN R M, 2010. On paradigms and cognitive translatology [J]. Translation and cognition, 14: 169–187.

[40] MICHAEL C, 2003. Translation and Globalization [M]. London & New York: Routledge.

[41] MOSSOP B, 2006. From culture to business: Federal government translation in Canada [J]. The Translator (1) : 1–27.

[42] NEWMARK P, 1981. Approaches to translation [M]. Oxford: Pergamon Press.

[43] NIDA E A, TABER C R, 2004. The Theory and Practice of Translation [M]. Shanghai: Shanghai Foreign Language Education Press.

[44] NORD C, 1997. Translation as a Purposeful Activity: Functionalist Approaches Explained [M]. Manchester: St. Jerome Publishing.

[45] O'HAGAN M, MANGIRON C, 2013. Game Localization Translating for the Global Digital Entertainment Industry [M]. Amsterdam: John Benjamins Publishing Company.

[46] PACTE GROUP, 2005. Investigating translation competence [J]. Meta: Journal des Traducteurs, 50(2): 609–619.

[47] PYM A, 2010. Exploring translation theories [M]. London & New York: Routledge.

[48] REISS K, 1971. Text Types, Translation Types and Translation Assessment [C] // CHESTERMAN A. Readings in Translation Theory. Finland: Oy Finn Lectura Ab: 105–115.

[49] SCHÄLER R, 1994. A practical evaluation of an integrated translation tool during a large scale localisation project [A]. Fourth Conference on Applied Natural Language Processing: 192–193.

[50] SCHÄLER R, 1996. Software localisation in Ireland: SLIG'95 [J]. Language International, 8: 8–9.

[51] SCHLEIERMACHER F, 2004. On the Different Methods of Translating [C] // VENUTI L. The Translation Studies Reader. London & New York: Routledge: 121–134.

[52] SHREVE G M, 1997. Cognition and the evolution of translation competence [J]. Applied Psychology, 3: 120–136.

[53] SIMON S, ST-PIERRE P, 2001. Changing the terms: Translating in the postcolonial era [M]. Ottawa: University of Ottawa Press.

[54] SNELL-HORNBY M, 2006. The Turns of Translation Studies [M]. Amsterdam: John Benjamins Publishing Company.

[55] STEINER G, 1975. After Babel: Aspects of Language and Translation [M]. Oxford: Oxford University Press.

[56] TOURY G, 2012. Descriptive Translation Studies and beyond [M]. Amsterdam: John Benjamins Publishing Company.

[57] VENUTI L, 2004, The translator's invisibility: A history of translation [M]. Shanghai: Shanghai Foreign Language Education Press.

[58] VERMEER H J, 2000. Skopos and Commission in Translational Action, Eng. [C] // VENUTI L. The Translation Studies Reader. London and New York: Routledge, 221–232.

[59] VINAY J P, DARBELNET J, 1995. Comparative stylistics of French and English: A methodology for translation. Amsterdam: John Benjamins Publishing Company.

第四章

跨文化理论和方法与区域国别研究①

本章将首先介绍跨文化研究和区域国别研究的关联；其次，对跨文化研究进行概述，包括文化、交际 / 传播、跨文化交际和跨文化交际研究的概念和主要特征等；再次，分别对跨文化研究领域与区域国别研究相契合的三种常用理论，即文化维度理论、高低语境文化理论、GLOBE（Global Leadership and Organizational Behavior Effectiveness）理论进行介绍，包括每种理论的详情、应用和案例分析；最后，给出了一些相关的选题建议。

一、跨文化研究与区域国别研究的关系

无论是从研究目的、研究方法还是研究内容上看，跨文化研究与区域国别研究都有很多可以互相借鉴的地方。

首先，从研究目的上看，区域国别学作为大国之学，是经世致用的学问，因此，区域国别研究从一开始就带有很强的实用特色。区域国别研究的任务和目标是对世界各地区、各国家进行全面深入的研究，为政府制定政策、为民间进行交流提供学术支撑，具有地域性、全面性、跨学科性、在地性和经验性的特征（钱乘旦，2022）。相应的，跨文化研究是为了解决不同国家、不同种族、不同民族的人由于全球化带来的更频繁的接触所产生的问题，以服务国家战略需要和民间交往需求为导向。跨文化研究是为了满足全球人口统计、经济全球化、技术发展、高效产出、和平和冲突问题的解决、民族强制性等需求（窦卫霖，2022）。

其次，从研究方法上看，两者都具有明确的交叉学科特性，都采用了交叉学科的研究方法。区域国别学于 2022 年 9 月正式被列为交叉学科门类下的一级学科（代码 1407），交叉融合的学科建

---

① 本章作者：张健，上海外国语大学外国语言学及应用语言学硕士，上海对外经贸大学国际商务外语学院讲师，研究方向：跨文化研究、区域国别、交叉学科等。

设思路已经成为各高校推动区域国别研究学科建设工作的广泛共识。姜景奎（2022）认为，区域国别学是关于某一个国家或某一地区的综合性研究，属于多学科、跨学科的交叉学科研究范畴，研究方法有以田野考察为依托的在地研究方法等。中国古代的张骞、玄奘、郑和等都是进行区域国别研究的实践先辈，所产生的知识对国家战略大有裨益，也福泽后世，影响深远。相应的，跨文化研究具有多个领域的跨学科性（Mitchell，2000）。从构词上看，跨文化交际/传播（intercultural communication）中的"inter-"就体现了交叉学科的特性，和交叉学科研究（interdisciplinary study）有着密不可分的关系。跨文化研究的多学科性质决定了它没有一套一成不变的理论和研究方法，而是需要博采众长。普遍认同的研究方法包括文化人类学的实地观察和调查访问法，社会心理学和跨文化心理学中的数据分析和定量研究法，传播学重视理论的定性研究法，语言学和语言教学领域中研究目的语文化的语料分析法，等等。

最后，从研究内容上看，由于其交叉学科特性，区域国别研究涉及地理、历史、宗教、文学、法学、政治学、经济学、社会学等多学科。从学科交叉融合的角度来看，区域国别研究大致经历了三个发展阶段：第一个阶段是外国语言文学一级学科内部融通发展，外语专业研究力量从传统的文学研究、语言学研究向区域国别研究转型；第二个阶段是外国语言文学、世界历史、政治学各一级学科协同交叉的阶段，探索出"文史融通"、"外语+"两条发展路径；第三个阶段是在交叉学科门类下，以外国语言文学、世界史和"优势学科"（根据各高校的具体情况而定，有政治学、教育学、应用经济学等）为基础，经济、社会、军事、安全等多领域交叉融合发展（罗林，2022）。相应的，跨文化交际学的多学科性决定了研究内容来自众多学科，其中影响较大的是人类学、心理学、传播学、社会学和语言学等。

二、跨文化研究概述

跨文化研究涉及的概念有很多，下面主要介绍文化、交际/传播、跨文化交际、跨文化交际研究这四个核心概念。

1. 核心概念

（1）文化

"Culture"一词源自拉丁语"cultura"和"colere"，可翻译为"耕作、栽培、养育"等，因此它通常指源于人类行为或由人类干预创造的东西，强调是后天培育的。由于文化是一个非常广泛的概念，光定义就不少于160个，不少专家学者试图从各自学科的角度来界定文化的概念。例如，文化是信仰、习俗、价值观、行为、制度和沟通模式的总和，这些都是在可识别的群体中代代相传的（Hall，1983）。狭义的文化是指语言、文学、艺术等精神产品，也可称为"小文化"；广义的文化是指人类创造的所有物质产品和非物质产品的总和，也可称之为"大文化"（Hofstede et al.，2010）。霍夫斯泰德（Geert Hofstede）认为文化是在一个环境下人们共同拥有的心理程序，能将一群人与其他人区分开来；文化是一只不死鸟，是社会游戏规则，由其中的社会成员一代又一代传承下去，并在每个成员的心智中生根发芽。

文化具有不自觉的、后天习得的、有选择性的、民族中心的、动态的、复杂的、综合的、代代相传的特性。文化的功能包括：1）使我们能够通过我们所学的共同语言与他人交流；2）使我们能够预测我们社会中的其他人可能会对我们的行为做出什么反应；3）为我们提供了区分正确与错误、美丽与丑陋、合理与不合理、悲剧与幽默、安全与危险的标准；4）为我们提供了满足生计所必需的知识和技能；5）使我们能够产生认同，将自己与背景相似的人归入同一类别（Dressler et al., 1969）。研究一个国家的文化特点时，我们可以依次关注主流文化、亚文化、地区文化、小群体文化（如不同年龄、职业、性别群体的文化）。

文化冰山模型将文化描述成一座冰山，只有很小的一部分在水面上可见，很大一部分隐藏在水下，如价值观、思维模式等，这是不易被看见的部分。从上到下分为行为（behavior）、信念（beliefs）、价值观和思维模式（values and thought patterns）（Hall，1976），具体可参照图4-1。

行为（BEHAVIOR）

信念（BELIEFS）

价值观和思维模式
（VALUES AND
THOUGHT PATTERNS）

图4-1 文化冰山模型图

文化洋葱模型将文化描述成像洋葱，由外到内分成符号、英雄、仪式和价值观这四层。符号（symbols），是文化中人们的肉眼能够很容易看见的部分，例如服装、语言、办公室风格等，就像洋葱的皮；英雄（heroes），是文化中人们崇拜的英雄的性格，就像洋葱的肉；仪式（rituals），是文化中人们面对人和自然的独特表达方式，例如集体活动等，就像洋葱的味道；价值观（values），是文化中最深邃、最难理解的内核部分，也是最不易被人看见的部分，如人们所理解和相信的关于真、善、美的观念，就像洋葱的果核（Hofstede，2001），具体可参照图4-2。

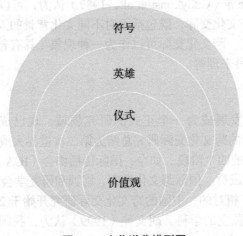

符号

英雄

仪式

价值观

图4-2 文化洋葱模型图

（2）交际 / 传播

"Communication" 一词源自拉丁语 "communicare"，可翻译为 "共同、分享" 等（Weekley，1967）。语言学中大多使用 "交际"，传播学中较多采用 "传播"。关于它的定义有数百种之多，然而有一个基本公认的假设：即交际 / 传播是一种人类行为，源于和他人联系和互动的需要。因此，交际 / 传播可以被定义为人与人之间因为一些重要的原因，如满足生存需求、实现社交需求、更好地决策、促进个人成长等，发送和接收信息的行为和过程。交际 / 传播具有动态的、符号的、系统的、涉及推理的、产生后果的、复杂的、依赖语境的、自我反省的、互动的、后天习得的特性（Samovar et al.，2004）。普遍认为，交际 / 传播包括信息、发送者、接收者、信道、噪声、反馈、编码和解码八个关键的组成部分。交际 / 传播的类型取决于使用的媒介、信息交换的方式或所涉及的人数等。根据交际 / 传播的渠道，可以分为语言（如口头语和书面语）和非语言（指一切不使用语言进行的活动，包括眼神、手势、身势、面部表情、体距、触摸、服饰等，还包括副语言，如音质、音高、音量、语速等，甚至包括对时间、空间的利用）；根据交际 / 传播方式，可分为正式和非正式；根据交际 / 传播范围，可分为人类、人际、组织内、大众、社会、自我、非人类等。交际 / 传播的模式主要包括拉斯韦尔（Lasswell）的 5W 模式（传者—讯息—媒介—受者—效果）、线性模式（信息源—发射器—信道—接收器—信宿，中间有噪音源）、循环式模式（加入循环反馈）、莱尔（Lyle）的情景模式（在社会环境中考察）等。

（3）跨文化交际

跨文化交际（intercultural communication，IC）是霍尔（Edward T. Hall）于 1959 年首次使用的，被定义为不同文化成员之间的人际交往。跨文化交际是指文化上不相似的个人和实体之间发生的交流（Rogers et al.，1999）。也就是说，跨文化交际不仅可以发生在两个人之间，还可以发生在国际实体之间，重点是双方在文化上不同。跨文化交际有不同的形式，许多专家学者努力为其设定边界，这里主要介绍里奇（Rich）和古迪孔斯特（Gudykunst）提出的界定方式。里奇（Rich，1974）将跨文化交际分为五种形式，其中四种至今仍被使用：1）跨文化交际侧重研究不同文化背景的人之间的互动，如美国人和中国人之间；2）跨文化交际侧重研究不同国家代表之间的互动，如联合国代表之间；3）跨文化交际侧重于研究同一国家的主流文化和亚文化成员之间的互动，如美国白人和美国黑人之间；4）跨文化交际侧重于研究一个国家中不同文化之间的互动，如西班牙裔美国人和日裔美国人之间。古迪孔斯特等（Gudykunst et al.，1987）认为，可以利用互动比较和中介人际维度对跨文化交际进行分类。跨文化交际，既包括了对不同文化背景的人之间交际的研究，也包括了对跨文化交际模式的比较研究。跨文化交际可以作为一种现象（具有普遍性、悠久历史和日常发生三大特征），也可作为一种学科来理解。

（4）跨文化交际研究

跨文化交际在美国首先发展成为一个正式的研究领域，现已成为一门重要的学科。Chen、Starosta（2007）按时间将美国的跨文化交际研究总结为第二次世界大战后的萌芽期、1960—1970 年、1970—1980 年和 1981 年至今的四个阶段。如今，国际传播协会（ICA）有 5 000 多名成员，全美传播协会（NCA）有 7 500 多名成员。国际跨文化教育、培训和研究学会（SIETAR）可能是目前从事跨文化交际的最大国际组织。相对的，中国的跨文化交际研究开始于 20 世纪 80 年代初，并在过去的 40 年里逐渐发展成为一门独立的学科。胡文仲（1999）认为，我国跨文化交际研究的发展大致可以分为三个不同的时期：1）1980—1990 年的萌芽期，由英语教师引入中国，他们对跨文化交际感兴趣，目的是将传统的教学方法转变为交际法，许国璋是最早撰写有关内容的研究者之一，胡文仲、何道宽、贾雨欣等为我国跨文化交际研究的发展铺平了道路。2）1991—2000 年的成长期，这一时期，从事跨文化交际研究的学者越来越多，他们介绍了西方跨文化交际的研究成果，为中国的跨文化交际研究奠定了基础。同时期，跨文化交际研究也渗透到了新闻传播研究中，其理论研究逐渐站稳了脚跟。3）2001 年至今的扩张期，随着全球化的深入，跨文化交际研究在中国显得越来越重要。

2. 主要特征

（1）应用领域

跨文化研究普遍应用在外交、贸易、国际商务、国际旅游和民间外交、对外汉语文化教学、对外文化传播、人力资源管理、企业管理、市场营销、文化传媒、公共关系、外国在华企业、中国驻外企业等领域。"国际注册跨文化交际管理师证书"是美国认证协会推出的，目前已被全球 157 个国家认可。在中国，该证书是国家人社部认可的，获得者凭借该证书将有机会参加在美国举办的行业会议、论坛、商务考察、培训，可申请进入中国专业人才库，存档供单位人事部门查询，是岗位聘用和职务晋升的重要依据。

（2）应用视角

跨文化研究是由全球人口统计、经济、技术发展、高效产出、和平和冲突、民族强制性等众多原因所激发的，可以说是全球化的产物。跨文化研究的多学科特性体现在它的理论和材料来自众多学科，影响较大的是人类学、心理学、传播学和语言学。霍尔、霍夫斯泰德、古迪孔斯特、特里安迪斯（Triandis）、布里斯林（Brislin）、鲁宾（Ruben）、金（Kim）、哈姆纳（Hamner）、弗恩汉姆（Furnham）和兰迪斯（Landis）被认为是跨文化研究的十大学者，其中 4 人是传播学教授，5 人是心理学家，1 人是人类学家。下面重点讨论的文化维度理论和高低语境文化理论就来自其中的两位学者霍夫斯泰德和霍尔。

（3）最新动态

随着全球化的深入，跨文化研究在中国显得越来越重要，专家学者的研究从学术延伸到理论再到实证。许多大学为本科生和研究生开设跨文化交际课程，跨文化交际培训和咨询在我国一些城市越来越受欢迎。例如，美国认证协会推出了"国际注册跨文化交际管理师证书"培训。目前，从事跨文化研究的学者主要来自两个领域：一个是外语教学领域，另一个是新闻传播领域。前者关注的是语言和文化差异这一核心问题，包括语用迁移、跨文化能力、文化价值取向、身份认同和翻译等相关问题。后者关注的是媒体如何传播思想这一核心问题，包括传播伦理、媒体操纵、权力操控、国家形象和全球化的影响等相关问题。随着 21 世纪全球化的深入发展，将有越来越多的国内外专家、学者对跨文化交际 / 传播进行更深入的研究。

三、跨文化理论和方法在区域国别研究中的应用

本节对现有与区域国别研究密切联系的跨文化研究理论进行详细介绍，具体包括：以霍夫斯泰

德为代表的文化维度理论，重点介绍其经典的 6 个文化维度；以霍尔为代表的高低语境文化理论，重点介绍其提出的高低语境文化差异；以豪斯（House）为代表的 GLOBE 理论，重点介绍该研究发现的 9 个文化维度和 6 个全球领导力维度。每种理论均包括发展历程、理论介绍、具体应用和案例分析。

1. 文化维度理论

（1）发展历程

文化维度理论是荷兰社会心理学家霍夫斯泰德提出的用来衡量不同国家文化差异的一个框架。从 1967 到 1973 年，吉尔特·霍夫斯泰德（Geert Hofstede，1928—2020）在著名的跨国公司 IBM（国际商业机器公司）进行了一项大规模的文化价值观调查，他的团队对 IBM 公司的各国员工先后进行了两轮问卷调查，用 20 种不同语言在 74 个国家和地区里发放了 116 000 多份调查问卷并回收了问卷，调查和分析的重点是各国员工在价值观上表现出来的国别差异。他的代表性著作有《文化的影响力》和《文化与组织：心理软件的力量》等。他和他的团队通过持续研究，不断完善，增加调查的国家和人数，将不同文化间的差异归纳为 6 个基本的文化维度：权力距离、个人主义与集体主义、男性气质与女性气质、不确定性规避、长期导向与短期导向、放纵与克制。

（2）理论介绍

权力距离：在一个国家的组织机构中，那些弱势成员对权力分配不平等的期望与接受程度，也可以说是对权力差异的容忍度。权力距离用权力距离指数（power distance index or PDI）来衡量。

个人主义与集体主义：在个人主义文化中，个人之间的联系很松散，人们更重视自己及其核心家庭；在集体主义文化中，人们自出生起就融入强大而紧密的内群体当中，这个群体为人们提供终身的保护，以换取人们对于该群体的绝对忠诚。个人主义与集体主义维度用个人主义指数（individualism index or IDV）来衡量。

男性气质与女性气质：男性气质的特征是自信、有雄心壮志、注重物质成就等；女性气质的特征是谦恭、温柔、注重生活质量等。男性气质与女性气质维度用男性气质指数（masculinity index or MAS）来衡量。

不确定性规避：一种文化中的成员在面对不确定或未知的情况时感到威胁的程度，也可以说是对不确定性的容忍度。不确定性规避维度用不确定性规避指数（uncertainty avoidance index or UAI）来衡量。

长期导向与短期导向：长期导向优先追求长期目标，注重培养和鼓励以追求未来回报为导向的品德，尤其是坚韧和节俭；短期导向优先追求短期目标，注重培养的品德与过去和现在有关，特别是尊重传统、履行社会责任。长期导向与短期导向维度用长期导向指数（long-term orientation index or LTO）来衡量。

放纵与克制：在放纵文化中，社会对自身的约束力不大，对满足欲望和享受生活的允许程度较大；在克制文化中，社会对自身约束力较大，对满足欲望和享受生活的允许程度较小，放纵与克制维度用放纵与克制指数（indulgence versus restraint index or IVR）来衡量。不同的维度衡量可以参照下表 4–1。

表 4-1　霍夫斯泰德的文化维度理论

权力差异容忍度低	－　权力距离指数 （power distance index or PDI）	＋	权力差异容忍度高
集体主义	－　个人主义指数（individualism index or IDV）	＋	个人主义
女性化	－　男性气质指数（masculinity index or MAS）	＋	男性化
不确定性容忍度高	－　不确定性规避指数（uncertainty avoidance index or UAI）	＋	不确定性容忍度低
短期目标优先	－　长期导向指数（long-term orientation index or LTO）	＋	长期目标优先
克制、约束优先	－　放纵与克制指数（indulgence versus restraint index or IVR）	＋	放纵、享乐优先

（3）具体应用

第一，权力距离指数。

根据表 4-2，权力距离指数越大，表明权力距离越大，权力差异容忍度也越大；反之，则表明权力距离越小，权力差异容忍度也越小。权力距离指数较高的国家和地区包括大部分亚洲、东欧、拉丁美洲以及一些非洲国家，排名前十的国家和地区分别是：马来西亚 104、斯洛伐克 104、危地马拉 95、巴拿马 95、菲律宾 94、俄罗斯 93、罗马尼亚 90、塞尔维亚 86、苏里南 85、墨西哥 81。

权力距离指数较低的国家和地区包括德语系和斯堪的纳维亚地区、以色列、美国、加拿大、英国、爱尔兰、澳大利亚、新西兰、荷兰等，其中排名后九的国家和地区分别是：芬兰 33、挪威 31、瑞典 31、爱尔兰 28、瑞士德语区 26、新西兰 22、丹麦 18、以色列 13、奥地利 11。

表 4-2　74 个国家和地区的权力距离指数——基于 IBM 数据资料和扩展调查数据计算得来

国家 / 地区	分数	排名	国家 / 地区	分数	排名
马来西亚	104	1–2	比利时弗拉芒大区	61	38–39
斯洛伐克	104	1–2	乌拉圭	61	38–39
危地马拉	95	3–4	希腊	60	40–41
巴拿马	95	3–4	韩国	60	40–41
菲律宾	94	5	伊朗	58	42
俄罗斯	93	6	捷克	57	43–44
罗马尼亚	90	7	西班牙	57	43–44
塞尔维亚	86	8	马耳他	56	45
苏里南	85	9	巴基斯坦	55	46
墨西哥	81	10–11	加拿大魁北克省	54	47–48
委内瑞拉	81	10–11	日本	54	47–48
阿拉伯国家	80	12–14	意大利	50	49
孟加拉国	80	12–14	阿根廷	49	50–51
中国	80	12–14	南非（白人样本）	49	50–51

国家 / 地区	分数	排名	国家 / 地区	分数	排名
厄瓜多尔	78	15–16	特立尼达岛	47	52
印度尼西亚	78	15–16	匈牙利	46	53
印度	77	17–18	牙买加	45	54
西非	77	17–18	拉脱维亚	44	55
新加坡	74	19	立陶宛	42	56
克罗地亚	73	20	爱沙尼亚	40	57–59
斯洛文尼亚	71	21	卢森堡	40	57–59
保加利亚	70	22–25	美国	40	57–59
摩洛哥	70	22–25	加拿大（全国）	39	60
瑞士法语区	70	22–25	荷兰	38	61–62
越南	70	22–25	澳大利亚	38	61–62
巴西	69	26	哥斯达黎加	35	63–65
法国	68	27–28	德国	35	63–65
波兰	68	27–28	英国	35	63–65
比利时瓦隆大区	67	29–30	芬兰	33	66
哥伦比亚	67	29–30	挪威	31	67–68
萨尔瓦多	66	31–32	瑞典	31	67–68
土耳其	66	31–32	爱尔兰	28	69
东非	64	33–35	瑞士德语区	26	70
秘鲁	64	33–35	新西兰	22	71
泰国	64	33–35	丹麦	18	72
智利	63	36–37	以色列	13	73
葡萄牙	63	36–37	奥地利	11	74

（Hofstede，2010：57–59，有改动）

第二，个人主义指数。

根据表4–3，个人主义指数数值越大，表明个人主义越强；反之，表明集体主义越强。个人主义指数排名前十的国家和地区分别是：美国91、澳大利亚90、英国89、加拿大（全国）80、匈牙利80、荷兰80、新西兰79、比利时弗拉芒大区78、意大利76、丹麦74。

个人主义指数排名后十的国家和地区分别是：秘鲁16、特立尼达岛16、哥斯达黎加15、印度尼西亚14、巴基斯坦14、哥伦比亚13、委内瑞拉12、巴拿马11、厄瓜多尔8、危地马拉6。

表4–3　74个国家和地区的个人主义指数——基于IBM数据资料和扩展调查数据计算得来

国家 / 地区	分数	排名	国家 / 地区	分数	排名
美国	91	1	伊朗	41	38
澳大利亚	90	2	牙买加	39	39–40
英国	89	3	俄罗斯	39	39–40
加拿大（全国）	80	4–6	阿拉伯国家	38	41–42
匈牙利	80	4–6	巴西	38	41–42

国家 / 地区	分数	排名	国家 / 地区	分数	排名
荷兰	80	4–6	土耳其	37	43
新西兰	79	7	乌拉圭	36	44
比利时弗拉芒大区	78	8	希腊	35	45
意大利	76	9	克罗地亚	33	46
丹麦	74	10	菲律宾	32	47
加拿大魁北克省	73	11	保加利亚	30	48–50
比利时瓦隆大区	72	12	墨西哥	30	48–50
法国	71	13–14	罗马尼亚	30	48–50
瑞典	71	13–14	东非	27	51–53
爱尔兰	70	15–16	葡萄牙	27	51–53
拉脱维亚	70	15–16	斯洛文尼亚	27	51–53
挪威	69	17–18	马来西亚	26	54
瑞士德语区	69	17–18	塞尔维亚	25	55
德国	67	19	智利	23	56
南非（白人样本）	65	20	孟加拉国	20	57–62
瑞士法语区	64	21	中国	20	57–62
芬兰	63	22	新加坡	20	57–62
爱沙尼亚	60	23–26	泰国	20	57–62
立陶宛	60	23–26	越南	20	57–62
卢森堡	60	23–26	西非	20	57–62
波兰	60	23–26	萨尔瓦多	19	63
马耳他	59	27	韩国	18	64
捷克	58	28	秘鲁	16	65–66
奥地利	55	29	特立尼达岛	16	65–66
以色列	54	30	哥斯达黎加	15	67
斯洛伐克	52	31	印度尼西亚	14	68–69
西班牙	51	32	巴基斯坦	14	68–69
印度	48	33	哥伦比亚	13	70
苏里南	47	34	委内瑞拉	12	71
阿根廷	46	35–37	巴拿马	11	72
日本	46	35–37	厄瓜多尔	8	73
摩洛哥	46	35–37	危地马拉	6	74

（Hofstede，2010：95–97，有改动）

第三，男性气质指数。

根据表4-4，男性气质指数排名前十的国家和地区分别是：斯洛伐克110、日本95、匈牙利88、奥地利79、委内瑞拉73、瑞士德语区72、意大利70、墨西哥69、爱尔兰68、牙买加68。

男性气质指数排名后十的国家分别是：智利28、芬兰26、哥斯达黎加21、立陶宛19、斯洛文尼亚19、丹麦16、荷兰14、拉脱维亚9、挪威8、瑞典5。

表4-4　74个国家和地区的男性气质指数——基于 IBM 数据资料和扩展调查数据计算得来

国家 / 地区	分数	排名	国家 / 地区	分数	排名
斯洛伐克	110	1	以色列	47	38–39
日本	95	2	马耳他	47	38–39
匈牙利	88	3	印度尼西亚	46	40–41
奥地利	79	4	西非	46	40–41
委内瑞拉	73	5	加拿大魁北克省	45	42–43
瑞士德语区	72	6	土耳其	45	42–43
意大利	70	7	巴拿马	44	44
墨西哥	69	8	比利时弗拉芒大区	43	45–48
爱尔兰	68	9–10	法国	43	45–48
牙买加	68	9–10	伊朗	43	45–48
中国	66	11–13	塞尔维亚	43	45–48
德国	66	11–13	秘鲁	42	49–51
英国	66	11–13	罗马尼亚	42	49–51
哥伦比亚	64	14–16	西班牙	42	49–51
菲律宾	64	14–16	东非	41	52
波兰	64	14–16	保加利亚	40	53–56
南非（白人样本）	63	17–18	克罗地亚	40	53–56
厄瓜多尔	63	17–18	萨尔瓦多	40	53–56
美国	62	19	越南	40	53–56
澳大利亚	61	20	韩国	39	57
比利时瓦隆大区	60	21	乌拉圭	38	58
新西兰	58	22–24	危地马拉	37	59–60
瑞士法语区	58	22–24	苏里南	37	59–60
特立尼达岛	58	22–24	俄罗斯	36	61
捷克	57	25–26	泰国	34	62
希腊	57	25–26	葡萄牙	31	63
阿根廷	56	27–28	爱沙尼亚	30	64
印度	56	27–28	智利	28	65
孟加拉国	55	29	芬兰	26	66
阿拉伯国家	53	30–31	哥斯达黎加	21	67
摩洛哥	53	30–31	立陶宛	19	68–69
加拿大（全国）	52	32	斯洛文尼亚	19	68–69
卢森堡	50	33–35	丹麦	16	70
马来西亚	50	33–35	荷兰	14	71
巴基斯坦	50	33–35	拉脱维亚	9	72
巴西	49	36	挪威	8	73
新加坡	48	37	瑞典	5	74

（Hofstede，2010：141–143，有改动）

第四，不确定性规避指数。

根据表 4–5，不确定性规避指数排名前十的国家和地区分别是：希腊 112、葡萄牙 104、危地马拉 101、乌拉圭 100、比利时弗拉芒大区 97、马耳他 96、俄罗斯 95、萨尔瓦多 94、比利时瓦隆大区 93、波兰 93。

不确定性规避指数排名后十的国家和地区分别是：印度 40、马来西亚 36、英国 35、爱尔兰 35、中国 30、越南 30、瑞典 29、丹麦 23、牙买加 13、新加坡 8。

表 4–5　74 个国家和地区的不确定性规避指数——基于 IBM 数据资料和扩展调查数据计算得来

国家 / 地区	分数	排名	国家 / 地区	分数	排名
希腊	112	1	瑞士法语区	70	35–38
葡萄牙	104	2	阿拉伯国家	68	39–40
危地马拉	101	3	摩洛哥	68	39–40
乌拉圭	100	4	厄瓜多尔	67	41
比利时弗拉芒大区	97	5	德国	65	42–43
马耳他	96	6	立陶宛	65	42–43
俄罗斯	95	7	泰国	64	44
萨尔瓦多	94	8	拉脱维亚	63	45
比利时瓦隆大区	93	9–10	孟加拉国	60	46–48
波兰	93	9–10	加拿大魁北克省	60	46–48
日本	92	11–13	爱沙尼亚	60	46–48
塞尔维亚	92	11–13	芬兰	59	49–50
苏里南	92	11–13	伊朗	59	49–50
罗马尼亚	90	14	瑞士德语区	56	51
斯洛文尼亚	88	15	特立尼达岛	55	52
秘鲁	87	16	西非	54	53
阿根廷	86	17–22	荷兰	53	54
智利	86	17–22	东非	52	55
哥斯达黎加	86	17–22	澳大利亚	51	56–57
法国	86	17–22	斯洛伐克	51	56–57
巴拿马	86	17–22	挪威	50	58
西班牙	86	17–22	新西兰	49	59–60
保加利亚	85	23–25	南非（白人样本）	49	59–60
韩国	85	23–25	加拿大（全国）	48	61–62
土耳其	85	23–25	印度尼西亚	48	61–62
匈牙利	82	26–27	美国	46	63
墨西哥	82	26–27	菲律宾	44	64
以色列	81	28	印度	40	65
哥伦比亚	80	29–30	马来西亚	36	66
克罗地亚	80	29–30	英国	35	67–68
巴西	76	31–32	爱尔兰	35	67–68
委内瑞拉	76	31–32	中国	30	69–70

续表

国家 / 地区	分数	排名	国家 / 地区	分数	排名
意大利	75	33	越南	30	69–70
捷克	74	34	瑞典	29	71
奥地利	70	35–38	丹麦	23	72
卢森堡	70	35–38	牙买加	13	73
巴基斯坦	70	35–38	新加坡	8	74

（Hofstede，2010：192–194，有改动）

第五，长期导向指数。

根据表4-6，长期导向指数排名前十的国家和地区分别是：韩国 100、日本 88、中国 87、乌克兰 86、德国 83、爱沙尼亚 82、比利时 82、立陶宛 82、俄罗斯 81、白俄罗斯 81。长期导向指数排名后十的国家和地区分别是：津巴布韦 15、摩洛哥 14、伊朗 14、哥伦比亚 13、多米尼加共和国 13、尼日利亚 13、特立尼达岛 13、埃及 7、加纳 4、波多黎各 0。

表 4-6　91 个国家和地区的长期导向指数——基于世界价值观调查数据计算得来

国家 / 地区	分数	排名	国家 / 地区	分数	排名
韩国	100	1	巴西	44	47
日本	88	2	马来西亚	41	48
中国	87	3	芬兰	38	49–52
乌克兰	86	4	格鲁吉亚	38	49–52
德国	83	5	波兰	38	49–52
爱沙尼亚	82	6–8	以色列	38	49–52
比利时	82	6–8	加拿大	36	53–54
立陶宛	82	6–8	沙特阿拉伯	36	53–54
俄罗斯	81	9–10	丹麦	35	55–56
白俄罗斯	81	9–10	挪威	35	55–56
德国东部	78	11	坦桑尼亚	34	57–58
斯洛伐克	77	12	南非	34	57–58
黑山	75	13	新西兰	33	59
瑞士	74	14	泰国	32	60
新加坡	72	15	智利	31	61
摩尔多瓦	71	16	赞比亚	30	62
捷克	70	17–18	葡萄牙	28	63–64
波斯尼亚	70	17–18	冰岛	28	63–64
保加利亚	69	19–20	布基纳法索	27	65–66
拉脱维亚	69	19–20	菲律宾	27	65–66
荷兰	67	21	乌拉圭	26	67–69
吉尔吉斯斯坦	66	22	阿尔及利亚	26	67–69
卢森堡	64	23	美国	26	67–69
法国	63	24	秘鲁	25	70–71
印度尼西亚	62	25–26	伊拉克	25	70–71

国家/地区	分数	排名	国家/地区	分数	排名
北马其顿	62	25-26	爱尔兰	24	72-74
阿尔巴尼亚	61	27-30	墨西哥	24	72-74
意大利	61	27-30	乌干达	24	72-74
亚美尼亚	61	27-30	澳大利亚	21	75
阿塞拜疆	61	27-30	阿根廷	20	76-78
奥地利	60	31	马里	20	76-78
克罗地亚	58	32-33	萨尔瓦多	20	76-78
匈牙利	58	32-33	卢旺达	18	79
越南	57	34	约旦	16	80-81
瑞典	53	35	委内瑞拉	16	80-81
塞尔维亚	52	36-37	津巴布韦	15	82
罗马尼亚	52	36-37	摩洛哥	14	83-84
英国	51	38-39	伊朗	14	83-84
印度	51	38-39	哥伦比亚	13	85-88
巴基斯坦	50	40	多米尼加共和国	13	85-88
斯洛文尼亚	49	41	尼日利亚	13	85-88
西班牙	48	42	特立尼达岛	13	85-88
孟加拉国	47	43-44	埃及	7	89
马耳他	47	43-44	加纳	4	90
土耳其	46	45	波多黎各	0	91
希腊	45	46			

（Hofstede，2010：255—258，有改动）

第六，放纵与克制指数。

根据表4-7，放纵与克制指数排名前十的国家和地区分别是：委内瑞拉 100、墨西哥 97、波多黎各 90、萨尔瓦多 89、尼日利亚 84、哥伦比亚 83、特立尼达岛 80、瑞典 78、新西兰 75、加纳 72；排名后十的国家和地区分别是：伊拉克 17、爱沙尼亚 16、保加利亚 16、立陶宛 16、白俄罗斯 15、阿尔巴尼亚 15、乌克兰 14、拉脱维亚 13、埃及 4、巴基斯坦 0。

表4-7　91个国家和地区的放纵与克制指数——基于世界价值观调查数据计算得来

国家/地区	分数	排名	国家/地区	分数	排名
委内瑞拉	100	1	马里	43	46-47
墨西哥	97	2	赞比亚	42	48-50
波多黎各	90	3	菲律宾	42	48-50
萨尔瓦多	89	4	日本	42	48-50
尼日利亚	84	5	德国	40	51-52
哥伦比亚	83	6	伊朗	40	51-52
特立尼达岛	80	7	吉尔吉斯斯坦	39	53
瑞典	78	8	坦桑尼亚	38	54-55
新西兰	75	9	印度尼西亚	38	54-55

续表

国家/地区	分数	排名	国家/地区	分数	排名
加纳	72	10	卢旺达	37	56
澳大利亚	71	11	越南	35	57–58
塞浦路斯	70	12–13	北马其顿	35	57–58
丹麦	70	12–13	德国东部	34	59
英国	69	14	葡萄牙	33	60–61
加拿大	68	15–17	克罗地亚	33	60–61
荷兰	68	15–17	阿尔及利亚	32	62–63
美国	68	15–17	格鲁吉亚	32	62–63
冰岛	67	18	匈牙利	31	64
瑞士	66	19–20	意大利	30	65
马耳他	66	19–20	韩国	29	66–68
安道尔	65	21–22	捷克	29	66–68
爱尔兰	65	21–22	波兰	29	66–68
南非	63	23–24	斯洛伐克	28	69–71
奥地利	63	23–24	塞尔维亚	28	69–71
阿根廷	62	25	津巴布韦	28	69–71
巴西	59	26	印度	26	72
芬兰	57	27–29	摩洛哥	25	73
马来西亚	57	27–29	中国	24	74
比利时	57	27–29	阿塞拜疆	22	75
卢森堡	56	30	俄罗斯	20	76–79
挪威	55	31	黑山	20	76–79
多米尼加共和国	54	32	罗马尼亚	20	76–79
乌拉圭	53	33	孟加拉国	20	76–79
乌干达	52	34–35	摩尔多瓦	19	80
沙特阿拉伯	52	34–35	布基纳法索	18	81
希腊	50	36	伊拉克	17	82
土耳其	49	37	爱沙尼亚	16	83
法国	48	38–39	保加利亚	16	84–85
斯洛文尼亚	48	38–39	立陶宛	16	84–85
秘鲁	46	40–42	白俄罗斯	15	86–87
埃塞俄比亚	46	40–42	阿尔巴尼亚	15	86–87
新加坡	46	40–42	乌克兰	14	88
泰国	45	43	拉脱维亚	13	89
波斯尼亚	44	44–45	埃及	4	90
西班牙	44	44–45	巴基斯坦	0	91
约旦	43	46–47			

（Hofstede，2010：282–285，有改动）

（4）案例分析

鉴于有关跨文化传播的研究是区域国别研究的重要领域，且在近些年受到越来越多来自不同领域专家、学者的关注，本小节以"A cross-cultural genre analysis of firm-generated advertisements on Twitter and Sina Weibo"[1]为案例，分析如何利用 Hofstede 的文化维度理论考察社交媒体上消费者生成广告的跨文化适应。

1）研究内容。

本研究以戴尔公司和联想公司在推特和新浪微博社交媒体上的 327 个消费者生成广告为研究对象，分析了在跨文化传播背景下社交媒体上的消费者生成广告的跨文化适应。研究结果显示社交媒体上的消费者生成广告具有以下特征：第一，灵活的移动结构；第二，说服性的语言；第三，视觉插图；第四，超链接、"#"、"@"功能的频繁使用。针对中国消费者的新浪微博上的广告与针对国外市场的推特上的广告存在明显差异，前者更多使用语言游戏、表情符号、和上下文相关的产品图片，强调利基市场、激励和名人代言。

2）研究步骤。

首先，作者介绍了消费者生成广告的移动结构、可供性和多模式特征，并且进行了中美跨文化对比，通过 SPSS 的 Mann-Whitney U 型检验，测试了调查结果是否存在统计学上的显著差异。其次，从跨文化传播的角度解释这些差异，并试图回答以下研究问题：第一，戴尔和联想在推特和微博上的消费者生成广告在移动结构、可供性和多模式特征方面有什么特点？第二，戴尔和联想在推特和微博上的消费者生成广告有什么差异吗？如果有，为什么？最后，将 Hofstede 的文化维度理论应用于研究中，并分析得出结论。

3）研究方法。

研究使用的语料收集自美国的戴尔公司和中国的联想公司在推特和微博上发布的消费者生成广告。该研究选择了两家公司在这两个网站上较早注册的四个账户，语料的收集时间从 2018 年 6 月 1 日至 6 月 3 日，推文和帖子的内容分为上部分的语言、表情符号、URL（统一资源定位符）、标签和 @username，下部分的图片、GIF（图形交换格式）、长图片、视频或超链接。其中，有 327 条来自 @Dell 的截图、127 条来自 @Lenovo 的截图、75 条来自 @DellChina 的截图，以及 69 条来自 @Lianxiang 的截图。该研究为消费者生成广告的移动结构设计了一种编码方案，制订了一个由 8 个动作和 10 个步骤组成的结构，并测试了码间可靠性。研究方法包括用频率和百分比对研究发现进行的定量分析和通过具体的例子进行的定性分析。

基于采集到的语料，研究主要借助霍夫斯泰德的文化维度理论对文本进行分析，对中美跨文化传播差异进行理论阐释和社会实践解释（见表 4-8）。

表 4-8　霍夫斯泰德文化维度理论下的中国和美国的文化差异

6 个文化维度	中国	美国
权力距离指数（PDI）	80	40
个人主义指数（IDV）	20	91
男性气质指数（MAS）	66	62
不确定性规避指数（UAI）	30	46

① SHI X S, WAN W J, 2022. A cross-cultural genre analysis of firm-generated advertisements on Twitter and Sina Weibo [J]. Journal of business and technical communication, 36 (1): 71–104.

续表

6个文化维度	中国	美国
长期导向指数（LTO）	87	26
放纵与克制指数（IVR）	24	68

（Hofstede，2010）

4）研究结果。

这项研究考察了戴尔和联想在推特和微博这样的社交媒体上的消费者生成广告，对比研究中发现，受高语境文化的影响，与推特上的推文相比，戴尔和联想在微博上的帖子倾向于使用更多的语言游戏、表情符号、和上下文相关的产品图片；受集体主义和高权力距离文化的影响，与推特上的推文相比，戴尔和联想在微博上更多强调识别利基市场和名人代言。受长期导向文化的影响，与推特上的推文相比，戴尔和联想在微博上的帖子更倾向于使用激励。具体来说：

第一，在使用多模式资源呈现信息方面，平均而言，@Dell 的推文包含 17 个英语单词，@Lenovo 的推文包含 15 个英文单词，而 @DellChina 的推文包含 62 个汉字，@Lianxiang 的推文包含 131 个汉字。在这些消费者生成广告中，产品以图片、GIF、长图片或视频的形式出现，但图片的使用频率远高于其他类型。

第二，在超文本共享信息方面，两家公司都更喜欢使用 URL 而不是超链接。大多数 URL 或超链接指向以获取更多产品详细信息的公司网站，其中一些指向电子商务网站，还有一些指向网站评级机构或专业人士。

第三，在专题和标签方面，两家公司都喜欢与产品、品牌、营销活动或公司相关的专题，以及与名人新闻、节日和时尚话题相关的标签，以此吸引消费者的注意。

第四，在 @ 其他用户和向用户致辞方面，比起在微博上，戴尔和联想更倾向于在推特上提及其他用户。他们提到的用户多是当时为这些品牌代言的评级机构或专业人士等。

第五，在消费者生成广告的动作和步骤方面，戴尔和联想都包括了 A 向用户致意、B 识别利基市场、C 提供产品信息、D 评估产品、E 建立凭据、F 名人代言、G 触发购买动作、H 提供激励措施这八个动作。

依据霍夫斯泰德的文化维度理论，作者对收集到的语料进行跨文化和跨语言分析，发现：

第一，在跨文化比较上，受中国集体主义和高语境文化的影响，联想的国内消费者生成广告倾向于关注消费者的需求，以建立和谐的关系，显示出较强的文化适应意识；戴尔在微博上也迎合了中国文化的期望，显示出一定的文化适应意识。戴尔和联想倾向于在美国的推特上强调专业知识，部分原因可能是美国社会中不确定性规避的意识更高。戴尔和联想都在微博上采取了名人代言这一策略，这可能是由于高权力距离国家的文化倾向于表现出对等级关系的更大接受和尊重权威。戴尔和联想仅在它们的微博帖子中使用了提供激励这一举措，表明两家公司意识到了中国的长期导向文化，并尝试通过提供经济实惠的服务在微博上吸引注重节俭的中国消费者。戴尔和联想倾向于在美国的推特上使用超链接和 @，以披露证书的来源以及专业度，从而提高可信度和确定性。

第二，在跨语言比较上，两家公司所有的推文和帖子都使用了创新的修辞手法、双关语、流行语。戴尔和联想在微博上都更频繁地使用暗示，语言表达含蓄，表现出了文化适应意识。表情符号在新浪微博上的使用频率最高，可能是为了更有效地建立情感联系。两家公司都倾向于在微博上更多使用上下文产品图片，可能是为了唤起高语境文化中的视觉或其他感官体验。

小结：本小节以 A Cross-Cultural Genre Analysis of Firm-Generated Advertisements on Twitter and Sina Weibo 为案例，分析如何利用霍夫斯泰德的文化维度理论考察不同国家的产品在社交媒体上消费者生成广告的跨文化适应。除了此案例中使用的理论，还有其他理论如霍尔的高低语境文化理论、克拉克洪（Kluckhohn）和斯多特贝克（Strodtbeck）的价值取向理论等，也能为此类研究提供新的视角。

2. 高低语境文化理论

（1）发展历程

高低语境文化理论是美国人类学家爱德华·霍尔（Edward T. Hall，1914—2009）提出的，其目的是根据高低语境文化的差异来说明世界文化的多样性。作为跨文化交际学的奠基人，著名的人类学家、文化学家、心理分析专家、政府和企业界的高级顾问，他的足迹遍布世界，对原始民族和现代民族、东西文化都有实地的考察和深刻的体验。他的代表著作有《无声的语言》《隐藏的一维》《空间关系学手册》《超越文化》《生命之舞：时间的另一个维度》等。20世纪90年代以后，他将一生积累的理论和实践用于跨文化的区域国别研究，推出了《隐藏的差异：如何与德国人打交道》《隐藏的差异：如何与日本人做生意》《理解文化差异：德国人、法国人和美国人》《日常生活里的人类学：霍尔自传》《三十年代的美国西部》。在《超越文化》中，霍尔对语境和高低语境文化有比较全面的介绍。他认为，如果低语境文化者在不了解高语境的情况下就贸然介入其中，那将是愚蠢之举。在当今世界，国家和制度坚守高语境方式的时间太长，所以不能适应变化的情况常有，而且，没有任何储备的经验能告诉我们如何应对这样快速的变化，所以平衡适应变化的需求与要求稳定的需求之间的关系越发显得重要。

（2）理论介绍

高语境文化是人们在长期固定的交际环境中形成的，例如在中国、非洲、拉美等国家和地区，人们生活的地理区域比较固定，变化的速度比较缓慢，幅度也很小。在这种文化下生活的人们，彼此间的交往是长期而稳定的，因此，他们对生活环境有着相似的理解，形成了彼此认同的交际行为模式，交际双方不必把信息完全用言语表达出来，可以利用表情、动作、眼神，甚至沉默的形式来传递。由于高语境文化受传统和历史的影响较大，因此，一旦形成就具有很强的稳定性。低语境文化的形成与高语境文化不同，是比较孤立的。例如，在美国、英国、德国等国家和地区，由于地理、历史的原因，他们彼此间的交际习惯差异很大，形成了通过清晰、明确的语言编码来传递信息的文化，而语境在信息传递中的作用则相对有限。具体参照表4-9。

表 4-9　高低语境文化的差异

	高语境文化	低语境文化
信息	语境非常重要，大部分信息隐藏在语境中	人部分信息以明确的语言表达方式传递
人际关系	• 人际关系稳定，建立缓慢，基本上相互信任 • 圈内人和圈外人之间有着明确的界限 • 任务的执行依赖于人际关系，注重过程 • 个人身份是由所在的群体决定的	• 人际关系是短时间的 • 由于圈内人和圈外人的界限模糊，许多外来的人可以较容易地进入一些社交圈 • 任务的执行遵循确定的程序步骤，注重结果 • 个人身份是由自身成就决定的
人际交往	• 在交谈中大量使用语气、语调、面部表情、眼神交流、肢体语言等 • 信息传递间接、含蓄，在很大程度上依赖上下文的语境 • 交流过程漫长、间接，常常顾左右而言他 • 交流是一种艺术，一种建立和培育人际关系的手段 • 分歧被认为是个人的问题，应尽可能避免 • 以听话者为中心 • 避免直接说"不" • 对别人的期望高	• 在交谈中大量使用语言交际，而不是非语言交际 • 信息传递清晰、直接、明确，很大程度上依赖语言本身 • 交流直接、简洁、直切主题 • 交流被视为交换想法、信息和事实的手段 • 分歧不是个人问题，但是分歧不会影响人际关系。相反，双方都期望通过意见分歧和争论更好地找到问题的解决办法 • 以说话者为中心 • 直接说"不" • 对别人的期望不高

续表

	高语境文化	低语境文化
个人空间	● 个人空间不是那么重要。相反，人们习惯于分享空间，待在一起	● 隐私非常重要，每个人都需要有自己的隐私空间
学习	● 获取信息、知识倾向于使用多样化的来源 ● 知识是在具体的情景中从线索里获得的 ● 学习和解决问题是团队的任务 ● 更多关注获取知识的质量和准确性	● 获取信息、知识倾向使用单一化的来源 ● 知识的获取依赖于个人认知 ● 学习和解决问题是个人的任务 ● 更多关注获取知识的速度和效率
其他	● 集体主义 ● 隐匿自我 ● 螺旋形思维 ● 研究方法类似于太阳神阿波罗型，趋向于完善既定的路子	● 个体主义 ● 凸显自我 ● 线性思维 ● 研究方法类似酒神狄俄尼索斯型，趋向于开辟新路子
例子	● 俄罗斯人 ● 韩国人 ● 匈牙利人 ● 意大利人 ● 日本人	● 斯堪的纳维亚人 ● 荷兰人 ● 澳大利亚人 ● 德国人 ● 英国人

(Hall，1976)

（3）具体应用

高低语境文化与个人主义指数（IDV）有着密切关系，一般来说，在个人主义的文化中，低语境交际占主导地位；而在集体主义文化中，高语境交际占主导地位。当然，这种关系也不能一概而论，例如，法国 IDV 为 71，却被普遍认为是高语境文化和低语境文化的集合体，美国 IDV 为 91，但美国非洲裔和美国原住民却被普遍认为属于高语境文化。具体参照表 4–10。

表 4–10　高低语境文化与个人主义指数的关系

高语境文化	
国家和区域	个人主义指数（IDV）
日本	46
中国	20
韩国	18
阿拉伯	38
希腊	35
拉丁美洲	（危地马拉 6、厄瓜多尔 8、巴拿马 11、委内瑞拉 12、哥伦比亚 13、哥斯达黎加 15、墨西哥 30、巴西 38 等拉美国家）
意大利	76
英国	89
法国	71
美国（非洲裔和原住民属于高语境）	91
斯堪的纳维亚	（挪威 69、瑞典 71、丹麦 74、芬兰 63 等北欧国家）
德国	67
瑞士德语区	69
低语境文化	

（许力生 等，2013：115）

（4）案例分析

本小节以 "Monsooned project deadlines: The Indian yes and high context communication"[①] 为案例，分析如何利用霍尔的高低语境文化理论进行研究。

1）研究内容。

本研究聚焦印度和美国公司在跨文化交际中出现的沟通障碍，依据霍尔的高低语境文化理论，分析并比较了印度和美国的文化差异。研究试图回答以下 4 个问题：

第一，Abhinav（阿比纳夫）是否同意 Rebecca（丽贝卡）最初要求的截止日期？

第二，在这件事情之后，Rebecca 可能对 Abhinav 有什么看法？

第三，在这件事情之后，Abhinav 可能对 Rebecca 有什么看法？

第四，这一事件将如何影响他们未来的跨文化业务沟通？

文本如下：

Rebecca works with United Technologies, a Chicago-based company. She is talking on phone to Abhinav, a manager of one of United Technologies vendors for customer service outsourcing, and he is from India.（Rebecca 在总部位于芝加哥的联合技术公司工作，她正在与 Abhinav 通电话，Abhinav 是联合技术公司一家客服外包商的经理，他来自印度。）

Rebecca: We really need to get all of the customer service representatives trained on our new process in the next two weeks. Can you get this done?（在接下来的两周里，我们真的需要让所有的客服代表接受关于我们新流程的培训，你能完成这件事吗？）

Abhinav: That timeline is pretty aggressive. Do you think it's possible?（这个时间安排相当紧张，你认为有可能按时完成吗？）

Rebecca: I think it will require some creativity and hard work, but I think we can get it done with two or three days to spare.（这需要一些创造力和努力，但我认为我们可以在剩下的两三天内规划好。）

Abhinav: OK.（好的。）

Rebecca: Now that our business is settled, how is everything else?（既然业务上的事情已经解决了，你们那里一切都好吗？）

Abhinav: All's well, although the heavy monsoons this year are causing a lot of delays getting around the city.（一切都好，尽管今年的强季风造成了城市周边的许多延误。）

[Two weeks later...]（[两周后……]）

Abhinav: We've pulled all of our resources and I'm happy to say that 60% of the customer service representatives are now trained in the new process. The remained 40% will complete the training in the next two weeks.（我们已经动用了所有资源，我很高兴地说，60% 的客服代表现在都接受了新流程的培训，剩下的 40% 将在接下来的两周内完成培训。）

Rebecca: Only 60%? I thought we agreed that they all would be trained by now!（只有 60%？我以为我们之前达成一致了，他们现在应该已经全部都接受了培训！）

Abhinav: Yes. The monsoon is now over so the rest of the training should go quickly.（是的。季风

① PEACE D, 2018. Monsooned project deadlines: The Indian yes and high context communication [EB/OL]. ShantiConsulting [2022–10–03]. http://www.shantiinfotech.com/.

现在已经结束了，所以剩下的培训应该很快可以完成。）

Rebecca: This training is critical to our results. Please get it done as soon as possible. （这次培训对我们的业务至关重要，请尽快把它做完吧。）

Abhinav: I am certain that it will be done in the next two weeks. （我确信这在未来两周内将可以完成。）

2）研究步骤。

首先，作者对本文研究的印度、美国的跨文化差异进行了文本介绍和说明。之后，利用 Hall 的高低语境文化理论对这个案例进行了讨论，并最终得出研究结论，回答了开始提出的 4 个研究问题。

3）研究方法。

研究使用的文本收集自 ShantiConsulting 的公司网站，收集时间为 2022 年 10 月 3 日，文本题目是 "Monsooned project deadlines: The Indian yes and high context communication"。

研究主要借助 Hall 的高低语境文化理论，在对文本进行分析的基础上，对话语实践进行了阐释，并对社会实践进行了解释。具体而言，从 Hall 的高低语境文化理论来看，印度是一种高语境文化（个人主义指数，48 分），而美国是一种低语境文化（个人主义指数 91 分）。具体参考表 4–11。

表 4–11　印度、美国的文化差异

六个文化维度	印度	美国
权力距离指数（PDI）	77	40
个人主义指数（IDV）	48	91
男性气质指数（MAS）	56	62
不确定性规避指数（UAI）	40	46
长期导向指数（LTO）	51	26
放纵与克制指数（IVR）	26	68

（Hofstede，2010）

4）研究结果。

依据高低语境文化理论，作者对该文本进行了理解过程的阐释和实践层面的分析，发现：

第一，在第一次谈话后，Abhinav 觉得他已经向 Rebecca 明确表示，培训不会在她要求的时间内完成。但是，Rebecca 觉得 Abhinav 已经明确回答了 "yes"，因此，他将在截止日期前完成任务。

第二，这是高低语境文化差异引起的跨文化沟通失误的一个例子。从霍尔的高低语境文化理论来看，Abhinav 来自印度这样的高语境文化，他表达了日程安排过于紧张，季风会造成延误，通过上下文语境表达了培训很可能无法在 Rebecca 要求的截止时间之前完成，而 "yes" 在这个语境中只是表达一种礼貌，不具有承诺的效应。然而，Rebecca 来自美国这样一种低语境文化，因此，当听到 Abhinav 对截止日期回答 "yes" 时，就认为他同意了。

第三，双方对于截止日期的理解有明显差异。Abhinav 明显没有意识到，在美国文化中，对截止日期的要求说 "yes"，是一件严肃的、具有契约效应的承诺，错过截止日期是违反契约的行为，是要承担责任和后果的。

第四，Rebecca 和 Abhinav 都需要努力学习和理解两国的文化差异。如果 Rebecca 是印度人，她会通过上下文语境更清楚地理解 Abhinav 的真正意思；如果 Abhinav 是美国人，他就会知道，对截止日期回答 "yes" 时，是达成了口头契约。

第五，这次跨文化沟通的失败，可能对双方在未来的业务合作上产生不良影响。Rebecca 可能认为 Abhinav 是"不负责任、不可靠的"，在今后的业务上不值得托付和信赖；而 Abhinav 可能认为 Rebecca 是"不体贴、粗鲁的"，在今后的业务上不是好的合作伙伴。

小结：本小节以 Monsooned project deadlines: The Indian yes and high context communication 为案例，分析了如何利用 Hall 的高低语境文化理论进行研究。此外，还有许多跨文化交际理论能为此类研究提供新的视角。

3. GLOBE 理论

（1）发展历程

GLOBE 是全球领导力和组织行为效用（Global Leadership and Organizational Behavior Effectiveness）的缩写。GLOBE 研究项目始于 20 世纪 90 年代初，其主要目标是确定社会领导期望如何影响高管领导的行为和效用。

罗伯特·豪斯（Robert J. House，1936—　）于 1991 年开始 GLOBE 研究计划，该项目自启动以来，已逐渐发展成一项巨大的研究工程，涉及来自代表世界各主要地区的 69 个国家的 200 多名多学科研究人员，他们致力于探索文化对领导力和组织效用的影响。豪斯等人认为，我们迫切地需要有效的国际跨文化沟通、协作和合作，不仅是为了有效的管理实践，也是为了改善人类状况（House et al.，2004）。有充分的证据表明，世界文化越来越相互联系，商业世界越来越全球化。随着经济边界的缩小，文化壁垒很可能变得更加凸显，并在商业中带来新的挑战和机遇。当不同的文化接触时，它们可能会在某些方面趋同，但文化差异的特性也可能会被放大。因此，GLOBE 研究项目产生的信息可以作为来自不同文化的人相互交流的指南。正如尼斯比特（Nisbett，2003）所表明的那样，世界各地文化的独特发展背后有数千年的历史，期望在短时间内实现思想的大规模融合是过于简单的想法。

GLOBE 是一个多阶段、多方法、多样本的研究项目。在前两个阶段，豪斯等人研究了 62 个国家的 900 多家公司，最近的阶段（也就是第三个阶段）又调查了 24 个国家（其中有 17 个国家和前两个阶段重合）的 1 000 多家公司，所以截至目前，该项目总共调查研究了 69 个国家。下面将描述 GLOBE 研究到第三个阶段的基本理论和发现。

（2）理论介绍

GLOBE 理论模型是将文化、领导力和组织效用联系起来，作为完全整合的理论而提出的。该理论提出文化对人类福祉和经济成功具有持续的影响（House et al.，2004）。GLOBE 理论得益于众多 GLOBE 学者和其他跨文化研究人员进行的相关研究，整合了内隐领导理论（ILT）、文化维度理论、内隐动机理论和结构偶然性理论。下面的 GLOBE 理论模型是对最初提出的模型和随后的修改版本（House et al.，2004）的完善。图中无底色的方框和实线表示 GLOBE 前两个阶段中测试的结果和关系，有底色的方框是最新研究（即第三个阶段）中测试的结果，虚线所示的关系将在未来进行检测。该研究打算探索文化价值观、文化领导期望、领导力行为和效用之间的关系。研究发现，社会文化价值观和实践可以预测社会现象和领导期望。具体参考图 4-3。

（3）具体应用

1）9 个文化维度。

豪斯等人（House et al.，2004）通过 GLOBE 研究构建了文化的 9 个维度：A 绩效导向、B 魄力、C 未来导向、D 人道导向、E 机构性集体主义、F 小圈子集体主义、G 性别平等主义、H 权力距离和 I 不确定规避。其中，维度 E、F、H、I 被描述为霍夫斯泰德个人主义－集体主义、权力距离、不确定性规避三个文化维度的直接延伸，维度 B、G 可以被视为对霍夫斯泰德男性气质－女性气质维度的重新定义，维度 C、D 源于克拉克洪等（Kluckhohn et al.，1961）的文化价值理论中关于人性和时间取向的介绍，维度 A 来自麦克莱兰（McClelland，1985）的成就动机。GLOBE 研究人员注意到，霍夫斯泰德在国家文化维度的排名方面尤其正确。彼得森（Peterson，2004）认为，GLOBE 研究最好被视为与之关联最密切的霍夫斯泰德文化维度理论的补充。具体参考表 4–12。

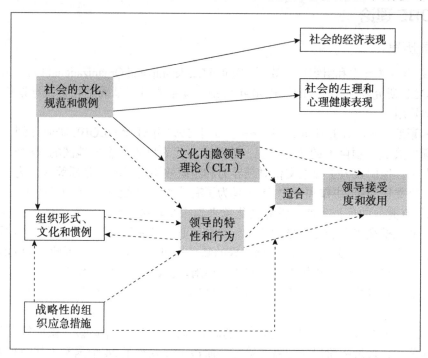

图 4-3　GLOBE 理论模型图（House et al.，2014：6）

表 4–12　GLOBE 理论的 9 个文化维度

文化维度	定义	区域国别
A 绩效导向	鼓励和奖赏群体成员改善绩效和表现卓越的程度	新加坡、美国、中国较高；印度、日本、西班牙居中；意大利、俄罗斯、希腊较低
B 魄力	个人在人际关系处理中表现出强硬、对抗、竞争性的程度	奥地利、美国、西班牙较高；厄瓜多尔、意大利、中国居中；新西兰、瑞典较低
C 未来导向	个人行为未来导向的程度，如计划、投资未来和延迟满足	新加坡、瑞士、奥地利较高；美国、印度尼西亚、中国居中；意大利、阿根廷、俄罗斯较低
D 人道导向	鼓励和奖赏公平、利他、慷慨、体谅和待人友善的个人行为的程度	菲律宾、马来西亚、埃及较高；加拿大、新西兰、澳大利亚居中；新加坡、法国、德国较低
E 机构性集体主义	社会中的组织或机构对集体形式的资源分配和集体行动的鼓励程度	瑞典、新加坡、中国较高；埃及、美国居中；巴西、阿根廷、希腊较低
F 小圈子集体主义	个人表现出对组织或家庭的荣誉感、忠诚度和凝聚力	中国、埃及、俄罗斯较高；巴西、以色列、日本居中；美国、新西兰、丹麦较低
G 性别平等主义	集体最小化性别不平等的程度	丹麦、瑞典、加拿大较高；美国、新西兰、德国居中；埃及、韩国较低

续表

文化维度	定义	区域国别
H 权力距离	社会成员对权力平均分配的期望程度	泰国、巴西、法国较高;中国、美国、加拿大居中;荷兰、丹麦较低
I 不确定性规避	依赖社会规范、规则和程序来减轻未来事件的不可预测性的程度。不确定性规避意愿越强,人们越追求日常生活中的秩序、一致、结构、正规流程和法律	瑞士、新加坡、德国较高;英国、墨西哥、美国居中;希腊、匈牙利、俄罗斯较低

(House et al., 2014: 13–16, 367)

2)6 个全球领导力维度(细分为 21 个主要领导类型)。

富有魅力 / 基于价值的领导:可细分为远见型、启发型、自我牺牲型、正直型、果断型、绩效导向型。

团队导向型领导:可细分为协作团队导向型、团队整合型、外交型、恶意型、行政能力型。

参与型领导:可细分为参与型、专制型。

人道型领导:可细分为谦虚型、人道型。

自主型领导:自主型。

自我保护型领导:可细分为自我中心型、注重地位型、内部竞争型、顾全面子型、官僚型。

(4)案例分析

本小节以 "Cross-cultural impact on financial companies' online brand personality" [1] 为案例,分析如何利用 GLOBE 理论和文化维度理论考察不同国家的金融公司在线品牌个性的跨文化适应。

1)研究内容。

本研究从 28 家中、美金融公司的在线品牌个性调查着手,利用基于语料库的分析工具 WordStat,运用艾克(Aaker)的品牌个性框架,使用了 GLOBE 理论和文化维度理论,验证了企业品牌个性指标与财务绩效之间的相关性。该研究结果丰富了有关网络营销的文献,突出了品牌个性建构中的文化差异和语言偏好,强调了在线品牌构建中跨文化适应的重要性。研究发现,与中国金融公司相比,美国金融公司收入与品牌个性维度的相关性更为密切;中国金融公司在品牌在线表达上可能还有很大的改善空间;有意进入中国市场的外国公司也需要更多考虑他们的网上品牌个性的跨文化适应。

2)研究步骤。

首先,作者在研究背景部分介绍了品牌个性维度理论和文化维度理论,对比分析了美国和中国的文化差异;其次,通过对美国和中国金融公司的在线品牌个性语料进行计算机辅助内容分析,试图回答以下研究问题:第一,美国和中国金融企业网站上的在线品牌个性有哪些异同?第二,他们在构建自己的在线品牌个性的语言偏好方面是否存在文化差异?第三,美国和中国金融公司的在线品牌个性指标与财务表现之间是否存在相关性?最后,将艾克的品牌个性维度理论和文化维度理论(以霍夫斯泰德的文化维度理论为主,以豪斯等人的 GLOBE 理论为补充)应用于研究中,并分析得出结论。

---

[1] SHI X S, SHAN X H, 2019. Cross-cultural impact on financial companies' online brand personality [J]. Marketing Intelligence & Planning, 37(5): 482–496.

3）研究方法。

本研究使用的语料采集自《财富》世界 500 强榜单在 2016 年上市的美国和中国金融公司各 14 家，也就是总共 28 家公司的英文网站，以 2017 年 8 月 10 日至 8 月 16 日的一周作为数据收集时间段，最终收集到 114 120 个单词。首先借助文本挖掘和分析软件 WordStat，基于艾克的 5 个品牌个性维度量表进行计算机辅助内容分析并得出定量研究结论。其次，作者按照文化维度理论对中、美两国的在线品牌个性构建进行分析和比较。最后，对定量研究发现的结果进行定性分析并得出结论。具体参照表 4–13。

表 4–13 根据文化维度理论和 GLOBE 理论得出的中国、美国文化差异

文化维度理论 （Hofstede，2010）	中国	美国	GLOBE 理论 （House et al.，2014）
权力距离指数（PDI）	80	40	权力距离
个人主义指数（IDV）	20	91	机构性集体主义、 小圈子集体主义
男性气质指数（MAS）	66	62	魄力、 性别平等主义、 绩效导向
不确定性规避指数（UAI）	30	46	不确定规避
长期导向指数（LTO）	87	26	未来导向
放纵与克制指数（IVR）	24	68	人道导向

（Hofstede，2010；House et al.，2014）

4）研究结果。

作者对中国和美国金融公司网站上品牌个性指标的频率和模式进行了数据统计，发现在特定的分布模式和单词选择方面，双方既有相似之处，也有显著差异。结果如下：

第一，相似之处。中、美金融公司在网站的"关于我们"部分中，品牌个性方面表现都很弱。这种对品牌个性表达不活跃的表现可以归因于金融业的行业特点，例如银行客户忠诚度、高行业准入门槛、银行服务无形性等（Bravo et al.，2010 年）。在 5 个品牌个性维度上，与"真诚"个性维度相关单词共 174 个，在美国和中国网站上的出现频率都位居第二，这说明中、美在线品牌都非常重视"真诚"的品牌形象。

第二，差异之处。尽管模式相似，但两个国家公司的在线交流差异化明显。中国金融公司网站上的文字使用明显突出"能力"个性维度，这可能表明作为国际市场上的一个新兴力量，中国的金融公司更关心建立一个有能力、积极和有竞争力的品牌个性形象；然而在美国网站上，"能力"个性维度所起的作用微不足道甚至是消极的。美国公司更为注重"激动"个性维度的表达，这可能表明在以强烈个人主义为特征的国家，品牌策略更注重独立性、多样化、新颖性和体验需求（Aaker et al.，2001）。在"精致"和"粗犷"这两个维度上，美国网站上较注重的是"粗犷"，而中国网站上较注重的是"精致"。

结合霍夫斯泰德的文化维度理论和豪斯等人的 GLOBE 理论，作者对收集到的语料进行了跨文化和跨语言分析，发现：

第一，语言偏好在跨文化适应上存在差异。在美国企业网站上，公司倾向于用"负责任"一词来强调企业的社会责任，在中国的网站上，"突出"和"综合"频繁出现，反映了中国公司试图向客户保证它们的质量和信誉，中国金融企业倾向于使用"杰出"和"全面"等词来说服客户它们有

较强的能力提供专业、可靠的金融服务；"标准"、"直接"和"关系"经常出现在中国网站上，而"单身"、"公开"和"慈善"在美国网站上的出现频率更高，这可以从个人主义/集体主义或机构性集体主义和小圈子集体主义来解释；美国倾向于强调自主和独立，隐私和个人需求，而中国公司倾向于强调团体成员、关系、附属利益和行业认可；"优秀"和"西方"出现在中国网站上的频率比在美国网站上更频繁，反映出中国公司希望凭借良好的质量、收入和排名战胜美国和欧洲的同行竞争对手，这可以从男性气质/女性气质或魄力、性别平等主义和绩效导向维度来解释，男性气质指数较高的中国往往更直接地表现出竞争力和自信，而在男性气质指数略低的美国，企业网站突出了减少性别差异和重视性别平等这一点。

第二，在线品牌个性与财务绩效的相关性存在差异。美国公司的在线品牌个性表达与财务的关联优于中国公司。总的来说，中国公司的在线品牌个性构建并不能带来令人满意的财务业绩。为了提升海外形象，中国公司可以借鉴知名跨国公司的经验，并根据目标客户期望进行品牌个性建构。例如，以美国作为目标市场，可以淡化"能力"维度表达，融入"兴奋"和"粗犷"维度表达，并强化"真诚"和"精致"维度表达，同时还需要认识到增加企业社会责任信息的披露可能会提高美国客户的满意度和忠诚度，增加关于两性平等和生活质量的信息。此外，减少使用某些美国人可能不欣赏的表达方式也会有所帮助。同时，对于试图进入中国市场的外国企业，可以通过详细说明更高的社会地位、所有权、成就和拥有强大的附属，以突显公司在该领域的可靠性和领导地位。

小结：本小节以"Cross-cultural impact on financial companies' online brand personality"为案例，分析如何利用 GLOBE 理论和文化维度理论考察不同国家的跨国公司在线品牌个性构建的跨文化适应。此外，还有许多跨文化交际理论能为此类研究提供新的视角。

四、相关选题建议

本章在介绍文化、交际/传播、跨文化交际和跨文化交际研究的基础上，对三种较常用于区域国别研究领域的跨文化交际理论进行了详细介绍，包括文化维度理论、高低语境文化理论和GLOBE 理论。这些相关理论及应用的介绍和相关案例的分析，有助于我们对跨文化交际研究在区域国别研究中的应用有更深刻的理解。笔者在此列出一些可以应用跨文化交际理论进行区域国别研究的选题以供参考：

1）区域国别视域下的跨文化传播能力研究；
2）商务谈判中的跨文化适应研究；
3）跨文化商务沟通与企业管理研究；
4）在不同国家推广国际中文教育时需要考虑的跨文化因素；
5）区域国别视域下的跨国移民研究；
6）不同国家餐桌礼仪的跨文化对比研究；
7）"一带一路"背景下的跨文化交际人才培养研究；
8）不同国家礼貌语的跨文化差异研究；
9）全球化背景下跨文化交际中的语用失误类型及对策研究；
10）区域国别视域下的语言与文化政策研究。

五、思考题

1）霍夫斯泰德的国家文化维度理论中的 6 个文化维度是什么？其分数和排名分别代表什么？请结合区域国别举例说明。

2）霍尔的高低语境文化理论中，高语境文化与低语境文化的主要区别是什么？请结合区域国别举例说明。

3）豪斯等人的 GLOBE 理论中的 9 个文化维度和 6 个全球领导力维度分别是什么？请结合区域国别举例说明。

4）综合运用上述跨文化理论，结合当下区域国别热点话题，从描述文化冲突、运用理论阐释和提出解决方案三个方面进行案例分析。

5）简述"文化洋葱模型图"和"文化冰山模型图"，分析其在区域国别研究中的应用价值。

六、本章参考文献

[1] 窦卫霖，2007. 跨文化商务交流案例分析 [M]. 北京：对外经济贸易大学出版社.

[2] 窦卫霖，2022. 跨文化交际导论 [M]. 3版. 北京：对外经济贸易大学出版社.

[3] 顾力行，2007. 跨文化视角下的中国人：交际与传播 [M]. 上海：上海外语教育出版社.

[4] 胡文仲，1999. 跨文化交际概论 [M]. 北京：外语教育与研究出版社.

[5] 霍尔，2010. 超越文化 [M]. 何道宽，译. 北京：北京大学出版社.

[6] 霍尔，2010. 无声的语言 [M]. 何道宽，译. 北京：北京大学出版社.

[7] 霍夫斯泰德 G，霍夫斯泰德 G J，2010. 文化与组织:心理软件的力量（第二版）[M]. 李原，孙健敏，译. 北京：中国人民大学出版社.

[8] 霍夫斯泰德 G，霍夫斯泰德 G J，明科夫，2019. 文化与组织:心理软件的力量（第三版）[M]. 张炜，王烁，译. 北京：电子工业出版社.

[9] 姜景奎，2022. 区域国别学 [M]. 北京：商务印书馆.

[10] 姜景奎，2023. 新时代区域国别研究刍议 [J]. 南亚学（1）：8–29，226–227.

[11] 罗林，2022. 区域国别研究的使命担当 [N]. 中国社会科学报，06–16（5）.

[12] 罗林，2023. 区域国别学学科建构与理论创新 [M]. 北京：社会科学文献出版社.

[13] 钱乘旦，2022. 以学科建设为纲 推进我国区域国别研究 [J]. 社会科学文摘（7）：32–34.

[14] 许力生，吴丽萍，2013. 新编跨文化交际英语教程 [M]. 上海：上海外语教育出版社.

[15] 余卫华，谌莉，2022. 跨文化交际：原理与应用 [M]. 北京：清华大学出版社：103–105.

[16] 祝华，2022. 跨文化交际探索 [M]. 2版. 连美丽，黄剑，译. 北京：商务印书馆，

[17] AAKER J L, BENET-MARTINEZ V, GAROLERA J, 2001. Consumption symbols as carriers of culture: A study of Japanese and Spanish brand personality constructs [J]. Journal of personality and social psychology, 81 (3): 492–494.

[18] BRAVO R, MONTANER T, PINA J M, 2010. Corporate brand image in retail banking: Development and validation of a scale [J]. The service industries journal, 30 (8): 1199–1218.

[19] CHEN G M, STAROSTA W, 2007. Foundations of Intercultural Communication [M]. Shanghai: Shanghai Foreign University Education Press.

[20] DODD C H, 1998. Dynamics of Intercultural Communication [M]. 5th ed. New York: McGraw Hill Higher Education.

[21] DRESSLER D, CARNS D, 1969. Sociology: The study of human interaction [M]. New York: Alfred A. Knopf.

[22] GELFAND M J, RAVER J L, NISHII L, et al., 2011. Differences between tight and loose cultures: A 33-nation study [J]. Science (332): 1100–1104.

[23] GUDYKUNST W B, HAMMER M R, 1987. Strangers and hosts: An uncertainty reduction based theory of intercultural adaptation [C] // KIM Y Y, GUDYKUNST W B. Cross-cultural adaptation. Newbury Park, CA: Sage.

[24] GUDYKUNST W B, KIM Y Y, 2003. Communicating with strangers: An approach to intercultural communication [M]. 4th ed. New York: McGraw Hill Higher Education.

[25] HALL E T, 1959. The Silent Language [M]. New York: Doubleday.

[26] HALL E T, 1966. The Hidden Dimension [M]. New York: Doubleday.

[27] HALL E T, 1976. Beyond Culture [M]. New York: Doubleday.

[28] HALL E T, 1983. The Dance of Life: The Other Dimension of Time [M]. New York: Anchor Press.

[29] HOFSTEDE G, 1976. Nationality and epoused values of managers [J]. Journal of Applied Psychology (61): 148–155.

[30] HOFSTEDE G, 1980. Culture's Consequences: International Differences in Work-related Values [M]. Beverly Hills, CA: Sage.

[31] HOFSTEDE G, 2001. Culture's Consequences: Comparing Values, Behaviors, Institutions, and Organizations across Nations [M]. 2nd ed. Thousand Oaks, CA: Sage.

[32] HOFSTEDE G, 2006. What did GLOBE really measure? Researchers' minds versus respondents' minds[J]. Journal of international business studies (37): 882–896.

[33] HOFSTEDE G, HOFSTEDE G J, MINKOV M, 2010. Cultures and Organizations: Software of the Mind: Intercultural Cooperation and Its Importance for Survival [M]. 3rd ed. New York: McGraw-Hill.

[34] HOUSE R J, HANGES P J, JAVIDAN M, et al., 2004. Culture, Leadership, and Organizations: The GLOBE Study of 62 Societies [M]. Thousand Oaks, CA: Sage.

[35] HOUSE R J, DORFMAN P W, JAVIDAN M, et al., 2014. Strategic Leadership across Cultures: The GLOBE Study of CEO Leadership Behavior and Effectiveness in 24 Countries [M]. Thousand Oaks, CA: Sage.

[36] KLUCKHOHN C, 1965. Mirror for Man [M]. Greenwic. Conn.: Fawcett Publications.

[37] KLUCKHOHN F R, STRODTBECK F L, 1961. Variations in Value Orientations [M]. Evanston, IL: Row, Peterson.

[38] LASSWELL H, 1948. The Structure and Function of communication in Society [M]. New York: Lyman Bryson.

[39] MCCLELLAND D C, 1985. Human motivation [M]. Glenview, IL: Scott-Foresman.

[40] MITCHELL C, 2000. International Business Culture [M]. Shanghai: Shanghai Foreign Language Education Press.

[41] NISBETT R E, 2003. The Geography of Thought: How Asians and Westerners Think Differently…

and Why [M]. New York: Free Press.

[42] PEACE D, 2018. Monsooned project deadlines: The Indian yes and high context communication [EB/OL]. ShantiConsulting [2022–10–03]. http://www.shantiinfotech.com/.

[43] PETERSON M F, 2004, Review of the book culture, leadership, and organizations: the GLOBE study of 62 societies [J]. Administrative science quarterly (49): 641–647.

[44] RICH A, 1974. Intercultural Communication [M]. New York: Harper and Row.

[45] ROGERS E M, STEINFATT T M, 1999. Intercultural Communication [M]. Prospect Heights, IL: Waveland Press.

[46] SAMOVAR L, PORTER R E, 2004. Communication Between Cultures [M]. 5th ed. Belmont, California: Wadsworth Publishing Company.

[47] SHI X S, SHAN X H, 2019. Cross-cultural impact on financial companies' online brand personality [J]. Marketing Intelligence & Planning, 37(5): 482–496.

[48] SHI X S, WAN W J, 2022. A cross-cultural genre analysis of firm-generated advertisements on Twitter and Sina Weibo [J]. Journal of business and technical communication, 36 (1): 71–104.

[49] WEEKLY E, 1967. An etymological dictionary of modern English [M]. New York: Dover Publications.

[50] YE H, CHEN K, 2023. A study on the discourse strategy of telecommunication fraud based on proximization theory[J]. Discourse & Communication, 17(2): 155–173.

第五章

传播学理论和方法
与区域国别研究[①]

本章首先介绍传播学研究和区域国别研究的关联；其次，对传播学研究进行概述，包括传播学核心概念的定义、主要研究范式等；再次，分别对传播学与区域国别研究相契合的三种常用研究方法，即媒介内容分析法、社会网络分析法、媒介框架分析法进行详细介绍，包括每种研究方法的理论介绍、具体应用和案例分析；最后，给出了一些相关的选题建议。笔者在介绍传播学研究方法时无法面面俱到，只选取了传播学研究中较为典型的研究方法，并探讨它们在区域国别研究中的应用。

一、传播学研究与区域国别研究的关系

传播学是一门研究传播现象和传播过程的学科，关注的是信息、意义和符号的传递和交流。而区域国别研究则是一种研究特定地理区域和国家的文化、社会、政治和经济等方面的学科。这两个学科看似领域不同，实则有着密切的关系。

首先，传播学研究与区域国别研究的关系体现在传播媒介上。传播学研究的一个重要内容就是研究不同媒介对信息传播的影响。而区域国别研究则更加关注特定地域和国家的传媒环境和媒体发展状况。两者可以互相借鉴，通过对特定地域和国家传媒环境的研究，可以更好地理解媒介对信息传播的影响，进而深入探究传播现象和传播过程。基于传播媒介的传播学研究可以为区域国别研究提供可靠的数据和资料，因为区域国别研究需要基于事实和数据进行分析。对特定地区和国家的经

[①] 本章作者：王易可，复旦大学新闻学博士，上海对外经贸大学会展与传播学院讲师，研究领域：国家形象、媒介技术史、传播思想史等。

济数据、社会指标、政治体制等数据的收集，以及对传播媒介及媒介内容的分析可以为区域国别研究提供可靠的数据来源。

其次，传播学研究与区域国别研究的关系还体现在文化传播方面。文化是区域和国家的重要组成部分，也是传播的重要内容之一。传播学研究可以通过研究跨文化传播机制、文化意义的解释框架等方面，深度呈现特定地域和国家的文化特点，为区域国别研究提供适当的文化依据。跨文化传播需要考虑到特定地理区域和国家的文化差异、社会背景、政治体制和经济情况等因素。同时，区域国别研究还可通过研究传播媒介的角色和影响，来探究传播如何促进或阻碍文化传播。两者相互结合，可以更好地理解特定地域和国家的文化传播现象和过程。

最后，传播学研究与区域国别研究的关系还体现在全球化背景下的问题导向上。区域国别研究的跨学科研究方法和理论体系，可以为传播学提供新的思路。例如，区域国别研究常常采用比较研究的方法，对不同国家和地区进行对比分析，寻找共同点和差异。在当今全球化的时代背景下，传播不再受限于地理空间和国家边界，而是跨越国界进行的。因此，区域国别研究可以通过全球传播的视角来考察地理区域和国家的文化、社会、政治和经济等方面，揭示全球化对地理区域和国家的影响和变化，揭示全球化背景下的传播现象和过程，了解不同地域和国家之间的交流和影响。

综上所述，传播学与区域国别研究虽然是从不同的角度出发，但其研究对象和关注点的交叉使得两者具有密切的关系。研究方法上的融合，可以推动传播学和区域国别研究的发展，有助于人们进一步理解和解释传播现象和过程，以及特定地域和国家的文化、社会、政治和经济等方面的特点和变化。

二、传播学研究概述

1. 核心概念

"传播"这个词来源于英文的"communication"，中文里有和传播类似的概念，但是我们现在使用的这个词的现代内涵来自西方。按照英国学者雷蒙德·威廉斯（2005）的解释，"communication"的词源是拉丁文"communis"，意指"普遍"。因此"communicate"是指"普及于大众""传授"的动作。早期这个词也指道路交通，而且这个观念显得更加具体。下面将介绍几个关于"传播"的核心概念。

（1）传递论

传播是传递。1948年，哈罗德·拉斯韦尔（Harold Lasswell）提出，传播就是谁通过什么渠道向谁传递了什么内容，取得了什么效果，即传播的5W模式（Who says What by Which channel to Whom with What Effect）。这是一个典型的"传播是传递"的定义。在该定义中，传播就是讯息（message）从传者向受者的位移。此外，该定义还把讯息看作一个包含了某种意向的容器，受者不只获得了讯息，同时还获得了某种行动意向，产生了某个效果。

（2）控制论

传播是控制。在拉斯韦尔提出的5W模式里，"取得了什么效果"这个要素就是以传播者的意图实现与否作为标准的。也就是说，传播活动以实现传播者有意图的控制为目标。把传播理解成控制是以传者为中心，将其他一切视为可以控制的客体，以取得某种传播效果。例如，数学家诺伯特·威纳（Norbert Wiener）在机器和通信领域的基础上提出了"控制论"，他认为传播与控制是一个过程，要使这个社会更加有序，必须随时获得信息反馈，即时做出调整，以适应新的变化，更好地执行控制者的命令。控制论的思想在宣传、广告、公共关系等领域获得了一定的关注和影响力，并主导了一部分传播学流派注重传播效果的研究取向。

（3）权力论

传播是权力。在《权力论》中，丹尼斯·朗（Dennis Wrong）把权力的定义扩大为三种：武力、操纵与说服。大众传播成为第三种权力中非常重要的组成部分。这里所说的"说服"，是思想控制的同义语。欧洲的马克思主义者认为，现代资本主义制度不再单纯地利用强制性的权力来管理社会，而是转向通过传播活动，建构起符合资产阶级的意识形态，来维护其统治。第一代法兰克福学派的马克斯·霍克海默（Max Horkheimer）和西奥多·阿多诺（Theodor Adorno）认为，以大众传播为载体的文化工业充当了资产阶级意识形态的统治工具，把标准化的、伪个性化的和陈腐的观念推广到劳动大众那里。英国文化研究学派的代表人物斯图亚特·霍尔（Stuart Hall）在他的"编码与解码"理论中，既强调了统治阶级意识形态在受者那里享有优先解读的特权，同时也认为受者可以用不同于编码的方式解码，即解读过程具有"结构性的多义"。霍尔认为，大众传播的编码与解码，其实就是语义空间中的阶级斗争，在话语里面蕴含着权力的对抗。

（4）仪式论

传播是仪式。美国学者詹姆斯·凯里（James Carey）给传播下的定义是：传播是一个制造、保持、修补和转换现实的象征性过程。通过传播，一定群体的人们共享民族、阶级、性别身份、信仰等，换句话说，他们共享着相同的文化。传播塑造和定义着"我们"，把"我们"与"他们"区别开。传播仪式是一种对主体的召唤，邀请读者参与到传播中，获得他们在日常生活中所扮演的角色。这种传播仪式是对现实的再现与建构，所以，传播的仪式论并不把新闻看作简单的信息。在仪式论中，重要的不是我们通过传播获得了什么信息，而是通过传播我们与其他人获得了内在的联系，获得了对现实共同的理解。

2. 主要范式

（1）行政研究与批判研究的分野

保罗·拉扎斯菲尔德（Paul Lazarsfeld，1941）提出了传播学"行政研究"（administrative research）和"批判研究"（critical research）的划分。行政研究指受到商业公司和公共机构赞助所进行的经验性研究，其目的在于解决一些实际问题；而批判研究则对现代资本主义社会持批判态度，认为大众媒体强化了现存的社会制度，是为统治阶级服务的意识形态工具。批判研究致力于对社会整体进行研究，并且将行政研究最关注的媒介效果问题置于历史道德问题之中；而行政研究认同和肯定现存的社会制度，强调研究者的客观和中立，不寻求变革，只试图解决更具体、更实用的研究问题。例如，它对媒介效果的考察往往关注媒介到底有没有产生效果。

这两类研究以后发展成为不同的学派，简单地说，即经验学派（行政学派）和批判学派。其差异性主要体现在：1）从方法论上来说，经验学派倾向于使用量化方法测量短期的、个人的、可测量的变量；而批判学派则更多地使用哲学式思辨和论证，对准确的数值缺少兴趣。2）从认识论来看，经验学派认为客观世界有待训练有素的学者去认识，总有一些"可靠的"经验能够帮助我们认识传播现实，研究目的在于准确描述传播现实和通过经验来揭示普遍性的传播规律；而批判学派则强调从个人主观因素来理解和把握传播现象，社会情境在知识生产的过程里起到了很重要的作用，因而研究者要认识到谁在进行传播控制、控制维护了谁的利益等。3）从本体论来看，经验学派认为个体的行为基本上可以通过环境因素和生理特征来了解，因此个体行为是稳定的、能够运用经验性方法进行准确预测，经验学派对社会文化等历史条件的态度是无动于衷的；而批判学派则认为对个体的理解要置于更广泛的社会文化历史情境之中，个体行为的复杂意义不能简化为可测量的数值。4）就价值论而言，经验学派主张研究者应当客观中立、研究过程中不应当包含价值判断；而批判学派则认为研究应该促进社会变革、挑战现存统治秩序，研究者是传播现实的参与者和推动者，而非仅仅是观察者或中立者。

（2）美国学派与欧洲学派的分野

从传播学的世界地理版图来看，欧洲研究重视哲学思辨性、批判性、个案分析和质化研究，而美国以量化研究和统计分析为主。在20世纪30年代和40年代的美国，四位传播学奠基人都在各自的领域内发展了传播研究，他们所使用的方法几乎都是量化的。拉斯韦尔将传播过程划分为可以清晰考察的领域，同时还涉及了大众传播研究的大部分变量。拉扎斯菲尔德研究广播听众和媒介效果，主持哥伦比亚大学应用社会研究所（Bureau of Applied Social Research），发展了量化的调查法和质化的焦点群体访谈法，1940年的伊里调查和1945年的笛卡图调查直接开启了"有限效果论"时期。作为心理学家，库尔特·卢因（Kurt Lewin）致力于研究小群体内部的人际影响，他运用实验法，提出了"把关"等重要概念；卡尔·霍夫兰（Carl Hovland）在第二次世界大战期间和第二次世界大战后通过实验法和调查法积极进行"劝服"研究，其核心研究问题是个体态度的变化，侧重于媒介效果。在他们那个时代，这些学者都是各自领域内的一流学者，他们发展了细致的研究设计和分析技术，贡献了一系列经典的研究成果。

20世纪50年代以后，媒介效果仍旧是美国大众传播研究的重点；同时，关于媒体组织、媒体和社会文化的研究也得到了发展。随着计算机的普及和现代统计学的发展，传播研究更多地依赖于对数据的统计分析，量化方法成为传播研究里的主流方法，研究设计都力图包含更多、更大的样本，只有这样才能发展出"更好"的研究结论。例如，乔治·格伯纳（George Gerbner）主持的"涵化分析"研究对全年黄金时间段电视节目进行内容分析，耗资数百万美元。许多研究者开始醉心于构建数学模型，试图将传播过程定量化和确定化。

在20世纪早期，欧洲学术界为美国媒体研究提供了理论资源和研究人才，但从第二次世界大战至20世纪60年代，欧洲的传播研究并没有美国那么繁荣。20世纪60年代，文化研究在英国兴起，这促进了对经验学派的挑战和反思。1985年，文化研究的第二代学术领袖霍尔受邀参加美国"国际传播研究协会"年会，他对美国过去40年的传播研究提出挑战，他认为，整个研究范式有缺陷，导致理论创新止步不前，将传播研究简化为媒介效果研究，忽视了受众的抵抗力量。由此，"文化研究"正式登陆美国。文化研究流派理论资源复杂，卡尔·马克思、米歇尔·福柯、皮埃尔·布尔迪厄、弗雷德里克·詹姆逊等人都是他们的思想资源。从方法上来说，文化研究几乎无一例外都使用质化研究方法，研究主题包括阶级、种族、性别、身份认同、主体性、时间、空间、视觉性、亚文化、全球化等。

（3）发展趋势

近年来，学派之间逐渐出现了融合的趋势，欧洲学者开始承认自己以前对媒介效果重视不够，要重新审视媒体在社会中所发挥的功能和作用。美国学者也承认自己的研究缺少应有的社会责任感和公共意识，开始重视批判性研究。每一个学派或国家的研究都有不完善之处，相互学习、取长补短，才能促进整个传播研究理论和方法的发展。总体来看，过渡时期大众传播的研究方法向量化分析发展，研究方法成为需要专门学习的一项技巧，传播研究也越来越多地强调使用客观的、量化的、系统的研究方法。美国传播学奠基人威尔伯·施拉姆（Wilbur Schramm）在前文所述的学者和流派的基础上，将新闻学、社会学、心理学、政治学等其他学科综合起来，发展出现代学科建制意义上的传播学，传播学研究方法也逐渐侧重于以量化分析为主，关注媒介效果。

三、传播学理论和方法在区域国别研究中的应用

1. 媒介内容分析法

（1）发展历程

媒介内容分析理论和方法的发展，不是一个单向的线性过程，而是通过一系列的具有里程碑意义的研究实践，逐渐地自然形成的。

媒介内容分析方法发轫于18世纪瑞典锡安歌曲集论争。对立双方为正统的瑞典国家教会和所谓的离经叛道者。这次论争的学术意义在于，它不是皇权和宗教居高临下的道德审判，而是通过对歌曲集内容的来源、主题、符号、词汇和比喻等类目的定量分析，为论争提供证据。论争的参与者也不限于宗教界，有大量的知识分子和精英参与其中，表现出一定的学术独立性。

媒介内容分析法发展的另外一个重要阶段，是对当时最主要的大众媒介——报纸的内容分析。此类研究比较浅显直观，基本围绕报道的主题进行。虽然此类的分析基本沿袭的是文学评论和修辞体裁的研究方法，但对分析的内容类目进行了量化，如分析单位包括了句子长度等。约翰·斯皮得（Speed，1893）在《现在报纸提供新闻吗？》一文中，从定量的角度，分析报纸内容的形态和趋势。社会学家马克斯·韦伯于1910年在首届德国社会学家大会上，极力倡导对报纸进行社会学的考察，提出了诸如谁为报纸供稿、提供了什么、缺乏什么和为什么等研究课题，并明确指出研究的材料就是报纸本身，方法是对报纸内容进行大规模的系统分析，从而从定量的意义上揭示了报纸的变迁。

从20世纪30年代起，由于心理学、社会学、政治学等在理论和方法上的日渐成熟，概率统计理论的日臻完善，社会科学中的实证研究逐渐占据主流地位，并在社会科学的几大研究领域都有突出的表现，如舆论研究、社会心理研究、宣传分析和市场营销等。在研究方法上，有调查、实验、观察和内容分析等；在研究的程序上，则有了逻辑的归纳与推理和假设检验。随着传播学的兴起和发展，内容分析作为一种主要方法，也逐渐在理论和方法上获得了比较一致的认同。正是在这一时期，内容分析的经典研究得以实现，其理论和方法为内容分析法的成熟奠定了基础。

传播学意义上的内容分析，特别是实证传统的定量内容分析，大致可以追溯到20世纪40年代的战时情报分析。这个时期首屈一指的是佩恩研究（Payne Studies）。佩恩研究是由佩恩基金会资助的以大众媒介为研究对象的一系列大规模研究项目，是早期传播学研究的里程碑之一。佩恩

基金会在 20 世纪 20 年代末期成立，集合了美国一流大学的众多心理学家、社会学家和教育学家。这一研究项目虽然主要是效果研究，但是内容分析已经成为其中一个重要的研究方法，并且在研究实践中逐步建立了一些科学的概念和程序。如埃德加·戴尔（Dale，1935）对美国电影的内容分析。

另外一个里程碑式的研究，是在传播学发展历史上有重要地位的宣传分析，它是内容分析由单纯的印象主义描述到实证推论的一次飞跃。拉斯韦尔（Lasswell，1927）主持的美国国会图书馆战时研究实验小组和联邦传播委员会的海外广播情报署，分别针对信息内容进行了大规模的研究。根据收集的大众传播资料，他们通过数据来预测和分析敌军主要的军事和政治行动，取得了不错的效果。现代内容分析法的一些要素，如抽样、测量、信度和效度等由此成形。这些研究对内容分析的重要贡献不仅停留在方法层面，也极大地拓展了内容分析的功能，使其从纯粹的描述性研究过渡到根据文本分析进行可靠而有效的推论的层面。从某种意义上说，这是对内容分析的一个质的提升。内容分析走出了就事论事、就文本论文本的限制，开始能够对传播过程与内容有关的各个环节，如信息的发出者、媒体对现实的构造、报纸的倾向性、偏见以及形象呈现等进行推论。

媒介内容分析作为一个研究方法的成熟，不仅表现在研究成果上，还表现在方法专著的出版上。方法专著的出版标志着方法论的成熟，意味着学术理论和方法的体系化。伯纳德·贝雷尔森（Bernard Berelson）和拉斯韦尔发表了《传播内容分析》。这本小册子后来被贝雷尔森（1952）扩展成内容分析的经典之作——《传播学研究的内容分析》。在此后相当长的历史阶段，该书为该领域提供了学术规范。

（2）核心理论

媒介内容分析是一种社会科学的实证研究方法。社会科学家基于不同的学历背景、学术传统、理论架构和研究目的，审视文本或者其他形式的信息，通过编码的形式记录一些能够包含这些文本或者讯息特征的符号，建立数据。再根据这些数据进行演算、概括、比较，来做出描述、解释和推论。以上可以说是媒介内容分析最为宽泛的定义。

贝雷尔森的定义：媒介内容分析是客观地、系统地、定量地描述显性传播内容的一种研究方法。这个定义由于言简意赅而影响深远。贝雷尔森的定义相对比较"窄"，有很强的排他性。例如，"定量"和"显性"两个界定就把"非定量"和"重在诠释隐性特征"的内容分析研究排除在外了。贝雷尔森进一步论述了内容分析作为一种传播学研究方法的特点：1）属于社会科学范畴，2）主要适用于传播影响研究，3）主要适用于语言修辞和语义层面的阐释，4）客观性，5）系统性，6）定量性。

克里佩多夫的定义：媒介内容分析是一种从文本（或者其他意义体）到它们使用环境可进行重复、有效推论的研究方法（Krippendorff，2004）。克里佩多夫解释说：1）文本本身并不自然具备客观性的特性，或者说文本独立于读者之外的客观性。文本本身并无意义，意义总是在阅读中产生。2）文本也不具有一个单一的意义，让人去发现或者通过描述验证。同一种文本可以用不同的角度、不同的理论去分析和阐释；可以分析人物、词汇、句子，也可以分析比喻、相关等。3）文本的意义也不一定可以分享。4）意义可以指向文本以外的对象。5）意义同语境和语义或者目的有关。

媒介内容分析的目的在各种定义中的侧重点不同。一般来说，媒介内容分析首先是描述，其次是发现、总结特征、模式和趋势。同时各种定义也强调内容分析的推论性，毕竟内容分析不是为了数数而数数，而是根据这些数字，依据一定的政治、社会、文化背景推论出意义。

（3）具体应用

媒介内容分析法在传播学研究中得到了广泛的应用。其他社会科学，如社会学、经济学和政治学等，都没有传播学这么重视内容分析法。事实上，内容分析在传播学研究中备受关注的原因之一是它能够提供定量数据，以找出定量数据中的模式和趋势。此外，内容分析作为一种研究工具的发展与大众传媒和传播技术的演变密切相关。在大众传媒发展初期，内容分析主要用于研究报纸和杂志的新闻报道和政治信息。然而，随着广播、电视和互联网的出现，内容分析的范围扩大到各种媒体形式。数字媒体和社交媒体平台的兴起进一步增强了内容分析的相关性和适用性。每天都有大量内容在网上产生和分享，从而可用内容分析法研究网络传播的特点，如假新闻的盛行、政治问题的框架以及边缘化群体的代表性等。内容分析法具有定量特质，并与现代媒体环境密切相关，是一种适用性极强的跨学科研究方法。

媒介内容分析可以用来展示媒介再现，如孙浩（2023）研究了1950年至2022年《人民画报》封面女性形象的媒介呈现，发现女性形象经历了从劳动形象到文体形象，再到明星形象和多元形象的变迁。媒介内容分析可以用来比较不同媒体之间的内容差异，如王宇航、宋成方（2017）通过对"七国集团"的主要媒体（CNN [美国有线电视新闻网]、BBC [英国广播公司]、FRANCE 24 [法国24电视台]、CBC [加拿大广播公司]、Spiegel [《明镜周刊》]、ANSA [安莎社] 和 *Japan Times* [《日本时报》]）上中国青年形象的分析，发现中国青年被刻画为竞争力强、社会问题多、发展不均衡的社会群体。媒介内容分析可以比较不同媒体形态的差异，如李佳、杨光勇（2023）研究了苗族形象从纸媒形象走向新媒体符码演变的过程，发现文字、图像、音频、视听、二次元五种不同的媒体形态讲述的苗族故事由"本真"叙事向"仿真"叙事发展。媒介内容分析可以用来比较不同媒体对某国或地区的形象建构，如赵振祥、杜澳、林得惠（2022）对北京冬奥会期间德国媒体对中国的新闻报道进行研究，发现德国电视媒体侧重冬奥会持续发展等议题，德国报纸媒体侧重政治议题，德国社交媒体侧重分享个人亲身体会，总体塑造了可信、可爱、可敬的中国形象。

此外，媒介内容分析法还能延伸到传播效果领域，可以用来评价某一新闻媒体的表现，如周航屹（2017）对《南方都市报》2008年至2016年奥运冠军报道进行分析，发现报道不仅客观、公正、中立，而且每个奥运冠军的形象都鲜明突出、生动活泼、有血有肉。又如孙延凤、何雪聪、付砾乐（2022）对新冠疫情以来《人民日报》涉日报道进行分析，发现对日本呈现正向、客观的报道，但对日本某些不当行径持谴责的正义立场，总体符合中日两国关系的动态变化。媒介内容分析可以用来分析新闻媒体对公众的影响力，如韩瑞霞、谭欣仪、张佳榕（2023）对新冠疫情后国际社交媒体上的中国议题进行分析，发现社交媒体上的媒体机构账号占据流量优势，存在意见领袖与过滤机制，但公众的个人账号占据数量优势，两者互动才能促成主流意见。媒介内容分析可以用来评估某一媒介内容的传播效果，如万塔等人（Wanta et al.，2004）通过分析美国主流媒体里其他国家出现的频率，发现媒体里某个国家的出现频率越高，受众也往往认为这个国家对美国越重要。

（4）案例分析

本小节以《非英语国家主流媒体中的中国形象研究》[①]为案例，分析如何利用媒介内容分析法考

① 顾洁，赵晨，2018. 非英语国家主流媒体中的中国形象研究 [J]. 现代传播（11）：25–31.

察民族国家议题在互联网上的媒介再现。

1）研究内容。

该研究以"一带一路"沿线及周边的八个非英语国家的主流媒体2008年至2015年涉华报道中建构的中国形象为研究对象。通过内容分析后发现：一是中国形象主要通过经济议题展现，整体形象客观偏负面，二是中国形象在2008年至2015年没有显著的变化，三是亚非拉发展中国家和欧洲发达国家在呈现中国形象时有明显的区别，四是新闻报道中的消息源成为报道主题和倾向性动态关系的关键。

2）研究步骤。

首先，基于中国形象的重要研究意义进行文献综述，通过梳理发现中国形象的研究语境是面向以美国为代表的西方国家，而对非英语国家主流媒体中的中国形象研究严重缺失，以此为该研究的逻辑起点。

其次，确定关于中国形象的研究问题。如报道主题是如何分布的，报道的客观性如何，新闻报道的消息源来自哪里，新闻报道有无明显的倾向性。

再次，根据"一带一路"沿线及周边国家的地理分布，选取德国、奥地利、西班牙、意大利、荷兰、墨西哥、肯尼亚、孟加拉国八国作为有代表性的研究对象。

最后，通过Factiva数据库、LexisNexis数据库以及媒体官方网站对八个国家中的全国性主流媒体中涉华的新闻报道进行抽样，编码后对文本进行客观性分析、倾向性分析，并得出研究结论。

3）研究方法。

该研究选取德国《南德意志报》、奥地利《萨尔茨堡新闻报》、西班牙《国家报》、意大利《晚邮报》、荷兰《电讯报》、墨西哥《改革报》、肯尼亚《民族日报》、孟加拉国联合通讯社，以2008年至2015年为抽样时间框。研究采用构造周抽样法（constructed-week sampling），以保证考察周期里每周的七天都有相对均匀的概率被抽中。该研究将报道主题分成政治、经济、外交、国防军事、社会、科学技术、医疗卫生、文化艺术、教育、体育、人物特写专访、华裔相关及其他。该研究通过对涉华报道的引语来源进行分析来判断报道的客观性程度，具体分为中国消息源、本国消息源、第三方消息源、模糊引用或无明确消息源、混合消息源五种。该研究通过倾向分析来判断新闻报道对中国呈现出的情绪和态度，这一分析不以报道主题或事件本身表现出的态度或情绪为依据。倾向性分为非常否定、一般否定、客观报道、一般肯定和非常肯定。

4）研究结果。

从主题分布来看，除孟加拉联合通讯社以外的七家媒体都把经济议题放在首位。从客观性分析来看，非英语国家主流媒体对华报道消息来源分布较为均衡，客观性主题处于比较折中的水平。从倾向性分析来看，对华报道大致处于中性偏负面水平。不同国家之间的倾向性有较大差异，亚非拉国家对华报道倾向性较低，而欧洲国家倾向性较高。八个非英语国家主流媒体对中国经济形象的建构为发展迅速，但负面问题和困难开始显现；中国的社会形象是环境和贫富差距有待改善；外交形象是国际地位上升，外交迅速发展。

总体而言，中国在非英语国家中主要通过经济面貌展现自己的形象，这有别于以美国为代表的西方媒体中政治化的中国形象。但在涉及中国的政治与社会等议题时，新闻报道的倾向性整体偏负面，这表明非英语国家媒体对中国进行报道时仍然以本国视角和利益为出发点。最后，非英语国家媒体中的中国形象整体上在2008年至2015年并没有特别显著和统一的变化规律，但是部分国家在

2012 年后涉华报道的客观性和倾向性有所改善。

2. 社会网络分析法

（1）发展历程

社会网络分析法主要来自如下三个研究脉络：一是社会计量学者通过研究小群体，推进了图论方法的发展；二是 1930 年代的哈佛学者研究了人际关系的模式，提出了"派系"概念；三是曼彻斯特的人类学家在前两种传统的基础上考察了部落和乡村的"社区"关系结构。这些研究脉络又在 20 世纪六七十年代重新汇聚到哈佛大学，形成了现在意义上的社会网络分析法。

在 1930 年，受"格式塔"理论影响的一群德国移民学者在美国开展了认知心理学和社会心理学的研究。这促成了"社群图"和"群体动力学"相关研究的大量涌现。其中库尔特·卢因、雅各布·莫雷诺（Jacob Moreno）和弗里茨·海德（Fritz Heider）利用实验方法或者类似实验的案例研究法考察了群体结构，探究了信息和观念在群体中的流动。海德对态度和知觉进行社会心理学研究，并且特别关注一个人对待他人的各种态度是通过什么方式达到"平衡"，尤其是人际关系的平衡状态的。这种认知心理学也为群体动力学理论做出了重要贡献。莫雷诺在 1937 年创办了一本杂志《社会计量学》（Sociometry）[1]，此外，他的主要创新是发明了"社群图"（sociogram）[1]，用它来表达社会构型的形式特征，这些构型可用类似于空间几何中的图来表示，即用"点"代表个体，用"线"代表个体之间的社会关系（见图 5–1）。卢因在 1936 年提出：群体行为是由行为所处的社会力量场决定的，一个社会群体存在于一个场中，场是由群体及其所处周围环境构成的社会"空间"。他的"场论"（field theory）认为社会空间的结构特征可以利用拓扑学（topology）[2]和集合论（set theory）[3]中的数学方法来分析。

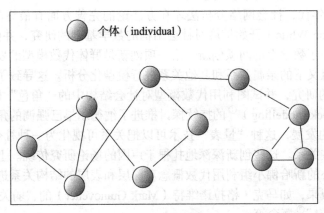

图 5–1 社群图示例

---

① 社群图：是一个人所拥有的社会联系的图形表示。它是一种绘制群体中人际关系结构的图表，用于分析群体中的选择或偏好，可以描绘出群体互动的结构和模式。社群图可以根据许多不同的标准绘制，如社会关系、影响渠道、沟通渠道等。

② 拓扑学：在数学中，拓扑学关注的是几何物体在连续变形（如拉伸、扭曲、皱缩和弯曲）的情况下，即在不闭孔、不开孔、不撕裂、不粘连或不穿过自身的情况下所保持的特性，包含连通性与紧致性。

③ 集合论：是数理逻辑的一个分支，它研究集合，而集合可以被非正式地描述为对象的集合。集合论作为数学的一个分支，主要研究的是与整个数学相关的对象。

与此同时，哈佛大学的劳埃德·沃纳（Lloyd Warner）与埃尔顿·梅奥（Elton Mayo）展开了一系列针对芝加哥霍桑电气工厂和新英格兰扬基城社区的研究，这些研究成果强调了社会系统中非正式关系、人际关系的重要性，并且发现了社区群体中具有群体感、亲密性和规范性的小团队"派系"（cliques）概念。例如，已成为社会研究经典的霍桑研究（studies of Hawthorne works）首次运用了社群图来描述现实情景中的实际关系，扬基城研究则开创了正式的结构分析方法。1936年沃纳的同事在美国东南部的旧城（Old City）的另一项研究深化了"派系"的概念。该研究按照沃纳的方法，把派系看成是相互交叉的各个圆圈，并在一个由等级和年龄界定的空间中，勾画出那些最积极派系中叠加的成员，并梳理出派系的核心圈、初级圈和次级圈。哈佛大学的乔治·霍曼斯（George Homans）通过对当时在美国已经进行的大量有关小群体的研究进行复盘，对社会计量学研究传统和美国小群体研究进行了综合。霍曼斯重新分析了旧城研究的报告，利用重排矩阵数据的方式，把任何群体的结构都分为群体成员互动产生的"内在系统"和与环境互动产生的"外在系统"两种，并试图用"内在系统"这一概念替换原来社会学研究中常用的"非正式组织"概念。

英国曼彻斯特大学的人类学家约翰·巴恩斯（John Barnes）在研究挪威的渔村时发现在社区整合的过程中，亲属、朋友和邻里之间形成了一个独特的非正式人际关系域。加拿大心理学家爱德华·博特（Edward Bott）接受了巴恩斯"网络"的概念，并将其运用在自己对家庭亲属关系中的研究中。奥地利心理学家西格弗里德·纳德尔（Siegfried Nadel）在他们的基础上提出社会结构是关于关系的一个整体的系统、网络或者模式。"网络"意指各种关系的交织，其中每一种关系的互动都决定着其他关系之间的互动。1969年，曼切斯特大学的克莱德·米歇尔（Clyde Michel）把社会网络进行符号化处理，这就扩展了巴恩斯关于人际关系域的概念，把它变成"人类的秩序"，包含了信息在个体之间的传递、社会规范的建立及一种达成程度共识的"交往"，以及工具性的、目的性的、涉及人们之间的物质和服务的"交换"。米歇尔把人际关系网与制度关系的结构区分开来，对英国的社会网络分析的发展产生了重要影响。

然而，直到1960年代，社会网络分析法才在方法论的完善方面有最终的突破。在哈佛大学，哈里森·怀特（Harrison White）开始扩展对社会结构的数学基础的研究，并由他的学生发扬光大。这次突破的关键因素在于数学上的两项创新。第一项创新是群体代数模型的发展，该模型利用集合论对列维-斯特劳斯意义下的亲属关系和其他关系进行模型化分析。这导致了重新审视早期的图论及其他数学分支学科的研究，并试图利用代数模型对社会结构中的"角色"概念进行概念化分析。怀特对"块模型"（block modelling）[1]的持续探讨推进了纳德尔早已强调的角色结构研究。第二项创新是关于多维量表的发展，这种"量表"技术可以把关系可视化为一种社会"距离"，并在一个社会空间中绘制出这些关系。这些创新深深地扎根于卢因的场论研究传统。上述两项创新结合在一起，推动以怀特为核心的新哈佛小组利用代数概念对深层和表层的结构关系进行模型化分析，做出了有重大影响的研究成果，如马克·格拉诺维特（Mark Granovetter）的"弱关系"[2]概念，南希·李（Nancy Lee）的"接触链"[3]概念等。

---

① 块模型是一套连贯的框架，用于分析社会结构，并根据特定的模式设定社会网络单元（节点、顶点、参与者）的分区（聚类）程序，通过相互联系形成独特的结构。

② 弱关系是指一种社交互动频率较低的人际关系。格拉诺维特认为，与一个人工作事业关系中最密切的社会关系是弱关系，因为强关系中的信息同质化严重，而弱关系能产生更多异质化的信息，带来更多价值。

③ 接触链是指人们触及一个信息或行动者所需要经过的中介行动者的接触序列。李在关于堕胎者的研究中，发现接触特定信息一般需要5.8个人，平均长度为2.8步。接触链构成了复杂的社会网络关系结构。

　　哈佛大学的研究显示了社会网络分析在社会研究中的巨大潜能和力量，激励后续学者进一步探索社会学理论新框架的道路：把形式化的数学观念应用于研究社会网络。

（2）核心理论

　　社会网络分析的重要性依赖相关关系模式及其效用的三个基本假设。第一，对于理解所观察的行为，结构性关系（关系数据）要比年龄、性别、价值和意识形态等个体特征（属性数据）更为重要。第二，社会网络通过行动者之间的关系所建立的各种结构机制影响实体的观念、信仰和行动。直接关系和紧密的互动关系使得行动者获得更好的信息、更多的认知、更强的敏感性，以影响他人或受他人的影响。第三，应将结构关系视为动态过程。网络不是静态结构，而是通过个人、群体或组织等行动者内部的互动不断改变的。当这些行动者利用有关网络的知识获取优势时，他们或有意或无意地改变了他们所处的关系结构。

　　任何社会网络中两个不可或缺的元素是行动者和关系。产生社会联系的实体被称为行动者。行动者是分散的个体，或集体的社会单位。行动者包括团体中的个人、企业的部门、城市公共服务机构或世界体系中的民族国家。关系一般被定义为两个行动者之间的特定接触、连接或联结。关系可以是定向的，即由第一个行动者发起，第二个行动者接受（如劝告）；关系也可以是非定向的，即存在互动（如交谈）。关系不是一个行动者的特征，而是在只有两个行动者保持联系时一种共同的对偶特征。在个体行动者以及集体行动者之间，会发生许多各种不同的关系，这些关系可展示网络结构，并解释它们的效应。社会网络是由一群行动者组成的结构，在这个结构中，行动者通过一系列关系相连。也可以说，一个社会网络是由多个点（社会行动者）和各点之间的连线（行动者之间的关系）组成的集合。用点和线来表达网络，这是社会网络的形式化界定。

（3）具体应用

　　社会网络分析是一种研究人际关系和社会互动的方法，通过分析人们之间的联系和交流来揭示社会结构和行为模式。这种分析方法已经在许多领域得到广泛应用，并且被证明是富有成效的。

　　社会网络分析可以用来考察国际舆论形势或结构。例如，李行（2023）对国外社交媒体推特进行传播规律分析，发现推特平台上的传播具有"病毒式"传播的特点，并且呈两极分化的特质。又如，吴瑛、李莉、宋韵雅（2015）对16个国家的32家国际主流媒体间的相互引用关系进行分析，发现当前世界舆论具有"去中心化"的趋势，西方媒体面临难以垄断消息源的困境，而中国媒体开始走出边缘，渐趋中心。

　　社会网络分析可以用来考察信息的传播情况。例如，禹建强、解晴晴（2023）考察"孟晚舟归国事件"在微博平台上的传播主体与结构网络，发现传统主流媒体在传播信息上依旧占据话语权和影响力，但是活跃度较低，缺乏网络交流控制力，而信息聚合类媒体（如今日头条等）尽管影响力较弱，但是担任信息扩散的主力，对信息传播有较强的控制力。又如，陆唯怡、张露露、李艳等（2023）对微博平台上控烟信息的传播网络进行研究，发现控烟类用户在微博上获得的流量不足以支撑大量账号存活且保持更新，需要多样的信息渠道形成完整的网络，因此造成了较高的异质性，同时由于缺少传播策略，难以深刻影响传播受众的健康信念从而改变其不健康的行为。

　　社会网络分析可以用来考察国际学术合作网络及其影响力。例如，徐阳、丁钢（2020）对中国教育的国际研究论文进行了社会网络分析，发现影响中国发文数量与质量的关键性因素是国际合作，尽管少量的以中国教育学者为核心的合作密集网络已经出现，但缺乏真正有国际影响力的大型国际合作网络。又如，朱彦君（2022）分析了中国科学家在国际公共卫生领域的学术合作趋势，发现中国科学家在公共卫生领域合作的国家数量、发文期刊质量、研究贡献度方面都呈逐年递增态势，并且在主题研究方面的国际学术影响力不断增强。

社会网络分析可以用来考察某一产业或领域的现状。例如，李勇、靳宗振（2023）通过对比1999年至2018年的日本、美国和中国的交通管理技术专利数据，发现这20年来中国交通管理专利在扩散能力方面还存在不足，从专利维持、许可转让能力来看，中国交通管理技术创新影响力相对于日本、美国还存在巨大差距。又如，张妍妍、张鹏（2022）对中国15个热门"国潮""IP（Intellectual Property，知识财产）的跨界联名营销现状进行分析，发现"国潮"背景下的内容IP商业化在当前仍处于起步阶段，内容IP的高价值兼容性是其能与不同行业、不同品牌形成联名结构网络的核心，同时，整个结构网络中还没有形成相对紧密的资源渠道，众多品牌的IP联名相对较为容易，但缺乏具有超级影响力与行业控制力的超级IP。

（4）案例分析

本小节以《全球卫生视角下的社交媒体健康传播：基于美国国际开发署推特账号的社会网络分析》[1]为案例，分析如何利用社会网络分析法考察美国通过社交媒体来进行全球卫生外交。

1）研究内容。

该研究以美国国际开发署与非洲地区相关的推特账号为例，分析其中涉及新冠肺炎疫情内容的社交媒体传播互动网络，考察在卫生全球化语境下，美国对外援助机构对非洲数字化健康传播的策略。美国对非洲的数字化健康传播策略在于建构一种多重行动者网络，主要包含美国对外援助领域相关主体以及非洲对象国政府机构等，在不同行为者紧密而完善的互动以及相互背书中，传递以美国政府为主导的战略叙事。

首先，传统的卫生外交关系开始外化为社交媒体健康传播实践中美国与不同主体的互动行为，不同机构主体在社交媒体中为美国的对外卫生发展援助提供背书，互动频次则进一步反映出外交策略中的关系重点；其次，社交媒体传播主体的多样性使得健康传播在社交媒体中呈现出超越双边关系的全球网络；最后，卫生发展援助的内容可以在社交媒体中与教育、环保等议题协同，形成对外援助的整体策略。

2）研究步骤。

首先，确定研究对象。研究主体：选择在社交媒体推特上搭建了健康传播体系的美国对外卫生发展援助机构；空间范围：选择最能体现美国在研究时间段的卫生外交战略的非洲；时间范围：选择美国卫生外交面临公共卫生新形势的新冠肺炎疫情期间；研究内容：选择与新冠肺炎疫情相关的内容。

其次，数据收集。该研究选取美国国际开发署官方账号、美国国际开发署非洲署账号以及5个驻非账号（美国国际开发署驻埃塞俄比亚、索马里、肯尼亚、南苏丹和赞比亚账号）。以2021年1月12日为起点，以2021年9月1日为抓取止点，历时近8个月。

再次，数据处理。首先抓取7个账号的全部推文为内容，形成该研究的原始数据库，然后在原始数据库的基础上展开数据清洗和二次筛选工作，筛选数据库中所有含"COVID""Covid""Coronavirus"的样本，形成分析数据库，然后使用Python对发文的互动方，即转发、提及或回复的账号主体进行抓取，并基于这些推文的互动主体进行编码。

---

[1] 张如东，黄钊，郭可树，等，2022. 全球卫生视角下的社交媒体健康传播：基于美国国际开发署推特账号的社会网络分析 [J]. 当代传播（4）：72–77.

最后，绘制社会网络图谱。以收集到的数据为基础绘制图谱，以连入度为指标调节网络节点着色和大小，以边的权重调节各连线粗细，形成社会网络图谱。

3）研究方法。

编码过程采取开放式编码、主轴编码和选择性编码的三层级编码形式，对抓取的数据进行整合、归纳。首先，对所有账号进行开放式编码，该阶段要求对样本进行逐字分析，形成初级概念，即根据推特账号名称回溯账号主体，以精确反映各机构属性。例如，辉瑞公司账号 @pfizer 编码为"辉瑞制药有限公司"，谭德塞账号 @DrTerods 编码为"世卫组织总干事"。其次，进行主轴编码工作，对开放式编码形成的初级概念进行类属化，使得编码更具类别表述意义。例如，辉瑞公司账号在这一步中被纳入"美国商业机构"类别，谭德塞账号被纳入"其他地区的政治家"类别。在此基础上，进行选择性编码工作，进一步整合提炼出的概念，达到更为宏观和范畴化的标准。例如，辉瑞公司被列入"美国非外交政府机构或利益相关方"，最终形成了互动账号主体的编码表（见表 5-1）。

表 5-1 编码表

主轴编码	0. 账号不存在、冻结、注销等； 1. 美国国际开发署（USAID）不同部门； 2. 对象国卫健部门机构； 3. 国际组织； 4. 国际非政府组织（NGO）； 5. 美国国内机构组织； 6. 美国其他政府机构； 7. 地区类非政府组织（NGO）； 8. 美国外交发言人、外交官等； 9. 美国智库； 10. 美国宗教机构； 11. 美国科研学术机构； 12. 其他地区的政治家； 13. 其他地区的其他政府机构； 14. 美国媒体及媒体人； 15. 个人互动账号； 16. 美国商业机构； 17. 基础设施； 18. 美资企业； 19. 外交团体及商会； 20. 学者； 21. 知名人物； 22. 海外智库； 23. 海外宗教机构； 24. 海外科研学术机构； 25. 海外商业机构； 26. 非美国媒体和媒体人； 27. 美国非外交类政治家； 28. 美国国际开发署（USAID）其他项目宣推
选择性编码	0. 账号不存在、冻结、注销等； 1. 美国媒体； 2. 美国非外交政府机构或利益相关方； 3. 美国官方外交机构； 4. 海外非外交类利益相关方； 5. 海外外交类利益相关方； 6. 跨国、国际组织

社会网络分析法涉及一系列分析指标，与该研究关系最为密切的是连入度、连出度和中介中心性三个指标。在社会网络分析中，"度"指的是某一节点所有关联边的数量，包含连入度和连出度。前者指连入某节点的边的数目，数目越多则连入度越高；后者指以某节点为开端发出的边的数目，发出条数越多则连出度越高。"中心性"主要包含度中心性①、中介中心性、紧密中心性等，用于衡量节点在路径上的作用。中介中心性用于度量一个节点位于其他节点之间的最短路径上的次数，能够反映该节点在网络中的控制能力，数值越高则该节点在网络中的位置越核心，发挥的信息中转作用越重要。通过连入度、连出度和中介中心性三个指标可以揭示美国在与新冠疫情相关议题上展开传播活动时，偏好和哪些对象展开互动，互动中又是哪些主体发挥着主要传播作用。

4）研究结果。

研究发现，美国国际开发署对非洲推特账号在疫情相关内容中所关联的社会网络具有网络密度较大、整体性强，聚类和节点层次均较为突出的特征。

美国国际开发署的推特总账号 @USAID 处于传播网络突出聚类中的核心地位，对各类主体的影响力十分显著。同时，总账号通过在非洲地区的各官方账号，实现了开发署的内部联动传播机制，形成了横纵双向的传播网络。一方面，美国国际开发署发布的信息可以通过账号矩阵层层传递，不断扩大其影响力；另一方面，非洲各国账号的其他节点本身并不显著，呈平衡互动形态。即美国国际开发署不仅频繁地与其他传播主体互动，而且在非洲不同地区有着差异化的传播主体互动机制，互动对象分布广泛，形成了较为精细的地区传播互动策略。

研究发现，美国在对外援助领域形成了高度协同的对外传播机制，并且在多元化对外传播理念下服务于美国国家利益。从对外援助的传播主体看，美国国际开发署在进行与新冠肺炎疫情相关的信息传播互动时，不仅囊括了与卫生相关的传播主体，而且将教育、环保、发展等普遍性议题通过传播活动串联起来，形成了密集交错、互联互通的立体互动格局，奠定了高密度网络的成型基础。

通过中介中心度分析发现，美国国际开发署与本国的非外交类政府机构或利益相关方互动最多，同时，刻意弱化了与海外外交类利益相关方的互动。美国国际开发署通过利用自有账号矩阵以及扩散至整个美国对外援助领域的相关渠道来发布相关专业健康信息，利用第三方机构以及对象国的政府机构等主体进行背书，尽可能地在互动中减少卫生外交的印象，从而减少美国政府外交机构在网络中的暴露。

3. 媒介框架分析法

（1）发展历程

1974 年，美国社会学家欧文·戈夫曼（Erving Goffman）出版了《框架分析》，使得"框架"作为一个理论概念而进入社会科学领域。戈夫曼将框架定义为人们用来认识和解释社会生活经验的一种认知结构，它能够使它的使用者定位、感知、确定和标记那些看似无穷多的具体事实。他认为，框架是个体认识世界的一种方式，并非被有意制作出来的，而是无意识地贯穿于个人的社会经验

---

① 度中心性是在网络分析中刻画节点中心性的最直接度量指标。一个节点的节点度越大，就意味着这个节点的度中心性越高，该节点在网络中就越重要。中介中心性测量的是一个节点在多大程度上位于其他节点的中间。如果一个节点处于多个节点之间，那么它的度数一般较低，这个相对来说度数比较低的节点可能起到重要的"中介"作用，因而处于网络的中心。紧密中心性反映某一节点与其他节点之间的接近程度。如果一个节点离其他节点越近，那么它传播信息的时候也就越不需要依赖其他节点。

之中。

戈夫曼提出框架概念，目的在于解释个体如何有条理地安排自己的社会生活经验。外部社会是混乱无序的，而个体总是寻求确定性，试图将混乱变得有序，将复杂变得简单。个人的精力与获得的外部信息都是极为有限的，因此，个体往往依赖过去的那套经验与认知结构来协调个人与社会之间的行动，并赋予行为意义。因此，框架就是个人用来处理外部世界信息的模板，将社会生活经验转变为主观认知的重要依据。

在新闻传播学领域里，美国新闻评论家沃尔特·李普曼（Walter Lippmann, 1922）在《公众舆论》（Public Opinion）中就已经意识到人们头脑中的图景与外部世界的不一致，个体认识纷繁复杂的社会需要通过媒介来实现，而且，由于出于简化社会事件与信息的需要，个人往往在无意识中受"刻板印象"的影响来理解和判断事物。可以说，这与戈夫曼的框架概念有极为相似的内涵。

美国社会学家盖伊·塔奇曼（Gaye Tuchman, 1979）在其《做新闻》（Making News）中指出，媒体犹如世界的一扇窗户，人们透过这个框架来认知世界。新闻框架的大小、左右、角度等对人们产生影响。首先，这一框架决定什么能被看到，什么不能；其次，受众看到的世界，也是被媒介化的现实。因此，媒介像取景框一样具有建构社会真实的功能。

美国哥伦比亚大学教授托德·吉特林（Todd Gitlin, 1980）通过对新左派学生运动报道的研究，发现新闻媒体通过有目的地选择、重组、强调或者排除某些事实，使新闻产生某种倾向性，形成框架，从而影响受众对政治事件的认知和判断。他发展了戈夫曼的概念，提出了更明确的定义：框架就是在关于存在着什么、发生了什么和有什么意义这些问题上进行选择、强调和表现时所使用的准则。

可以说，戈夫曼提出的框架概念，不仅契合了传播学领域对媒介与现实关系的讨论，更启发了众多新闻传播学研究者通过建构框架的视角来理解新闻报道和媒体对事件、问题和社会议题的呈现方式。如今，传播学视野下的框架分析早已超出了戈夫曼最初讨论的范围，成为应用广泛的传播学概念和分析工具。

潘等（Pan et al., 1993）总结了框架分析在传播学中的两个研究视角：社会学和心理学角度。"框架"概念的特色之一，在于戈夫曼在结构和能动性这一对矛盾关系之间维持了动态的张力。一方面，个体体验的事件和经历同已有的框架发生关联，从而被理解，这些已有的框架是固定的、隐含的，研究者可以通过测量构成框架的具体认知要素来认识它，心理学取向的框架分析是量化的实验法和调查法。另一方面，作为积极的能动者，个体给自己的体验赋予意义，框架又是个人行为的结果，社会学取向的研究大多视框架为影响个体诠释事件意义的一套观念系统。也就是说，心理学研究角度认为框架是"心灵的内在结构"，而社会学研究角度认为框架是"建构话语所使用的策略"。

框架分析可以用来分析媒介生产、媒介内容和媒介效果。媒介框架以前后一致的方式对新闻事件做出选择、强调和排除，使得对事件的某些理解在文本里更加突出，并且成为记者和受众感知到的社会真实。例如，在作为媒介内容的新闻报道中，常用的框架包括问题框架、冲突框架、责任框架、人物框架等。问题框架将事件呈现为一个社会、政治或经济问题，强调解决此问题的必要性；冲突框架将事件看作各方利益和观点的冲突，强调争论和对立；责任框架强调某个个人或组织对事件的责任；人物框架则通过对关键人物的描述和评价来呈现事件。

（2）核心理论

媒介框架分析法中的框架是一个多层次的概念，包含社会群体、个人心理层次，也存在于传播过程的各个阶段。框架作为名词时，指的是其在文本中的呈现；作为动词时，其指向媒介框架形成的原因和过程，以及框架的影响。正是由于框架分析的泛用性，各领域学者对框架的定义也大不相同，没有一个公认的概念定义和操作定义。在具体的研究中运用框架分析法时，通常研究者会根据具体的研究问题和研究对象给出定义，即研究对象所呈现出的适用框架分析的文本特征。尽管框架的概念外延较为宽泛，但是不是任何媒介内容和文本字词符号等都可以成为框架。

卡佩拉等（Cappella et al., 1997）提出了框架分析法的四条原则：第一，新闻框架必须有可以识别的概念层次和语言层次上的特点，或者说需要有具体的显性特征；第二，应该是新闻实践中经常出现的，而不是偶然的；第三，应该有排他性，即框架应该有一些独有的特点；第四，应该有一定的代表性，即框架有外在的效度，而不是研究者个人的想象。

总的来说，在对媒介内容进行框架分析时，新闻文本的中心思想要具有排他性，即新闻文本通过选择、强调，或排除一些新闻事实的手段，突出一个新闻主旨。而这个新闻主旨意在解释新闻事件或对新闻事件进行归因。政治传播学家延加等（Iyengar et al., 1993）把新闻框架分成事件框架和主题框架两种主要的框架。事件框架关注具体新闻事件的就事论事的报道，主题框架更关注新闻事件的背景和所解释的问题。他们发现，事件框架更容易使读者把问题归因到事件中的个人；而主题框架则会使人产生一些深度思考，看到个体和偶然事件背后的政治、经济和文化因素。

（3）具体应用

框架分析主要在三个社会科学领域内使用较多：行为经济学、社会学以及新闻传播学。本节将聚焦于传播学领域的框架分析，并对媒介框架分析法的应用做简要介绍。

媒介框架分析法可以用来研究社会性议题。例如，孙卫华、咸玉柱（2021）考察了《人民日报》1994年至2020年与"维权"相关的报道，发现"行动－共识"框架被用来处理复杂的社会性议题，行动框架关注维权实践的现实困境及破解之道，而共识框架则从正面引导、弱化冲突、平衡观点的视角出发，构建正向、有序的社会治理议题。又如，赵宇彤、刘嘉欣（2023）考察了以《人民日报》、新华社、中央广播电视台为代表的主流媒体对"抢药潮"的报道，发现"事实框架""政府领导力框架""人情味框架"是主流框架，承担着舆论引导的主要功能。

媒介框架分析法可以用来研究不同媒体之间的差异。例如，王科涵（2020）对中美两国媒体对于"华为事件"的报道进行分析，发现 China Daily 采用更加情感化的、捍卫国家权利的官方框架，符合国家立场，而 The New York Times 则隐藏了情感表达，看似"客观"却忽略了来自中国的消息源，以片面的事实框架进行报道。又如，陈娅、袁欣远、曾庆平等人（2022）对中国中央媒体（人民网）与地方媒体（上观新闻）关于疫情的报道进行了分析，发现中央媒体和地方媒体在与中央政策方针保持一致的基础上呈现不同的报道策略与框架组合，中央媒体侧重党的政策和大众福祉的"感染－防治"框架，而地方媒体侧重人情味框架。

媒介框架分析法可以用来研究跨文化传播。例如，邹露（2023）对"一带一路"倡议在德国主流媒体中的传播进行分析，发现"一带一路"在德国遭遇传播困境，表层逻辑是话语困境，反映在以排斥为主的主题框架、以批评为主的叙事框架、以冲突为主的符号框架之中，深层逻辑是认同困境，体现在以零和博弈、二元对立为主的思维方式之中，体现了德国泛政治化、话语霸权与文化偏见的固化。又如，孙雅静（2020）对2013年至2019年马来西亚主流媒体上的"一带一路"倡议进行研究，发现马来西亚主流媒体对"一带一路"倡议的事实选择和新闻生产与执政党的态度密切相关。在2018年马来西亚政党轮替后，负面情感框架逐渐占据主导地位，呈现出既有积极支持，也有竞争和担忧的复杂态度。

媒介框架分析法可以用来研究环境气候。例如，武洪天等人（Vu et al., 2021）分析了全球289家气候非营利组织在脸书上的内容，发现在三个常用的抗议框架（诊断框架、预测框架和激励框架）中诊断框架在社交媒体上最为普遍，非政府组织的劝服信息中讨论气候变化对人类的后果比讨论人类所做的环保更为普遍。又如，刘玥（2022）对社交媒体微博的气象灾害报道进行分析，发现不同的社交媒体倾向于通过图片、音视频来直观地建构自然灾害框架。另外，微博用户自行上传的救灾互助信息体现的受众视角与平民框架有利于信息传播，与主流媒体形成互补。

（4）案例分析

本小节以《区域视角与情感框架：中国影视文化在韩国传播的框架分析》[①]为案例，分析如何利用媒介框架分析法考察中国影视在韩国传播的情况。

1）研究内容。

该研究从韩国中文媒体的新闻报道出发，对中国影视内容在韩国的传播情况进行全面勾勒，更加真实地反映中国影视文化的跨文化传播效果，揭示韩国媒体如何呈现及建构中国影视文化内容，进而推断现阶段中国影视文化在韩国的传播效果。

通过对2012—2019年韩国媒体《中央日报》和《朝鲜日报》两家报纸的中文版有关中国影视文化传播内容的报道框架的分析，辨识出五类框架：以倾向韩国本土区域视角框架为主导，以具有人文性的情感框架和积极引导的责任框架为辅助，以关注度欠缺的经济后果框架以及无法引起话题的冲突框架为补充。框架间效应实现差别较大，竞争性不强，而是具有层次性地共同完成中国影视文化的建构。

2）研究步骤。

首先，确定研究对象。该研究在确定了研究内容和问题后，选择在韩国影响力极高的《中央日报》中文网和《朝鲜日报》中文网作为样本，并选取2012年初至2019年年底作为研究时间段。

其次，数据收集。将两家媒体新闻报道的标题或征文中含有中国影视作品名称、中国影视发展相关内容的新闻文本视为有效样本。

再次，类目建构。结合报道内容，有选择地参考先前学者预设的一般性通用框架，以詹姆斯·坦卡德（James Tankard）的框架清单分析和范迪克（van Dijk）的新闻图式理论为基础，同时根据实际情况，将可能存在的框架列入清单。

又次，编码与信度测试。从不同的研究变量出发，对报道样本进行细致的归纳，结合可操作化定义制订编码方案，为遵循统一的编码操作原则，事先对编码员进行培训，再将数据录入SPSS统计分析软件。为确保编码操作过程的一致性，使用通用的斯科特测试标准检验两名编码员之间的信度。

最后，数据分析与结论。分析研究变量的统计数据结果，通过基本变量分析重点考察各变量间的关系，辨识出较为契合的框架，得出结论。

3）研究方法。

基于先前研究者对报道框架的分析得知，媒体报道中存在常见的"通用框架"，这些框架普遍存在于不同议题、不同媒介形态、不同国家和地区的新闻报道中，且这些通用框架可能并不同时出

现，可依据具体报道情况适当调整框架类型。为此，借鉴霍利·瑟曼特克（Holly Semetko）和帕蒂·瓦尔肯堡（Patti Valkenburg）以及其他学者采用的一般性通用框架，参照实际报道框架与报道主题的对应关系，确定五类报道框架。编码员按照可操作化问题辨别框架，将每篇报道放置到对应框架中，识别其框架指向，设定一篇报道对应一类框架（见表5-2）。

表5-2 报道框架与报道主题的对应关系

报道框架	报道主题
责任框架	1. 政府和专家对两国影视交流的影响及行动 2. 文化差异对影视作品拍摄的影响
情感框架	3. 影视明星的个人描述 4. 影视作品拍摄现场的动态 5. 影星的拍摄体验、活动采访感言 6. 中韩影视明星之间的情感关系
冲突框架	7. 影视作品播放和制作引发的观众争论 8. 影视作品制作牵涉参与者多方关系
经济后果框架	9. 影视作品经济收益和损失
区域视角框架	10. 影视作品在韩国的播出及效果 11. 影视作品在中国的播出及效果 12. 中方演员或导演参与的影视作品 13. 中方演员或导演参与合拍的影视作品 14. 韩方演员或导演参与的影视作品 15. 韩方演员或导演参与合拍的影视作品

依据通用责任框架的阐释，该研究认为政府和专家对中韩影视交流影响及行动、文化差异对影视作品拍摄影响的问题得以回应该框架，对应报道主题1～2。因此，通过如下问题来考察责任框架：报道是否表明官方领导层对文化产业交流的关注？报道是否暗示政府或专家关注影视现象？报道是否表明政府有能力解决某些影视交流问题？依据通用情感框架的阐释，该研究认为该框架突出了人情味方面间接的情感体验。情感框架即人情味框架，指报道中体现的影视从业者的私生活、情感关系、个人发展、拍摄感受和影视作品拍摄动态（能够引起读者不同情感反应的动态）。情感框架贴近生活，把情感作为报道的核心能够有效拉近读者与文本的距离，赋予报道人性化的温度，对应报道主题3～6。因此，通过如下问题来考察情感框架：报道是否采用了能唤起移情、同情、怜悯、喜悦和期待等感觉的形容词及视觉信息？报道是否深入影视人员的私生活或个人描述？报道是否提供了一个有人情味的故事？报道是否透露了影视作品的拍摄过程？根据通用冲突框架阐释，该研究认为冲突框架关注影视制作或播放过程中观众群体、相关参与者之间的矛盾冲突，对应报道主题7～8。因此，通过如下问题来考察冲突框架：报道是否反映中韩两国影视从业人员或之间的分歧？报道是否引起了争议性的热议话题？依据通用经济后果框架的阐释，该研究把影视作品经济收益和损失报道主题划分到经济后果框架，对应报道主题9。因此，通过如下问题来考察经济后果框架：报道是否提及影视制作成本或涉及费用的情况？报道是否提及现在或将来的相关财务损失或收益？依据通用区域视角框架的阐述，该研究把但凡突出区域性影响的报道都扩展到该框架，也就是报道既关注自身受到的外部影响，又关注自身对外部影响的双向指向。分析区域视角框架在跨文化传播语境中具有切实的研究意义，有利于透过表面内容看实际报道地域的倾向性选择，对应报道主题10～15。因此，通过如下问题来考察区域视角框架：报道是否提及影视作品在中国或韩国的传播效果？报道是否关注韩国影视从业者在中国的发展情况？报道是否关注中国影视从业者在韩国的发展情况？

4）研究结果。

该研究发现韩国媒体侧重站在本国视角建构该框架，并且对该框架处理得相对复杂，常做出引申和阐释，同时，区域视角框架搭建得相对完整，设置了较为隐性的权力机制，同时，区域视角框架较为客观，没有刻意引向正面或负面评价。在情感框架上，报道主题与结构说明报道逻辑相对简单，一般围绕单一主要事件，表达较为直接。主要涉及影视从业者的生活背景、工作背景，围绕影视明星的个人生活和情感关系。此类主题本身具有娱乐性，再配合相对简单的图式结构，可引起受众的情感共鸣，实现报道的趣味性。责任框架运用权威性实现正向引导，其建构积极面对问题、解决问题的立场。在责任框架上除运用"口头反应"的图式结构外，还运用多变量（如引用多消息源）来突显其权威性与引导力。经济后果框架的报道数量较少，从数据来看，没有明显的特点，与各变量也没有明显的相关性。中韩影视传播的报道中没有呈现重大的、深层次的冲突框架，多是合同纠纷、影星关系矛盾等。面对此类冲突，韩国媒体适当突出了观众群体的作用而完全淡化了官方话语，并且在报道倾向上采用中立态度，进一步消解了冲突的矛盾性，弱化了冲突的影响力。也就是说，该框架未能建构起能够引起重大话题的强烈冲突，而是采用了娱乐性和情感性主题视角。

总体而言，五个框架具有层次性地共同完成了对中国影视文化的建构。韩国媒体呈现的是受到韩国主导影响的中国影视文化，有意强化本国影视产业对中国的影响，而忽略中国影视文化在韩国的传播，阻碍韩国受众形成接受中国影视文化的认知框架。当然，韩国媒体也没有回避中韩两国影视合作逐渐频繁，合作趋势日益明朗，特别是在外交关系紧张时期，也表现出促进合作的态度，为中国影视在韩国的传播营造和谐氛围。

四、相关建议选题

本章对媒介内容分析、社会网络分析，以及媒介框架分析做了简要介绍，这些方法的相关理论、具体应用和案例的介绍，可以帮助我们更深刻地理解传播学研究方法在区域国别研究中的应用。笔者在此列出一些可以应用传播学研究理论和方法进行区域国别研究的选题，以供参考：

1）新闻报道中人物、国家等形象的媒介再现；

2）新闻报道中某一国际事件的传播效果评估；

3）本国受众对国外某新闻事件的态度与认知；

4）不同区域或国家中社会群体的关系结构与信息传播网络；

5）国外媒体的信息在本国的传播路径与策略；

6）本国媒体的信息或知识在国外的扩散网络与优化策略；

7）本国媒体的信息在跨文化传播中出现的文化折扣现象；

8）国际媒体主流新闻议题背后的话语权；

9）国际媒体主流新闻议题的归因；

10）国际媒体的社会动员能力。

五、思考题

1）自20世纪以来，传播学理论发展经历了哪些主要变化？这些变化对现代传播学的影响是什么？

2）媒介内容分析如何应用于研究区域特性和观念？其潜在限制是什么？

3）社会网络分析在理解区域互动中的作用是什么？如何阐明全球化背景下区域关系和互动的复杂性？

4）媒介框架分析在塑造区域观念中有什么影响？媒介框架如何影响公众对区域问题的认知？这对跨文化理解和国际关系有何含义？

5）在全球化背景下，跨文化传播的重要性体现在哪些方面？如何提高跨文化传播的效果？

六、本章参考文献

[1] 陈娅，袁欣远，曾庆平，等，2022. 央地主流媒体的协作与分野：人民网和上观新闻疫情报道文本的框架分析 [J]. 传媒论坛（14）：10–14.

[2] 陈阳，2008. 新闻专业主义在当下中国的两种表现形态之比较：以《南方周末》和《财经》为个案 [J]. 国际新闻界（8）：65–69.

[3] 顾洁，赵晨，2018. 非英语国家主流媒体中的中国形象研究 [J]. 现代传播（11）：25–31.

[4] 韩瑞霞，谭欣仪，张佳榕，2023. 国际社交媒体上中国形象的意见–情感特征与媒介驱动机制 [J]. 南京邮电大学学报（社会科学版），25（5）：10-19.

[5] 霍尔，2000. 编码，解码 [M]. // 罗钢，刘象愚. 文化研究读本. 北京：中国社会科学出版社：345–358.

[6] 朗，2001. 权力论 [M]. 北京：中国社会科学出版社.

[7] 李行，2023. Twitter 的传播规律及社会网络分析 [J]. 传媒（13）：56–58.

[8] 李佳，杨光勇，2023. 符像的自我述真：苗族现代媒介化形象建构研究 [J]. 贵州民族研究（2）：114–121.

[9] 李勇，靳宗振，2023. 中外智能交通领域创新发展质量对比：基于专利分析法与社会网络分析法 [J]. 科技和产业（7）：218–229.

[10] 刘玥，2022. 突发气象灾害的微博报道框架分析 [J]. 新闻世界（2）：46–51.

[11] 陆唯怡，张露露，李艳，等，2023. 基于社会网络分析的微博控烟信息传播网络的结构与传播特征研究 [J]. 现代预防医学，50（10）：1837–1841，1907.

[12] 罗杰斯，2012. 传播学史：一种传记式的方法 [M]. 上海：上海译文出版社：517.

[13] 麦奎尔，温德尔，1987. 大众传播模式论 [M]. 上海：上海译文出版社：142.

[14] 孙浩，2023.《人民画报》封面女性形象的媒介呈现研究 [D]. 西安：西安工业大学.

[15] 孙卫华，咸玉柱，2021.《人民日报》关于维权报道的框架分析 [J]. 当代传播（5）：41–44.

[16] 孙雅静，2020.《新海峡时报》对"一带一路"倡议的新闻框架研究 [J]. 文化与传播（1）：107–112.

[17] 孙延凤，何雪聪，付砾乐，2022. 新冠肺炎疫情暴发以来《人民日报》涉日报道研究 [J]. 传媒论坛，5（5）：3–7.

[18] 王科涵，2020. 中美两国媒体对华为事件的报道框架分析：以中国 China Daily 和美国 The New York Times 为例 [J]. 声屏世界（3）：127–128.

[19] 王宇航，宋成方，2017. 当代中国青年国际形象的媒体建构：基于"七国集团"主要媒体 2009—2016 年网络报道的实证分析 [J]. 南京社会科学（5）：103–110.

[20] 威廉斯，2005. 关键词：文化与社会的词汇 [M]. 北京，三联书店：37.

[21] 吴瑛，李莉，宋韵雅，2015. 多种声音　一个世界：中国与国际媒体互引的社会网络分析 [J]. 新闻与传播研究，22（9）：5–21，126.

[22] 徐阳，丁钢，2020. 中国大陆中国教育主题研究的国际影响力：基于合著网络的分析 [J]. 现代大学教育，36（5）：17–26，110.

[23] 阴艳，付妍妍，2020. 区域视角与情感框架：中国影视文化在韩国传播的框架分析 [J]. 现代传播（中国传媒大学学报），42（6）：101–109.

[24] 禹建强，解晴晴，2023. 主体弱化与公共重塑：对微博平台孟晚舟归国事件的社会网络分析 [J]. 现代传播（3）：151–158.

[25] 张如东，黄钊，郭可树，等，2022. 全球卫生视角下的社交媒体健康传播：基于美国国际开发署推特账号的社会网络分析 [J]. 当代传播（4）：72–77.

[26] 张妍妍，张鹏，2022. "国潮"视域下 IP 跨界营销现状研究：基于社会网络分析 [J]. 上海管理科学（6）：31–38.

[27] 赵宇彤，刘嘉欣，2023. 主流媒体"抢药潮"危机报道的框架分析 [J]. 科技传播（6）：52–55.

[28] 赵振祥，杜澳，林得惠，2022. 中国形象的国际诠释：以德国媒体北京冬奥会报道为例 [J]. 新闻春秋（6）：21–30.

[29] 周航屹，2017. 基于内容分析法的奥运冠军媒介形象特征分析 [J]. 河北体育学院学报（5）：38–44.

[30] 朱彦君，2022. 中国科学家在公共卫生领域的国际合作趋势分析 [J]. 大学图书情报学刊（2）：116–125.

[31] 邹露，2023. 德国媒体对"一带一路"倡议的新闻建构：基于 8 家德国主流媒体的新闻框架分析（2013—2022 年）[J]. 新闻与传播评论（1）：57–75.

[32] BERELSON B, 1952. Content Analysis in Communication Research [M]. New York: Free Press.

[33] CAPPELLA J N, JAMIESON K H,1997. Spiral of Cynicism: The Press and the Public Good [M]. New York: Oxford University Press.

[34] DALE EDGAR, 1935. The Content of Motion Pictures [M]. New York: The Macmillan Company.

[35] DOVRING K, 1954–1955. Quantitative semantics in 18th century Sweden [J]. Public Opinion Quarterly (18): 389–394.

[36] GITLIN T, 1980. The Whole World Is Watching: Mass Media in the Making and Unmaking of the New Left [M]. Berkeley: University of California Press: 6.

[37] GOFFMAN E, 1974. Framing Analysis: An Essay on the Organization of Experience [M]. New York: Harper & Row: 21.

[38] LASSWELL H, 1948. The Structure and Function of Communication in Society [C] // BRYSON L The Communication of Ideas. New York: Harper and Row.

[39] IYENGAR S, SIMON A, 1993. News coverage of the Gulf crisis and public opinion: A study of agenda setting, priming and framing [J]. Communication Research (20): 365–383.

[40] KRIPPENDORFF K, 2004. Content analysis: An introduction to its methodology [M]. Thousand Oaks: Sage Publications.

[41] LASSWELL H D, 1927. Propaganda Technique in the World War [M]. New York: Peter Smith.

[42] LAZARSFELD P F, 1941. Remarks on administrative and critical communications research [J]. Studies in Philosophy and Social Science, 9 (1): 2–6.

[43] LIPPMANN W, 1922. Public Opinion [M]. New York: Routledge.

[44] PAN, Z D, KOSICKI G M, 1993. Framing analysis: An approach to news discourse [J]. Political Communication Research, 10 (10): 55–75.

[45] SHAW D L, MCCOMBS M E, 1977. The Emergence of American Political Issues: The Agenda-Setting Function [M]. St. Paul, MN. West Publishing Company.

[46] SPEED J, 1893. Do newspapers now give the news? [J]. Forum (15) : 705–711.

[47] TUCHMAN G, 1979. Making News: A Study in the Construction of Reality [M]. New York: Free Press.

[48] VU H T, BLOMBERG M, SEO H S, et al, 2021. Social media and environmental activism: Framing climate change on Facebook by global NGOs [J]. Science communication (1): 91–115.

[49] WANTA W, GUY G, CHEOLHAN L, 2004. Agenda Setting and International News: Media Influence on Public Perception of Foreign Nations [J]. Journalism and Mass Communication Quarterly, 81 (2): 364–377.

[50] WIMMER R D, DOMINICH J R, 2006. Mass Media Research: An Introduction [M]. Belmont, CA: Wadsworth Publishing Company.

第六章

世界史理论和方法
与区域国别研究①

本章阐释从世界史角度介入区域国别研究的方法和路径。地区国别史、世界现当代史是世界史的重要研究对象，为区域国别学的建设奠定了基础。本章将简要介绍世界史学科与区域国别学的关系，分析前者对后者的支撑作用。世界史学者在进行区域国别研究时，探究历史演进的规律及其与现实问题的内在逻辑关联。但同时，也借鉴其他学科的理论和方法进行研究。本章重点分析在世界史研究中通过借鉴现代化、民族国家构建、国际关系等领域的理论和方法，进行的区域国别的研究，以期对青年学者的研究有所参考。

一、世界史研究与区域国别研究的关系

在 2022 年 9 月公布的新版学科目录中，区域国别学成为跨学科门类下设的一级学科，世界史是重要的支撑学科。"历史学之所以注定会成为区域国别学的全息式基础和终极性依据，不是因为它高于法学和文学，而是因为法学和文学在面对稍纵即逝的各类研究对象时只能采用历史的观察视角和反思手法；而任何事物的非即时性本质，则意味着所有的研究其实从一开始就已全部进入了历史学的范畴"（韩东育，2022）。

---

① 本章作者：闫伟，西北大学历史学博士，西北大学中东研究所副所长、区域国别研究院副院长、教授、博士生导师，研究领域：中东、南亚问题等。

1. 世界史与区域国别研究的起源

西方地区研究大致经历了由人文学科向社会科学的转向。18世纪之后，伴随着西方的殖民扩张，西方对于域外地区的认知逐渐由简单的探险转向人文研究。其中，大量的西方语言学家、历史学家、考古学家等开始对东方进行研究，从西方的角度重新"发现"东方。其建构的知识体系成为后续西方认识域外地区的基础。

第二次世界大战之后，在亚非拉民族独立、民族兴起的背景下，美国在与苏联的冷战和竞争中加大了对亚非拉国家的研究和投入，发展研究或者是现代化研究诞生。西方不仅从传统的人文学科角度推进地区研究，也开始从政治学、社会学、人类学、国际关系学、宗教学、经济学等不同学科出发，进行深入的学科交叉，阐释亚非拉国家的发展问题。在西方的学术传统中，人文学科尤其是历史学在地区研究中发挥着基础作用。对于我国的区域国别学建设而言概莫能外，世界史学科在如下方面推动了区域国别学的发展。

世界史学科主要关注于人类历史，区域国别学以现实问题为导向。但两者的研究对象在时空上具有交集，在研究方法和价值取向上都具有共性。世界史关注于不同地区、国家和民族的历史变迁，具有通古今之变、知古鉴今的现实关怀。世界史也重视发掘和阐释人类历史演进的内在规律，构建对人类文明的宏大叙事，提供认识现实世界的时空深度。其研究对象超越了传统史学关注的特定政治事件与政治人物、民族国家，立足于全球视野，将人类所有的活动乃至自然界都纳入历史叙事。正是因为历史学研究的对象包罗万象，所以它的研究方法不仅具有以原始文献为基础的历史实证，还借鉴政治学、人类学、经济学、社会学、宗教学、语言学，乃至医学、生态学、心理学等学科的方法和理论，甚至还有一些自然科学的理论和方法。

尽管这两个学科具有上述的共同性，但毕竟属于不同的学科主体。区域国别学作为一级学科，既通过与世界史等学科的交叉建构新的知识体系和理论体系，呈现出开放性，又有本学科独特的理论体系、研究对象和研究方法，尽管两者的边界可能有重合。世界史学科作为区域国别学的主要依托学科，也成为区域国别学建设的基础。

2. 世界史与区域国别学知识体系的构建

历史学的重要作用在于探寻历史真相，知古鉴今。区域国别学的发展需要积累不同地区、国家乃至民族和部落等行为体的基本知识，尤其是历史上的政治、社会、经济、宗教、国际关系、文化乃至生态变迁等知识。世界史学科设有世界地区国别史二级学科，美洲、欧洲、西亚、中亚、非洲、东亚、东南亚、南亚、大洋洲等区域和国家、民族是研究的基本单位。世界史学科重点关注各地区和国家历史的特点与不同的发展道路，探讨人类文化的多样性与复杂性，揭示人类历史发展相关规律的普遍性和发展历程的特殊性（杨共乐，2022）。

世界史提供了各个地区和国家的基本和客观的历史知识，在发掘原始史料的基础上，尽可能地重建历史，对各国历史的宏观演进（通史）、专题史进行深入的研究。这些历史知识为区域国别学的建设提供了基本的历史和事实素材。世界史探索和阐释人类历史演进规律，通古今之变。就我国的世界史学界而言，在唯物史观的基础上，产生了强调历史演进纵横联系的整体史观，超越民族国家叙事的全球史观和跨国史观，侧重文明交流互鉴的文明史观，以及探讨人类社会现代转型的现代化史观等。这些历史观念关注人类社会的根本问题，对于构建区域国别学的理论体系具有重要的借鉴和参考价值。

区域国别学的发展在很大程度上助推地区国别史的研究。世界史研究偏重于大国和欧美研究，未完全实现对所有地区和国别的全覆盖。对于亚非拉的中小国家关注不足。地区国别史研究也存在碎片化的倾向，整体思维和宏大历史叙事不足。特定区域虽然具有一定的共同文化属性，但也反映了现实政治发展的需要，其边界并非完全客观存在，而是不断变化。区域有其历史性，某些区域在一个历史时期似乎是"区域"，但在另一个历史时期却突然失去了其明显的凝聚力（陈恒，2022）。

3. 世界史的现实关怀与区域国别研究

历史学的重要价值在于知古鉴今，它反映了特定时代的价值，对现实世界有所启迪。历史与现实就像一枚硬币的两面，二者随时间的变化而转换：今天的历史曾是昨天的现实，而今天的现实将成为明天的历史（梁占军，2022）。回应时代尤其是当代的问题，是世界史学科的重要使命。习近平总书记指出，历史是一面镜子，它照亮现实，也照亮未来。了解历史、尊重历史才能更好把握当下，以史为鉴、与时俱进才能更好走向未来。

世界史学科设有二级学科世界近现代史。可以说，世界近现代史、地区国别史与区域国别学研究的对象类似。区别在于，前者以过去和历史为导向，通过对历史的研究知古鉴今；后者则以现实问题为导向，直接服务于国家和社会。两者的区隔主要在于研究视角。当前的现实就是未来的历史。从研究的时段上看，每个时代都有其现代史、当代史。历史与现实的边界也在不断变化。

区域国别学以重大现实问题为导向，在很大程度上是问题研究。国际问题的产生都有其独特的历史背景，是历史的逻辑延伸，也是历史与现实交织的产物。如果没有深入地对英法在新月地带委任统治进行研究，没有对晚期奥斯曼帝国改革和社会思潮的研究，就无法深刻和准确地理解当代新月地带诸国动荡不安的原因。在没有深入了解近现代国际关系史和俄国史、苏联史的情况下，系统认知乌克兰危机就变得困难。缺乏对近代欧洲对拉丁美洲的殖民统治和英殖民主义扩张的研究，就无法深入地理解现当代拉美经济发展的困局。通过追溯历史往往能够抓住现实国际问题的深层结构，进而研判其走向。从现实出发，追溯历史，再从历史高度审视现实。

4. 世界史学科交叉性与区域国别研究

世界史具有特定的研究方法，以原始文献的实证研究为主，探寻历史的真相，进而发现和阐释历史规律。世界史研究的对象包罗万象。从地域上看，涉及200余个国家和地区；从主题上看，囊括了政治、经济、社会、法律、文化和国际关系等各个方面。因此，世界史研究并不只是借助原始文献进行历史叙事，其本身具有跨学科性，借助了诸多社会科学甚至自然科学的方法和理论。例如，20世纪，法国的年鉴学派受到社会学、人类学的深刻影响。20世纪后期的后现代主义史学深受语言学和哲学的后现代主义转向的影响。此外，世界经济史、政治史、社会史、宗教史等无不受到相关学科的影响。记忆史学的兴起与心理学密切相关，环境史、医疗史则离不开生态学、医学、公共卫生学的支持，数字史学则与数理统计等息息相关。世界现代化研究、民族国家构建研究在历史学的基础上，需要多学科的介入。因此，世界史俨然成为一个高度交叉的、高度融合的知识体系，这对于"区域国别学"的人才培养来说，极为重要（钱乘旦，2022）。

除了学术研究，世界史也为区域国别学提供了较为成熟的人才队伍、学术平台、学术刊物，以及人才培养模式等。这些已有的学科基础都对于区域国别学的建设和发展具有支撑作用。区域国别学成为一级学科也为世界史学科提供了更为广阔的发展空间,如在科研和人才培养中小语种的引入、对中小国家研究的进一步加强、更多学科的介入等。

二、世界史学科概述 ①

1. 核心概念

（1）什么是世界史

世界史是历史学门类的三个一级学科之一,其研究内容涵盖了人类以往的全部历史。在时间上,涵盖了人类自产生到现在;在空间上,涵盖了世界上所有的地区。按照习惯,我国将外国历史统称为"世界史",这是一个与"中国史"相对应的历史学科。世界史学科的主要任务是以世界为观察对象,研究各地区、国家和民族的历史及其相互间的关系,通过研究,探讨人类历史演变的过程,寻找规律,揭示趋势。

（2）世界史的研究对象

世界史研究人类整体发展与变化的历史以及世界各地区、国家与民族的历史。世界史学科的研究目标是对人类自原始孤立分散的状态发展成为密切联系的整体之过程进行系统的探讨和阐述,对各地区、国家和民族的经济、社会、政治与文化的演变进行历史的考察,在研究中认识和阐释人类社会的发展规律。

（3）中国的世界史研究

我国的世界史研究起步较晚,是从鸦片战争之后才开始的。世界史学科的成长经历了一个半世纪,见证了中国从 19 世纪中叶被西方列强欺辱而被迫睁开眼看世界,到自强自立、重新走上国际舞台,成为强大国家的发展过程。中华人民共和国成立后,世界史学科逐渐发展成为独立的学科,形成了专业的学术梯队。经过数十年的发展,我国学者逐步建立起适合我国国情的包括教学和科研在内的世界史学科体系。

目前,我国现代化事业迅猛发展,对世界的了解变得越来越迫切。加强世界史学科建设不仅有助于我们了解世界,而且有益于我们认识自身。只有参照其他国家历史和现实中的经验与教训,才能更清楚地认识我们自己的昨天和今天,更好地把握我们自己和整个人类共同的未来。在这项任务中,世界史将发挥着无可替代的作用。

（4）世界史的学科内涵

世界史一级学科的理论基础与研究方法属于历史学理论与方法的范畴。与历史学门类的其他一级学科中国史、考古学有许多相通之处。世界史学科理论在保持历史学基本理论的基础上,更强调人类历史发展的整体性与相关性,强调对人类历史发展的系统把握,寻找世界不同时期、不同国家（地区）历史的各自特征。与其他两个历史学一级学科相比,世界史更倡导对历史进行"纵""横"

---

① 本部分对世界史核心概念、学科内涵的介绍引自国务院学位委员会第六届学科评议组编:《学位授予和人才培养一级学科简介》,高等教育出版社 2013 年版,第 64—66 页。

两个维度的综合考察，更强调探寻全人类历史的一般走向和规律；它既注重从时间纵向角度考察人类社会发展的阶段性，也注重从地域横向角度观察各自的特点和彼此的联系。世界史学科强调对外国语言的掌握和运用，强调对外国语言的学习，并将其作为研究手段的重要方面。

世界史一级学科具有五个研究方向和二级学科：

一、史学理论与外国史学史。研究史学理论及外国主要史学流派的形成与变化，尤其注意近代以来外国史学的发展趋势，并对世界各地区（国家）各种理论与研究方法进行探讨。主要研究方向包括：史学理论与外国史学思潮、世界主要国家与地区史学史、外国史学流派及代表性作品、外国历史文献学等。

二、世界上古、中古史。研究近代之前的人类发展史，特别关注多种文明、文化的形成、变化与发展，总结人类历史从早期分散到逐步聚合的过程，讨论各地区多样性进展的特点、变化，以及对近代社会的影响。

三、世界近现代史。研究近代以来世界历史，尤其关注人类社会的现代化进程，探索不同民族、国家的发展道路，揭示近代以来政治、经济、社会与文化发展的多样性特征。

四、世界地区与国别史。研究世界不同地区和国家的历史，特别关注不同地区和国家历史的特点与不同的发展道路，探讨人类文化的多样性，总结人类历史发展的普遍性和特殊性。主要按照地区和国别进行研究，研究方向按照国家和地区设立。

五、世界通史与专门史。旨在对世界历史进行整体性和专题性研究，前者探讨与人类整体性相关的课题，后者对人类历史的专门领域进行研究，研究对象可以包括多种历史专门问题。

2. 主要理论范式 [①]

我国古代史籍对域外世界有着丰富的记载，这既是当时的世界史，也是当时的区域国别学。1840 年鸦片战争之后，国人开始重新认识世界各国尤其是西方列强，实现救亡图存，对于世界史和区域国别的研究也正式起步。中华人民共和国成立后，我国最初学习苏联的研究范式，解释世界历史，阐释国家与民族历史演变的动力和规律。改革开放之后，我国世界史学界在唯物史观的基础上，构建了具有中国特色的世界史研究范式。李学勤先生与王斯德先生（2008）主编的《中国高校哲学社会科学发展报告 1978—2008 历史学》指出，20 世纪 90 年代以来，我国世界史学界提出了三种新史观：第一，吴于廑先生提出的"世界史纵横发展整体史观"；第二，罗荣渠先生的"现代化史观"；第三，彭树智和马克垚先生的"文明史观"。

（1）世界史纵横发展整体史观

吴于廑先生在《中国大百科全书·外国历史》卷撰写的"世界历史"词条中全面阐述了整体史观，此后又以整体史观为指导与齐世荣先生主编国家规划教材《世界史》，产生了重大的学术影响。

整体史观认为，世界史不是人类社会一开始就存在的，而是各民族、各国家、各地区历史发展的结果。它经历纵向发展和横向发展两个维度。纵向发展是指人类物质生产史上不同生产方式的演变和由此引起的不同社会形态的更迭。横向发展是指历史由各地区间的相互闭塞到逐步开放，由彼此分散到逐步联系密切，最终发展成为整体的世界历史这一客观过程。在历史发展成为世界历史的

[①] 本部分对整体史观、现代化史观、彭树智先生的文明交往论的介绍引自王泰，2006. 中国世界史学科体系的三大学术理路及其探索 [J]. 史学理论研究（2）：20–29.

漫长过程中，纵向发展和横向发展并不是平行的、各自独立的。它们互为条件，最初是缓慢地，后来是越来越急速地促成历史由分散的发展到以世界为一个整体的发展。纵向发展所达到的阶段和水平，规定着横向发展的规模和广度。横向发展一方面受纵向发展的制约，另一方面又对纵向发展具有反作用。横向发展与一定阶段的纵向发展相适应，往往能促进和深化纵向发展。如果一个地区缺少与其他地区的横向联系，其纵向发展必然迟滞。纵向发展和横向发展共同的基础和最终的推动力量是物质生产的进步。

人类社会最初处于分散发展的状态，随着私有制、阶级和国家的产生，大约从公元前 3400 年开始，世界出现了几个最早的文明中心。各文明中心的地区范围逐步扩大，由点到片，进而形成一些面积辽阔的文明区域，各文明地区之间的联系也逐渐加强。但是在前资本主义时代，生产力低下，占主导地位的是自然经济。那时的历史只是各国各民族狭隘的地域史或狭隘的民族史。闭塞是古代社会各国各民族历史的特征。对这种闭塞状态具有世界意义的突破，是与资本主义的发展联系在一起的。近代资本主义的大工业和世界市场，消除了以往历史形成的各国各民族的孤立闭塞状态，日益在经济上把世界连成一个整体，从而首次开创了世界历史。

从 15、16 世纪之交到 19 世纪，是人类社会从分散发展向整体发展的转变时期。这四个世纪的历史主要是西方形成工业世界的历史，也是它们挟工业优势向世界各个地区进行猛烈扩张的历史。19、20 世纪之交，资本主义发展为垄断资本主义，建立起对世界的垄断统治。世界终于成为一个紧密联系、不可分割的整体，各国各民族都是这个世界整体的组成部分，任何国家、任何民族的发展都离不开世界。从此，世界历史的主要特点就是整体发展。

（2）现代化史观

最具代表性的、能反映出中国现代化研究最高学术成果的是北京大学罗荣渠先生的两部力作《现代化新论：世界与中国的现代化进程》和《现代化新论续篇：东亚与中国的现代化进程》，以及钱乘旦先生主编的《世界现代化历程》。

罗荣渠先生对现代化理论和世界现代化进程研究的主要贡献可以归纳为以下四个方面：第一，明确界定了"现代化"的历史含义；第二，提出了以生产力作为社会发展中轴的"一元多线"历史发展观，这是现代化理论与方法论的核心；第三，以宏观历史学的广阔视角为出发点，探讨了现代化的世界进程和总趋势；第四，以三次模式大转换为脉络，深入考察了中国现代化的发展历程。

发生于 1500 年前后的文艺复兴、宗教改革以及地理大发现，使世界发展的方向发生了决定性的转折，从而形成了由传统向现代转化的必不可少的催化力量。自第一次工业革命以来，已经出现过三次现代化的浪潮，它推动农业世界分区分批地向现代工业世界过渡。18 世纪后期的第一次工业革命，首先推动英国进入工业化进程，开创了资本主义方式的现代化。19 世纪下半叶出现现代化第二次浪潮，使工业化扩展到西欧、北美和东亚的日本等地区，并使资本主义发展呈现出多种模式。20 世纪上半叶出现了第一次世界性的资本主义发展危机，在连续不断的革命与战争的打击下，世界经济发展停滞了 30 年。但苏联却利用独特的历史机遇选择了崭新的发展方式，走上了赶超型社会主义方式的工业化道路。20 世纪下半叶，在新的工业革命推动下，出现了全球性的第三次现代化大潮。把亚非拉大片地区推上了新兴工业化道路，与此同时，现代工业社会的类型与模式也越来越多样化了。

钱乘旦先生提出"构建以现代化为主题的新学科体系"，据此，世界近现代史可以划分为五个阶段，从而构成新体系的基本框架。第一个阶段是现代化的准备阶段，起源于中世纪晚期。在西方，资本主义首先在西欧发生，农业文明遭到持续瓦解，民族国家形成。东方在巩固农业文明，西方开始走到世界前列。第二个阶段是现代化的启动阶段，即现代化过程在西方国家发起。与此同时，非欧世界也被纳入"世界体系"，被迫进行现代化。第三个阶段是现代化在西方国家的成熟与发展阶段。西方进一步领先于世界，社会也进入全方位的变革阶段。第四个阶段是现代化的全球扩张阶段。传统的农业文明区域被迫走上现代化道路，开始在反抗殖民主义入侵中学习西方，在学习西方的过程中反抗殖民主义。第五个阶段是现代社会出现新的转型现象的阶段。

现代化理论对于重新审视现代化历程，探讨非西方国家现代化的成败得失，具有重要的启示和借鉴价值。

（3）文明史观

文明史观主要以彭树智先生的《文明交往论》《我的文明观》等著作，以及马克垚先生的《世界文明史》等为代表。彭树智先生提出的"文明交往论"主要有如下内涵：

首先，关于文明交往的含义、内容和阶段。文明交往是指人类跨入文明门槛之后直到现在而且还将持续发展的基本实际活动。人类的交往是伴随着生产力同步发展的历史过程，因而是历史交往的过程。交往在逐步克服野蛮状态的历史过程中，使人类不断走入更高文明层次的社会。人类社会历史不仅仅是社会因素相互作用所推动的物质运动，而且是人们世代积累所创造出来的、有内在联系的文明形态及其交往的序列，其本质是以价值关系为媒介的主客体辩证的文明交往过程。文明交往和生产力同为人类的基本实践，交往力同生产力相互作用，分别组成了人类社会发展进程中的横线和纵线，彼此交叉璧连，共同构成了色彩斑斓的多样性历史画卷。不同国家、不同民族、不同文明之间的交往，不同性质的文明与野蛮之间的矛盾交往运动，与不同国家、不同民族、不同水平的生产力和生产关系的矛盾一起推动着历史的前进。人类文明交往的基本内容包括物质文明、精神文明、制度文明和生态文明。文明交往的形态是以社会经济形态为基础，从史前的原始蒙昧社会到农耕畜牧的自然经济，再到工商业经济时期，人类文明交往由地缘性的区域交往发展为全球化的现代交往。

其次，关于文明交往的主要方式。和平与暴力是文明交往的两种基本的交往形式。前者是经常的、大量的和主要的交往形式。和平形式的交往一般占有主导地位。人类文明交往史是和平和暴力两种形式的交织史，也是和平交往日益深入人心的历史。文明交往的任务是消灭暴力交往的根源，把和平和发展结合起来，把历史交往引向法制秩序和道德规范的轨道上来。在文明交往的诸多因素中，最为重要的表现为：主体和客体、交通和科技、民族和国家、地缘和环境、宗教和文化、语言与文字、利益与正义等方面。

最后，文明交往的特征。1）实践性：这是文明交往的本质属性。人类生存和发展的基本实践活动是生产实践和交往实践。精神文化和物质文化的生产实践总是伴随着文明的社会交往实践。2）互动性：文明交往是一个人与人、人与自然的互动系统。唯其有不同文明的互动，才能有文明用之不竭的源头活水。不同的文明之间，互动性表现为互相冲突、互相融合、互相渗透等彼此交往的复杂形态。3）开放性：这是任何一种文明昌盛的标志。只有保持主动的、积极的开放性，文明才能发展。保持外部环境的开放性，扩大文明交往的范围，是发展生产力和文明成果传承的保证。4）多样性：人类社会文明的多样性决定了文明交往的多样性。它是世界丰富多彩的反映，也是人类历史发展绚丽变幻的内在表现，还是世界充满活力、竞争和创新的动力和源泉。5）迁徙性：这是人类群体在文明交往过程中的空间位移变迁。组成人类文明交往总链条的基本环节表现为几对相互联系却又彼此区别的矛盾统一概念，如文明的冲突与整合、文明交往的有序与无序、不同文明间的外化和内化、历史交往过程中的现代与传统、全球与本土以及关于人类与自然的多维关系等。

马克垚先生的《世界文明史》对于文明史研究的贡献至少有如下方面：一是对文明进行了新的界定，将文明定义为人类所创造的伟大成果，既包括物质方面，也包括精神方面，既有政治的，也有经济的、社会的、文化的等，极大地拓宽了文明史研究的边界和视野。二是重视对于非西方文明的研究和论述。立足全球、东西并论，既包括欧美，也包括亚非拉，尤其是对于古代西亚文明、古代埃及文明、古代印度文明、古代中华文明等古代非西方文明着墨很多，纠正了长期存在的西方中心主义。三是从农业文明——工业文明的角度对全球文明的历史演进进行划分。按照人类生产力的发展变化把文明的发展演变划分为农业文明时代、工业文明的兴起、工业文明在全球的扩展三个阶段。四是重视不同文明之间的交流。系统论述了古代农业文明之间的相互交流。现代工业文明兴起后，深入诠释了西方工业文明与俄罗斯、伊斯兰、非洲、印度、中国和日本文明的相互交流，探讨了在文明交流中不同文明的演进和现代化转型。五是把世界文明的宏观层面与微观层面结合起来，以历史的方法解读世界文明的多重性，为学界提供了了解世界的新视角。

上述三种史观从宏观的世界史角度支撑起我国世界史学界对世界史研究的新理解、新认识和新框架。它们强调整体观念以及世界历史的横向发展，对打破世界史是国别史的堆砌的传统观念产生了极大的冲击（李学勤 等，2008）。近年来，国内学界从全球史、跨国史或国际史的视角研究世界历史，也有助于打破传统的民族国家叙事，提供了世界史研究的地区或全球视角。这些新的历史观回应了当代全球化的历史事实和时代特征，同时对于中国式现代化、文明交流互鉴和全球文明倡议等具有重要的理论借鉴价值。这些历史观念使世界史研究超越了特定的地区、国别和民族的历史，具有了宏大的历史视野。这对于当今的区域国别学建设具有重要的启示和借鉴价值，即既要立足于特定的区域和国别进行深耕，成为专家，但也要对之有所超越，从宏大的全球和地区的视野审视区域国别研究，做到既见树木，又见森林。

三、世界史理论与方法在区域国别研究中的应用

历史研究需要理论，其作用主要是启发性的，不同的理论可以为历史学家提供不同的观察研究对象的透镜。理论并非论据，把某种理论当作证据使用，这是对历史研究的一个很大的误解（李剑鸣，2018）。这或许是历史学与社会科学在理论问题上的重要差异。历史学有三种形式的理论。一是历史理论，它是对历史的高度概括，将复杂丰富的历史锻炼成一条清晰明了的理论链条，如马克思的唯物史观。二是史学理论，它关注历史研究的本身，是对历史学的理论思考。三是研究具体问题时采用的理论化成果（李剑鸣，2018）。

历史学不断吸纳其他学科的理论和方法。这在地区国别史、世界近现代史尤其是专门史方面显得尤为突出。正如史学家费尔南·布罗代尔所言，每一位参加者都不应再埋头于个人具体的研究工作，像以前那样对其他人的所说、所写、所想不闻不问（布罗代尔，2008）。在区域国别研究中，世界史对于理论和方法的运用显然有别于社会科学。但世界史学者借鉴其他社会科学甚至自然科学的方法进行区域国别研究十分普遍，本文仅举几个代表性的案例。

一是历史理论有助于认识人类历史和社会的发展规律，对于区域国别的现实问题具有启示和借鉴价值。例如，文明起源、文明交流互鉴、某一地区的历史分期、历史发展的动力等问题。这些重

大的历史问题不仅是简单地用历史比照现实问题，而是从长时段的角度出发阐释历史演进中的稳定结构。历史理论对于建构区域学的"宏观理论"具有重要的价值。如吴于廑先生的整体史观、罗荣渠先生的现代化理论、彭树智先生的文明交往论等。这属于认识论层面的理论。

二是历史上的区域国别研究，尤其是近代以来西方国家的地区研究。例如，西方的中国学、东方学、印度学、苏联学、日本学等。这类西方的研究从理论高度阐释地区研究，以及对于世界历史的观念建构。国外地区研究的理论与历史实践的"他山之石"，有助于我国区域国别学的理论构建。

三是世界史借鉴具体的社会科学理论的研究，通过相关理论多视角地认识历史现象，这种理论具有工具性。例如，现代化理论、民族国家构建理论、国际体系理论、社会分层理论、发展政治学理论等。本文侧重于从操作方面探讨世界史如何利用理论介入区域国别研究，下文介绍的理论案例主要属于这一层面。

1. 现代化理论 [①]

现代化理论起源于第二次世界大战结束后以美国为首的西方国家对第三世界国家的研究。现代化理论是第二次世界大战后世界新形势与新问题在学术界的反映，也是美国在冷战期间对第三世界国家的研究，涉及政治学、经济学、社会学、心理学、历史学等多门学科领域。现代化研究本身具有跨学科属性。

（1）发展历程

现代化理论经历了不同的发展阶段，从 20 世纪 50 年代的兴起、20 世纪 60 年代前期经典现代化理论的发展成熟到 20 世纪 60 年代后期至 70 年代的反思与修正，以及 20 世纪 80 年代以后现代化研究热潮在西方逐渐消退与中国学界现代化研究的兴起。

1）西方现代化理论。

经典现代化理论的渊源可以追溯到 19 世纪的原初现代化理论，具体表现为涂尔干、滕尼斯、马克斯·韦伯的研究（钱乘旦，2010）。近代以来，西方社会形成了一种线性历史观，这种历史观认为人类社会将从野蛮落后的原始状态向先进开化的文明状态单线前进，最终将步入一个无限美好的理想社会，它重点阐释了工业时代的现代社会特征。

20 世纪五六十年代兴起了经典现代化理论。第二次世界大战后，大批亚非国家独立，它们面临选择发展道路的问题。西方的经济学家和社会学家提出了经典现代化理论，他们大多相信推动欧美实现现代化的诸要素在发展中国家同样适用。西方学界也开始研究这些新独立的国家的经济、政治和社会发展问题。例如，经济学领域罗斯托的《经济增长的阶段：非共产党宣言》，社会学领域塔尔科特·帕森斯创立的结构功能学说，政治学领域塞缪尔·亨廷顿的《变化社会中的政治秩序》等。

20 世纪 60 年代以后，西方兴起了比较现代化研究。美国普林斯顿大学教授布莱克在《现代化的动力：一个比较史的研究》中将现代化进程划分为四个阶段：现代化的挑战阶段、现代化领导层的巩固阶段、经济和社会的转变、社会的整合阶段。他以社会结构和政治现代化而非经济增长为轴心，把全世界的国家分为七大类（布莱克，1989）。几乎所有主流的社会科学都介入了现代化研究，使之成为跨学科研究的试验场，研究的主题涉及人类社会的方方面面。

西方的现代化理论把传统与现代对立起来，将一切前现代的事物归之于传统，夸大现代工业

---

① 该部分初稿由西北大学中东研究所博士研究生应添翼编写。

社会的"同一性"，却未能考虑到不同的社会系统并非内在同质，更未能意识到历史条件的不同使得社会变革具有极大的复杂性与差异性，各国的现代化并非同一模式的重复（罗荣渠，2012）。艾森斯塔德对经典现代化理论进行修正，他认为传统的瓦解不一定会带来现代社会的发展，产生于欧洲的现代性在向欧洲以外的世界扩张过程中将与本土社会传统产生相互作用（艾森斯塔德，1988）。

2）中国特色的现代化理论。

1933年，《申报月刊》刊发了"中国现代化问题"专刊，这是中国学界第一次系统探讨中国的现代化问题。中华人民共和国成立后，将现代化的理想逐步付诸实践。20世纪60年代，我国提出了四个现代化的总目标。改革开放之后，推进现代化建设成为重要的任务。与此相应，我国的现代化研究兴起于20世纪80年代，并逐渐形成热潮。

中国现代化研究的特色在于以历史学为基础，以马克思主义唯物史观为指导，以国家社会科学"七五"规划的两个重点项目为标志（林被甸 等，1998）。

一是以北京大学罗荣渠先生、钱乘旦先生等为代表，他们从世界历史角度阐释了现代化理论与现代化进程。1993年，罗荣渠先生出版了《现代化新论》，后又出版了《现代化新论续篇》。这两部著作成为我国现代化理论的扛鼎之作。罗荣渠先生提出了"一元多线"历史发展观。"一元"是指生产力变革是推动社会发展的根本动力，"多线"是指世界不同国家和地区发展道路和模式的多样性。这种新的历史观突破了以往单线型的历史观念，指出了不同国家和地区在现代化进程中呈现出不同的道路和模式，具有重大的理论创新。由此，罗荣渠先生从理论高度阐释了无论是欧美的现代化模式还是苏联模式都是特定历史和社会环境的产物，进而从马克思主义唯物史观出发构建了新的历史发展观念。

钱乘旦先生进一步推进了现代化研究。钱先生主编《世界现代化历程》（10卷），其中包括总论卷、东亚卷、南亚卷、中东卷、西欧卷、非洲卷、北美卷、拉美卷、大洋洲卷、俄罗斯东欧卷，从理论高度系统阐释了中外现代化研究的学术史，以及不同学科对于现代化的研究，同时全面阐释不同地区的现代化历程。作者从现代化道路的角度出发，系统比较和研究了世界范围不同地区和国家的现代化道路及其特色，极大地推进了世界现代化进程的研究。这部丛书覆盖了世界的主要地区和国家，对我国区域国别学的建设具有重要的基础性作用。钱先生指出，现代化研究离不开对"模式的研究"，"模式"包括现代化中的共同性，也包括现代化进程的特殊性。同一地域可能生出同一的现代化模式，也可能存在几种不同的模式，不同地域的国家也可能呈现类似的模式（钱乘旦，2016）。

二是以华中师范大学章开沅先生的"中外近代化比较研究"为代表。章开沅先生相继出版了《离异与回归：传统文化与近代化关系试析》《国情、民性与近代化——以日、中文化问题为中心》《比较中的审视：中国早期现代化研究》等系列著作。章开沅先生"从中国看世界"，借鉴西方的现代化理论，深入研究中国早期的现代化。章先生立足于中国，对现代化的概念进行重新界定，指出现代化不等于"西化"，更非简单、绝对的"工业化+民主化"，而是一个完整的社会变革系统工作，有大体相同的指标体系：非农业的相对迅速增长、商业化和国际市场联系的日益密切、经济相对稳定而持续的增长、城市化及相应的人口流动、多层次的文化教育的迅速发展、收入分配渐趋协调平衡、组织与技能的专业化和行政的科层化、民众的政治参与程度的增进及社会集团的重组等方面。其中，工业化与国民经济的增长是现代化的物质条件和关键，但人的现代化同样重要（田彤，2017）。此外，人类社会具有共性，但也有各自的独特性。现代化从来没有不可逾越的单一模式，各国必须依据其国情与时空环境，设计切合实际的现代化蓝图和实施方案。

罗荣渠先生、钱乘旦先生和章开沅先生的现代化研究，在马克思主义唯物史观的基础上，植根于深厚的历史个案研究，体现了宏大的历史视野与历史智慧。两种研究取向从世界看中国、从中国看世界，殊途同归，不仅建构了中国特色的现代化理论，阐释了世界历史视野下的中国现代化进程，同时也指出了世界现代化道路在统一性的基础上的多样性，以及本土文明在现代化转型中的独特价值与作用。

中国对于现代化研究的第三种理论以中国科学院中国现代化研究中心为代表，其特色在于跨学科性和综合性。何传启研究员领衔的科研团队，聚焦跨学科视域下的现代化理论、现代化水平的定量研究与评价等问题，对现代化进行了深入的研究。从2001年开始，他连续出版20部年度的《中国现代化报告》，聚焦于世界现代化的度量衡。现代化度量衡是现代化过程的度量和标准的统称，它包括现代化指标，现代化评价和现代化标准等。

中国的现代化理论已较为成熟，并呈现出中国特色。2021年以来，我国提出了中国式现代化，并不断丰富和发展其内涵。党的二十大报告指出，中国式现代化是人口规模巨大的现代化，中国式现代化是全体人民共同富裕的现代化，中国式现代化是物质文明和精神文明相协调的现代化，中国式现代化是人与自然和谐共生的现代化，中国式现代化是走和平发展道路的现代化。中国式现代化的提出使现代化研究成为重要的学术课题，形成了新的研究热潮，对于区域国别研究具有重要的指导价值。

（2）核心理论

罗荣渠先生从历史学的宏观视野阐释现代化的概念以及世界现代化的类型、历程等一系列重大问题。广义的现代化指，工业革命以来现代生产力导致社会生产方式的大变革，引起世界加速发展和社会适应性变化的大趋势。具体说，就是以现代工业、科学和技术革命为推动力，实现传统的农业社会向现代工业社会的大转化，使工业主义渗透到政治、经济、文化、思想等各个领域并引起社会组织和社会行为深刻变革的过程。这样，就把"现代化"从一个超时空的空泛概念确定为特定的历史发展阶段，从而变成一个可以明确界定的科学范畴（罗荣渠，2009）。狭义的现代化主要指，第三世界经济落后的国家采取适合自己的高效途径，通过有计划的经济技术改造和学习世界先进，带动广泛的社会变革，以迅速赶上先进工业国和适应世界环境的发展进程（罗荣渠，2012）。

大部分学者均认同现代化是从传统社会向现代社会的转变，是从传统性向现代性过渡的进程，可谓是世界历史发展的客观规律。经典现代化理论强调经济增长、技术进步与知识增值在现代社会变革中的作用。随着现代化理论的发展，越来越多的方面都被纳入现代化进程的考察当中，学者们逐渐意识到现代化意味着社会系统复杂性的进一步发展。罗荣渠先生强调现代化是世界性的全方位的历史大变革："广义而言，现代化作为一个世界性的历史过程，是指人类社会从工业革命以来所经历的一场急剧变革，这一变革以工业化为推动力，导致传统的农业社会向现代工业社会的全球性的大转变过程，它使工业主义渗透到经济、政治、文化、思想等各个领域，引起深刻的相应变化。"（罗荣渠，2012：12）因此，现代化的范围远远超出文化、政治和经济等范围，它涉及社会生活的方方面面。现代化理论提出了现代社会不同于传统社会的几大特征：工业化、城市化、经济的市场化、精神领域的世俗化、政治生活的民主化和知识化（文化教育的普及与提高）等。

现代化本身带有革命性、内在同质性、不可逆转性和全球普遍性等明显特征（哈全安，2016），还拥有特殊的传播效应，引起适应性的社会变迁。现代化进程被划分成两种类型：内源的现代化和外源的现代化，前者是社会自身力量产生的内部创新，后者一般是第三世界国家由于受到外部冲击而引起内部思想和政治的变革从而推动经济变革（罗荣渠，2012）。发展中国家的现代化主要受到西方的现代化的压力而启动，属于后发外源型现代化。从世界范围来看，共形成了三次世界性的现代化浪潮，前两次浪潮伴随着两次工业革命的发生与扩散，第三次浪潮则是由第二次世界大战后新技术、新能源和20世纪50—60年代西方经济的持续高涨所推动。非西方国家的"自觉现代化"意识明显，经济在发生变革的同时，政治和文化观念往往也在发生急剧的变化，但多数国家还是出现了剧烈的社会动荡，使得发展中国家的现代化进程在曲折中发展（董正华，2009）。

人类社会变迁具有四种基本形式：渐进式微变、突发性微变、创新性巨变、传导性巨变。现代化是突破原有农业生产力形态转向大工业生产力形态的社会巨变。在世界历史上，这种大转变的启动，主要是由内在因素导致的突破，被称为内源性现代化，这是一种创新性巨变，是一个自上而下的过程。最早进入现代化进程的西欧各国属于这种类型。主要由外在因素导致的突破，被称为外源性现代化，这是一种传导性巨变，是自上而下或上下结合的急剧变革过程，后发国家属于这种类型（罗荣渠，2012）。

这一世界规模的大变革经历了三次发展浪潮。第一次大浪潮（18世纪后期到19世纪中叶），是由英国工业革命开端、向西欧扩展的早期工业化过程。第二次大浪潮（18世纪下半叶至20世纪初），是工业化向整个欧洲、北美扩散并取得胜利的过程，同时在非西方世界产生强大的冲击，拉开非西方世界走向现代化的序幕。然后是第一次世界规模的发展性危机。第三次大浪潮（20世纪下半叶），是发达工业世界向高工业化升级与欠发达世界的大批国家卷入工业化的过程（罗荣渠，2012）。

第三世界发展中国家被卷入现代化的进程，是当今世界发展的最大课题。历史实践表明，自由派发展理论对第三世界现代化的乐观估计与激进派依附理论对第三世界的悲观估计，都是不正确的。第二次世界大战后崛起的东亚，通过后进的赶超型现代化，创造了自工业革命以来的最高经济增长速度，对西方的现代化理论形成挑战。但对大多数发展中国家来说，它们与发达国家的发展差距不断扩大。战后第三世界国家的发展经验表明，国家在经济落后的条件下推进现代化扮演特殊重要的角色。由于第二次世界大战后国际格局的大变化，各国民族经济发展中的国际因素在不断增长，引起了发展中国家经济战略的模式转变——从"进口替代"转向"出口导向"（罗荣渠，2009）。

在关注现代化外源的同时，也需要注重后发国家的内因，现代化发展应当是两者相互协调的产物。由于各国历史传统、现代化启动条件和国际环境的不同，他们所选择的现代化发展模式也随之产生差异。中央政权、知识分子、军人等主体在不同程度上成为影响现代化进程的重要因素。

（3）具体应用

20世纪末至21世纪初，现代化研究在我国形成热潮，具体研究呈现出三种取向。一是从世界史的角度阐释现代化理论，如罗荣渠先生的《现代化新论》；二是研究世界现代化的历史进程，不同地区和国家现代化的具体模式与经验，代表性的为钱乘旦先生的《世界现代化历程》；三是对现代化的某个侧面进行专题研究，如政治、经济、城市、社会现代化等领域。世界史学者在研究现代化问题上，注重从原始文献资料出发，对现代化进程或者某一个具体领域进行深入分析，为审视某些地区或国家的现代化提供历史的参照。从中东问题研究角度看，《从白色革命到伊斯兰革命：伊朗现代化的历史轨迹》《埃及现代化进程中的世俗政权与宗教政治》两篇文章具有代表性，前者从宏观的历史纵向维度阐释伊朗现代化的历史进程，进而解释伊斯兰革命的深层原因，对于认识当代伊朗现代化和发展的状况具有借鉴价值。后者则从专题研究的角度，分析深刻影响埃及乃至中东国家的政教关系问题，阐释现代化进程中的宗教问题。

（4）案例分析

案例一：《从白色革命到伊斯兰革命：伊朗现代化的历史轨迹》[①]

现代化道路问题是影响各国现代化进程的根本性问题，也是现代化研究的核心议题。道路和模式的转型既有现实的原因，又与传统的文明基因密切相关。近代以来，发展中国家在探索现代化道路的过程中面临诸多的挑战，也不断遭受挫折。这里选取哈全安教授的《从白色革命到伊斯兰革命：伊朗现代化的历史轨迹》，介绍世界史如何研究和分析现代化道路。

1）研究内容。

该文聚焦于 20 世纪中后期伊朗现代化道路的转型，从历史演进的角度，系统研究以世俗化为特征的白色革命的内涵以及问题，进而分析了 1979 年伊朗伊斯兰革命的内容和目标，阐释了伊斯兰革命后伊朗现代化道路的特征。作者认为，白色革命摧毁了伊朗乡村传统的封建土地所有制，进而推动了工业化和城市化的进程。白色革命后伊朗经济与社会的深刻变革，导致了民主与专制的激烈抗争。伊斯兰革命作为多元结构的民主运动和宗教形式的政治革命，否定了伊朗传统的君主制度。伊斯兰宗教激进主义的胜利，标志着伊朗现代化的发展进入了新的阶段。自上而下的经济运动与自下而上的政治运动两者之间的结合，是伊朗现代化模式的集中体现。

2）研究思路。

该文提出了现代化进程中的世俗化标准问题。就中东而言，作者认为，世俗化并不一定是现代化的标准，伊朗伊斯兰革命也不完全意味着现代化的倒退。文中阐释了在现代化道路转型中两种现代化道路之间的断裂性与连续性，进而从整体上分析了伊朗的现代化历程。该文首先追溯了巴列维时期的白色革命对伊朗乡村社会和农业生产的剧烈变革，在土地制度、社会关系、经济形态等方面发生的重大变革，同时指出了白色革命存在的内在缺陷，导致的政权失稳。其次，该文考察了伊朗的政治现代化历程，指出了白色革命使原本对立的传统宗教阶层与世俗民主力量合流，最终形成反对王权的力量。最后，作者回到世俗化与现代化的关系上来，回应文章开篇提出的问题。

3）研究结论。

该文通过深入的实证研究，提出了新的观点。从传统社会向现代社会的转变是历史发展的客观规律。由于具体背景的差异，不同的国家和地区在从传统社会向现代社会转变的过程中经历了不同的发展道路。在中东地区，自伊斯兰教诞生开始，宗教与政治就浑然一体。温麦（乌玛）作为伊斯兰国家的原生形态，兼有教会与国家的双重功能。教会与国家曾被穆斯林视作同一概念，两者之间长期缺乏明确的界限。巴列维王朝的覆灭和伊斯兰宗教激进主义的胜利则不足以证明所谓伊朗现代化的"失误"和"挫折"。巴列维王朝的覆灭，并不意味着白色革命的失败亦非标志着伊朗现代化进程的挫折。伊斯兰革命是 1905—1911 年立宪运动以及 1953 年和 1963 年民主运动的历史延续，更是白色革命的逻辑结果和伊朗现代化长足发展的客观产物。白色革命与伊斯兰革命之间无疑存在密切的内在联系。从白色革命到伊斯兰革命，即从所有制的转变到对传统政治制度的否定，构成了伊朗现代化进程的历史轨迹。自上而下的经济运动与自下而上的政治运动两者之间的有机结合，则是

① 哈全安, 2001. 从白色革命到伊斯兰革命：伊朗现代化的历史轨迹 [J]. 历史研究（6）：134–143, 192.

伊朗现代化模式的集中体现。

该文指出了现代化道路的多样性，不宜简单地用西方的标准衡量中东国家的现代化，同时也指出了现代化道路看似发生了逆转，但不同的道路在历史过程中具有密切的联系，并非非此即彼，而是体现了现代化进程兼具断裂性与连续性的特征，为审视亚非国家的现代化提供了启示。

案例二：《埃及现代化进程中的世俗政权与宗教政治》[①]

现代化进程中的宗教与世俗在一定程度上体现了传统性与现代性的冲突。那么，在特定历史与文化语境下植根于传统的宗教性与现代性是否完全对立，本身值得反思。宗教与世俗的冲突构成了中东国家现代化进程中最核心的议题之一。在该问题的研究中，既需要有宏大的历史视野，将宗教与世俗的冲突置于世界历史的时空背景下加以考察，也需要深刻认识研究对象的国家和地区的历史传统与文化传统。这里选取王泰（2011）教授的《埃及现代化进程中的世俗政权与宗教政治》，呈现世界史学者如何就现代化问题进行专题研究。

1）研究内容。

该文聚焦于埃及政教关系的历史演变，借此阐释现代化问题。伊斯兰教作为中东传统政治文化的组成部分，对当代埃及的政治发展有着重要影响。世俗政权和宗教政治的关系在纳赛尔和萨达特时期主要表现为前者对后者的打击、压制与利用。20世纪80年代以来，由于国际、国内形势变化，宗教政治在组织和思想两方面实现了内部自我更新，并向社会领域全面渗透。"适应"与"对抗"成为穆巴拉克时期双方关系发展的新趋向和新特点，也使双方政治关系进一步复杂化。世俗政权既想利用宗教势力为大众提供必要的社会服务，又不愿意看到它因此而获取与之竞争的政治资本，导致埃及在推进政治民主化的进程中步履维艰。

2）研究思路。

该文认为，传统的政教关系研究存在宗教与国家的两个分析维度，政教冲突异化为国家与宗教的矛盾，因此作者使用"国家—社会—宗教"三分框架，对当代埃及世俗政权和伊斯兰主义（以穆斯林兄弟会为代表）关系的变化进行研究。该文提出了埃及现代化道路的意识形态之争，指出其出现了三种难以调和的力量：国家中心主义、西方自由主义、伊斯兰主义。在此基础上，该文以1952年埃及"七月革命"为起点，阐释埃及上述三种力量的互动博弈的两个阶段：世俗政权对宗教政治的利用与压制（1952—1981年）、宗教政治对世俗政权的适应与对抗（1981—2010年），得出结论。

3）研究结论。

作者通过研究指出，埃及政治伊斯兰通过"社会"这个舞台或者中介，与世俗的威权主义所进行的政治交往揭示了彼此之间存在着复杂的"适应"与"对抗"的关系。所谓"适应"，就是政治伊斯兰通过议会方式赢得话语权，而世俗的威权主义已经在很大程度上能够容忍政治伊斯兰的温和派力量。这深刻地凸显了在全球化时代，"武器的批判"（伊斯兰激进分子的暴力所为）并不是埃及政治伊斯兰发展的最佳选项，而"批判的武器"（伊斯兰中间主义思潮，特别是伊斯兰宪政主义）反倒可能成为社会转型过程中政治伊斯兰的高明之举。所谓"对抗"，就是指长期以来，以国家为一方，以社会（政治伊斯兰）为另一方的政治结构仍然使彼此之间充满猜疑，一方（主要是社会）一有风吹草动，都会令对方过分地紧张和敏感，说明双方缺乏基本的政治互信。

本文通过提出现代化进程中宗教与政治的关系问题，围绕该问题进行历史叙事和分析，进而得

---

① 王泰，2011. 埃及现代化进程中的世俗政权与宗教政治 [J]. 世界历史（6）：52–61，159.

出了结论。特别是，本文分析了宗教与世俗的适应与对抗，进而揭示了两者的复杂互动，为审视埃及乃至其他中东国家的现代化道路提供了启示。

2. 民族国家构建理论 [①]

（1）发展历程

西方学界对于民族国家构建理论的发展分为两个阶段：20 世纪 70 年代的"经典国家构建理论"；20 世纪 90 年代以来专门针对"失败国家"的重建和"脆弱"国家的能力建设而形成的国家构建理论（于春洋，2016）。一般而言，民族国家构建具有民族构建（nation-building）和国家构建（state-building）两个维度 [②]，国外学界通常并未完全区分两者的差异，两者存在混用的现象。

20 世纪 60 年代，英国学者马歇尔和德国学者本迪克斯开始研究"国家构建"问题（Bendix，1996）。本迪克斯继承马克斯·韦伯的传统，阐释民族国家建设问题，尤其是近代以来西欧国家由封建制国家向民族国家的转变，如权力的集中，法律、行政和税收经济体系的统一，社会的高度整合，以及国家认同的形成与强化等。1975 年，查尔斯·蒂利（Charles Tilly）阐释"国家构建"的概念，分析西欧国家初创的历史进程，强调国家对社会权力的强化（于春洋，2016）。

20 世纪 90 年代之后，随着苏联解体，亚非许多国家处于不稳定，甚至战乱状态，西方对一些发展中国家进行政权更迭。因此，研究的对象开始由欧洲的"先进历史经验"转向发展中国家的实践（于春洋，2016）。即研究"后冲突国家"，或者西方所谓的"失败国家"，探讨西方如何通过援助和引导，使这些国家重新恢复稳定尤其是建设西方式的"民主制度"（Dinnen，2007）。福山的研究具有代表性。他认为国家构建有三个完全不同的方面或阶段，第一个方面涉及所谓冲突后重建，第二个方面旨在建立能够自我维持的国家机构，第三个方面是使"软弱国家"强大起来（福山，2020）。这些研究也成为美国在发展中国家推动"国家构建"的重要依据（Dobbins et al.，2007）。美国一些学者将阿富汗、伊拉克、索马里、利比亚的后冲突国家的重建，视为国家构建研究的主题，探讨如何在西方政治制度和文化基础上推进重建。

国内对于民族国家构建的研究起步于 20 世纪 90 年代，这一时期涌现出大量的研究成果，主要有三种倾向。一是政治学尤其是民族政治学的路径，以周平（2012）教授的《多民族国家的族际政治整合》为代表，侧重于从政治学视角阐释民族国家构建问题。二是民族学的路径，以王建娥（2011）研究员的《族际政治：20 世纪的理论与实践》为代表，它注重从民族学的角度分析民族国家的形成、发展，同时明确区分民族构建和国家构建。三是世界史、国际政治、民族学视角下民族国家构建的个案研究。这类研究成果众多，对于分析和认识世界各国民族国家构建的多元路径具有重要的个案价值。世界史对于民族国家构建的研究具有其独特性，在借鉴民族国家构建理论和基本概念的基础上，强调从史学实证的角度进行深入阐释，分析现代国家的形成与民族认同的构建问题，研究范围涉及世界范围的主要区域和主要国家。

相较于西方，我国的民族国家构建研究具有鲜明的特色。一是我国对于民族国家构建的理论更加具有体系化和整体化，其中涉及三个相互关联的研究主题，即民族国家构建、民族构建和国家构建，三者具有明确的概念边界。但西方往往强调国家构建，与民族构建的学理界限并不完全清晰，

[①] 本部分初稿由西北大学中东研究所博士研究生田鸿涛编写。
[②] 国内学界也将之译为"民族建设"和"国家建设"。

同时也相对较少从整体上阐释民族国家的构建。二是如同现代化理论，西方的民族国家构建理论在一定程度上具有西方中心主义，强调西方的制度和文化对于发展中国家的重要性，研究更多指向所谓的"失败国家"，为西方国家的外交政策提供支持。我国的理论和个案研究则更加具有历史主义，强调不同地区和国家具有多样的文明传统，民族国家构建具有多样化的道路。虽然由于受到了全球化、后现代主义思潮，以及国际组织等新兴政治理论的挑战，但民族国家仍然最主要的政治组织形式，相关研究并未过时。在世界史研究中，民族国家仍然是基本的单位。在当前百年未有之大变局背景下，民族国家仍然显示出强大的生命力，相关研究议题需要更新，视野需要拓宽。民族国家理论以地区和国家为研究对象，具有强烈的现实取向和多学科性，以及成熟的研究方法与路径，展现了不同学科对特定学术话题和现实问题的多侧面剖析，这对于区域国别研究具有重要的启示。

（2）核心理论

"民族国家构建"即"国家构建"和"民族构建"的双重进程，体现了"国家""民族"的构建特征以及民族国家的动态过程（杨雪冬，2005）。西方对于民族国家构建的研究主要集中于政治学、民族学领域。具有两大传统：其一是韦伯传统，由德国政治学家马克斯·韦伯的观点发展而来，重视以科层制研究为核心的现代国家的组织问题；其二是马克思传统，侧重以阶级分析为核心的现代国家的功能问题（曾毅，2014）。但除主流观点外，关于民族国家构建的理论流派甚多。伴随着政治学界国家中心论的复兴和西方政治学由"行为主义革命"向国家中心论范式的回归，国家构建问题进一步受到学者的关注（于春阳，2016）。国内外学界的研究既涉及民族国家构建的整体研究，也分别探讨民族构建和国家构建问题。

西方学界对于民族国家构建的研究侧重于比较西欧和发展中国家。西欧民族国家构建以"内源型"为主，西班牙裔美国政治学家胡安·J. 林茨（Linz，1993）认为"国家建设和民族建设是两个重叠但概念不同的过程"。国家构建始于封建主义危机、文艺复兴和宗教改革。这是基督教世界封建制度的危机和西欧以及后来的北欧新兴君主制之间竞争的结果（Linz，1993）。国家属于未来，而地区属于过去——在这个过程中，旧的地域认同逐渐被一种现代的、强烈的对民族和国家的认同所取代（Augusteijn et al.，2012）。民族国家在取代王朝国家的过程中，逐步地构建起国家伦理，塑造了其特定的内涵，由此总结出国家构建的一般性特征。国家构建关注于物质层面，从各种次国家层面的领主、宗主、行会，以及超国家层面的教会等之中，建立独立而统一的国家权威。国家在特定的领土空间内垄断行政、司法、税收、武力、征兵等各项权力，同时也将传统的社会权力进行有效整合与统一，即安东尼·吉登斯所谓的"内部绥靖"的过程（吉登斯，1998）。国家构建研究的是，如何从前现代的国家形态转变为现代国家的过程。

除了上述政治学传统，民族学、社会学也介入民族国家构建的研究，侧重分析现代国家的另一面即国家民族（nation）的形成问题。全球化时代，民族国家构建的动力与挑战是学界关注的重点。近代西欧族群构成相对单一的社会也面临着大量移民涌入、社会矛盾和冲突加剧、国家认同弱化的问题。塞缪尔·亨廷顿指出，美国作为移民社会，国家特性和民族认同面临的严峻挑战（亨廷顿，2005）。从学术研究角度看，盖尔纳的《民族和民族主义》和本内迪克特·安德森的《想象的共同体：民族主义的起源与散布》是研究民族构建的两部重要成果，重视民族认同对于民族形成乃至民族国家构建的重要影响力（安德森，2016）。上述研究阐释了现代民族的形成机理，尤其是民族主义在其中扮演的角色，事实上探讨的是民族构建问题。安东尼·吉登斯在将民族国家构建问题放在全球化的宏阔视野中进行思考，反对民族国家终结论，强调在民族国家和全球化进程的互动中，前者面临"主权性质改变"、"出现新的分裂形式"以及"国家认同变得困难重重"（吉登斯，2012）等问题。

总体来看，民族构建侧重于构建现代国家民族（nation），其中包括了建设统一和独占性的对整个国家民族的认同观念。这便需要在社会认同的光谱中，从次国家认同（部落、地域、宗教、城邦、族群、领主等）和跨国认同（宗教和跨界民族认同等）中聚焦对国家的认同。通过考古、历史书写、博物馆、宗教、公共语言等构建共同的历史记忆，通过象征性符号构建共同的政治文化等，从而形成统一的民族共同体。

中国的学者多认为民族构建和国家构建相辅相成，相互促进两个进程。国家构建是现代民族国家的外观构建，而民族构建是现代民族国家的内核建构，两者间存在共生互动关系（于春阳，2013）。国家构建和民族构建内涵不同，但两个过程彼此依赖，存在联系，现代民族国家的形成既包括国家构建，也包含民族构建的过程，但民族认同的构建往往存在"相对滞后性"（王建娥，2010）。民族国家实现了国家与民族的统一，两者间相得益彰，相互统一（周平，2012）。

民族国家是近代以来诞生于西方并传播至世界范围的政治形式。如今，民族国家早已取代传统的帝国、王国、邦国、城市国家、部落国家等政治形式，成为世界范围内最基本的政治组织形式。无论是国际关系还是世界史学科，其基本研究单位都是民族国家。区域国别学中的国别研究的重要性更是凸显。但是，西方的民族国家是在数百年的战争的砧板上锻造的。近代基本上形成了民族的历史文化共同体和政治共同体的边界同一化，进而基本呈现出一国一族的格局。

亚非拉国家乃至东欧国家，其现代国家的诞生都具有一定的人为因素，因此，一族多国、一国多族的现象较为普遍。民族国家构建面临着更为严峻的挑战。尽管 20 世纪后期以来的全球化和地区一体化进程在一定程度上淡化了民族国家的主权边界。但是当前，几乎所有的国家都面临着民族国家构建的挑战。对于西方国家而言，伴随着大量移民的进入，社会结构日趋多元和复杂，民族国家再构建显得尤为重要。国内外对于民族国家构建理论的研究具有不同的取向和特色。国外研究大致经历了从理论角度探讨民族国家的形成，到重点关注亚非拉地区的民族国家构建问题，甚至发展出了所谓的"失败国家"理论。

"民族国家构建"本身就是一个较为复杂的多学科问题，学界对于民族国家构建的理论可谓"卷帙浩繁"，研究成果和理论颇丰。政治学、历史学、民族学、社会学等学科都有关于民族国家构建的独到见解。这些理论既具有各自学科的特色，也存在一定的共性。在理论层面，学界对于民族国家构建的概念进行深入探讨。在实践层面，不同学者针对不同的民族国家构建形态展开了系统的研究，涉及范围广、种类全。但无论如何看待"民族国家"理论，对其研究都离不开历史的视角。

（3）具体应用

民族国家构建属于跨学科研究的领域，世界史学者深度参与其中。特别是，近代以来亚非拉国家在形成之初存在诸多的问题，如领土边界、中央集权、国家认同、跨境族群等。在这些问题的影响下，亚非国家需要进行民族国家构建，即将新独立的和传统的国家逐渐发展成为现代民族国家。这需要深刻认识现代民族国家超越特定地域和特定文明的本质特征，进而探索符合本地区和本国国情的民族国家构建之路。世界史学者在进行民族国家构建研究时，具有两种主要的倾向。一是阐释民族国家构建的某个具体问题，如语言政治、考古学、历史记忆、环境观念，以及现代国家制度、税收制度的形成等；二是从历史的纵向维度阐释某一地区或某一国家的民族国家构建历程，揭示其内在的流变规律。本部分以韩志斌（2014）教授的《地缘政治、民族主义与利比亚国家构建》和艾仁贵

（2020）教授的《塑造"新人"：现代犹太民族构建的身体史》为案例，分析世界史学界如何利用民族国家构建理论进行研究。

（4）案例分析

在民族国家理论构建方面，政治学、民族学、社会学等发挥着主导作用，形成了多种分析模式。尽管社会科学家努力发现具有普遍意义的理论，但纷繁复杂的历史现象中，任何的理论都有其适用的边界，不可能绝对化。世界史学者更多的是在扎实的文献资料和史实考证基础上，借鉴相关理论，分析历史上具体的民族国家构建现象，进而为认识当代问题提供启示。

案例一：《地缘政治、民族主义与利比亚国家构建》[①]

民族国家构建是中东地区普遍面临的问题。2011年之后，阿拉伯世界的剧变与其民族国家架构存在的深层问题密切相关。对这些问题的研究既需要借助民族学和政治学的相关理论与概念，也需要有纵深的历史视野。影响中东国家民族构建的诸多因素不仅是现实存在的，也是该地区不同国家和民族文明演进的逻辑结果。因此，通过将民族国家研究置于历史的深度和广度中，才可能发现其中深藏的内在逻辑结构。2011年之后，利比亚的冲突在很大程度上源于民族国家构建的失败，至今依然可见其回响。

1）研究内容。

该文从历史的纵向角度，分析了利比亚内部不同的地缘政治结构，重点阐释了第二次世界大战结束后，利比亚如何在联合国的干预下，由三块不同的地缘政治板块凝结成独立的国家，并分析了利比亚民族国家构建存在的深层次问题，对审视当代利比亚局势具有重要的参考价值。探究利比亚国家构建会发现，利比亚不同地区和部落存在尖锐的矛盾，这是地缘政治与民族主义互动的结果。利比亚历来为多种文明竞逐之地。近代以来，在奥斯曼帝国的支持下，赛努西宗教民族主义力量崛起。意大利入侵利比亚催生了的黎波里塔尼亚的阿拉伯民族主义运动并促进后者成立共和国。尽管民族主义精英也在起着重要作用，但由于固有的复合型历史文化的影响，在利比亚国家构建的进程中，大国的外在影响更为明显。英、美、法、苏等国在如何处理利比亚问题上经历了大国瓜分、集体托管、联合国托管与利比亚独立等方案的博弈，反映了各大国间的利益平衡以及重重矛盾。民族国家构建的内在问题并没有因为利比亚联合王国的成立而得到根本解决，在阿拉伯变局当中亦见其历史回响。

2）研究思路。

该文首先提出了一个重要的问题，即如何认识2011年以来的阿拉伯剧变，指出国家构建是其中的深层原因。作者阐释了国家构建的理论，并指出大国等外在因素对阿拉伯世界的国家建构影响十分重要，利比亚不同地区和部落存在尖锐的矛盾。在此基础上，该文从利比亚民族国家形成的历史长时段出发，研究利比亚国家建构。首先，分析了利比亚多文明竞逐的地缘政治环境，梳理了从利比亚文明起源以来三个地区的独特文化特征。其次，利用原始文献深入探讨第二次世界大战后美、英、法、苏等大国对利比亚问题的处理方案，以及相互的博弈。最后，作者研究了联合国与利比亚王国的诞生。该文在结语部分进一步分析和阐释了利比亚国家构建的独特性，以及历史上的诸多因素对其国家构建的影响和制约，为审视当代利比亚问题提供了历史的视角。

3）研究结论。

该文通过对利比亚国家构建的研究，将历史研究与现实问题有机结合起来，进而提供了认识现

---

① 韩志斌，2014. 地缘政治、民族主义与利比亚国家构建 [J]. 历史研究（4）：130–145，192.

实问题的深度视角。本文指出，利比亚政治共同体建立之后，家族和部族认同仍然是社会同化与阶层融合的阻力，致使民众的国家认同观念淡漠。因此，对于利比亚来说，国家认同的构建具有极为重要的意义。利比亚当时存在两种实现国家认同整合的政治文化资源：昔兰尼加的赛努西宗教民族主义和的黎波里塔尼亚的阿拉伯民族主义。两种意识形态具化为伊德里斯王朝和卡扎菲政权。但两者都没有根本解决民族认同的构建问题，也未能弥合三大区域之间的隔阂，以及消除部落社会的影响。利比亚国家构建的艰难历程说明，与地缘政治、大国干预以及相伴生的部族社会、地方政治等因素结合在一起的宗教与世俗民族主义力量，要想在国家建设中发挥积极的作用，需要正视其自身存在的问题。因为利比亚的民族主义运动是在与地缘政治乃至大国博弈下谋求国家构建的，宗教与世俗民族主义力量最清楚利比亚是在何种历史境遇下建立政治共同体然后才致力于建立公共行政机构，建设共同的教育体系、法律制度、语言及国家象征体系，弥合各族群的矛盾，从而推进民众的国家认同的。利比亚国家构建的成功与否主要取决于能否克服地缘政治对其内政的影响，并构建一种具有广泛参与性的政治制度，完成国家建设的诸多命题。

案例二：《塑造"新人"：现代犹太民族构建的身体史》[①]

构建现代民族认同是民族国家的应有之义。当今世界许多国家存在身份或认同问题，尤其是中东许多国家具有多元的族群和教派构成，民族认同较为虚弱。因此，如何构建民族认同显得尤为重要。犹太人自第二次大流散之后，散居于世界各地。近代西方民族国家和民族主义兴起之后，他们开始强化民族认同，形成了一定的种族等级化的观念，犹太人的政治犹太复国主义也开始出现，寻求恢复犹太人的国家。犹太人在复国的过程中，开始重新构建和修复离散民族的认同观念。《塑造"新人"：现代犹太民族构建的身体史》从身体史的新视角，对犹太人的身体进行新的叙事和实践，探究犹太民族认同构建。

1）研究内容。

该文首先分析了19世纪西方对犹太人身体的认知和他者叙事，进而分析了犹太人通过重新构想"新型犹太人"以及实践构建犹太人的民族认同。本文指出，在19世纪末的欧洲思想界，犹太人通常被描绘为阴柔、虚弱、胆怯的女性化形象。对此，犹太民族主义者提出了"新型犹太人"构想，力图在民族复兴进程中革新犹太身体形象：一方面，通过健身运动、农业垦殖和军事斗争来恢复犹太人的劳动本能和男性气概；另一方面，在象征层面将希伯来文化作为民族之根，把流散犹太人与巴勒斯坦阿拉伯人构建为女性化的"他者"从而加以排斥。到20世纪三四十年代，阳刚、健壮、勇敢、土生土长的"萨布拉"成为理想的民族身体意象。"新人"塑造与民族国家构建交织在一起，成为犹太民族复兴运动的重要支撑。犹太"新人"不仅重塑了犹太身体形象，而且深刻影响了当代以色列的国民性格与精神气质，成为身体转型与政治转型互动的重要案例。

2）研究思路。

该文首先提出问题，指出从19世纪末到20世纪中期，犹太人的身体形象发生了根本性的变化，指出这种变化与犹太人民族构建的内在关联。在此基础上，该文将犹太"新人"的塑造置于19世纪末至20世纪中叶犹太民族复兴的框架下加以考察，从身体史的维度探讨犹太身体构建与民族构建之间的互动关系。首先，该文分析了19世纪末欧洲思想界对犹太人身体的"病态"认知，进而指出欧洲的民族主义者强调犹太人是来自亚洲的东方民族，这种外来者身份与欧洲主体民族格格不入。其次，该文分析了在这种"退化焦虑"下，欧洲的犹太民族主义者如何应对，提出"新型犹

① 艾仁贵，2020. 塑造"新人"：现代犹太民族构建的身体史 [J]. 历史研究（5）：173-197，224.

太人"。犹太"新人"将使犹太人从非生产性的中产阶级城市居民转变成扎根故土的人。再次，分析了在犹太"新人"观念之下，通过实践加强健身运动、农业生产和军事斗争等不仅是犹太人力图在故土恢复政治主权的实际途径，在很大程度上也成为治愈犹太人身体"病态"的药方。最后，该文探讨了犹太"新人"的形象构建和实践，以及如何在象征层面通过构建"他者"来强化身份认同。

3）研究结论。

犹太民族主义对"新人"的塑造，体现了身体构建与民族构建之间的互动关系。在19世纪末的欧洲民族国家构建中，犹太人被主流社会视为来自东方的"他者"，被描绘为阴柔、虚弱、胆怯的女性化形象。为了应对反犹主义者的压力并扭转这种刻板印象，犹太民族主义者致力于通过在以色列故土重建政治主权来实现"正常化"（normalization），即不仅要像其他民族一样拥有正常的政治经济结构，而且致力于犹太身体形象的正常化。可以说，犹太民族主义不仅是一场政治革命，也是一场身体革命。在返回故土过程中，犹太人的生活方式发生了根本性变化，犹太男性气概完成了系统性构建和重塑。在塑造"新人"、创建民族国家过程中，犹太人从"东方主义"的受害者变成了"东方主义"的运用者。从深远影响来看，在"新人"塑造过程中，犹太身体中沉睡的"巨兽"被唤醒，成为现代民族复兴运动的重要支撑，并促使巴勒斯坦犹太社团（以及后来的以色列）的国民性格和精神气质发生了革命性变化。这种转向促成了崇尚武力的民族特性。作为一把双刃剑，对权力政治的过分追求往往走向另一个极端，以色列习惯性地无视弱势群体和其他民族的利益，沦为斯巴达式的现代"兵营国家"（garrison state），从而遭遇着持久的生存困境。

3. 国际关系理论 [①]

（1）发展历程

国际关系 [②] 学作为一门独立的学科是在第一次世界大战后才逐步确立起来的，真正形成系统的国际关系理论体系出现于第二次世界大战之后。1948年，美国政治学教授汉斯·摩根索（Hans J. Morgenthau）的《国家间政治：争取权力与和平的斗争》，标志着西方国际关系理论体系的基本形成。摩根索本人也因此在西方被誉为国际政治理论的奠基人（陈岳，2009）。

20世纪五六十年代，随着科技革命的发展及其对社会科学领域的渗透，西方学界出现了所谓的"行为主义革命"或"方法论革命"，强调国际关系理论的抽象化、系统化、一般化，相信可能存在一种有关国际关系的累积的科学，可以使国际关系研究的复杂性、精确性和简洁性不断得到推进，并使其预测力和解释力不断增强（李少军，2019）。科学行为主义使国际政治学研究在内容和方法上实现了向多学科和边缘性新兴学科的发展（《国际政治学》编写组，2019）。

20世纪70年代以后，国际关系理论也进入了一个"多元化的深度扩展"时期（王逸舟，2018）。在美国，国际关系学各个分支领域的研究更加深入，外交决策理论、冲突理论、合作理论、体系理论、相互依赖理论、博弈理论、世界秩序理论、威慑理论、均势理论、地缘政治理论、危机管理理论等，都有了不同程度的发展。在西欧，与地区政治经济发展直接相关的国际一体化理论获得迅速发展，成为西欧国际关系理论的重要特点（《国际政治学》编写组，2019）。在第三世界国家，

---

① 本部分的初稿由西北大学中东研究所博士生于开明编写。
② 本文不对国际关系和国际政治两个概念进行区分，主要使用国际关系的提法，但在个别引用中，遵从原文的表述，使用国际政治。

国际关系理论研究也取得了长足的进步，涌现出萨米尔·阿明（Samir Amin）、特奥托尼奥·多斯·桑托斯（Theotonio dos Santos）等一批政治经济理论家，他们提出了一系列富有创见的学术观点，对西方主流思想提出了质疑和挑战，引起了国际学界的广泛关注（张康之 等，2014）。

冷战结束后，国际形势的深刻变化为国际关系理论研究提出了新的课题。一方面，冷战时期产生的国际关系理论中，有的已不适用于新的国际形势，需修正、充实和发展；另一方面，冷战后的新形势也召唤着新的国际关系理论的诞生（倪世雄，1993）。在此背景下，"历史终结论""文明冲突论"等学说相继问世。现实主义和自由主义理论阵营内部也出现了新的分化。此外，随着国际关系理论的"社会学转向"，美国国际关系研究中还出现了构建主义理论（《国际政治学》编写组，2019）。

进入21世纪，随着苏联的解体，以及后冷战时期国际关系的复杂变化，尤其是"9·11"事件以来地区冲突的加剧，西方国际关系理论研究遭遇到很大挑战。单从理论范式本身看，除新自由主义学派的短暂繁荣之外，后冷战时代国际关系学界尚未出现某一学派的异军突起（王逸舟，2018）。国际关系理论构建仍然在很大程度上依赖于旧有的趋势和模式。国际关系的理论范式创新开始进入一个相对平淡的孕育时期（刘丰，2017）。

（2）核心理论

本书第七章系统阐释国际关系理论，相关论述在此不再赘述，参见本书第七章。需要指出，国际关系学并非世界史学科的理论，但世界史研究领域的相关学者借鉴国际关系学的理论和概念进行研究，对于介入区域国别学具有一定的参考价值。

（3）具体应用

在区域国别研究中，国际关系占有重要地位。但区域国别学与国际关系学在学科指向和研究方法等方面存在差异。特定地区的国际关系、地区格局，以及特定国家的外交政策，不仅是一个现实问题，还存在历史的维度，即历史传统、文化观念等在很大程度上塑造了现当代的国际关系。因此，从国际关系史的角度，借助国际关系概念、理论与方法，对区域国别中的国际关系和外交进行研究，对于深刻和全面认识区域国别问题具有重要的价值。

在西方学界，国际关系史与国际关系理论并非泾渭分明。例如，基辛格、汉斯·摩根索、巴里·布赞等国际关系理论的大家都不同程度地受到国际关系史的影响，具有深厚的史学积淀。历史学者借鉴国际关系理论进行研究的案例十分普遍，如美国学者约翰·刘易斯·加迪斯的冷战史研究。王立新教授指出，国际政治理论"不仅可以在较宏观的意义上为史学家提供新的视角，帮助史学家提出新问题和开拓新领域，同时也可以在微观层面为史学家提供研究决策过程的工具"（王立新，2010）。国际关系史与国际关系理论的相互借鉴与融合为研究特定地区和国家的国际关系、地区格局和外交政策提供了重要的前提。

世界史学者借助国际关系理论对地区国际关系史的研究往往借鉴了许多国际关系理论的概念和观点，如国际体系、核威慑、地区秩序、权力政治、文化冷战等，并且具有现实问题的关怀。但其研究的方法依然基于历史学，指向国际关系史，即围绕重大的问题，在多边解密档案的基础上，阐释地区国际关系的客观事实，而非形而上的思辨理论的建构。这也构成两个学科的明显不同。但在区域国别学的框架下，世界史学者能够充分发挥史学的宽广的时空视野优势，结合相关理论，重新分析和审视特定地区的国际关系现象。本文选取两个案例，分别从宏大的理论和个案研究的角度进行阐释。

（4）案例分析

案例一：《世界的重塑：从"帝国"到"民族国家"》①

明确科研的基本对象，是任何一个学科首先要面对的问题。无论是国际关系史、国际关系学还是区域国别学，其研究的最重要的对象就是国家。从历史的角度来看，诸多国家又是从特定的文明或者帝国转变而来。因此，从宏观的历史视角来看，某一地区的民族国家体系在一定程度上是历史上特定区域或普适文化、帝国的继承者。有了这一历史的视角，那么就揭开了现代的民族国家问题、地区问题，以及国家之间的互动的历史底色，形成了连续性的叙事。《世界的重塑：从"帝国"到"民族国家"》一文借助了政治学和国际关系的理论，对现代民族国家这一区域国别研究的核心对象进行历史的剖析。

1）研究内容。

该文借鉴了英国学派对国际关系的某些认识，从历史角度阐释了从1919年到2019年一百年间国际关系主体由帝国向民族国家转变的历程，并在此基础上对政治共同体的理论进行归纳和提升。本文指出，1919—2019年，整个世界经历了一个重新塑造的过程，这就是从"帝国"或帝国殖民地向"民族国家"的转变，"民族国家"取代帝国，成为当今世界最主要的组织形式。由于历史背景不同，"民族国家"之间存在极大的差异。从国家构建的角度，循着"已构建国家"、"再构建国家"和"构建中国家"三条线索，分析当今世界三种不同国家的来龙去脉，可以揭开世界的"底色"，展示出一幅不同的国际关系图景。"民族国家"遭遇的挑战，特别是构建中国家的种种遭遇，不仅表明多数"民族国家"徒有其名，也表明这个百年之前开始的世界重塑的过程依然没有完成。从历史来看，无论帝国还是民族国家，都是人类共同体的组织形式，人类历史实际上也就是一部不同类型和规模的"共同体"演化的历史。如果把"帝国"和"民族国家"放在人类共同体演进的序列中去考察，就不会在非此即彼之间犹豫徘徊，而为"人类共同体"的实现开辟出新的更多的发展空间。在其中，中国的历史经验和现实考量都具有非常重要的意义。

2）研究思路。

该文的研究思路主要是历史学的，即从宏观历史的视角下，阐释人类共同体由帝国向民族国家的转变历程，在此基础上分析普遍性的现象和规律。该文在引言中首先提出了一种看似存在悖论的历史现象，即从"帝国"向"民族国家"的转变或许是一种历史发展的必然趋势，但"民族国家"体制又难以应对当今世界所面临的种种新的挑战。其次，该文呈现了19世纪以来，世界由帝国向民族国家的转型的三个阶段，即19世纪的拉美革命，第一次世界大战、第二次世界大战后的民族解放运动，冷战的终结，指出了伴随着从"帝国时代"向"民族国家"的转变，整个世界按照欧洲人发明的"威斯特伐利亚体系"被重新组织起来了。理论上，每个国家都是"相似的单位"，都是现代意义上的"民族国家"，但实际上，由于历史背景、族群构成、宗教信仰和发展水平的不同，国家之间差异极大。在此基础上，该文分析了世界范围内民族国家的三种类型："已构建国家"、"再构建国家"和"构建中国家"。②最后，本文从理论角度回答了引言中提出的问题，指出了许多"理论"与"实践"的脱节之处。而这脱节之处，或许恰恰可以成为我们走出困境的起点。如果把"帝国"和"民族国家"放在人类共同体演进的序列中去考察，就不会在非此即彼之间犹豫徘徊，就不会拘

① 刘德斌, 2019. 世界的重塑：从"帝国"到"民族国家"[J]. 外交评论（外交学院学报）(6): 11–24, 4–5.
② "已构建国家"指的是那些最早按照威斯特伐利亚原则组织起来的欧洲国家；"再构建国家"指具有悠久的历史传统、在西方的压力之下蜕变成现代民族国家的国家；"构建中国家"指在沦为殖民地之前，没有长期、稳定的国家传统，在非殖民化运动中赢得民族国家地位的国家。

泥于形式和名称，而为"人类共同体"的实现开辟出新的更多的发展空间。

3）研究结论。

民族国家产生于近代西方，并伴随着西方的殖民扩张传播到世界范围，成为最重要的政治组织形式。这造成了具有西方中心主义色彩的民族国家叙事模式。本文借鉴政治学和国际关系的相关概念，从宏观历史学的时空深度，重新解析了帝国和民族国家在人类历史中的地位，进而为重新审视民族国家构建问题，以及国际关系提供了新的视角。该文得出了如下结论。一是民族国家的理论与实践的脱节。在现实世界中，真正符合欧洲"民族国家"标准的数量并不多，而这样的国家又构成了当今世界"民族国家"的多数。二是"民族国家"构建的前提是"民族主义"运动的兴起。但对于许多构建中国家来说，民族主义的旗帜没有那么强烈的吸引力，许多中东和非洲国家的部落主义发挥着重要作用，传统意义上的国家理论和国际关系理论失去了"用场"。三是"民族国家"与"帝国"并不是二元对立的，从"帝国"时代向"民族国家"世界的转型也不是一个线性的过程。纵观人类历史的发展变化，无论是部落还是城邦，无论是王国还是帝国，无论是多民族帝国还是单一民族构成的"民族国家"，实际上都是人类共同体演进的不同形式。这种共同体既可以是单一的，也可以是复合的。世界之大，各地区人类共同体演进的形式和时间不可能整齐划一。支撑民族国家的经济、政治、社会和地理条件正在发生变化，这或许为化解民族国家的"历史拖累"，甚至为构建超越国家的更大的利益共同体铺平道路。

案例二：《土耳其与北约关系：战略自主还是联盟至上》[①]

国家身份与认同由历史和现实共同塑造，并且深刻影响国家利益的识别与对外政策。土耳其地跨亚欧两大洲，在一定程度上继承了奥斯曼帝国作为欧亚国家的遗产。这造就了其在对待西方的态度上存在多重的矛盾之处。因此，如何认识近年来土耳其与北约、美国关系的渐行渐远，不仅是一个现实问题，更需要历史的深度考察。《土耳其与北约关系：战略自主还是联盟至上》以现实问题为导向，运用了国际关系、政治学的诸多概念分析土耳其与北约的关系，如国家身份、集体威慑、安全共同体等。同时，也将其纳入历史的视野中予以审视。

1）研究内容。

该文从身份政治的视角出发，系统考察了有关土耳其北约身份的争论、土耳其与北约结构性矛盾的形成、土耳其与北约安全共同体关系的弱化，以及土耳其与北约关系渐行渐远等问题。具体而言，近年来，土耳其在购买俄罗斯 S-400 导弹系统、在叙利亚的军事行动、围绕东地中海油气资源的开发等问题上都与北约盟友激烈对立，引发了北约国家对土耳其身份的质疑。2022 年乌克兰危机再次引发了土耳其作为北约成员国资格的讨论。土耳其与北约之间的这些矛盾可以追溯到 20 世纪 60 年代，其核心是土耳其认为北约的"集体威慑"并不能给自己带来安全保障，土耳其的国家利益与北约联盟的利益并不处在同一轨道上。冷战结束后，当年迫使土耳其加入北约的地缘政治环境正在加速变化，北约联盟新的集体威慑对象也变成了所谓"恐怖主义"。但在应对全球及地区恐怖主义威胁时，土耳其的国家安全利益与美国及北约的联盟利益形成了根本对立，土耳其成为令北约"头疼的伙伴"。土耳其是否继续留在北约联盟，以及北约是否继续容纳土耳其，既要看土耳其的外交战略选择，又要看国际地缘政治格局的变化，更要依赖它们彼此间的分歧管控智慧。

2）研究思路。

该文将历史问题与现实问题有机结合，阐释贯穿于历史与现实中的结构性因素。具体而言，从

---

① 郭长刚，梁莹莹，2023. 土耳其与北约关系：战略自主还是联盟至上 [J]. 西亚非洲（1）：110–130，159–160.

乌克兰危机以及北约东扩中土耳其与北约的矛盾出发，将历史学中对于历史事件的过程阐释与国际关系学中对特定议题的理论分析结合。本文总体上沿着现实—历史—现实的线索进行分析。该文在引言中提出，当前土耳其与北约关系的矛盾在历史上就有所体现，进而引出了本文探讨的话题，即双方长期以来形成的结构性矛盾是什么？这一矛盾又如何影响当代双方的关系？作者以土耳其购买俄罗斯 S–400 导弹防御系统、在叙利亚问题上的政策、东地中海油气开发、芬兰和瑞典加入北约等现实问题上，引出土耳其与北约、美国的矛盾，进而分析了土耳其的北约身份困惑与争议。在此基础上，该文回到历史，探讨了土耳其与北约结构性矛盾的历史生成，指出了在古巴导弹危机、塞浦路斯问题上双方的博弈和冲突，以及博弈和冲突对双方关系的消极影响。由此，本文分析了在后冷战时代土耳其与北约安全共同体的弱化及其具体表现。最后，分析了 21 世纪以来土耳其与北约关系的渐行渐远，得出最终的结论。

3）研究结论。

该文将现实问题纳入历史视野中进行考察，追溯了现实问题的历史根源，在研究的过程中借鉴了国际关系的相关理论，兼具两个学科的特色。这样的阐释，赋予了现实研究以历史深度，发掘了历史事件的现实意义。从方法论上看，该文抓住了现实的区域国别问题的结构性因素，进而进行深入的阐释。这是世界史进行区域国别研究的重要路径。该文通过研究得出了如下结论：土耳其与美国及北约的关系具有历史的连续性。土耳其当年是在面对苏联的直接威胁的情况下，不得不加入北约寻求安全保护。如今土耳其的安全环境已经发生了根本变化，土耳其与北约之间已经不再是单向的"依赖—保护"关系了。美国及北约在权衡"让土耳其加入北约远胜于其积极寻求从外部阻挠盟国"的时候，土耳其方面也一定在思考着离开北约是否会优于留在北约。无论如何，土耳其都不会为了北约联盟的利益而放弃自身的战略自主，更何况冷战之后的北约性质上已经发生了根本变化，已从防御转为进攻和扩张，成为美国维系其霸权的工具。正如丹麦国际问题研究所的报告所显示的，北约与土耳其之间的向心力因素正在失去力量，而四种离心力量正在不断积聚动能，这大大增加了土耳其与北约未来出现进一步摩擦的可能性，土耳其与北约将渐行渐远。

四、相关选题建议

本章通过分析世界史与区域国别学的关系，尝试在两个学科之间建立有机的学理联系，探寻两者研究的共同话题，以及能够相互促进、相互融通的领域。同时，也介绍了我国世界史学科的基本概念和基本理论，重点分析了世界史学者如何介入区域国别学研究，选取了具有代表性的现代化理论、民族国家构建理论和国际关系理论。这些理论本身具有鲜明的跨学科性。或许这正是世界史与区域国别学能够深度进行交叉的可能性，本文依据上述介绍的理论，列举若干从世界史出发研究区域国别问题的选题，以供参考。

1）区域国别热点问题的历史溯源；

2）不同地区和国家现代化道路比较研究；

3）非西方国家现代化进程中的传统性与现代性问题；

4）世界主要地区形成的文化史和观念史研究；

5）部落、宗教、族群等特定社会群体对民族国家构建的影响；

6）民族国家构建中的历史记忆与共同体观念塑造；

7）帝国遗产、传统文化观念对国家对外政策的影响；

8）区域文明特性与区域国别的对外关系；

9）非西方区域和国家的反美主义研究；

10）地区国际秩序和交往方式的历史考察。

五、思考题

1）区域国别研究与世界史研究存在哪些区别联系？世界史对区域国别学研究有哪些影响？

2）世界史的理论和方法与社会科学的理论和方法的异同有哪些？世界史在区域国别学的理论与方法构建中有什么作用和启示？

3）在西方学术语境下，现代化理论的核心要素和理论逻辑是什么？在中国式现代化的语境下，如何研究特定区域和国家的现代化问题？

4）中外学界在民族国家构建理论方面有何异同？运用民族国家构建理论进行分析时应如何避免西方中心主义的影响？

5）世界史与区域国别学在运用国际关系理论方面有什么异同？这对区域国别学研究有何启示？

六、本章参考文献

[1] 艾仁贵，2020.塑造"新人"：现代犹太民族构建的身体史 [J].历史研究（5）：173–197，224.

[2] 艾森斯塔德，1988.现代化：抗拒与变迁 [M].张旅平，等译.北京：中国人民大学出版社.

[3] 艾森斯塔德，2002.历史传统、现代化与发展 [C] // 谢立中，孙立平.二十世纪西方现代化理论文选.上海：上海三联书店.

[4] 安德森，2016.想象的共同体：民族主义的起源与散布 [M].增订版.吴叡人，译.上海：上海人民出版社.

[5] 布莱克，1989.现代化的动力：一个比较史的研究 [M].景跃进，等译.杭州：浙江人民出版社.

[6] 布罗代尔，2008.论历史 [M].刘北城，周立红，译.北京：北京大学出版社.

[7] 陈恒，2022.区域国别学的未来方向是系统的区域历史学研究 [J].全球史评论（2）：16–24.

[8] 陈岳，2009.国际政治学概论 [M].3 版.北京：中国人民大学出版社.

[9] 董正华，2009.世界现代化进程十五讲 [M].北京：北京大学出版社.

[10] 福山，2020.国家构建：21 世纪的国家治理与世界秩序 [M].郭华，译.上海：上海三联书店.

[11] 盖尔纳，2021.民族与民族主义 [M].2 版.韩红，译.上海：上海人民出版社.

[12] 郭长刚，梁莹莹，2023.土耳其与北约关系：战略自主还是联盟至上 [J].西亚非洲（1）：110–130，159–160.

[13] 《国际政治学》编写组，2019.国际政治学 [M].北京：高等教育出版社.

[14] 国务院学位委员会第六届学科评议组，2013.学位授予和人才培养一级学科简介 [M].北京：高等教育出版社.

[15] 哈全安，2001.从白色革命到伊斯兰革命：伊朗现代化的历史轨迹 [J].历史研究（6）：134–143，192.

[16] 哈全安，2016. 中东现代化进程中的世俗政治与宗教政治：相关概念的认知与历史经验的审视 [J]. 外国问题研究（3）：48–58，119.

[17] 韩东育，2022. 历史研究与区域国别学建设 [J]. 全球史评论（2）：8–15.

[18] 韩志斌，2014. 地缘政治、民族主义与利比亚国家构建 [J]. 历史研究（4）：130–145，192.

[19] 亨廷顿，2005. 我们是谁：美国国家特性面临的挑战 [M]. 北京：新华出版社.

[20] 吉登斯，1998. 民族—国家与暴力 [M]. 胡宗泽，赵力涛，译. 北京：三联书店.

[21] 吉登斯，2012. 全球时代的民族国家：吉登斯讲演录 [M]. 郭忠华，译. 南京：江苏人民出版社.

[22] 李剑鸣，2018. 学术的重与轻 [M]. 北京：商务印书馆.

[23] 李少军，2019. 国际政治学概论 [M]. 5 版. 上海：上海人民出版社.

[24] 李学勤，王斯德，2008. 中国高校哲学社会科学发展报告 1978—2008 历史学 [M]. 桂林：广西师范大学出版社.

[25] 梁占军，2022. 构建区域国别学，世界现代史大有可为 [J]. 史学集刊（4）：8–12.

[26] 林被甸，董正华，1998. 现代化研究在中国的兴起与发展 [J]. 历史研究（5）：150–164.

[27] 刘德斌，2019. 世界的重塑：从"帝国"到"民族国家" [J]. 外交评论（外交学院学报）（6）：11–24，4–5.

[28] 刘丰，2017. 国际关系理论研究的困境、进展与前景 [J]. 外交评论（外交学院学报）（1）：23–42.

[29] 罗荣渠，2009. 现代化新论：世界与中国的现代化进程 [M]. 北京：商务印书馆.

[30] 罗荣渠，2012. 现代化新论：中国的现代化之路 [M]. 上海：华东师范大学出版社.

[31] 倪世雄，1993. 冷战后西方国际关系理论的新探索（一）[J]. 国际展望（17）：23-24，27.

[32] 钱乘旦，2022. 世界史学科应及时介入区域国别学新学科建设 [J]. 全球史评论（2）：6–7.

[33] 钱乘旦，2010. 世界现代化历程（总论卷）[M]. 南京：江苏人民出版社.

[34] 钱乘旦，2016. 现代化研究的"话语威力"犹在 [N]. 北京日报 04–25.

[35] 田彤，2017. 章开沅与中国早期现代化研究 [J]. 广东社会科学（3）：95–106，255.

[36] 王建娥，2010. 国家建构和民族建构：内涵、特征及联系——以欧洲国家经验为例 [J]. 西北师大学报（社会科学版）（2）：22–29.

[37] 王建娥，2011. 族际政治：20 世纪的理论与实践 [M]. 北京：社科文献出版社.

[38] 王立新，2010. 跨学科方法与冷战史研究 [J]. 史学集刊（1）：26–37.

[39] 王泰，2006. 中国世界史学科体系的三大学术理路及其探索 [J]. 史学理论研究（2）：20–29，158.

[40] 王泰，2011. 埃及现代化进程中的世俗政权与宗教政治 [J]. 世界历史（6）：52–61，159.

[41] 王逸舟，2018. 西方国际政治学：历史与理论 [M]. 3 版. 上海：上海人民出版社.

[42] 杨共乐，2022. 构建中国特色"区域国别学"学科新体系 [J]. 史学集刊（4）：4–8.

[43] 杨雪冬，2005. 民族国家与国家构建：一个理论综述 [J]. 复旦政治学评论（1）：84–107.

[44] 于春洋，2013. 外观与内核：论现代民族国家的双重建构 [J]. 中央民族大学学报（哲学社会科学版）（4）：11-15.

[45] 于春洋，2016. 现代民族国家建构：理论、历史与现实 [M]. 北京：中国社会科学出版社.

[46] 曾毅，2014. 现代国家建构理论：从二维到三维 [J]. 复旦学报（社会科学版）（6）：161–169.

[47] 张康之，张桐，2014. 评多斯桑托斯的"新依附论" [J]. 西北大学学报（哲学社会科学版）（5）：47–57.

[48] 周平，2012. 多民族国家的族际政治整合 [M]. 北京：中央编译出版社.

[49] AUGUSTEIJN J, STORM E, 2012. Region and State in Nineteenth-Century Europe: Nation-Building, Regional Identities and Separatism [M]. Basingstoke and New York: Palgrave Macmillan.

[50] BENDIX R, 1996. Nation-Building and Citizenship: Studies of Our Changing Social Order [M]. New York: Routledge.

[51] DINNEN S, 2007. The Twin Processes of Nation-Building and State-Building [J]. SSGM Briefing Note 1,

[52] DOBBINS J, SETH G, 2007. Jones Keith Crane and Beth Cole Degrasse [C] // The Beginner's Guide to Nation-Building. Santa Monica: RAND Corporation.

[53] LINZ J J, 1993. State building and nation building [J]. European Review, 4: 355–369.

第七章

国际关系理论和方法
与区域国别研究①

　　本章立足于国际关系，探讨从国际关系视角进行区域国别研究的思路和路径。为此，本章首先介绍国际关系的核心概念、研究对象和研究范式，构建出对国际关系的基本认知。其次，本章重点探讨国际关系与区域国别研究交叉结合的思路，分析了三种基于国际关系理论进行区域国别研究的路径。具体来说，新古典现实主义结合国际体系与国内政治，分析国家具体的对外行为；区域主义以国家合作与一体化为研究对象，分析区域建构的逻辑；身份政治结合国家身份、区域身份和全球身份，探讨身份与国家行为间的关系。需要指出的是，国际关系与区域国别研究有较高契合度，所讨论的三种路径并非两者结合的全部。之所以选择三种路径，是因为它们呈现出了从国际关系角度进行国别研究、区域研究和综合研究的途径。

一、国际关系研究与区域国别研究的关系

　　国际关系研究与区域国别研究既有联系又有区别，应当破除将国际关系等同于区域国别研究的思想（王启龙，2023）。一方面，两者联系体现在研究对象和研究思路方面。无论是国际关系，还是区域国别研究，研究对象主要为域外世界。而且，国际关系和区域国别研究都具有跨学科研究特性。另一方面，两者区别体现在国际关系研究属于政治学一级学科门类，尽管研究内容涉及政治、经济、文化和历史等内容，但核心仍然是建立在政治学基础上，形成地缘政治、地缘经济和地缘文

---

① 本章作者：王志，复旦大学法学博士，西安外国语大学国际关系学院教授，环里海研究中心首席专家，研究领域：比较地区主义、欧亚区域国别研究等。

化等概念。两者区别也体现在研究方法维度上。国际关系研究属于社会科学，科学化成为主流研究途径，基于逻辑推演和经验验证，解释国际行为体的行为。区域国别研究具有较强的人文属性，理解与诠释为主要研究方式，探讨知识生产过程中的权力作用（赵可金，2021）。

国际关系是进行区域国别研究的重要途径（王志，2022）。一方面，国际关系的部分研究对象属于区域国别的研究内容。国际关系既着眼于全球体系，研究国际体系格局变迁，也探究区域问题，包括区域空间不同行为体的互动，如合作与一体化，冲突与战争，贸易、环境等治理问题（张蕴岭，2022）。国别也是国际关系研究的重要对象，不仅探讨大国兴衰，也论述中等强国和地区小国对国际关系的影响。另一方面，国际关系与区域国别的研究路径可以相互补充。国际关系科学化路径使其注重宏大理论命题，去除区域和国别的历史与文化差异，试图揭示国际关系运行的客观规律（张云，2020）。与之不同，区域国别研究注重探讨在地化知识，寻求区域和国别的差异性。基于国际关系中的理论范式，结合区域国别的在地化知识，塑造中层理论，既有利于促进国际关系理论的创新和发展，也有助于提升区域国别研究的理论化程度，达到双赢的效果。

二、国际关系研究概述

国际关系是一门既年轻又古老的学科。人类出现之后，构建出一定的政治单元，彼此之间相互交往，就有了国际关系。现代意义上的国际关系诞生于民族国家出现之后。经过"30 年战争"（1618 年—1648 年），西欧国家逐渐摆脱了宗教束缚，塑造出民族国家，成为近现代国际关系史的开端。作为一门学科，国际关系出现于第一次世界大战之后，至今仅有 100 余年，是人们对第一次世界大战造成的人类巨大伤亡反思的结果，目标在于探究人类为何发生战争以及如何走出战争。国际关系的基本研究对象为民族国家。第二次世界大战之后，随着世界性反殖民浪潮的兴起，亚非拉地区的国家纷纷独立，民族国家数量迅速增多。19 世纪中后期，世界上民族国家的数量为 50 个左右，发展到 21 世纪初，民族国家的数量为 200 个左右（Sørensen et al.，2022）。国际关系也研究非国家行为体，包括国际组织、跨国公司和国际恐怖主义组织等，在如何对待国家行为体和非国家行为体方面，国际关系中的现实主义和自由主义有着长期争论。

1. 核心概念

（1）国际关系

国际关系（international relations）研究国际行为体之间的关系与互动，通常被认为是政治学的一个分支，也是历史学家（世界史或者外交史）和经济学家（国际经济学）探讨的重要课题，同时也适用于法律研究（国际公法）和哲学研究（国际伦理学），具有跨学科特性。国际关系研究既是经验性的，也是规范性的，或者两者兼而有之。

（2）国际行为体

国际关系行为体包括国家和非国家两类。现代民族国家是国际关系最基本的行为体，核心特征在于拥有主权，包括对内主权和对外主权两个维度。对内主权意味着国家在领土范围之内享有高于其他所有实体的权威，对外主权是指它独立于领土范围之外的权威（Bull，1977）。国家对外主权的平等性，塑造出国际关系的无政府性（anarchy），构成国际关系的基本特征。对于无政府性的理解成为不同国际关系理论争论的焦点所在。

非国家行为体有国际组织（政府间国际组织和非政府组织两类）、跨国公司等。政府间国际组织（inter-governmental organization，IGO）由国家组成，组织机构大多包括两类，分别代表成员国利益和组织机构利益。代表组织机构利益的一般是国际组织的常设机构，其办公人员为国际公务员，他们常常需要将组织的利益置于各自国家利益之上。例如，联合国秘书处是联合国常设的行政队伍，即所谓的国际公务员，他们常常需要将组织的利益置于各自国家利益之上。非政府组织（non-governmental organization，NGO）是私人的国际行为体，包括职业组织、体育组织、政党和国际恐怖主义等等，不是政府的官方代表，处理较低层次、具体的职能性事务，为不同国家的个体提供国际交流平台，成为全球社会的链接纽带。著名的非政府组织包括国际红十字会、绿色和平组织和国际足联等。跨国公司（multi-national corporation，MNC）是指从事对外直接投资且在一个国家以上拥有或者控制增值活动的企业。跨国公司数量众多，多达 75 000 多家，排名前一百的跨国公司总资产价值高达 87 000 亿美元，在全球范围内拥有超过 1 500 万名员工，大约 90% 的跨国公司总部位于美国、日本和欧洲。跨国公司在国际舞台上非常活跃，通过贿选[1]、支持某些政党或参选人和资助政变等方式参与国际事务。1954 年，美国联合果品公司参与推翻危地马拉的阿本斯政府就是著名的案例。

2. 研究对象

国际关系研究的主要问题是战争与和平。战争是至少两个行为体有组织地使用军事力量，并达到一定烈度，包括国家间战争和内战两种类型。进入 20 世纪以来，两次世界大战和美苏冷战为国际关系的战争与和平研究提出了现实需求，学者们关注战争产生的根源、国家间如何实现和平，以及军备控制和对外战略等。冷战结束，国际恐怖主义兴起，非传统安全日渐受到关注，构成国际关系研究中传统与非传统安全并重的局面。经济也是国际关系研究的重点领域。20 世纪 70 年代以来，欧洲一体化发展、布雷顿森林体系崩溃和第一次石油危机，促使了国际政治经济学研究的产生，国家间的经济竞争与合作成为热门话题。国际关系学者探讨国家兴衰的秘诀；如何促进国家经济发展，特别是发展中国家的发展；经济全球化的动力何在；国家间经济相互依存能否避免战争，等等。冷战结束后，国际关系研究日渐多元化，社会领域也成为主要的研究对象，亨廷顿提出的"文明冲突论"构成主要研究范式之一，地缘文化成为重要探讨话题（邢悦，2011）。

3. 研究范式

国际关系研究存在三大范式，分别是现实主义、自由主义和建构主义，三者形成国际关系的理论家族。理论是系统化的思想，建立在明确的前提基础之上，有自变量与因变量，有着明确的逻辑关系且能通过实证检验。假定则是理论的前提，是从社会中抽象出来的，类似于公理，无须证明。科学研究的第一步是要确定理论前提，然后推出理论假设。国际关系三大理论范式有着差异性的理论前提，形成了不同的理论流派。

---

[1] 跨国公司通过行贿的方式来拉取所支持的政党选票。

（1）现实主义

现实主义的核心观点包括：第一，对人性的悲观看法；第二，深信国际关系必然是冲突的，国际冲突最终要通过武力解决；第三，高度重视国家安全和国家生存的价值；第四，国际关系具有悲观性，缺乏进步空间。上述观点与现实主义的主要研究假定相关：第一，国家中心论。在一个缺乏中心和合法政府的无政府世界中，主权国家是最重要的行为体。但这并不意味着现实主义不关注非国家行为体，如国际组织、跨国公司等，而是认为它们依附于国家行为体而存在，但没有国家行为体重要。第二，国家是单一行为体。现实主义研究国家间的互动及运行规律，这也就意味着现实主义不关注国内政治博弈对国际政治的影响。尽管国内可能存在不同的官僚集团，它们有不同的利益。但是，现实主义认为国家政策主要来自国家领导人的偏好。第三，国家是理性行为体。现实主义将理性看作国家行为的动机，基于成本收益进行计算，依据收益最大化原则来决定是否采取某项政策。第四，国家关注安全与生存。鉴于主权国家对内最高、对外平等原则，国际社会没有最高权威存在，国家处于无政府状态之中，每个国家只能依靠自助。因此，国家最优先的目标是安全与生存。

作为一种国际关系理论，现实主义出现于20世纪20年代，而作为一种思想观点，现实主义却有着悠久历史。在现实主义的思想来源中，修昔底德基于权力政治、竞争性城邦相对权力的变化解释了冲突，总结出了最早的安全困境雏形，将国际关系理解为独立国家间的无政府状态，第一个提出了国际冲突的现实主义解释。马基雅维利认为国家安全和生存是最基本的价值；国家领导人必须同时具备狮子（权力）与狐狸（欺骗）的特质，为达到目的不择手段；他也区分了国家道德与个人道德，作为君主的国家不能讲道德，个人可以讲道德。霍布斯提出了"自然状态"的概念，这是一个"一切人反对一切人"①的战争状态。霍布斯认为人们应当将彼此的恐惧转化为相互间的合作，让渡出部分权力给国家，从而达成一份能确保彼此安全的协议，这也从现实主义角度讨论了国家的起源。但这又会引发新的问题，人们为摆脱自然状态而建立主权国家，使得国家之上又会出现一个"自然状态"，带来国家的不安全感，使得国家陷入"安全困境"。

作为研究范式，现实主义是一个理论家族，共享理论假定，存在不同的理论流派，包括古典现实主义、新现实主义、进攻性现实主义、防御性现实主义和新古典现实主义等。以摩根索为代表的古典现实主义（classic realism）以人性作为理论起点，认为人性本恶，因此，人天生要追求权力。而国家是人的集合，通过民族主义的情绪将对权力的追求转变为国家对权力的渴求。个人在追求权力时受到国内政府的限制，而国家处于无政府状态之中，缺少对国家追求权力的限制，这是导致国际政治冲突的本质，维持和平的方式有赖于均势（balance of power）。以肯尼思·华尔兹（Kenneth N. Waltz）为代表的新现实主义（neo-realism）抛弃古典现实主义诠释性的研究路径，转向科学理论，将国际体系无政府状态作为逻辑的起点，以国际体系结构为自变量，以国家行为为因变量，探讨体系结构中权力分配（单级、两极和多极）对国家行为的约束。

冷战结束后，在新现实主义框架下演化出进攻性现实主义（offensive realism）和防御性现实主义（defensive realism）两种类型。进攻性现实主义代表性学者约翰·米尔斯海默（John Mearsheimer）认为大国处于国际无政府状态中，国家间意图不确定，大国具有进攻他国的军事能力，导致它们彼此畏惧，不得不追求国家权力最大化，成为国际体系中的霸权国。与此不同，防御性现实主义认为国际体系结构是良性的，一个重要的原因是核武器导致大国之间形成了恐怖平衡，国际

———————————
① "一切人反对一切人"的战争状态：指人们出于自然本性，为了追求利益、名誉和安全而相互争夺、相互残杀，从而导致人人相互为敌的战争状态。

安全是充足的。为此，国家不会追求权力最大化，因为这将引起其他大国的制衡，反而威胁到自身安全。出于对国际体系的简化和国内政治不满的忽视，新古典现实主义（neoclassic realism）将国际体系作为自变量，将国内政治为干扰变量，解释国家对外政策的变迁（参见下文新古典现实主义分析方法）。

（2）自由主义

与现实主义关注权力和均势，以此来解释国家间政治经济竞争、战争以及其他类型冲突不同，自由主义的核心观点在于在何种条件下国家实现合作或协调。对于现实主义，特别是结构现实主义来说，体系是分析的出发点，单元或国家－社会层次分析位于第二层次。自由主义分析主要从第二层次或第一层次出发。因此，自由主义国际关系理论包含的内容更为广泛，不仅仅包括国家，也包括国际体系和非政府组织。与此相关，自由主义的假定有：第一，不将民族国家视为分析前提，将国际政治视为国内政治的延续与放大，注重从国家性质和国内政治视角分析国家行为。第二，自由主义重视国家间的和平与合作，对人性持有乐观态度。自由主义者不认为人性之恒定不变，而是重视后天的教育，强调人的向善性。第三，对国际关系持乐观看法。与现实主义的悲观论调不同，自由主义承认国际关系存在进步的可能，动因在于人类的理性。

在自由主义思想来源中，洛克（Locke）认为人具有向善性，因此，自然状态是和平与合作的。国家不是高高在上的，政府权力来源于民众授权，国家的出现是为了提供公共服务，因此，国家应当弱小，若国家强大可能会剥夺公民的权利。边沁（Bentham）认为国家是一种宪政实体，建立和强化的是能够尊重公民的生存权、自由权与财产权的法律实体。宪政国家之间彼此尊重，在外交政策中遵循国际法是因为它符合宪政国家的理性利益。康德（Kant）认为世界公民和世界联盟是国家和平的保障。康德主张共和国之间的联盟，一方面，他承认国际无政府状态导致了战争，另一方面，他认为人性是可以转变的，人类可以通过学习来避免未来的战争。因此，康德认为由宪政和相互尊重的国家所组成的世界最终能够实现永久和平。

自由主义可分为社会学自由主义（sociological liberalism）、相互依存自由主义（interdependence liberalism）、制度自由主义（institutional liberalism）和共和自由主义（republican liberalism）四种类别。社会学自由主义者认为国际关系最基本的行为体是人，随着经济全球化的发展，人们开始流转于各个国家之间，塑造出一种跨国关系。人员跨国境流通，形成一种多重身份，个人不但要忠诚于民族国家，还要忠诚于超国家组织；从经济利益来讲，人员的跨国境流动使得很多人在国际上有了很大利润，利益变得更加多元，爆发战争会损害自身的利益，因此不会希望发生冲突。总之，社会学自由主义学者认为人员的跨国境流动促进了国家间的和平与合作。相互依存自由主义认为，现代化提高了国家间相互依存的水平并扩大了相互依存的范围，国家间的相互依存产生了敏感性与脆弱性。敏感性意味着一国政策的改变会引起另一国的反应，脆弱性则意味着在一国政策改变的情况下，另一国有无能力应对该国政策变化所带来的后果。随着复合相互依存的出现，国际关系呈现出与现实主义不同的图景：跨国行为体超越国家变得更为重要，军事力量的重要性下降，国家更为关注福利而非安全。总之，相互依存自由主义学者将国家间经济相互依存促进国家间和平与合作作为基本假设。

制度自由主义者也可被称作新自由主义，它将国际制度看作自变量，将国家间的和平与合作看作因变量。国际制度可以是一种国际组织，可以是一套在特定领域管理国家行为的机制，也可以是条约，一种非正式制度。国际制度具有三种功能：提供信息、具有惩罚措施以及降低交易成本，这样就能降低国家间的信息不对称程度，为谈判提供信息与机会，也可以强化政府监控其他国家遵从及履行承诺的能力。正是由于国际制度的三重功能，才能够维护国家间的和平与合作。总之，制度自由主义认为国际制度有助于促进国家间的和平与合作，也有助于缓解无政府状态的后果。共和自由主义的规范性最强，带有强烈的价值观色彩，相信民主国家之间不会发生战争。这是由于民主国家存在相同的和平解决冲突的国内文化和共同的道德价值，民主国家的和平因经济合作和相互依存而加强。后来，自由主义学者进一步提出"三角和平"理论，认为国际和平有赖于三根支柱，分别是经济相互依存、民主国家和国际制度。然而，该理论受到较多批判，特别是在何为民主国家，民主国家与国际和平之间是否存在内在联系等方面。

（3）建构主义

建构主义也被称为社会建构主义（social constructivism），主张从社会视角研究国际关系，关注观念而非物质因素，认为国家身份与利益不是预先给定的，而是国家通过彼此互动建构的。它强调国际政治中的实践意义，即社会实践对国家身份认同的塑造。从本质上来说，社会建构主义是一种对世界或者研究对象进行认识和分析的方法。它假定世界上的一切事物，包括我们的认知方式，都是通过一定的方式被建构出来的。同时，建构主义也可被视为一种实体理论，它试图回答国际关系中的一些基本问题，如战争与和平、国家合作等。

建构主义理论来源于社会学、语言哲学和国际社会理论等。在社会学理论中，吉登斯（Giddens）的结构化理论认为结构具有二重性，社会体系的结构属性既是结构组成部分的媒介，也是结果。社会结构不应仅仅被看作社会世界的限制要素，而应被看作限制和促进因素。索绪尔（Saussure）的语言哲学观认为，言语活动分成语言和言语两部分。语言是一种社会符号系统，由能指（signifier）和所指（signified）两部分构成。所指就是概念，能指是声音的心理活动。语言的单位都是一定系统里的成员，本身是什么，要由它在系统里所处的地位决定。语言不仅仅是指涉世界，而是构成我们世界中的一部分。国际社会理论又被称为英国学派（The English school），它是20世纪50年代以来，以英国学者为主创立的一种理论流派。它反对国际关系研究的科学化趋势，主张传统的、历史的和哲学的研究。早期的英国学派代表性人物赫德利·布尔（Hedley Bull）认为一个国家间的社会（或者国际社会）存在某种共同利益和价值，构成一定的社会，彼此之间受到一系列共同规则和规范的制约。从研究内容来说，英国学派研究国际关系的规范方面，如人权、人道主义干涉等。

从不同维度上看，建构主义存在不同的种类。规则建构主义的代表性学者是尼古拉斯·奥努弗（Nicholas Onuf, 1989），他探讨言语行为、规则和社会秩序之间关系，认为人们通过一定的规则使用语言，语言又演绎出规则，成为人和人交往以及人和社会相互建构的媒介，规则具有极强的利益性和阶级性，最终产生统治，而统治又有助于生成新的规则。因此，奥努弗从根本上否认国际关系无政府状态的假设，认为国际关系和国内政治一样存在规则和受规则限制的行为，呈现出有序状态，国际关系本身就是许多规则统治的政治社会。身份建构主义的代表性学者是亚历山大·温特（Alexander Wendt），他将国家类比为人，认为国家具有单一整体性和团体施动性，与人一样有自己的利益，如生存、独立和经济财富等。国家利益的建构来自四种不同的身份，即团体身份、类属身份、角色身份与集体身份。集体身份是温特重点探讨的内容，塑造出国际关系中的共有知识，使得国际体系是一种观念结构，温特称之为无政府文化，并将之分为三类：霍布斯文化、洛克文化和康德文化，彼此之间可以相互转化。在霍布斯文化中，国家之间是敌人身份；在洛克文化中，国家之间是竞争身份；在康德文化中，国家之间是朋友身份（Wendt, 1999）。

规范建构主义的代表性学者彼得·卡赞斯坦（Peter Katzenstein）认为，规范可以定义行为体的身份，起到"构成效果"；规范也可作为一种标准，限制行为体的行为。玛莎·芬尼莫尔（Martha Finnemore）将规范定义为"行为体持有的适当行为的共同预期"，也就是主体间共有的观念，这些观念制约各行为体的行为，建构出不同的身份，重塑各国的利益。规范建构主义认为，国际规范通过国际组织传输到国家，塑造了国家身份和利益。由国际组织推动的国际规范一旦被国家采用并在其政策中加以反映，这些规范就能决定性地影响其国家纲领。国际规范与国际组织密不可分。一方面，国际组织是可以根据各自的权利行使权力的自主行为体；另一方面，国际组织建构了一个使合作和选择得以发生的社会世界。它们帮助界定了国家和其他行为体终将确认的利益。国际组织权威来源多样，它们塑造了国际社会的知识，并通过议程设置行使权力。

三、国际关系理论和方法在区域国别研究中的应用

1. 新古典现实主义分析方法

新古典现实主义属于现实主义理论的分支，它不满于结构现实主义的宏大理论体系，注重结合国际体系和国内政治，探讨国家外交政策，为国际关系与区域国别研究融合提供了一种研究路径。

（1）发展历程

新古典现实主义始于 20 世纪 90 年代初，是现实主义内部对新现实主义解释力不满的回应。在国际关系理论第三次论战的后续影响下，在与自由主义和建构主义等学派观点的碰撞中，现实主义内部开始出现分化，一些现实主义者主张融合古典现实主义和结构现实主义的理论观点，构建了兼顾国际体系和国内政治的新古典现实主义理论，以提升冷战结束后现实主义的解释能力。

美国学者肯尼思·华尔兹是结构现实主义大师，他在国际政治理论和外交政策理论之间做出明确区分，以国际体系结构为核心自变量，从宏观层面阐释国家面对外部变化时的行为模式和战略选择。然而，华尔兹对国际关系理论的普适性追求导致结构性现实主义无法解释具体的现实问题，即在国际体系结构既定的情况下，国家外交政策为何会发生变化。在此背景下，吉迪恩·罗斯（Gideon Rose）于 1998 年发表了一篇题为《新古典现实主义和外交政策理论》（"Neoclassical Realism and Theories of Foreign Policy"）的评论文章，新古典现实主义由此得名。该理论在结构现实主义的基础上引入曾被忽略的国内政治作为中介变量（或称干扰变量），以增强理论的解释力。此后，新古典现实主义历经三代发展，形成了三种类型的新古典现实主义理论。

第一类新古典现实主义从现实经验出发，仅解释结构现实主义无法解释的外交政策反常案例。兰德尔·施韦勒（Randall L. Schweller）、杰克·斯奈德（Jack Snyder）、杰弗里·托利弗（Jeffrey W. Taliaferro）及其他新古典现实主义者通过分析历史上影响战争爆发的因素，认为国际体系无法充足解释解释为何国际关系中存在制衡不足的现象。施韦勒和斯滕·林宁（Sten Rynning）也先后论证了国内政治变量对外交政策选择的影响。第一类新古典现实主义者断定，结构现实主义适用于一般情况，新古典现实主义只适用于偏离结构现实主义预期的少数异例（Ripsman et al.，2016）。

第二类新古典现实主义专注于外交政策理论的构建，认为理论不能只解释反常案例，而应该解释更具普遍性的国家战略和外交政策选择。史蒂文·洛贝尔（Steven Lobell）、威廉·沃尔福思（William C. Wohlforth）、贾森·戴维森（Jason Davidson）、科林·迪克（Colin Dueck）、尼古拉斯·

基钦（Nicholas Kitchen）等代表性学者将国际体系作为自变量，将国家精英、政府和社会等各种国内政治因素互动作为中间变量，解释国家对外政策的变迁。总体来说，第二类新古典现实主义强调为对外政策提供一种普遍的理论模式，通过将国内政治和精英认知结合起来，并将其作为中介过程，以更精准地解释国家外交政策（Ripsman et al., 2016）。

第三类新古典现实主义体现在诺林·里普斯曼（Norrin M. Ripsman）、杰弗里·托利弗和斯蒂尔·洛贝尔三位学者的《新古典现实主义国际政治理论》（*Neoclassical Realist Theory of International Politics*）一书中。他们认为，前两类新古典现实主义研究的国际体系性质（自变量）和国内政治因素（中介变量）都不完整，其理论解释范围（因变量）也只局限于国家外交政策，并未考虑到国家行为对国际政治可能产生的重要影响。综上，第三类新古典现实主义拓展了理论范围，演进为新古典现实主义的国际政治理论，在继承过往研究的基础上不再局限于将其限定为外交政策理论，使得概念更为清晰、逻辑更为明确、解释也更为有力（Ripsman et al., 2016）。

（2）核心理论

新古典现实主义在古典现实主义和新现实主义的基础上，不再追求所谓的普适理论，而是尝试构建一条能够解释国家外交政策的研究路径，拓展现实主义理论的适用范围。

具体来说，结构现实主义主张体系理论，通过国际体系结构变化解释国家行为，然而当国际体系结构没有发生变化时，这种宏大的理论无法解释和预测国家外交政策的变化和可能采取的国家行为。例如，发生在1962年的古巴导弹危机事件是冷战期间美苏两国之间最激烈的一次冲突，整个事件由美古交恶和苏美对峙引发。1959年美国在意大利和土耳其部署了中程弹道导弹，作为反击，苏联选择在古巴部署核武器。在危机爆发的13天里，美国和苏联在"核按钮"上展开博弈。然而，显而易见的是，在危机期间，国际体系结构并没有发生变化，双方无法通过结构现实主义解释在这种特定时空情境下发生的具体问题，因为结构现实主义理论模型中的唯一自变量国际体系成为常量。以古巴导弹危机为案例，美国学者格雷厄姆·艾利森（Graham T. Allison）和菲利普·泽利科（Philip Zelikow）撰写了《决策的本质》（*Essence of Decision*）一书，构建出国家决策的理性行为模式、组织行为模式和政府政治模型，成为基于国内视角分析国家行为的典范。

在新古典现实主义学者看来，体系是国家行为的根本动因。然而，体系并不能直接导致国家行为，需要国内因素的刺激，包括体系因素能否清晰发出信号、领导人能否正确感知体系、能否动员国内资源等（Ripsman et al., 2016）。从外交政策制定视角看，体系和国内政治是两个基本驱动因素。当国家外交政策完全受到体系决定时，意味着国家没有能动性，属于体系决定论；当国家外交政策完全由国内决定时，意味着国家具有完全能动性，属于国内决定论。实际上，国家外交政策受国际体系和国内因素共同塑造，成为新古典现实主义理论创新的思想来源，发展出国家外交政策由体系决定，但受到国内层次中介变量调节的理论观点。

首先，新古典现实主义的自变量是国际体系，主要指涉的是国家间体系。不同学派的国际关系理论研究对国际体系概念做出过多种解读。华尔兹将国际政治体系比作经济市场，认为国际体系是由结构和互动单元组成的集合，强调体系结构的秩序原则、单元间的差异程度和实力分布，解释国际体系对单元行为的约束和塑造。沃尔兹坚持构建更具全面性的理论模型，简化了单元的特征、行为与互动关系。与之相比，新古典现实主义的起始假设也沿用了上述定义，认为国家在国际体系中的相对物质实力和地位是影响每个国家（单元）的外部行为的首要因素，同时在华尔兹的基础上增添了新的内容，对国际体系的理解比结构现实主义更加多元。在诸多国际体系层次变量中，值得注意的是"结构性调节因素"（structural modifiers）和"清晰度"（clarity）。前者用于解释单元间的互动，预判国家行为选择和国际结果范围，后者关注国家面临的威胁，研究其性质、时间范围以及应对威胁的有效措施，以此建构一种新古典现实主义的外交政策理论（Ripsman et al.，2016）。

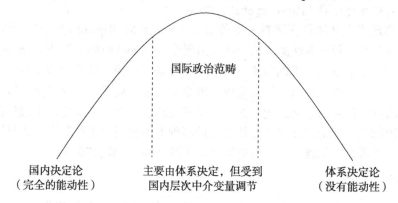

国际政治范畴

| 国内决定论 | 主要由体系决定，但受到 | 体系决定论 |
| （完全的能动性） | 国内层次中介变量调节 | （没有能动性） |

图 7–1　体系和国内变量的相对因果权重（Ripsman et al.，2016: 5）

其次，新古典现实主义的中介变量是国内政治，即单元层次的变量。作为一种跨层次的国际关系理论，新古典现实主义在自变量国际体系的基础上，纳入了国家和个人层次的变量，综合分析其对国家外交政策制定、调整和执行过程中所施加的影响，这里的国家和个人层次指的就是"国内政治"这一中介变量。这些中介变量不只局限于分析外交政策中的异例，而是能够从单元层次阐明不同中介变量对自变量的影响，即领导人意象等一系列国内政治因素影响国家体系的时机和程度，进而左右国家外交政策。随着理论发展，第三类新古典现实主义的核心中介变量已经扩展至四种：国家领导人的意象和认知、战略文化、国家–社会关系和国内制度安排（Ripsman et al.，2016）。具体来说，第一，领导人的意象主要涉及国家外交政策执行者，如总统、主席和首相等，他们的年龄、个性和政治经验等认知性因素会影响国家对体系刺激的感知和外交政策的选择；第二，战略文化根植于国家传统，可以通过制度化和社会化塑造一系列相互关联的文化规范或集体信仰，从而影响国家对国际体系结构性转变的感知能力和路径；第三，国家–社会关系强调二者之间的和谐程度，该变量有助于阐释政府核心与社会各种利益集团之间的互动模式，适用于分析社会和公众因素对国家战略行为影响程度较深的情况；第四，国内制度是国内政治问题的具象化形式，各项正式或非正式制度固定后，它们就对国家行为产生了制度性约束力，国内制度在其他因素的综合作用下，可能会在一定程度上左右国家的外交政策。

最后，新古典现实主义关注的因变量主要是国家外交政策。相较于结构现实主义对国际政治理论和外交政策理论进行的严格区分，新古典现实主义的因变量还涵盖了国家外交政策和行为选择之间互动所导致的国际结果。随着理论的发展，新古典现实主义从一开始只能解释特定国家的外交政策转向了更广泛的研究范围和领域，因变量的时间范围越长，相应的层次分析和理论解释范围就越丰富。因此，新古典现实主义不仅能够解释以天、周、月为时间单位的突发事件或国家危机，更有助于分析国家在十几或几十年间的外交政策和战略选择。需要注意的是，随着时间范围的变化，各个中介变量的影响权重也会发生转变。例如，对于短期的国家外交政策，领导人意识是最重要的中介变量；而长期来看，国家–社会关系和国内制度对国家战略选择影响重大（见图 7–2）。

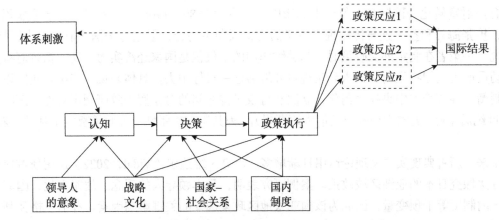

图 7-2　第三类新古典现实主义模型（Ripsman et al.，2016：81）

新古典现实主义有两个特点：一是关注具体事务或问题的阐释，二是专注于挖掘新现实主义重要的核心要义以复兴现实主义。新现实主义者在试图建立一个宏大国际关系理论的同时，弱化理论的解释力，虽然新现实主义及其衍生理论清晰简洁，但它们都无法清楚地解释与对外政策相关的具体问题。现实主义者致力于用最科学的表述阐明自己的理论，而不是专注分析对外政策。华尔兹辩称，国际政治不等于对外政策，这意味着理论发展和对外政策分析是两个不同且不相干的事情。新古典现实主义试图兼顾、考虑国际事务的一般情形和特殊情形，它既吸收了新现实主义及分支学派关于国际体系的部分，又认识到国内因素的特殊性和重要性。新古典现实主义评估国家面临的特定环境，同时考虑既定情境下的特定因素，提供更完整的解释。从某种程度上来说，理论的适用依赖于具体情境，新古典现实主义并不想建立一个普适的国际关系理论，国际体系的理论框架是否适用取决于分析者对情境的解读。在不确定哪个理论或分支学派更为适用的情况下，他们针对特定情境中的对外政策问题，将相关理论汇聚起来，增强现实主义理论的解释力。从现实主义的角度来看，一系列基本问题反复出现在对外政策分析中，例如，国家的某项政策在多大程度上是对外部压力和激励的反应，而非受国内因素影响？如果新的政党上台，政策会在多大程度上发生改变？是激励还是威胁会引发国家做出更积极的反应？新古典现实主义试图结合国际体系和国内政治，寻求上述问题的答案，它在增强理论解释力的同时，也削弱了理论的简洁性。

（3）具体应用

新古典现实主义的应用较多，本节仅仅选择较为经典的应用。施韦勒的《没有应答的威胁：均势的政治制约》（*Unanswered Threats: Political Constraints on the Balance of Power*）是新古典现实主义的代表性作品，分析了国际政治中广泛存在的制衡不足行为。施韦勒认为，国内政治中精英共识、精英凝聚力、社会凝聚力以及政府/政权脆弱性四个因素相互作用，成为国家能否制衡的国内因素，并通过 20 世纪 30 年代英国对德国扩张的反应、第一次世界大战与第二次世界大战之间法国对德国的政策、1877—1913 年法国第三共和国的对外战略与对德政策，1864—1870 年三国同盟战争期间阿根廷和巴西应对巴拉圭的行为选择作为案例加以验证（Schweller，2006）。另一部新古典现实主义经典作品为法里德·扎卡利亚（Fareed Zakaria）的《从财富到权力》（*From Wealth to Power*）。该著作分析了 1865—1908 年美国如何由一个经济强国上升为世界大国，并寻求对外扩张的，并在此基础上提出政府中心型现实主义理论。扎卡利亚认为，1865—1889 年，美国经济实力迅速上升，却并没有把财富转化为国际政治舞台上的影响力，直到 1889—1908 年，美国才开始采取积极的外交战略，扩张海外利益，这与传统现实主义的理论预期不吻合，但这与美国政府的能力密切相关。也就是说，决策者在制定外交政策时，起关键作用的不仅仅是国家经济实力，还包括政府有多大的权威和动员能力能把物质财富投入到实现对外战略这一目标中去。具体来说，美国自建国以来就重视分权制衡，导致美国中央权力弱化，立法和行政机构之间的对立使得政府制定对外政策的能力不足。19 世纪后半叶，美国中央政府的能力逐渐提升，为其制定扩张性对外政策奠定了基础（Zakaria，1999）。

近年来，新古典现实主义理论运用日渐增多。卢克·维达尔（Vidal，2022）运用新古典现实主义分析方法探究日本的亚洲区域政策。案例研究表明，日本领导人的观念、战略文化、国家–社会关系、国内制度等干预变量，已成为该国亚太地区政策选择的关键影响因素。乔治·格瓦利亚、毕齐纳·列巴尼泽、戴维·西罗基（Gvalia et al.，2019）将新古典现实主义与威胁平衡和经济依赖进行对比，以解释 2003 年玫瑰革命前后格鲁吉亚亲西方外交政策的变化，强调了两个干预变量——精英凝聚力和国家能力。康斯坦丁诺斯·扎拉（Zarras，2021）探讨卡塔尔、阿联酋和科威特在地区组织中的角色差异，指出尽管三个国家面临着共同的威胁和挑战，然而，由于国内政治原因，三个国家对威胁的看法不尽相同，导致彼此政策存在冲突，建立合作网络的前景不容乐观。克里斯蒂安·亚特兰德（Åtland，2021）借鉴了新古典现实主义的分析方法，讨论了俄罗斯在黑海地区不断寻求主导地位的法律、经济和安全问题。该文认为俄罗斯在黑海地区的行动是受明显的修正主义国家目标驱动。

（4）案例分析

案例一：《长期视角：俄罗斯邻国政策的新古典现实主义解读》[①]

新古典现实主义将国内政治与外交政策结合起来，有助于提取国家历史、文化、政治和经济等因素，为区域国别研究提供了一种思路。该部分以 *Europe-Asia Studies* 的一篇论文 "Taking the longer view: A neoclassical realist account of Russia's neighborhood policy（《长期视角：俄罗斯邻国政策的新古典现实主义解读》)" 为例，分析如何利用新古典现实主义分析方法对俄罗斯邻国政策进行研究。

1）研究内容。

本研究以新古典现实主义为研究方法，聚焦俄罗斯的邻国政策，解释俄罗斯等大国寻求地区主导地位的原因及表现。研究发现，在周边地区划分势力范围一直是俄罗斯外交政策的中心目标。然而，俄罗斯的邻国政策发生了显著转变，可分为两个阶段：1992—2003 年，俄罗斯并未采取太多实际行动；2003 年后，俄罗斯通过软硬兼施的手段影响了 14 个苏联加盟共和国。研究主要回答以下四个问题：

第一，俄罗斯追求地区主导地位的原因是什么？

第二，尽管政治精英已经达成共识，但俄罗斯为什么没有在 20 世纪 90 年代采取更为强硬的行动？

第三，俄罗斯在第二阶段实施连续进攻性政策的原因是什么？

第四，如何解释俄罗斯第二阶段不同类型的邻国政策？

① GÖTZ E, 2022. Taking the longer view: A neoclassical realist account of Russia's neighbourhood policy [J]. Europe-Asia Studies, 74(9): 1729–1763.

2）研究步骤。

首先，作者对新古典现实主义分析方法进行概述，着重强调其框架内对外交政策的影响因素。其次，基于俄罗斯对格鲁吉亚、乌克兰和波罗的海国家的政策分析，作者探讨新古典现实主义中的国内政治变量与俄罗斯邻国政策是否存在联系。最后，作者通过历史分析和案例研究进行论证，为俄罗斯在苏联空间的活动模式提供了新的分析视角。

3）研究方法。

研究借助新古典现实主义分析方法，以国家战略和国际体系中的地位为自变量，从国家能力、外部压力为干扰变量，对俄罗斯邻国政策进行解释。由于国家战略和大国地位激励，俄罗斯渴望划分地区势力范围；作为制约因素，国家能力决定俄罗斯能否采取具体行动；不同层次的外部压力促使俄罗斯制定不同类型的邻国政策。

基于新古典现实主义框架，该研究提出四个核心观点：俄罗斯的"近邻"共识，国家能力的重要性，外部压力和治国之道。最后，作者结合历史和案例得出结论，俄罗斯邻国政策是国际体系压力和国内政治因素互动的结果。

4）研究结果。

作者在四个核心观点基础上提出具体研究问题，并逐一展开论证。

针对第一个研究问题，作者发现俄罗斯国家战略和大国地位促使其追求地区主导地位。划分势力范围对俄罗斯的国家安全和大国地位至关重要。针对第二个研究问题，作者表示俄罗斯经常抗议美国、土耳其和北约等在欧亚的活动，并威胁要采取反制措施。然而，俄罗斯在大多数情况下并没有付诸行动。作者将其言行之间的差距归因于国家能力不足。其一，表现在极其低效的税收制度。俄罗斯徘徊在财政崩溃的边缘。其二，表现在国家自治权缺乏。俄罗斯寡头的影响力扩展到政治领域，导致国家政策的部分"私有化"。针对第三个研究问题，作者分析了俄罗斯邻国政策转变的原因。普京通过一系列措施增强国家能力：提高国家的财政收入能力；打压寡头，尤其是不忠于国家的寡头；恢复对车臣的控制，限制地方官员的权力。最终，作者得出观点：不同水平的国家能力制约了俄罗斯的邻国政策。因此，当俄罗斯国家能力提升时，它实施进攻性的邻国政策。针对第四个研究问题，作者对"外部压力等级"进行概念界定，即邻近小国和区域外大国之间的政治－军事合作程度。作者认为不同层次的外部压力将导致不同类型的邻国政策，并进行案例分析。较低层次的外部压力促使大国采取支持性邻国政策，如2009—2014年，俄罗斯的乌克兰政策；中等的外部压力促使大国采取强制性邻国政策，如2004—2022年，俄罗斯的格鲁吉亚政策等；巨大的外部压力促使大国采取颠覆性邻国政策，如2004—2022年，俄罗斯对波罗的海地区政策（见图7-3）。

综合上述分析，作者认为国家战略和大国地位、国家能力和外部压力是影响俄罗斯邻国政策的主要因素。以国家战略和大国地位为自变量，以国家能力和外部压力为干扰变量，作者结合新古典现实主义分析方法，解释大国在邻国建立势力范围的原因及表现。最后，作者提出四个推论：第一，除非地区力量平衡被打破，否则追求地区主导地位仍将是俄罗斯外交政策的主要目标；第二，对俄罗斯而言，地缘政治影响力和大国地位至关重要。尽管在军事上遭遇了挫折，但俄罗斯不太可能在乌克兰问题上让步；第三，国内政治是俄罗斯追求地区主导地位的制约因素；第四，外部压力会影响俄罗斯在追求地区主导地位时所采取的策略。

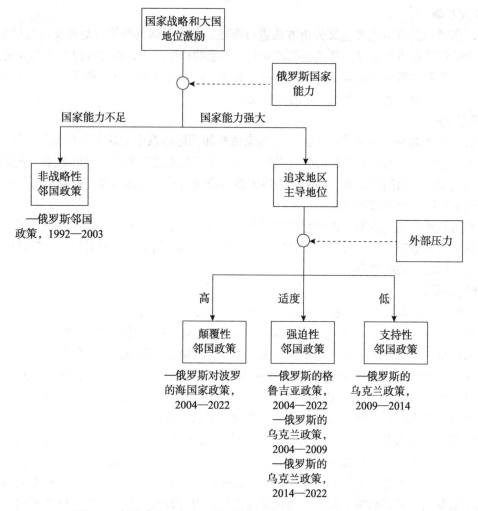

图 7-3　新古典现实主义和俄罗斯邻国政策（Götz，2022：1747）

小结：本小节以新古典现实主义为理论框架分析俄罗斯邻国政策的变迁。冷战结束后，在国际体系结构未发生大变动的情况下，俄罗斯对邻国政策发生了较大变化。通过增加俄罗斯国家能力和外部压力变量，有助于解释为何在不同时期，俄罗斯采取非战略性邻国政策、支持性邻国政策、强迫性邻国政策和颠覆性邻国政策，为研究俄罗斯外交政策变迁提供了一种新的分析视角。

案例二：《国家身份、国内政治与地缘博弈：乌克兰地区一体化政策探析》[①]

新古典现实主义为进行区域国别研究提供了基本思路，这并不意味着研究要局限于新古典现实主义的逻辑结构，而是可以借鉴新古典现实主义思维，综合不同国际关系理论，灵活运用。该部分以《国家身份、国内政治与地缘博弈：乌克兰地区一体化政策探析》为案例，展示如何基于建构主义，结合新古典现实主义思维，分析乌克兰地区一体化政策。

---

① 王志，王梅，2021. 国家身份、国内政治与地缘博弈：乌克兰地区一体化政策探析 [J]. 俄罗斯研究（5）：141–168.

1）研究内容。

该研究将国家身份作为自变量，将国内政治和地缘博弈作为干扰变量，探讨乌克兰的地区一体化政策。在理论特点上，它综合建构主义和新古典现实主义，为分析国家外交政策，基于国家历史与文化探究国家对外行为提供了一种分析思路。

2）研究步骤。

首先，作者从建构主义出发，依据新古典现实主义对结构现实主义的批判逻辑，构建出一种国家身份、国内政治和地缘博弈互动的分析框架。其次，结合该分析框架，依次分析影响乌克兰地区一体化的自变量与干扰变量，即国家身份、国内政治和地缘政治博弈。最后，运用上述框架，探析乌克兰不同总统执政时期的地区一体化政策及其动因。

3）研究结果。

研究运用国际关系学理论，构建理论模型，对乌克兰地区一体化的影响因素、演进过程进行系统探析，结果如下：

首先，理论构建方面。作者着眼于单元层次，基于社会建构主义理论，将国家身份（文化）作为自变量，探究其与因变量国家外交政策之间的内在联系。然而，一方面，国家身份的多元性使其对外交政策的解释力减弱，另一方面，建构主义在强调国家身份的同时，忽视了体系和单元内部的中介变量。为了增强理论框架的解释力，作者吸取新古典现实主义对结构主义的批判经验，纳入了国内政治和国际体系两个维度的影响因素作为干扰变量。其中，前者突出国家制定或改变外交战略的自主能动性，后者考虑到地缘政治博弈对国家身份及其对外政策的影响程度。因此，作者采取折中的视角，综合国际体系、国家单元和国内政治三个维度，构建一种能够解释国家具体外交政策的逻辑链条，并将其运用到乌克兰外交政策中，探究乌克兰地区一体化政策的演变及走向。

其次，理论运用方面。作者结合乌克兰地区一体化政策选择及其基本特征，依次分析国家身份、国内政治和地缘博弈三种变量的具体作用机制（见图7-4）。

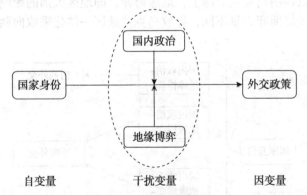

自变量　　　　　　干扰变量　　　　　　因变量

图7-4　国家身份、国内政治与地缘博弈：逻辑示意图（王志 等，2021：147）

国家身份层面，乌克兰位于欧洲东部，处在欧盟国家与独联体各国联通的十字路口。自基辅罗斯时期，乌克兰开始与俄罗斯产生纠结关系，乌克兰的东西部开始出现国家认同差异，呈现为族群、语言和宗教的多样性和区隔性，东西乌克兰在社会实践中的差异奠定了乌克兰身份裂痕的基础，导致国内形成了亲欧洲和亲俄罗斯的不同精英群体，进而左右其内政外交。国家身份作为乌克兰地区一体化的内在动力，影响了该国的国内改革趋向与外交政策选择，致使国内形成了"向西外交"、"欧亚外交"和"平衡外交"三种外交方向。总之，在国家身份这一自变量的影响下，乌克兰地区一体化政策出现了三种可能性。

国内政治层面，第一，国内政治脆弱性造成了乌克兰的政治不稳定。乌克兰是半总统制国家，但政体运行不顺畅，在总统–议会制和总统–总理制的具体政体机制中反复转换，因此多次爆发危机，修订甚至推翻原有宪法，以重新确定宪法有效性。例如，2004年"橙色革命"后，乌克兰第一次修订宪法，改总统–议会制为总统–总理制；但2010年，乌克兰宪法法院推翻此次修正，重回总统–议会制；2014年"广场革命"后，2004年宪法修正案的有效性又得到认可，恢复总统–总理制政体模式。这种频繁的政府更换和国家宪法的反复修订造成了民众的不满和恐慌，进而诱发了政治动荡。第二，乌克兰虚弱的政党和选举制度加剧了国内政治混乱，多党制的建设能力缺陷和政党权力的高度个人化导致乌克兰政党的兴衰更替频繁，其注册数量多但组织化程度低，政党地位也极不稳定。第三，寡头也是影响乌克兰政局的重要因素之一。库奇马推动经济自由化，国有资产流入少数人手中。寡头与政治精英勾结，干预总统的竞选与执政，同时与地区大国保持密切联系，塑造亲西或亲俄的不同偏好，进而影响国家政策。综上，国内政治作为干扰变量之一，在国家身份的基础上，对乌克兰外交政策产生重要影响。政治制度不健全、政治精英影响力过大、政党能力过低以及寡头势力过强，使得乌克兰地区一体化政策摇摆不定。当来自乌克兰西部地区的总统执政时，其对外交政策的影响与国家身份的影响一致，将强化向西外交；当来自乌克兰东部地区的总统执政时，其对外交政策的影响与国家身份的影响不一致，将偏向欧亚外交。

地缘博弈层面，乌克兰地处欧洲和俄罗斯之间，地理位置的关键性决定了地缘博弈的激烈程度。从国际体系来看，乌克兰很难在俄罗斯和欧盟两大地区统治力间获取主动权，东西文明也将继续影响乌克兰的统一性。一方面，俄罗斯对乌克兰有着特殊的情感和利益需求，乌克兰不仅是俄罗斯推动地区一体化的基础，更是俄与西方的战略缓冲带；另一方面，出于地缘博弈的安全担忧，欧盟对待乌克兰的立场模糊、半推半拉，西方更倾向通过软实力引导乌克兰的国家行为，防止乌克兰加入俄罗斯一体化，但又难以接纳乌克兰。综上，地缘博弈，即地区大国的影响是对乌克兰一体化政策的外在限制，不同时期地缘博弈力量不同，导致乌克兰地区一体化采取向西、平衡或者欧亚方向转变（见图7–5）。

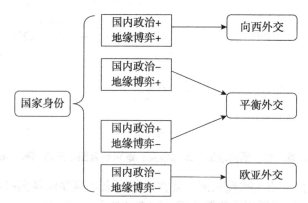

图7–5　乌克兰地区一体化政策逻辑示意图（王志 等，2021：147）

注："+"指与国家身份的方向一致；"–"指与国家身份的方向不一致；当国内政治和地缘博弈都不利于国家身份塑造外交政策时，可能会引发身份的反制

最后，现实政策方面。基于乌克兰地区一体化政策的理论逻辑，作者阐述了不同总统执政时期的地区一体化政策特征，以 10 年为时间阶段，对 20 世纪 90 年代、21 世纪头十年和 2010 年以来的乌克兰地区一体化政策及其动因进行了分析。作者认为，不同阶段，乌克兰的国家身份、国内政治和地缘博弈呈现出不同的特征，这些因素的相互促进或抑制，使得乌克兰近 30 年来的地区一体化政策不断转变，然而，乌克兰至今仍未找到一体化政策的最优选择（见表 7–1）。

表 7–1　乌克兰地区一体化政策与动因

总统	欧亚	向西	地区一体化
克拉夫丘克 （1991—1994 年）	独联体 （没有签署宪章）	《伙伴关系与合作协议》	向西 国内政治 + 地缘博弈 +
库奇马 （1994—2005 年）	自由贸易区 友好条约 经济共同体观察员 共同经济空间成员	《乌克兰融入欧盟战略》	平衡 国内政治 - 地缘博弈 +
尤先科 （2005—2010 年）	有限共同经济空间	《睦邻政策》"强化版" 协定	平衡 国内政治 + 地缘博弈 +
亚努科维奇 （2010—2014 年）	《哈尔科夫协定》 独联体内多边自由贸易区 欧亚经济委员会观察员	《联系国协定》谈判	欧亚 国内政治 + 地缘博弈 -
波罗申科 （2014—2019 年）		《联系国协定》 《全面与深层自由贸易区》	向西 国内政治 + 地缘博弈 +

（王志 等，2021：157）

注：库奇马执政时期，2000 年后，俄罗斯加强了对乌克兰的博弈，导致库奇马持续强化参与欧亚一体化。尤先科执政后，又逐渐降低参与欧亚一体化的程度

小结：该案例展示了如何灵活运用新古典现实主义框架对其加以改造，构建理论模型以分析国家外交政策。乌克兰地区一体化政策前后变动，国家身份是核心原因。然而，国内政治和地缘博弈会加强或削弱国家身份对乌克兰地区一体化政策偏向，导致政策变迁。通过该案例可以看出，国家政策受到诸多因素影响，综合运用不同理论是一种较好的选择。

2. 区域主义分析方法

区域（地区）主义[①]探讨区域国家合作与一体化，与区域国别研究中的区域对象基本重叠，构成国际关系与区域国别交叉融合的重要内容。本节探讨区域主义发展历程、核心理论，以及采用区域主义进行区域国别研究的途径。

（1）发展历程

通常认为，区域主义（regionalism）历经旧地区主义、新地区主义、比较地区主义等不同的历

---

① 地区和区域差别不是太大，本文不区别两者差异，而是交互使用。

史发展阶段。对该领域的知识源起进行溯源可以更好地推进比较地区主义的研究。牛津大学圣凯瑟琳学院国际关系教授路易斯·福西特（Louise Fawcett）曾说：区域主义的研究往往缺乏历史连续性，只有一些概略的、不完整的介绍。区域主义起源于第二次世界大战后是一种普遍的误解，妨碍学者们对其更深的历史根源以及区域主义"全球传统"的理解（见表7-2）。

表 7-2　地区主义演进及其根基（王志，2022）

地区主义理论	经验来源	理论基础
旧地区主义	西方（欧洲）	西方
新地区主义	非西方地区	西方
比较地区主义	同等看待不同地区	超越西方理论

1）旧地区主义。

早在19世纪，世界上的不同地区已经有地区主义实践。1828年普鲁士建立了关税同盟，1848年瑞士建立了市场和政治联盟，玻利瓦尔主张成立美洲共和国联盟，南部非洲关税同盟是世界上较早，并一直延续到今天的地区组织（Söderbaum，2016）。当然，正式的地区主义起始于20世纪50年代。西欧六国（德国、法国、意大利、荷兰、比利时和卢森堡）为了避免再次受到战争的伤害，意图构建出超国家的地区制度。欧洲一体化从功能性领域合作开始，随后建构出共同市场，最终成立欧盟。成员国也迅速扩展，20多个国家先后加入其中。通过欧洲一体化，西欧国家的经济快速恢复，欧洲成为现代化的样板，指引着世界上其他地区的发展。鉴于欧洲地区主义的成功，地区研究以欧洲为核心，形成了"欧洲中心论"，塑造了传统地区主义研究的方式和内容。

早期地区主义（又称旧地区主义）的研究特点表现为：一方面，依托西方国际关系理论。在解释欧洲一体化的过程中，地区主义形成了功能主义、新功能主义、政府间主义、交往主义等理论，研究国家为什么愿意放弃部分主权，构建出超国家的地区组织。功能主义和新功能主义认为，国家之间的合作和一体化应从功能领域开始，逐渐溢出到其他领域，最终实现一体化目标。政府间主义指出，国家间合作与一体化不能绕过国家，是国家利益的体现。交往主义突出国家间合作与一体化的身份因素。总之，上述理论基于西方国际关系理论，从主权国家的角度探讨国家为何能（或不能）构建出超国家的地区组织，以及地区组织的功能是服务于国家利益，还是有自身的偏好。

另一方面，欧洲是主要的经验来源。早期地区主义理论关注欧洲，构建理论的目的在于解释欧洲一体化。换句话说，欧洲经验是地区主义理论的基础。之所以选择欧洲，是因为它是成功的地区一体化，世界上其他地区如果希望促进地区一体化，需要学习欧洲。当然，也有学者关注到地区主义的比较研究。但是，比较的目标并非创新理论，也不关注地区主义理论能否解释其他地区一体化实践，而是探讨其他地区如何学习和模仿欧洲。如果其他地区一体化实践不成功，那并不是现有地区主义理论存在问题，而是它们没有学习到欧洲一体化的精髓。

2）新地区主义。

20世纪70—80年代，在世界反殖民浪潮的袭击下，亚非拉等非西方地区出现了许多新的民族国家，它们之间的合作与一体化为拓展地区主义研究提供了丰富的经验来源。这一时期，诸多地区组织成立，如东非共同体（EAC）、西非国家经济共同体（ECOWAS）、东南亚国家联盟（ASEAN）、加勒比共同体（CARICOM）、安第斯共同体（CAN）等。与此同时，作为国际关系理论中的一种流派，地区主义研究深受国际关系理论发展演变的影响。20世纪70年代后，国际关系理论迎来第三次论战，作为论战的双方，新现实主义和新自由主义逐渐趋同，反思主义兴起。20世纪80年代末到 90 年代初，国际关系理论迈入第四次理性主义和反思主义之间的论战。反思主义并非一种理论流派，而是反对理性主义国际关系研究的聚合，倡导用一种多元和开放的思想探讨国际关系，进而影响到地区主义。在经验和理论的双轮驱动下，地区主义演进到新地区主义阶段。

新地区主义与旧地区主义的差异在于：新地区主义重点关注非西方世界地区一体化实践，突破传统的仅仅重视正式地区制度和组织的局限，也关注地区内非国家行为体间的互动，承认地区一体化并非存在欧洲一种模式，倡导地区的开放与多元（邢瑞磊，2014）。总体来说，新地区主义的特点在于：一方面，重视非西方世界的地区一体化实践。新地区主义关照的重点内容是非西方世界的发展与现代化。地区主义作为一种理念，是实现上述目标的方式和手段。然而，对于非西方世界的地区主义与欧洲的关联性，学者们没有太多思考。或者说，作为一种地区主义，欧洲是独特的吗？地区主义研究是否需要将欧洲和世界上其他地区割裂呢？在上述研究的基础上，新地区主义形成了"欧洲中心论"和"区域中心性"的对立。"欧洲中心论"视欧洲为成功的地区，是其他地区学习的榜样。"区域中心性"强调不同地区的特性、与欧洲的差异，彼此之间没有比较的基础，却也间接承认欧洲是值得学习的榜样（Söderbaum，2016）。

另一方面，新地区主义理论基础仍然是西方国际关系理论。进一步来说，地区研究停留在西方视角和思维下来解读非西方世界的地区合作与一体化。现代国际关系建立在主权国家基础上，是国家间竞争与冲突的根源所在。为了促进地区秩序的生成，需要摆脱无政府状态，塑造一种新的地区秩序根基。为此，需要构建出新威斯特伐利亚体系或后威斯特伐利亚体系。新威斯特伐利亚体系要求重塑联合国，秉承真正的多边主义，在关注全球性大国的同时，重视地区大国的作用。后威斯特伐利亚体系是一种全球普适主义，根植于全球价值和规范，受到全球公民社会的塑造。如果说上述思想受到现实主义和自由主义的影响，那么，对地区性（regionness）的解读则与建构主义密切相关。地区性概念衡量了地区建构的程度，从低到高，包括地区空间、地区复合体、地区社会、地区共同体和地区制度化政体（regional institutionalized polity），体现了地区如何从一个地理空间的概念，经过地区内社会实践，逐渐发展出共享价值观，具有一致的身份认同，最终塑造出类似于联邦的地区制度的过程。

3）比较地区主义。

进入 21 世纪后，世界格局发生根本性转变，非西方世界整体性崛起。解释上述地区的成功与失败，需要摆脱对西方理论的依赖，构建非西方国际关系理论，塑造全球国际关系学。2005 年，阿米塔·阿查亚（Amitav Acharya）和巴里·布赞（Barry Buzan）发起非西方国际关系理论研究项目，鼓励学者探索"为什么没有非西方国际关系理论"，主张世界上不同地区学者的对话，将本地知识植入国际关系理论创新。为了促进非西方国际关系理论的进展，比较地区主义应运而生。从某种意义上说，比较地区主义倡导对世界的比较研究，同等关照世界上每一个地区，既要摆脱地区研究中的"欧洲中心论"，也不陷入"区域中心性"，而是以中观理论为目标，在比较进程中获得对世界上不同地区的深刻认知和理解，进而塑造出有别于西方国际关系的理论和框架。

比较地区主义兴起的动力在于：一方面，全球化发展并未导致同质化世界的出现。相反，世界上不同地区差异较大，发展程度不同，发展模式各异，塑造出地区化的世界（卡赞斯坦，2007）。全球化，特别是经济全球化，立足于西方国家的现代化经验，依托新自由主义理论，鼓吹市场化，认为世界上的其他地区要想实现现代化，仅有西方一种模式。地区主义，作为一种地区合作与一体化的理念，构建出地区制度与组织，"锁住"上述发展模式，打造出同质化的世界。世界上不同地区的趋同得益于欧盟规范扩散的效果。其他地区之所以愿意接受欧盟的规范，在很大程度上是恰当性逻辑的结果。然而，无论是在亚洲、非洲还是拉丁美洲，同质化的地区并未出现。即使从地区一体化的角度来说，不同地区也存在差异。欧洲地区化和地区主义程度都较高；在非洲和拉美地区，地区化程度不高，地区主义程度却较高；在东亚和北美，地区主义程度不高，地区化却发展较为顺畅。

另一方面，非西方国际关系理论的兴起为比较地区主义研究提供了新的视角。西方国际关系理论历经 100 多年的发展，主流理论有逐步趋同的趋势，难以满足多样化世界对多元理论的诉求。在第三次国际关系理论论战中，新现实主义和新自由主义的融合产生了理性主义。理性主义和反思主义之间的争论，导致社会建构主义逐渐成为主流理论，与理性主义也逐渐有结合的趋势。在社会建构主义内部，出现了现实建构主义和自由建构主义，显示出建构主义与自由主义和现实主义的融合，彰显了彼此间并无本质差异。社会建构主义为了向主流的新现实主义和新自由主义靠拢，接受了实证主义的认识论，使其最终成为西方国际关系三大理论流派之一。近年来，国际实践理论兴起，突出背景知识在理论构建中的中心地位，为发掘有别于西方经验的理论提供了机会。阿查亚提出规范本地化和辅助性原则等概念，探讨作为施动者的地区行为体对全球国际规范的影响，国际规范在何种情况下为地区行为体接受或者改造，促成多样化地区世界的出现。

（2）核心理论

区域主义理论依托国际关系理论，不同理论流派对区域主义都有所阐释，最为重要的是自由主义，以及在此基础上形成的功能主义、新功能主义等流派。本质上，区域一体化来源于国家合作，超越现实主义主张的国家间冲突本质，成为区域主义探讨的核心内容。功能主义和新功能主义是较早的论述区域国家合作与一体化的理论，并以欧洲一体化为经验进行验证。功能主义在社会科学中有着长期的历史，孔德和斯宾塞（Comte & Spencer）在其著作中都有所论述。功能主义和新功能主义认为，国家之间的合作和一体化应从功能领域开始，之后逐渐溢出到其他领域，最终实现一体化目标。与联邦主义重视形式不同，功能主义者认为，形式应当服务于功能。功能主义和新功能主义重视国际组织的作用，认为它有助于消除国家之间的摩擦和冲突，促进国家之间合作，是国家合作与一体化的重要载体。新功能主义不同于功能主义之处在于，它强调精英、政党和利益集团的作用，研究重点是欧洲一体化及制度的发展进程。（魏玲，2021）。除了功能主义和新功能主义，现实主义提出了政府间主义解释欧洲一体化，指出国家之间的合作与一体化不能绕过国家，是国家利益的具体体现。

20 世纪 70 年代，西方国家经济相互依存的程度提升，学者们进一步发展了功能主义和新功能主义，探讨经济相互依存与区域一体化之间的关系。功能主义认为，国家间跨国界交流的增多，能塑造出国家间共同利益，产生地区合作动力，形成区域经济一体化。而且，由于功能合作"外溢"效应，合作范围得以扩大，程度得以加深，最终涌现出超国家地区制度（Acharya et al., 2007）。新功能主义者指出，程度不断上升的经济相互依存度将启动持续的合作进程，最终导致政治一体化。超国家机构被视为解决共同问题的最有效手段，从经济领域"功能溢出"到高级政治领域，并导致围绕区域单位重新定义群体身份。新功能主义的核心论断是一体化将是自我维持的方式，中心隐喻是"溢出"效应，该效应分为两种方式，即功能溢出效应与政治溢出效应，两者都会通过利益集团压力、舆论与精英社会化来加深一体化效果。首先，功能溢出效应强调经济相互依存，即在一个领域的合作将迫使各国政府将他们的合作努力扩大到其他领域。其次，政治溢出效应意味着将构建出超国家机构：一个自我强化的体制建设过程。由此，功能主义与新功能主义者主张，经济相互依存程度越高，即经济一体化程度越高，国家间越容易形成超国家的地区制度。

新现实主义从外到内分析区域的形成，它将国家视为统一和理性的利己主义者，并认为无政府体系的结构特征使它们倾向于竞争和冲突。而地区和区域主义可能在特定情况下发展，并作为国家生存和权力最大化的手段（Söderbaum，2016）。例如，出于地缘政治原因，或通过政治结盟，权力分配可能会带来合作机会，特别是为了对抗区域内外另一个国家或国家集团的力量。地区内国家和政治家可能体现国内政策偏好，但决策通常来自国家间在区域层面的政府间谈判。尽管学者在分析霸权与合作之间的一般关系方面付出了大量努力，但霸权与区域主义之间的联系仍未得到充分理论化。而霸权至少可以通过四种方式对区域主义和地区制度的建立起到强大的刺激作用：首先，次区域集团的发展往往是对实际或潜在霸权力量存在的回应；其次，区域主义可以通过建立区域机构来限制霸权的自由行使；再次，较弱的国家倾向于寻求与当地霸主的地区和解，以期获得特殊回报；最后，霸权本身可能寻求积极参与地区制度的建设，核心国家在足够强大时可以提供有效的领导。现实主义认为，区域制度建立在权力基础上，它影响到区域制度类型和能力大小。进一步来说，地区合作与一体化有赖于有威望的领导者，它们是地区制度的供给者（Laursen，2000；Mattli，1999）。地区霸权对地区合作与一体化的贡献在于，它提供公共产品，有助于解决集体行动的困境。

建构主义者认为思想、规范和身份认同在区域主义中发挥着至关重要的作用，这些要素通过对目标和结果的共同理解来塑造期望并促进合作。它们充当认知因素，决定如何接受新的经济、政治和安全管理方法。它们还为衡量区域主义的结果提供了一个准绳：即区域制度的成败可以通过规范来判断，而不仅仅是基于自由贸易等物质指标。建构主义者认为，不仅身份很重要，而且区域身份，就像区域本身一样，不是给定的或恒定的。此外，国家和地区特性可以共存甚至互补，而不是相互排斥。在区域主义研究中转向建构主义，可以被视为是学者对西欧区域主义的自然反应，尤其是具有单一市场、共同货币与政治安全倡议的欧盟会导致一些人为欧盟贴上"规范力量"的标签。另一个因素是欧盟在冷战后的扩张，吸收了来自东欧和中欧的新成员，以寻求一种新的"欧洲认同感"。更为重要的是，社会建构主义为区域主义研究提供了新的思维和方法，改变了传统上认为西方地区主义是发达的，非西方地区主义是落后的这一观点。例如，由于社会建构主义的出现，学者们重新界定"东盟方式"，不再将其视为失败的代名词，从而构建了人们对东南亚一体化的认知。社会建构主义认为，区域身份是区域国家合作与一体化的驱动因素，缺乏区域集体身份，国家之间难以合作。这也意味着，地区国家间身份认同的程度越深，越有可能加深地区一体化。然而，国家身份与人的身份一样，是多维而非单一的，地区身份同样如此。也正因为国家的多维身份建构，它们才得以加入不同的地区组织，形成制度重叠与嵌套，这在非洲、拉美和东亚地区一体化中有较为明显的体现。

世界的复杂性使得依赖单一因素解释地区一体化的效果不佳。诸多学者综合不同的理论流派，立足于案例内或跨案例比较，提出更有说服力的理论框架，解释地区一体化的成败。安德鲁·莫拉维切尔（Moravcsik，1998）的自由政府间主义结合自由主义和现实主义，认为经济利益、相对权力和可靠承诺三个因素在国内利益集团和地区层面成员国间互动，塑造了欧洲一体化。自由政府间主义仍然以欧洲一体化为研究对象，且无法有效解释世界上其他地区一体化的发展程度。沃尔特·马太（Mattli，1999）采取跨案例比较分析，结合现实主义和自由主义，认为经济相互依存和有威望领导是地区一体化成功的关键。尽管如此，马太将欧洲一体化视为成功的样板，认为其他地区一体化难以成功，带有一定的"西方中心论"偏见。塞巴斯蒂安·克拉波尔（Sebastian Krapohl）修正马太的理论，认为发展中世界地区一体化有别于发达地区，需要考虑到地区外霸权对地区主义的影响。发展中世界地区一体化的进展，依赖于地区内行为体与地区外行为体间的互动。如果地区外行为体支持地区一体化，将形成性别斗争博弈，涉及分配问题，基于"一报还一报"战略，行为体间形成合作；如果地区外行为体不支持一体化，将产生兰博（Rambo）式博弈游戏，行为体的主导策略是欺骗，合作难以进行，地区外大国支持地区内某一国家，达成特惠贸易安排（Krapohl，2017）。上述分析将欧洲一体化和发展中区域一体化对立起来，排除了世界中区域一体化存在相似性的可能。

比较地区主义兴起，地区制度比较成为研究的主要内容。地区制度作为因变量，可从范围和层次、合作与授权形成超国家制度等来衡量。阿查亚（Amitav Acharya）和江忆恩（Alastair Iain Johnston）遵循理性制度设计框架，从成员国数量、议题范围、制度控制和安排灵活性等方面来测量作为因变量的区域制度。影响区域制度设计的因素包括：行为体的数量、体系及次体系中的权力配置、国内政治、非国家和跨国行为体及历史与文化因素（Acharya et al.，2007）。但该理论框架存在一定的局限性，一方面，该理论框架仅仅关注制度设计的动因，而未关注制度设计的效果；另一方面，该理论框架将物质因素作为制度设计的重要自变量，忽视了制度设计中的合法性因素。

芬恩·劳伦森（Finn Laursen）认为，作为因变量的地区制度存在两种模式：国家间合作与超国家一体化。地区制度是立足于国家间合作还是具有超国家性质，受到以下条件的制约：第一，利益因素。地区内行为体基于经济相互依存，塑造出共同利益，推进地区一体化。第二，权力因素。地区制度的最终形成深受权力影响，大国在地区制度设计中的作用远远超过小国，权力不对称有助于承诺性制度的出现。第三，知识、规范和文化因素。身份一致有助于形成超国家的地区制度。当然，制度和领导力也很重要，发挥着干预变量的功能（见图7-6）（Laursen，2010）。

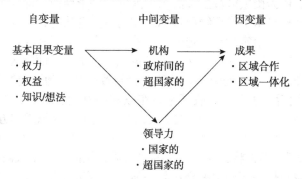

图 7-6　芬恩·劳森的地区一体化研究框架（Laursen，2010：39）

塔尼亚·博泽尔（Tanja A. Börzel）等人承认，在起源与发展、制度设计、成员国在地区组织中的行为、地区组织对成员国的影响四个方面，存在不同的地区主义建构路径。欧盟并非地区一体化的模板，世界上存在不同形式的地区主义，东盟、南美共同体、南非经济共同体、北美自由贸易区等各有特点，需要采取比较视角深入分析（Börzel，2012）。这些研究综合国际关系理论，有效弥合了一体化研究中欧洲和其他区域分裂的现实，分析框架却不尽完善，特别是忽视了不同理论间的融合，来解释一体化的不同路径及发展程度差异。

（3）具体应用

学术界存在大量区域合作与一体化、区域组织的研究。邝云峰和海伦·奈萨杜拉伊研究亚洲的区域制度设计，重点探讨东盟自由贸易区（AFTA）和东盟地区论坛（ARF）。东盟自由贸易区是东盟的主要经济机构。能形成东盟自由贸易区，是共同的外部威胁和国内政治需求共同促进的结果。一方面，国内政治和政权安全使得东盟成员国接受"不干涉内政"原则，防止外部大国干预其国内政治或破坏国内已经形成的制度安排；另一方面，当外部威胁提升并危及政权安全时，成员国不得不建设相应的区域制度。东盟地区论坛与之类似，也有独特之处。东盟地区论坛是一个相对松散的协商机构，成员国的独立性很高，受到历史路径依赖影响，也是外部战略不确定增大时的一种政策反应。波霍相·格沃尔克·阿拉莫维奇（Погосян Геворк Арамович）研究欧亚经济联盟存在的问题及发展前景。一方面，东欧和南高加索地区安全形势严峻，从格鲁吉亚和俄罗斯发生冲突、俄罗斯出兵克里米亚到俄乌冲突升级；另一方面，俄罗斯和西方国家冲突加剧，欧亚经济联盟其他成员国对此产生了较大消极情绪。在此背景下，欧亚经济联盟的发展存疑，需要积极推动成员国的参与，化解公众对欧亚区域一体化的不满。

阿莉娅·茨凯和菲利波·科斯塔·布拉奈（Tskhay et al.，2020）引入了"平衡区域主义"的概念，认为此概念将为中亚乃至欧亚大陆的区域主义提供一个全新的视角。平衡区域主义及其机制可能有助于理解一种不那么雄心勃勃、更具保护主义和战略性的区域主义。为了平衡强大的邻国，小国可以通过参与一系列多边平台，达到确保自身政权安全和维护国家主权的目标。中亚国家借助不同的区域平台与国际合作伙伴接触，并试图将俄罗斯主导的倡议与中国和欧洲的倡议联系起来，以达到平衡的效果。张丽华、杨仑（2022）借助比较地区主义理论，认为东亚历史沿革的复杂性以及各国现实发展的不均衡性决定了集体身份认同建构过程的漫长性。超越现实发展困境，重构东亚政治文化，建构从地域共同体到以集体身份为前提的命运共同体，对于东亚一体化前景至关重要。

（4）案例分析

案例一：《欧亚经济联盟：进展与挑战》[①]

本部分以《欧亚经济联盟：进展与挑战》为案例，基于国际关系理论，从区域一体化理论出发，以经济一体化、制度一体化和身份一体化为切入点，分析欧亚经济联盟的区域经济一体化及其效果、地区制度设计和所面临的困境以及地区身份塑造与难题，以克服欧亚经济联盟研究中割裂政治与经济互动造成的片面性、局限性，形成对它的系统认知，包括现状与趋势、进一步一体化的困难所在等，为区域组织研究提供了一个参考。

1）研究内容。

本研究以欧亚经济联盟为对象，基于区域一体化理论，将欧亚经济联盟区分为经济一体化、制度一体化和身份一体化三个维度，以深入、系统地探析该组织。研究发现，由于欧亚经济联盟在区域一体化的三个维度之间，尚未形成良性互动，对其未来发展有较大影响。

2）研究步骤。

首先，作者对本文研究的"区域""一体化"概念分别做了界定，并认为区域一体化是一种复杂的社会变迁，呈现出一体化与去一体化的趋势与状态。其次，作者认为区域一体化可区分为经济一体化、制度一体化和身份一体化，并从这三个维度对欧亚经济联盟进行了具体阐述。最后，得出研究结论。

3）研究结果。

首先，通过对欧亚经济联盟经济一体化进行分析，作者认为：第一，欧亚经济联盟的基础是关税同盟，核心是共同关税区。但是，关税同盟并未涵盖所有商品，成员国可自行排除某些关税细目。2015年年底，哈萨克斯坦加入世界贸易组织，其关税豁免数量从1 347个增加到2016年年底的1 914个。第二，共同市场的另一个基本要素是对外直接投资。欧亚经济联盟为成员国间的相互投资提供了诸多便利，而且成员国间具有相似的历史、经济、地理和语言联系，彼此保持了相对较为稳定的投资水平。但欧亚经济联盟内部与外部对外直接投资的比例并不协调，联盟外部国家对联盟

---

① 王志，2018. 欧亚经济联盟：进展与挑战 [J]. 俄罗斯研究（6）：27-58.

内部国家直接投资额远远大于联盟内部国家相互对外直接投资额。第三，欧亚经济联盟形成了共同劳动力市场。世界区域组织中，仅有欧盟达成了单一劳动力市场协议，欧亚经济联盟是第二个。在欧亚经济联盟内，由于贫困和缺乏就业机会，吉尔吉斯斯坦和亚美尼亚存在大量的劳务移民。根据欧睿国际（Euromonitor）的统计，苏联解体后，有超过100万亚美尼亚人移民到其他国家，其中有70%移民到俄罗斯。

其次，通过对欧亚经济联盟制度一体化进行分析，作者发现：欧亚经济联盟延续了欧亚经济共同体和关税同盟的制度设计，但又有局部革新。尽管欧亚经济联盟似乎具有超国家的制度，但是实质上它呈现出混合性特点，这使得欧亚制度一体化面临困境。欧亚经济联盟的超国家性并不强，这在其决策原则中有较为明显的体现。尽管欧亚经济委员会被设计为具有超国家性质的独立机构，但其独立性受到较大限制，难以摆脱成员国对其的影响。例如，在一次决策过程中，如果某一成员国对委员会所做出的决定不满意，它可以向政府间委员会申诉，如果还不满意，可以上诉到最高机构欧亚经济委员会。

最后，作者认为欧亚经济联盟建立在欧亚主义身份基础之上。欧亚主义是欧亚大陆诸多国家共同的思想观念，在不同的国家，含义存在差异。欧亚国家对欧亚主义矛盾而复杂的心态在哈萨克斯坦体现得较为明显。

小结：本小节，作者将区域一体化区分为经济一体化、制度一体化和身份一体化三个维度分析欧亚经济联盟。由于经济一体化、制度一体化和身份一体化三个维度，欧亚经济联盟并未形成良性互动，导致前景不明。对于欧亚经济联盟来说，实现三者间的协调，才能促进其深入发展，在国际舞台上发挥强大的影响力，实现俄罗斯的地缘政治想象和其他成员国的地缘经济目标，摆脱欧亚区域"纸面上一体化"的宿命。

案例二:《区域一体化的多重路径：地区经济组织的定性比较分析》[1]

本小节以《区域一体化的多重路径：地区经济组织的定性比较分析》为案例，选取20个地区经济组织为案例，基于模糊集定性比较分析，立足于经济相互依存、地区领导国、地区身份、国内政治和持续时间五个前因条件，探讨世界上不同地区经济组织制度能力的差异，彰显出区域一体化的发展程度。该案例为中等样本的区域比较研究提供了一个范例。

1）研究内容。

区域一体化作为当今全球发展的主要趋势，已经催生了多样化的地区经济组织。该研究中选择了20个此类组织进行案例分析，运用模糊集定性比较分析方法，立足于五个关键前提条件：经济相互依存、地区领导国、地区身份、国内政治以及持续时间，以探究不同地区经济组织在制度能力上的差异，以此揭示区域一体化的发展程度。最终发现，较高程度的区域一体化可以通过四条路径形成，分属于效率、信任和动力三种类型。具体而言，经济相互依存为区域一体化提供了客观外部需求，地区领导国则有助于提升一体化的效率，而地区身份和国内政治则塑造了成员国之间的信任，从而推动区域国家的合作与一体化。

2）研究步骤。

文章的研究步骤主要包括文献综述、模型构建、案例分析和结果总结。首先，在文献综述的基础上构建了区域一体化的理论模型。其次，选择了20个地区经济组织作为案例，进行了深入的模糊集定性比较分析。最后，通过比较不同地区的情况，揭示了区域一体化的复杂性和多样性，并提

---

[1] 王志，2021.区域一体化的多重路径：地区经济组织的定性比较分析 [J].国际论坛（2）：120–141，159–160.

出了促进区域一体化发展的政策建议。

3）研究方法。

定性比较分析有不同类型，该文选择的是模糊集定性比较分析（fuzzy-set Qualitative Comparative Analysis，QCA）。QCA 是一种基于集合论的研究方法，旨在探索影响社会事件的充分和必要条件。它超越了传统的定性和定量对立，结合了案例分析和数据分析的优势，为社会科学研究提供了新的思路。

在用 QCA 方法进行分析的过程中，本文将不同的条件视为集合中的元素，包括地区制度、经济相互依存、地区领导国、地区身份、国内政治和持续时间六个方面。它关注的是条件之间的关系和模式，而不仅仅是单个条件的影响。在 QCA 中，条件被视为集合中的元素，而结果被视为集合的子集。通过构建布尔代数的逻辑表达式，研究揭示了不同条件组合对区域一体化的影响，并确定了充分条件和必要条件。

QCA 方法的分析过程包括三个主要步骤：模糊化、逻辑剩余处理和结果解释。首先，需要将定性数据转化为数值数据，将条件和结果进行模糊化处理，以便进行逻辑运算。其次，文章通过逻辑剩余处理，确定充分条件和必要条件，构建出四个布尔代数的逻辑表达式。最后，解释结果，分析条件之间的关系和模式，将逻辑表达式转化为自然语言，并提出理论解释。

QCA 方法的优势在于它能够处理小样本的案例研究，分析过程透明且可重复。它能够揭示条件之间的复杂关系和模式，为研究人员提供了深入理解区域一体化的途径。

4）研究结果。

依据 QCA 分析框架，本文最终得到四条形成地区制度路径的中间解，分别为：相互依存 * 地区领导国 + 相互依存 * 地区身份 * 持续时间 + 相互依存 * 国内政治 * 持续时间 + 地区领导国 * 地区身份 * 国内政治 * 持续时间 => 地区制度。逻辑表达式中的加号表示"或"的关系，星号表示"与"的关系，箭头表示"导致"的关系。因此，这个逻辑表达式的含义是，当这些条件组合在一起时，它们就是导致地区制度能力的充分条件。中间解处于复杂解和简约解之间，既考虑了多个条件和因素的影响，又保持了一定的简洁性。中间解能够较好地展示事件形成的路径，既不过于复杂以致难以理解，也不过于简单以致忽略重要因素，能够提供一个相对全面和清晰的解释，揭示了事件形成的关键条件和因素之间的关系。下面对四条路径进行具体讲解：

第一条路径为相互依存 * 地区领导国 => 地区制度，这个路径是通过对相互依存和地区领导国这两个条件进行逻辑运算得出的。这个表达式的意思是，当相互依存和地区领导国这两个条件同时满足时，地区制度会形成。此路径的案例有东南非共同体市场、经济合作组织、中非经济和货币共同体、太平洋岛国论坛。

第二条路径为相互依存 * 地区身份 * 持续时间 => 地区制度，案例有东南非共同体市场、经济合作组织、马诺河联盟和南亚区域合作组织。第三条路径为相互依存 * 国内政治 * 持续时间 => 地区制度，案例有马诺河联盟和南亚区域合作组织。第四条路径为地区领导国 * 地区身份 * 国内政治 * 持续时间 => 地区制度，案例有经济合作组织、马诺河联盟和南亚区域合作组织（见图 7-7）。

在不同前因条件中，相互依存是地区一体化的需求因素，地区领导国和持续时间是效率因素。地区领导国可提升提供公共物品的效率，缩短地区制度能力提升的时间。国内政治和地区身份有助于提升成员国间的信任关系，促进彼此合作，构成地区一体化的动力因素。据此，可将地区一体化路径界定为效率型、信任型和动力型三类。

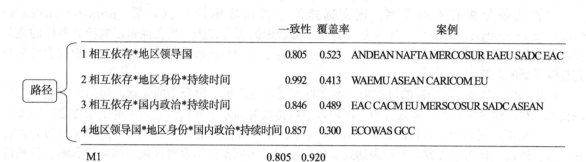

图 7-7　地区经济组织制度能力中间解（王志，2021：133）

第一，效率型路径。成员国彼此相互依存程度较高，存在地区领导国，地区一体化进展较快，较为容易构建出强有力的地区经济组织。对应相互依存 * 地区领导国 => 地区制度路径。

第二，信任型路径。地区身份和国内政治有助于提升成员国间信任关系，促进彼此合作，构成地区一体化的动力因素。对应相互依存 * 地区身份 * 持续时间 => 地区制度和相互依存 * 国内政治 * 持续时间 => 地区制度两条路径。

第三，动力型路径。成员国之间的合作建立在平等协商的基础上，体现出公平原则，能够促进地区国家合作与一体化。对应地区领导国 * 地区身份 * 国内政治 * 持续时间 => 地区制度路径。

小结：就实现区域制度一体化的四条路径而言，地区国家大多具有国内政治的相似性，面临相似的政治、经济问题，这成为区域一体化的主要动力来源。发展中世界区域经济相互依存程度不深，制约了区域制度一体化的进展。即使如此，区域领导国通过提供公共物品、区域共同身份和利益，有意识地提高区域内经济相互依存的程度，可提高区域经济一体化的发展速度，提升区域治理水平。

3. 身份政治理论分析方法

本节讨论国际关系中的身份政治理论，包括发展历程、核心概念和理论。国家身份与该国历史、文化、政治和社会密切相关，从而为区域国别研究提供了一种思路。最后，在具体应用和案例分析部分选取相关文献，展示国际关系中身份政治研究的基本路径。

（1）发展历程

身份政治的现象古已有之，它涉及一个国家或政治共同体内部不同身份成员之间的关系，包含多种价值、多种文化的区隔与互动，如古希腊文明中奴隶、客籍人口不能享有雅典公民权，妇女不能拥有财产也没有任何政治权利等（林红，2019）。在此后的文明进程中，身份政治对人类命运所具有的强大支配意义越发凸显。

身份政治（identity politics）理论的缘起可以追溯到近代西方哲学中"主体"与"他者"的权力压迫与对抗，身份政治的研究时间则不长，目前学界普遍把始于 20 世纪五六十年代的美国黑人平权运动作为现代身份政治的开端。20 世纪 60 年代，西方政治经济结构发生了巨大转变，正是后工业社会的衍生导致传统的阶级政治逐渐走向没落，西方社会的身份政治逐步取代阶级政治，成为当下流行的社会思潮与社会现象，并给资本主义社会带来了深刻的影响。大体而言，西方身份政治的发展可划分为三个阶段：第一个阶段是 20 世纪 60—70 年代，这一时期不少西方国家的国内政治迎来身份运动爆发的高潮，其中种族问题凸显。美国黑人民权运动、女权运动、西欧地方民族主义运动和新社会运动等等一系列的群体运动席卷西方世界，这类运动围绕着具有特定共同身份的群体展开，将获得对其身份的承认和政治保障作为主要目标（张静，2006）。因此，身份政治被看作少数族裔和弱势群体为争取自身权利的政治主张、现象或行为，其中族群问题、性别问题和性取向问题成为身份政治中的三大核心议题。

第二个阶段是 20 世纪 80—90 年代，身份政治中移民问题崛起。随着欧美种族矛盾有所缓解，移民问题引发的身份政治作为重要议题登上历史舞台（王军 等，2020）。欧美持续的移民热潮，给迁入国带来突出的政治社会问题，如外来移民及其后代的公民权问题、群体融入与适应问题。当移民在迁入国的生活难以得到保障时，便衍生出以移民为单位的移民族裔，他们为获取相关权益联合起来进行抗争。

第三个阶段是 2000 年至今，身份政治中涌现出多数人群体。进入 21 世纪后，随着欧美及全球社会一系列新的政治乱象的发生，身份政治成了描述和解释这些现象的重要术语。当下少数人的身份政治仍旧活跃，但是欧美身份政治却以多数人的身份政治为突出特征。在这 20 年来的几起重大事件中可寻其佐证，即 2008 年美国金融危机后，身份政治与民粹主义合流成为美国社会身份政治演变发展的新态势，此外还有 2015 年欧洲难民危机、英国脱欧和 2020 年美国"弗洛伊德事件"等。当今世界，身份政治凸显，主要原因是复杂的国际环境、资本主义制度的缺陷及多元文化主义的内在矛盾。与以往相比，身份政治不再是世界政治中的次要现象，它已成为解释全球事务进展的主要概念。身份政治不仅加剧了政治光谱的极化，还助长了民粹民族主义、威权主义、宗教冲突和民主衰落等现象的出现。

20 世纪 50 年代，心理学家埃里克·埃里克松（Erik H. Erikson）首次将身份的概念引入社会科学领域。20 世纪 60 年代身份出现在国际关系学科中，却没有被深入研究，直到 20 世纪 80 年代，建构主义的兴起，国际关系学者才开始转向身份，强调以国家及利益为主的社会建构性质，并解释战争的原因与和平的条件。学者们运用身份认同的观点，以各种方式重新解读国家（系统）。威廉·布卢姆（William Blum）利用集体身份的概念，从理论上证明将国家作为由个人组成的实体是合理的。亚历山大·温特将身份用于系统层面的理论研究，对国家和国际休系的构成方式进行了新的解读。他不把国家看作自主和竞争的权力单位，而是认为身份构造了关系，塑造了无政府状态的性质（Wendt，1992）。一些学者提供了这两种观点的混合，并使用国家 / 集体身份的概念来解构"威斯特伐利亚模式"，即把主权国家看作一个固定的实体，由一个有界限的领土空间来界定的概念。他们指出了国家的多面性和偶然性，认为国家是集体身份和社会习俗不断变化的历史的产物。对边界的社会建构的强调也使"内部 / 外部"的政治建构问题化，并突出了超越威斯特伐利亚边界的"认知区域"的相关性（Adler，1997）。

身份认同观点的另一个主要用途是认为集体身份认同会产生国家间的和平关系。事实上，这是一种双重用途，因为它也将这种良性的集体身份的形成视为合作的效果。两个最突出的例子是伊曼纽尔·阿德勒（Emanuel Adler）和迈克尔·巴尼特（Michael Barnett）改编了多伊奇（Deutsch）的论点，认为互动可能产生一种"我们的感觉"和社区感。同样，温特认为，国家共享集体身份，这些身份构造了无政府状态，这些身份可能会改变，并使关系从国家之间相互认定为敌人的情况转向国家之间相互认定为朋友的情况。这一论点也被用来解释"民主和平",即共同的自由主义规范和价值观产生了一种集体认同。最后,学者们认为欧洲一体化展现出"欧洲化"进程的证据,以及在欧盟成员国(代表)之间出现的共同欧洲身份(Cowles et al., 2001)。

（2）核心概念和理论

1）身份。

从概念上讲,"身份"一词本是社会学与心理学中的名词,建构主义学派的学者将其引入国际关系理论研究,现在作为身份政治理论的核心概念,它是一种用于认知和描述的文化概念。在英语中,"身份"与"认同"对应同一个单词,即"identity"。在现有的身份政治研究中,多数学者将身份政治与认同政治等同,也有少数学者将两者进行区分,认为"identity"被译为"身份"时是名词,身份政治便成为围绕主体特定身份而展开讨论的名词;当"identity"被译为"认同"时则是动词,认同政治被视为侧重过程描述的动态词汇。从这个意义上来说,身份政治既有静态的描述性,也有动态的过程性。在中文语境中,人们则常常将二者合二为一,本文也将所探讨的身份政治与认同政治等同,使用"身份认同"一词来表达一种文化与价值需求,对个体在客观和主观上所归属的群体进行确认。"身份认同"的关键在于"承认",即个体渴望自身的价值得到认同(福山,2021)。"身份政治"则是寻求"承认"的斗争集合,是被身份权利建构的各种社会关系,借此一个身份群体得以获得比另一身份群体更具优势的地位。

从定义上说,"身份认同"是主体对自身的一种自我认知与定位。从原则上说,基于不同的认知和定位,一个身份主体可以有多种身份认同(张蕴岭,2022),可以有个体认同(individual identity)和集体认同(collective identity),可以有国家认同、民族认同和族群认同。对于身份认同主要有三种代表性看法:第一种认为身份是自然形成的,由性别、种族、族裔、亲属关系、习俗、信仰或文化等决定;第二种认为身份是政治国家所赋予的,譬如,公民身份、民族身份、国民或人民等;第三种认为身份是自主建构的,它是自我的认知以及这种认知的再现。身份政治是特定主体通过确定身份,建构具有归属意义的认同,并以结成群体的形式实现特定目标与诉求的政治实践。在确定身份、建构认同的过程中,主体对自身及与他者关系的认知与描述是核心内容,这个过程蕴含着身份政治的演化方向,从个体向群体的转变。本文所指的身份认同,特指以国家为主体的集体身份认同,即国家认同,它至少包括两个因素:第一,团体内属于该共同体的一种成员资格。这种成员资格往往是共同体成员间的精神纽带,成员通过这种纽带,形成一个"想象的共同体"(安德森,2005)。第二,团体外与我们不同的"他者"的存在。换句话说,国家认同须将一种文化视为集体文化自我,而将另一种文化视为他者。

2）国家身份:公民身份。

国家身份,或者说国家认同是国际关系理论中建构主义学派的核心概念,代表人物温特认为,身份的形成根植于行为体的自我领悟,身份决定行为动机及特征,身份作为一种主体特征,具有主体间性或体系特征,自我持有的观念和他者持有的观念可以进入身份。进一步来说,身份由内在和外在结构建构而成,两种观念对于身份的确定至关重要(温特,2014)。基于上述逻辑,以国家作为行为体类推,国家身份包含内部和外部,即国内层次与国际层次。一般来说,国家内部层次的身份认同以普遍共享的情感、价值与信念等文化观念为基础,通过建构平等、普遍的公民身份,在民族国家的政治边界内凝聚全体社会成员的爱国主义与国家忠诚。这是由于现代国家强调统一的集体认同,强调国家认同的主权性、排他性、优先性。因此,国家内部在建构其所需要的统一认同的问题上，必须利用身份政治的工具，将国家认同置于其他认同之上，确立身份政治核心元素——公民身份，进而推动全体成员完成其集体身份的选择。这种归属于国家的公民身份意味着个体在政治共同体中拥有平等的地位和正式成员资格，是个体认同国家的政治与法律标签。

3）国际身份：全球身份与区域身份。

国家身份的外部层次是国际身份，由全球身份和区域身份两个维度构成（如图7-8）。世界是一个整体，在构成结构上，分为三个层次：国家—区域—世界，前者属于国家内部，后两者属于国家外部。区域不仅仅是一个地理名词，还是一个政治、经济和社会构造。区域是由多个国家组成，是一个客观存在，区域内的各个主体具有显性的关系和直接的利益；对于国家而言，区域关系和利益通常是被置于首要地位的；对于世界来说，区域是国家组群的重要载体，承担着重要的发展与治理功能。区域身份是将区域作为一个政治、社会和制度空间建设的关键，也是一种"想象的共同体"。与之类似，全球身份，是一种更为宏观的身份定位，标志着不同国家在国际社会中的角色定位。作为国际社会中主导性的行为体，国家的国际身份首先离不开全球维度的阐释。从历史上看，国家的全球身份主要会经历如下转换：全球大国、全球强国等，这主要是从国家实力的角度做出的界定。此外，国家的全球身份还会因文化基因与历史传承的不同而呈现出文化大国、文化强国等表征。也正是由于此，历史上的大国在塑造其全球身份的过程中，时刻不忘国家"硬实力"与国家"软实力"以及这两种实力因素对国家全球身份形成的影响。无论是区域身份还是全球身份，功能都在于衡量合法性的标准，都承担着巩固制度秩序的任务。全球身份和区域身份之间既有联系，也有区别。如果说全球身份着眼于国家对于自身在国际社会中的角色定位，区域身份则侧重于在中观的角色上塑造国家在区域中的位置，两者共同构建出国家在国际社会中的全景图式。尽管从外部层面看，国家身份可以区分为区域和全球两类，但并不意味着它们之间的辨识和界限是绝对的，很多时候，两种身份交织在一起。更为重要的是，身份是社会建构的产物，是行为体双向互构的结果。当某个国家对自身进行的区域或全球角色界定和国际社会中其他行为体对其的定位存在差距时，国家身份将出现错位现象，这成为国际社会冲突的重要原因。

图7-8　国家身份的层次（王志，2021）

4）核心理论。

身份政治逻辑包括两种路径，一种是身份政治的形成逻辑，另一种是身份政治对国家行为的塑造，前者是政治学探讨的重点内容，后者是国际关系学者关注的对象。两种身份政治理论与区域国别研究的结合较为密切。国家身份的形成体现了社会建构的逻辑。然而，国家身份建构的过程会遇到这样的问题，即国家认同的政治动机与一统性取向，与社会成员的文化自主性和价值多样性难以相融。有学者认为，一旦国家不能代表强有力的认同，或是无法为社会中各种利益联盟（如各种身份群体）提供空间，使它们在确立国家认同的同时强化自身的力量，那么，一种被特殊认同（如种族、领域、性别、性取向）所定义的社会政治势力可能会出现（卡斯特，2003）。相应地，主流的社会群体对于国家政策对少数群体的肯定性倾斜，则可能产生不公平感，进而形成逆反的、对立的认同。无论是边缘群体还是主流群体，一旦其在国家认同之外形成集体认同，就会在文化上割裂国家认同，因为这些集体认同必然是排他性的，将极大地威胁着普遍性的国家认同。正是这类情况导致了亨廷顿所担忧的现象，即人种、民族、性别和其他公民层次以下的身份可能高于公民身份（林红，2019）。公民身份建构确认了普遍性的国家认同，没有清晰确定的国家认同，就无法认定一致的国家利益。亨廷顿看到了公民身份的建构对于美国的至关重要性，但是，他又不得不指出美国社会长期无法解决身份认同分裂，难以形成统一的国家认同，国家利益概念也就模糊不清。此外，从外部来说，建构主义将身份作为重要的研究对象，认为国家在互动中产生的观念结构塑造身份，因此身份和利益都是变动的，内生于国际体系之中。只有在身份确定之后，才能确定国家利益，利益又决定国家的行为，身份对利益具有导向作用。国家对外行为的选择其实就是对"他者"身份的认知过程，并形成自我稳定的身份定位。没有利益，身份就失去了动机力量，而没有身份，利益就失去了方向（温特，2014）。因此，国家身份、国家利益与国家对外行为三者之间，国家身份与国家利益是建构关系，国家利益与国家行为之间是因果关系，物质因素的背后其实是观念因素发挥了重要的导向作用。

（3）具体应用

国家公民身份、全球和区域身份在国际关系中都有较为广泛应用。身份政治分析框架自提出以来，除了引发学界的热烈讨论，还被大量学者广泛运用于各类研究中。例如，埃里克·林马尔（Erik Ringmar）认为，瑞典参加三十年战争是为了"捍卫其国家认同"（Ringmar，1996：14），以及朱塔·韦尔茨（Jutta Weldes）对美国决策者如何以允许他们"重演美国国家认同"的术语来构筑被称为古巴导弹危机的事件的叙述。而 20 世纪 90 年代初在南斯拉夫、车臣、索马里、卢旺达和其他地方爆发冲突时，评论家和政策制定者都指出，在自我决定的主张中包含着冲突的集体身份。这反映了民族主义学者中"原始主义者"和"工具主义者"之间的争论，它们要么被诊断为古老的种族竞争，要么被诊断为对身份叙事的政治操纵，这些框架在西方关于可能的（军事）干预的辩论中也很突出。身份政治是理解欧美国家民族问题的重要切入口。虽然欧美学界对身份政治的内涵和起点有一些争议，但他们均比较关注 20 世纪 60 年代以来起起落落的身份政治现象。王军、黄鹏（2020）认为欧美国家身份政治的演进过程包含了复杂的思想动力与叙事博弈，左翼思想、社群主义、自由主义、保守主义均涉入其间，进而呈现出身份解放政治、身份承认政治、身份容纳政治、身份对决政治等线索与生态，亦折射出身份政治治理的不同脉络与张力。身份政治对欧美国家政治变迁具有双重作用，但近期的发展业已构成西方治理危机的重要构成部分，必须从理论和国家治理层面加以回应。

进入 21 世纪以来，西方身份政治凸显，成为学者关注的重点对象。陈金英（2021）认为是身份政治导致了美国政治的分裂，并将复杂的经济和社会议题简单归结为身份差异，回避了对美国政治经济制度的严肃政治辩论和反思，降低了公共政策的质量。同时，隐藏在身份政治背后的是美国的经济发展不平等、阶级地位变化导致的利益冲突；身份政治和阶级政治的叠加是当前美国政治分裂的根源。宋小川（2022）从西方社会身份认同危机中暴露的社会文化和阶级利益冲突入手，探讨民粹主义流行的社会基础和理论渊源，试图从社会心理学、经济学和政治学诸角度解读西方社会政治极化和社会裂变的原因和影响。林红（2021）认为在全球化危机和民族主义复兴的背景下，西方身份政治日益陷入"部落主义"的罗网之中，造成了严重的文化撕裂和政治极化。求异的身份政治与求同的公民身份猛烈碰撞，将弱化公民身份的凝聚力和民族国家的向心力，困于身份的政治无助于造就一个持久有力的国家。夏庆宇、张莉（2023）探究了西方国家中身份政治现象的本质和成因，认为其目的是统治阶级为了巩固地位，故意根据社会成员的身份之不同将社会撕裂为众多对立的群体，然后诱导有关社会群体发生相互对抗，以达到掩盖阶级矛盾、转移被统治阶级的注意力、引导社会走向、对被统治阶级分而治之的目的。

学者们对于区域身份的研究常以东南亚国家为核心，李峰（2018）以东南亚的区域大国"身份地位化"为例，探究国家身份如何在区域实践中塑造区域认同。查雯（2019）通过研究东南亚国家间的关系和区域合作发现，族群矛盾与冲突还会通过不同途径，对区域身份认同的形成造成障碍，从而进一步影响区域一体化的前景。一个国家内部的族群冲突可能导致了整个地区范围内不同族群间以及宗教团体间的对立，妨碍了民众"区域身份认同"的产生，从而使区域一体化失去"自下而上"的推动力。东盟的实践与大量理论研究均已证明，民众的区域身份认同对区域合作的发展具有至关重要的作用。根据建构主义理论，区域规范不仅具有规定和指导国家行为的"常规性影响"，还具有界定和构成认同的"构成性影响"，对规范的遵守和内化是区域身份认同形成的基础。相反，对区域规范的选择性应用，则将阻碍区域身份认同的形成。就东盟而言，不干涉原则是东盟规范的重要组成部分，也是东盟区域身份认同的重要来源。然而，在实践过程中，东盟国家有选择地践行不干涉原则，以便实现国家利益的最大化，这也造成了区域身份认同面临障碍，区域合作难以深化。

学术研究很少将全球身份单独作为研究对象，这是由于国家的全球身份构成了其国际身份的宏观维度，是认知一国如何向世界体系中心靠拢的必然路径。但仅有全球身份还不足以审视国家国际身份的全貌，这就需要从更为微观的角度对之进行观察和解读。因此，全球身份常与区域身份一同作为国际身份的两个维度来展开研究。此外，全球身份与区域身份之间还存在着互补性、互构性和联动性，并以中国为例，指出百年变局下的中国正由区域性大国快速成长为全球性大国，为中国国际身份重塑提供了历史机遇。孙德刚、章捷莹（2022）提出西亚大国参与阿富汗安全事务的三重维度，其中从全球视角出发，指出在参与阿富汗安全事务的过程中，土耳其、伊朗和沙特通过全球身份建构与世界大国建立了合作联系。具体来说，土耳其以北约的名义参与在阿富汗的军事行动，伊朗加入上海合作组织，沙特利用伊斯兰合作组织，三国都与世界大国形成了议题联系。张全义（2011）梳理了全球认同（身份）生成的路径和困境，提出全球认同（身份）的发展必然要走向某类"世界国家"，就体系层面讲，世界国家的生成是与全球化联系在一起的。

（4）案例分析

案例一：《身份政治第三波与西方国家的政治衰败：基于国家建构视角的分析》[①]

鉴于国家建构的研究是区域国别研究的重要领域，且在近些年受到越来越多来自不同领域学者的关注，本部分以《身份政治第三波与西方国家的政治衰败：基于国家建构视角的分析》为案例，分析如何利用身份政治理论进行区域国别研究，探讨西方国家的政治衰败问题。

1）研究内容。

本研究以西方国家的政治衰败为研究对象，立足历史与现实经验来解释身份政治引发西方国家政治衰败的基本路径，即外部环境和内部制度是西方政治衰败的两个发生机制，而身份政治则是将这两者联系起来的关键一环。研究发现，在当代西方国家，身份政治一方面加剧了外部环境的冲击效果，另一方面又放大了其制度自身的内部缺陷。身份政治激进化与制度性缺陷之间彼此震荡且相

---

① 涂锋，2021. 身份政治第三波与西方国家的政治衰败：基于国家建构视角的分析 [J]. 政治学研究（3）：141–154，164.

互强化，从而开启了政治衰败的进程。

2）研究步骤。

首先，作者对本文研究的关键概念"身份政治"进行界定和梳理，并对第一波到第三波身份政治的形成和发展进行概述，重点对身份政治的理论进行阐释，指出当代身份政治的理论焦点发生了显著转移，从"分配政治"转向"承认政治"，理论焦点从"平等"转向"差异"，凸显、发掘和建构差异化的身份及其所蕴含的内在价值。

其次，本文从国家建构的视角切入，将国家建构分为起步、成型和衰败三个阶段，分别讨论身份政治在其中扮演的革命性、关键性和消极性角色。在起步阶段民族身份涉及两方面内容：民族意识觉醒和民族身份建构；在国家建构的成型阶段，身份政治仍扮演着关键角色，但其主要目标转向稳固国民身份，包括加强国家认同与促进社会融合；在衰败阶段，国家建构成型，身份政治的积极作用开始减弱，消极作用逐渐显现，具体表现为身份政治的激进化。

最后，作者对"政治衰败"进行理论辨析，谈到了现代政治衰败研究的兴起与发展，归纳了代表人物亨廷顿、蒂利和李普塞特及其学术观点。同时，指出当代西方是政治衰败的新聚焦，不再将政治衰败仅视为发展中国家的特有现象。

在分析部分，作者解释了西方政治衰败的基本路径：它开启于外部条件的转变，技术革新与全球链接引发了国家内部的阶层分化，既有的国民认同基础逐渐动摇，使得身份政治应对滑向政治极化；政治极化再与自由主义体制相互震荡，充分放大体制劣势，导致国家能力持续退化，并步入政治衰败的方向。

3）研究结果。

在当代西方政治极化的背后，真正的危机是国民身份的日渐脆弱，而自由主义体制则在这一过程中扮演着关键推动角色。首先，西方的政党制度与选举制度给了激进主义充分的政治成长空间。其次，权力分立体制给了激进主义充分的政策施展空间。最后，权利放任理念给了激进主义充分的社会生存空间。激进主义与身份政治的叠加结果就是政治极化，这给国家能力带来了巨大的负面影响。一边是治理体系必须接纳四面涌出的社会需求，另一边是治理能力无力应对这些需求。当需求和供给、体系与能力长期无法匹配时，整个国家治理也就处于持续失衡状态。因此，从制度分析上说，当代西方陷入了一种国家建设需要与民主负责制之间的内在紧张关系。

小结：身份政治是当代社会的重要现象之一。本篇文章探讨了身份政治和国家建构之间的关系，指出当代西方社会的乱象是由国家建构与民主制度间内在的紧张关系导致的，为采取身份政治理论分析当代西方国家提供了一种思路。

案例二：《复合身份政治：西亚大国参与阿富汗安全事务的三重维度》①

区域安全是区域国别研究的重要内容，该部分以《复合身份政治：西亚大国参与阿富汗安全事务的三重维度》为案例，分析如何利用身份政治理论来分析区域和国家安全，实现区域安全治理。

1）研究内容。

本研究以西亚伊斯兰大国土耳其、伊朗和沙特为研究对象，聚焦于三国以多重身份参与阿富汗安全事务，创新性地提出"复合身份政治"的概念，分别从为微观、中观和宏观三个层面分析了其对阿富汗产生的深远影响。研究发现，复合身份政治使土耳其、伊朗和沙特构筑相互交错的次体系，稀释了世界大国主导的阿富汗问题安全倡议，阿富汗安全格局由"多极"走向"多

---

① 孙德刚，章捷莹，2022. 复合身份政治：西亚大国参与阿富汗安全事务的三重维度 [J]. 国际安全研究（2）：104–131，159–160.

中心"。

2）研究步骤。

首先，作者提出本文的核心概念"复合身份政治"并对其进行界定，指出"复合身份政治"的四重特征：身份的国际性、身份的政治性、身份的建构性和身份的复合性。在参与阿富汗安全事务过程中，土耳其、伊朗和沙特分别在微观、中观和宏观层面形成了三重身份：族群—教派身份、区域身份和全球身份（如表7–3所示）。

表 7–3　西亚伊斯兰大国参与阿富汗安全事务的三重身份

	土耳其	伊朗	沙特
族群–教派身份	突厥语民族	波斯民族	阿拉伯民族
族群–教派政治	联合阿富汗乌兹别克人和土库曼人（以北部省份为主）	联合阿富汗哈扎拉人和塔吉克人（以中东部省份为主）	联合阿富汗普什图人（以南部省份为主）
区域身份	现代伊斯兰大国	什叶派伊斯兰大国	传统伊斯兰大国
区域合作	突厥国家组织	经济合作组织	伊斯兰反恐联盟
区域合作前线国家	乌兹别克斯坦、土库曼斯坦、卡塔尔	塔吉克斯坦	阿联酋、巴基斯坦
全球身份	北约成员国	上合组织成员国	伊斯兰合作组织主导国
全球合作对象	与北约合作	与中俄合作	与美国合作
安全共同体	泛突厥–亲穆兄会共同体	什叶派–波斯共同体	瓦哈比–萨拉菲共同体

（孙德刚 等，2022：114）

其次，本文从第一维度入手，分析三国与阿富汗族群和教派形成的裙带联系。土耳其在参与阿富汗安全事务的过程中，突出其突厥民族身份，与阿富汗北部的乌兹别克人和土库曼人形成了合作纽带；伊朗充分利用其族群和教派身份与阿富汗哈扎拉人和塔吉克人形成特殊关系；沙特则与阿富汗普什图人形成特殊关系。

再次，第二维度是以多边合作机制形成制度联系。土耳其借助突厥语国家委员会，伊朗借助经济合作组织，沙特借助伊斯兰反恐联盟，三国在"向东看"过程中分别将阿富汗纳入各自主导的多边机制，形成了制度均势。

最后，第三维度是与世界大国形成议题联系。土耳其利用泛突厥–亲穆兄会联盟与北约合作，并以北约的名义参与在阿富汗的军事行动；伊朗通过参与阿富汗安全事务开展大国外交，申请加入上海合作组织，积极响应中国的"一带一路"倡议；沙特利用伊斯兰合作组织，通过伊斯兰反恐联盟加强同美国的合作，这三国均与世界大国形成了议题联系。

3）研究结果。

作者归纳了土耳其、伊朗和沙特以"复合身份政治"作为政治动员手段，利用微观的族群–教派身份、中观的区域身份和宏观的全球身份参与阿富汗安全事务，及其产生的深远影响：第一，西亚国家参与阿富汗安全事务导致阿富汗伊斯兰身份不断强化；第二，伊朗在阿富汗安全事务中的影响日益增强；第三，西亚大国的"复合身份政治"使阿富汗安全治理"多中心化"；第四，参与阿富汗安全事务将增强西亚大国的战略自主性；第五，土耳其、伊朗和沙特在阿富汗的战略竞争使大国竞争从海权转向陆权。

本文从"复合身份政治"的视角看待阿富汗，以民族、语言、宗教和历史文化为纽带，以地区组织和阿富汗多边安全倡议为抓手，介入阿富汗安全事务，解构了阿富汗国家认同，使阿富汗一方面同世界大国实现了"外循环"，另一方面又与伊斯兰世界实现了"内循环"。在其中，国际身份成为政治动员的手段，共同的身份认同和强化了国际安全合作。族群-教派身份、区域身份和全球身份不是静态的，而是动态的，有时并行不悖，有时又相互掣肘，较好展现了国家身份、区域身份与全球身份互动关系，为国际关系中进行身份研究提供了一种路径。

四、相关选题建议

本章从梳理国际关系学概念开始，介绍了国际关系理论，具体论述国际关系中新古典现实主义、区域主义和身份政治三种与区域国别相互交叉的理论与方法。这些方法的相关理论及具体应用的介绍，以及相关案例的分析，有助于读者了解国际关系与区域国别交叉的方式与路径。笔者在此列出采取国际关系思维进行区域国别研究的选题，以供参考。

1）新古典现实主义视角下的国家对外政策；

2）国家历史文化与国内政治影响国家对外行为研究；

3）区域组织研究（欧盟、东盟、北约、欧亚经济联盟、上海合作组织等）；

4）区域组织的比较研究；

5）地缘政治与区域主义；

6）身份政治视角下国家外交政策的变迁；

7）西方国家身份政治兴起与国内政治变化；

8）西方国家身份政治与难民、族群等问题；

9）国家身份变迁的动力机制；

10）国家身份、区域身份和全球身份关系探讨。

五、思考题

1）国际关系有现实主义、自由主义和建构主义等理论流派，各自提供了一种分析现实问题的视角。你认为哪种理论更为合理？分析现实问题时是采取单一理论视角还是采取综合理论视角更为有效？

2）你能否基于新古典现实主义构建理论框架，分析俄罗斯升级"俄乌冲突"的动因？

3）区域组织在区域治理中的作用是什么？试比较不同区域组织在区域治理中的异同。

4）国家身份、区域身份和全球身份之间是什么关系？三者之间是否存在冲突？当三者之间发生冲突时，哪种身份更为重要？

5）国际关系研究重视探讨国家之间互动的方式与规律，区域国别研究关注区域或者国别的历史与文化。如何在国际关系中合理地纳入区域国别的历史与文化因素，如何借助国际关系提升区域国别研究的理论化水平？

六、本章参考文献

[1] 安德森，2005. 想象的共同体：民族主义的起源与散布 [M]. 吴叡人，译. 上海：上海人民出版社.

[2] 查雯，2019. 族群视角下的东南亚国家间关系与区域合作 [J]. 南洋问题研究（2）：1–13.

[3] 陈金英，2021. 美国政治中的身份政治问题研究 [J]. 复旦学报（社会科学版）（2）：178–188.

[4] 福山，2021. 身份政治：对尊严与认同的渴求 [M]. 刘芳，译. 北京：中译出版社.

[5] 卡斯特，2003. 认同的力量 [M]. 曹荣湘，译. 北京：社会科学文献出版社：317.

[6] 卡赞斯坦，2007. 地区构成的世界：美国帝权中的亚洲和欧洲 [M]. 秦亚青，魏玲，译. 北京：北京大学出版社.

[7] 李峰，2018. 国家身份如何塑造区域认同：以东南亚的区域大国"身份地位化"为例 [J]. 南洋问题研究（2）：13–25.

[8] 林红，2019. 身份政治与国家认同：经济全球化时代美国的困境及其应对 [J]. 政治学研究（4）：30–41.

[9] 林红，2021. 困于身份的政治：西方政治极化问题的文化探源 [J]. 天津社会科学（6）：52–60.

[10] 宋小川，2022. 民粹主义政治经济学与身份认同理论 [J]. 政治经济学研究（4）：119–134.

[11] 孙德刚，章捷莹，2022. 复合身份政治：西亚大国参与阿富汗安全事务的三重维度 [J]. 国际安全研究（2）：104–131，159–160.

[12] 涂锋，2021. 身份政治第三波与西方国家的政治衰败：基于国家建构视角的分析 [J]. 政治学研究（3）：141–154，164.

[13] 王军，黄鹏，2020. 欧美身份政治的历史演进与治理困境 [J]. 民族研究（4）：42–60，139.

[14] 王启龙，2023. 区域国别学十问 [J]. 外语教学（2）：10–17.

[15] 王志，2018. 欧亚经济联盟：进展与挑战 [J]. 俄罗斯研究（6）：27–58.

[16] 王志，2021. 区域一体化的多重路径：地区经济组织的定性比较分析 [J]. 国际论坛（2）：120–141，159–160.

[17] 王志，2022. 比较地区主义：区域国别研究新思路——兼论中国学者的视角和贡献 [J]. 教学与研究，520（2）：59–70.

[18] 王志，王梅，2021. 国家身份、国内政治与地缘博弈：乌克兰地区一体化政策探析 [J]. 俄罗斯研究（5）：141–168.

[19] 魏玲，2021. 全球转向下的比较区域主义发展 [J]. 中国社会科学评价（4）：136–147，158.

[20] 温特，2014. 国际政治的社会理论 [M]. 秦亚青，译. 上海：上海人民出版社：220.

[21] 夏庆宇，张莉，2023. 西方国家"身份政治"的本质、成因及启示 [J]. 兵团党校学报（3）：89–97.

[22] 邢瑞磊，2014. 比较地区主义：概念与理论演化 [M]. 北京：中国政法大学出版社.

[23] 邢悦，2011. 国际关系学入门 [M]. 北京：北京大学出版社.

[24] 张静，2006. 身份认同研究：观念·态度·理据 [M]. 上海：上海人民出版社：36–37.

[25] 张丽华，杨仑，2022. 建构主义视域下的东亚集体身份认同研究 [J]. 社会科学研究（5）：83–88.

[26] 张全义，2011. 全球认同生成路径及其困境分析：世界国家还是国家世界？ [J]. 国际政治研究（2）：120–134.

[27] 张云，2020. 国际关系的区域国别研究：实践转向与学科进路 [J]. 中国社会科学评价（4）：

85–95，157.

[28] 张蕴岭, 2022. 国际区域学概论 [M]. 山东: 山东大学出版社: 12.

[29] 赵可金, 2021. 国别区域研究的内涵、争论与趋势 [J]. 俄罗斯研究（3）: 121–145.

[30] ACHARYA A, JOHNSTON A I, 2007. Crafting Cooperation: Regional International Institutions in Comparative Perspective [M]. Cambridge: Cambridge University Press.

[31] ADLER E, 1997. Imagined (security) communities: Cognitive regions in international relations [J]. Millennium, 26(2): 249–277.

[32] ÅTLAND K, 2021. Redrawing borders, reshaping orders: Russia's quest for dominance in the Black Sea Region [J]. European Security, 30(2): 305–324.

[33] BÖRZEL T A, GOLTERMANN L, STRIEBINGER K, 2012. Roads to Regionalism: Genesis, Design, and Effects of Regional Organizations [M]. London and New York: Routledge.

[34] BÖRZEL T, 2012. Roads to Regionalism: Genesis, Design, and Effects of Regional Organizations [M]. London and New York: Routledge.

[35] BULL H, 1977. The Anarchical Society: A Study of Order in World Politics [M]. New York: Columbia University Press.

[36] COWLES M G, CARPORASO J, Risse T, 2001. Transforming Europe: Europeanization and Domestic Change [M]. Ithaca: Cornell University Press.

[37] COWLES M G, CARPORASO J, RISSE T, 2001. Transforming Europe: Europeanization and Domestic Change [M]. Ithaca: Cornell University Press.

[38] GÖTZ E, 2022. Taking the longer view: A neoclassical realist account of Russia's neighbourhood policy [J]. Europe-Asia Studies, 74(9): 1729–1763.

[39] GVALIA G, LEBANIDZE B, SIROKY D S, 2019. Neoclassical realism and small states: Systemic constraints and domestic filters in Georgia's foreign policy [J]. East European Politics, 35(1): 21–51.

[40] KRAPOHL S, 2017. Regional Integration in the Global South: External Influence on Economic Cooperation in ASEAN, MERCOSUR and SADC [M]. London and New York: Palgrave Macmillan.

[41] LAURSEN F, 2010. Regional Integration: Some Introductory Reflections [M] // LAURSEN F. Comparative Regional Integration: Europe and Beyond. London and New York: Routledge.

[42] MATTLI W, 1999. The Logic of Regional Integration: Europe and Beyond [M]. Cambridge: Cambridge University Press.

[43] MORAVCSIK A, 1998. The Choice for Europe: Social Purpose and State Power from Messina to Maastricht [M]. London and New York: Routledge.

[44] ONUF N, 1989. World of Our Making: Rules and Rule in Social Theory and International Relations [M]. Columbia: University of South Carolina Press.

[45] RINGMAR E, 1996. Identity, Interests and Action: A Cultural Explanation of Sweden's Intervention in the Thirty Years War [M]. Cambridge: Cambridge University Press.

[46] RIPSMAN N M, TALIAFERRO J W, LOBELL S E, 2016. Neoclassical Realist Theory of International Politics [M]. New York: Oxford University Press.

[47] SCHWELLER R, 2006. Unanswered Threats: Political Constraints on the Balance of Power [M]. Princeton: Princeton University Press.

[48] SÖDERBAUM F, 2016. Rethinking Regionalism [M]. London and New York: Palgrave Macmillan.

[49] SÖDERBAUM F, RISSEE T, 2016. The Oxford Handbook of Comparative Regionalism [M]. Cambridge: Cambridge University Press.

[50] SØRENSEN G, MØLLER J, JACKSON R H, 2022. Introduction to International Relations: Theories and Approaches [M]. Oxford university press.

[51] TSKHAY A, BURANELLI F C, 2020. Accommodating revisionism through balancing regionalism: The case of central Asia [J]. Europe-Asia Studies, 72(6): 1033–1052.

[52] VIDAL L, 2022. Beyond the Gaiatsu Model: Japan's Asia Pacific policy and neoclassical realism [J]. Journal of Asian Security and International Affairs, 9(1): 26–49.

[53] WENDT A, 1992. Anarchy is what states make of it: The social construction of power politics [J]. International Organization, 46: 391–425.

[54] WENDT A, 1999. Social Theory of International Politics [M]. Cambridge: Cambridge University Press.

[55] ZAKARIA F, 1999. From Wealth to Power: The Unusual Origins of America's World Role [M]. Princeton: Princeton University Press.

[56] ZARRAS K, 2021. Katar, the UAE and Kuwait: Evaluating their role in regional organizations and the prospects for a small state security cooperation framework [J]. International Journal of Politics and Security, 3(2): 1–23.

第八章

人类学理论和方法
与区域国别研究①

本章将首先介绍人类学研究和区域国别研究的关联。其次，对人类学研究进行概述，包括文化、文化相对论、整体观、田野工作等核心概念和主要范式。再次，分别对人类学研究领域与区域国别研究相契合的三种常用研究方法，即结构－功能分析法、阐释人类学、多点民族志进行详细介绍，包括每种研究方法的发展历程、核心思想、具体应用和案例分析。最后，给出了一些相关的选题建议。

一、人类学研究与区域国别研究的关系

区域国别学是以某个区域或某个国家为研究对象，对所研究区域和国家的社会、文化、历史等方面进行细致研究的学问，它一方面服务于国家外交战略，另一方面建立学术资料库，逐步丰富和完善对世界的整体性认知。区域国别研究既是一种对外部世界的知识性探索，也是服务于特定历史条件下政治、社会、经济发展需要的知识体系建构。不同于传统的国际关系学，区域国别研究以交叉学科与深度知识为特点，其中，人类学、历史学、地理学、民族学、政治学等学科均可做出自己的知识贡献。

人类学诞生于西方与世界其他地区遭遇的历史进程中。15、16 世纪以来，随着航海技术的发展，欧洲人开始大规模地探索外部世界，与世界其他地区的人群相遇，并在多数情况下伴随着对这些人

---

① 本章作者：刘琪，北京大学人类学博士，上海外国语大学上海全球治理与区域国别研究院研究员，上海外国语大学志远卓越学者，研究领域：区域国别理论与方法、民族与宗教问题等。

群的征服。从欧洲人当时的经验范畴来看，这些"原始人"是与欧洲人截然不同的人群，需要用一种完全不同的方法，甚至需要一门完全不同的学科来进行研究。于是，人类学应运而生。这个时候，虽然还没有"区域国别学"或者"区域国别研究"的提法，但人类学对于那些"野蛮人"或"原始社会"的研究，可被视为区域国别研究的前身。可以说，从一开始，人类学便以"理解他者"为己任，研究对象是自我以外的地区与文化。随着学科的成熟，人类学以文化的普同性与多样性为研究对象，以文化相对论为基本价值取向，以整体观和田野工作为基本方法，这些特征都与区域国别研究之间形成了天然的亲和关系。

早期，人类学研究多在"原始社会"中展开，此后，也将学科范围逐渐拓展到文明社会之中。第一次世界大战之后，英国的区域国别研究中大量采用了人类学的方法，其中，最值得介绍的是功能分析法。第二次世界大战之后，美国成为新的世界霸主，在此后几十余年的区域研究（area study）中，人类学作为主导学科之一扮演了重要角色。从方法上看，这一时期人类学最具特点的是阐释人类学。冷战结束后，随着世界格局的再次变化，全球化成为主导趋势，由此，人类学也在研究方法上进行了更新，试图采用多点民族志的方法，突破传统的社区边界，对全球联结与流动性进行描述与分析。人类学的方法与视角，可以广泛地应用到区域国别研究之中。

二、人类学研究概述

人类学，英文"anthropology"，源自希腊语"anthropos"（人）及"logos"（研究）。简单来说，人类学是一门研究人及其文化的基础性学科。在人类学的发轫期，它关注人在自然界的位置、人的体质特征、人类和其他动物（如灵长类）的差别，以及人类进化与变异的机制等。后来，人类学开始扩展到对文化的研究，它旨在研究这个世界上多样的文化，消弭文化间的误解，架起文化沟通的桥梁。

时至今日，人类学所研究的主题和领域已经涉及了人类社会生活的方方面面。它是一门从文化属性和生物属性的层面对人类及其过去和现在进行研究的学科，可分为体质人类学、文化人类学、考古学和语言人类学四个基本分支。我们国内在讲到人类学的时候，多指的是文化人类学。

人类学追求对人类整体的认识，它认为认识人类整体的途径在于尽可能多地积累关于"他者"的认识。认识他者的方式，就是作为人类学招牌的田野工作（field work）。田野工作是人类学首要的方法与途径，它强调对另一种人群、另一种文化全方位的进入。人类学不希望调查者仅仅是旁观的记录，更是希望调查者长时间地与地方人民生活在一起，参加田野地点上所有的日常生活与社会活动，以便真正地理解当地人，达到文化翻译的目标。

1. 核心概念

（1）文化

英语中的"文化"（culture）一词形成于19世纪中叶，源自拉丁文的词根"耕耘"，原意指照料土地、饲养动物等，包含着栽培、耕种之意。随着社会生活的发展，该词延伸到了人们的日常生活中。18世纪末，经过启蒙运动，文化被理解为人类独有的特征，是区别于自然的人类积累的知识总和，并通过社会化的过程传承。

人类学家泰勒（Edward Burnett Tylor）在《原始文化》一书中，给出了经典的关于文化的定义："文化，或文明，就其广泛的民族学意义来说，是包括全部的知识、信仰、艺术、道德、法律、风俗以及作为社会成员的人所掌握和接受的任何其他的才能和习惯的复合体"（泰勒，2005：1）。也就是说，文化指的是某个社会过去与现在的创造之总和。此后，诸多人类学家又从不同的角度对文化定义进行了发展，但大体上，泰勒的文化概念仍旧被人类学界所接受。人类学认为，文化是人类后天获致、习得与建构的生活方式，并非新生儿与生俱来的。一个新生儿逐渐成长的过程，也是学习某种特定文化，按照特定生活模式生活的过程。这个过程被人类学家称为"濡化"（enculturation），即文化化。

需要说明的是，人类学所阐述的文化概念，是复数的，而不是单数的。单数的文化概念诞生于18世纪欧洲，这一概念与西方霸权主义相关的社会进化论密切相关，认为人类所有的文化都会按照单一的路径向前发展，而欧洲文化则是所有文化的模范，也是发展的顶峰。到了19世纪末，复数的文化概念占据了人类学的主流，即相信世界上每种文化都有其自身的发展轨迹，只可在特定的背景中加以理解和描述。

（2）文化相对论

文化相对论，是与复数的文化概念密切相关的研究理念，由人类学家博厄斯（Franz Boas）于20世纪30年代提出，并在第二次世界大战后被广泛接受。这一理念认为，任何一种文化都具有自己的特性，没有蒙昧文明、进步落后、高低好坏之分，不管是在过去、现在，还是将来，每种文化的价值都是平等的。因此，我们不能用共同、普遍、绝对的标准去衡量一种文化的价值，每一种文化都是具体的社会、历史及生态环境互动的产物，理解了这一特定的社会及环境，就能够理解文化的内容与结构。

文化相对论被人类学家用来反对民族中心主义、欧洲中心主义和种族主义，在当时的时代具有强烈的进步意义。文化相对论告诉研究者，不能用自己的习惯和喜好，以及所属群体的传统观念和价值标准来理解、衡量或判断另一种文化，这种判断往往是主观的、武断的，我们只有首先放下这种偏见，才能真正谈得上理解他人。

文化相对论自提出以后，便成为人类学基本的价值理念，也成为所有研究的指导性原则。但需要说明的是，文化相对论并非无条件的、极端的，即认为任何文化现象都可以接受，或者拒绝对另一社会的习俗和价值观做任何评价。这显然是错误的。任何一种文化，都有其精华和糟粕，我们可以对糟粕进行批判。文化相对论的底线，是不能造成非自愿的人身伤害。它是建立在普遍人性基础上的相对论，而不是绝对的。

（3）整体观

整体观也是人类学区别于其他学科的独特方法之一。它指的是在研究每一种特定的社会或文化的时候，要将其视为一个整体，整体的各个部分之间是有机的和相互关联的，各个文化要素之间存在着必然的联系。因此，在研究某一文化要素时，要将它放置于该文化的整体框架中，探讨这一文化因素与其他因素之间的关系，以及各部分之间的互动。

例如，在西太平洋的很多小岛上，都存在着"库拉交换"的习俗，它指的是在固定的伙伴之间进行的项圈和臂镯交换。这种交换看起来没有任何实际价值，如果只从经济的角度，很难进行理解，但实际上，它是当地构建社会关系，形成社会契约的一种方式，并嵌入到政治生活与宗教生活之中。

如果从整体视角出发，便可以很好地理解这种习俗。

另外，整体观还主张要将人类所有的过去与现实视为一个整体，既要关注历时性问题，即人类文化的过去、现在与将来的动态过程，也要关注共时性问题，即同时将生物、社会和文化进行综合分析。在具体研究中，这实际上是可望而不可即的一种理想状态。但它至少提醒研究者，需要将自己研究的某个特定个案，放置于人类"文化总库"之中，以不断丰富对于人类普同性和多样性的认知。

（4）田野工作

田野工作的诞生，与被誉为"现代人类学之父"的马林诺夫斯基（Bronislaw Kaspar Malinowski）有着密切联系。1914年，马林诺夫斯基随当时的牛津人类学系系主任马雷特前往南太平洋，后者当时正在筹备一个在澳大利亚举办的会议，而马林诺夫斯基则是他的秘书。然而，在他们的船从西澳大利亚驶往南澳大利亚的途中，第一次世界大战突然爆发。出生于奥匈帝国的马林诺夫斯基顿时成为英国与澳大利亚的"敌国国民"，理论上应该被扣押，至少被遣返。但马林诺夫斯基在与澳大利亚当局斡旋之后，取得了自由通行证与研究许可，并借此机会在大洋洲小岛上从事调查，直至1918年。

在南太平洋小岛上，马林诺夫斯基总共待了将近四年的时间。这使他深信，这种长期与土著人生活在一起，并对土著人的生活进行观察的方法，是唯一一个能够真正达到对他们的客观认识的方式。在此后出版的《西太平洋的航海者》的导论里，马林诺夫斯基用掩饰不住的骄傲口吻写道：

> 民族志田野工作的首要理想，在于清晰而明确地勾画一个社会的构造，并从纠缠不清的事物中把所有文化现象的法则和规律梳理出来。他必须首先探知部落生活的骨架。这一理想迫使我们必须把全面调查作为第一要着，而不要专挑那些耸人听闻的、独一无二的事情，或等而下之，找那些滑稽可笑和离奇古怪的事情，把土著人当作一幅扭曲了的、孩子式的漫画提供给我们，我们可以忍受这种描述的时代已经一去不复返了。这幅图画是虚假的，而且，像许多谎言一样，它也被科学戳穿了。（马林诺夫斯基，2002：8）

这段话，被此后数代的人类学家奉为圭臬。从此，人类学的目标不再是用二手材料构建虚拟的"人类发展史"，而是亲身来到土著人之中，探究他们的整体生活方式。田野工作要求人类学家学会当地的语言，居住不少于一年的时间，并采纳参与观察的方法。人类学家相信，通过田野工作，可以达到对"他者"的深入理解。

2. 主要范式

从总体上，人类学的范式可以分为共时性研究范式和历时性研究范式。

历时性研究范式主要指从时间的跨度研究文化与社会、试图探讨历史与变迁的范式。产生于19世纪中叶至20世纪20年代的进化学派、传播学派等，都属于这一范式。进化学派试图在人类的不同社会形态中勾勒出进化的链条，传播学派则试图用文化采借（cultural borrowing）来解释文化变迁，认为人类文化史归根结底是传播与借用的历史，由此，他们试图解释文化在全世界的分布与发展。这两个学派都有着理论上的雄心，即将全世界所有的区域、国家都勾连起来，构筑统一的人类历史。

到了 20 世纪 20 年代，历时性研究范式开始受到越来越多的批评。批评主要在于他们只是坐在书斋里面构想，而不是身体力行地从事实地考察。在这样的背景下，共时性研究范式兴起了。所谓的共时性研究，即不再注重时间的维度，而是关注空间，研究某个特定地域内文化的功能、结构、象征与人格等，属于静态的研究。它所强调的是对某一时期、某一横截面上社会与文化现象的理解。功能学派、文化与人格学派、象征学派等，都属于这一研究范式。

共时性研究范式被认为能够更好地理解某一具体的区域或国家，对其进行深入细致的描述，这被认为是人类学与区域国别研究相结合的最重要的学术贡献。但到了 20 世纪七八十年代，共时性研究范式也因其对冲突、变迁和历史的忽视而遭到批评。一些综合性的研究范式开始兴起，如冲突学派、历史结构学派、马克思主义学派等。这些学派力图将时间与空间维度综合起来，既对某个具体社群进行观察与描述，又将之放置于历史脉络之中，勾勒其社会形态的历史渊源及现实变化。

近年来，对全球化等议题的关注，更是要求人类学家综合两种研究范式，将所研究的社群放置于更大的时空范围之中进行理解。此外，方法与理论上的创新，也使得人类学关注的议题不仅限于传统的文化、政治、经济、宗教等方面，而是将一些新现象、新议题也纳入考察范围，如医学、道德、金融、环保、全球化等等。例如，在 2014 年的作品中，麦克费尔（Theresa MacPhail）以 2009 年至 2010 年爆发的 H1N1 流感病毒疫情为研究对象，通过对香港一个微生物实验室和美国亚特兰大疾控中心的考察，揭示了全球卫生系统在面对流行病时的运作，并回答了关于科学知识如何生产、疾病叙事如何构建、不同文化对于流行病的不同应对等问题。倡导"本体论转向"（ontological turn）的一批学者，从 20 世纪末至 21 世纪初的世纪之交开始，从本体论的角度重新思考人与世界的关系，从不同地区人与自然的不同观念出发，反思西方的"人类中心主义"世界观，以及这种观念带给环境的灾难（Kohn, 2015）。在 2023 年的最新作品中，卡莫斯（Ingrid Kummels）展示了墨西哥的移民如何通过互联网广播电台和多媒体平台，在自己传统居住的村庄和洛杉矶之间创建了一个跨国界的媒体空间，由此分析了原住民身份如何在这个联结越来越紧密，但又越来越虚幻的世界中变迁。

三、人类学理论和方法在区域国别研究中的应用

1. 功能分析法

（1）发展历程

第一次世界大战以前，欧洲文明对其自身有着强烈的自信，看待"野蛮人"的目光也总是自上而下的，带有摆脱不掉的歧视。第一次世界大战带给了人类社会前所未有的灾难，摧毁了欧洲人的自信，并使人们开始怀疑西方文明的价值，欧美思想界也逐渐放弃了那种视欧美文明为发展顶点的偏见。相应的，人类学也放弃了此前从进化论的视角勾勒人类社会文化发展宏大叙事的蓝图，微观研究应运而生，转向研究具体的社会与文化。由此，学界开创了作为人类学标志性方法的田野工作，以及功能分析法。

正如马林诺夫斯基所言，当西方人初次来到"原始社会"的时候，会发现他们有难以理解的习俗，但如果深入当地，真正从当地人视角进行理解，便会发现那些看似"野蛮"的习俗，也发挥着积极的功能。这里所言的功能，或是满足了人类普泛性的某种需求，或是服务于整体的社会秩序或

社会结构。由此，功能分析法又可分为需求功能论与结构功能论两种。

（2）核心思想

功能分析法认为，要理解任何一个社会，首先便要抛下局外人的有色眼镜，把任何一种风俗、任何一项制度的存在，放在当地的整体社会秩序中考察。相对于此前盛行于西方的文明等级论，功能论往前走了一大步——它不再把原始人视为欧洲人的"早期阶段"，而是在整体主义的视角下，考察不同社会满足需求、发挥功能的不同方式。

功能论最早由马林诺夫斯基开创，并在当时的英国学界产生了巨大影响。另一位英国人类学家布朗（A. R. Radcliffe Brown）也一度痴迷于马林诺夫斯基的研究方法，但之后，逐渐与马氏产生了分歧，并开创了另一个功能论的分支，即结构功能论。在马氏看来，人类的任何社会与文化现象都是为了满足某种现实需求而存在的，这种需求可能是生理的，也可能是心理的，我们不应该简单地对看似奇怪的习俗做出评价，而是要从功能满足的角度，对这些文化习俗或社会制度进行分析。布朗则认为，功能不是指对个体需求的满足，而是将社会视为一个完整有机体，功能指的是整体内的部分活动对于整体活动所做的贡献。他写道："原始社会的每个风俗与信仰都在该社区的社会生活中起到某种特定的作用，就像活体的每一个器官，在这个有机体的整体生活中都起着某种作用一样"（布朗，2005：173）。布朗举例说道，例如，非洲有一种习俗叫 lobola，它指的是男人在娶女人时需要支付的巨额彩礼。这在殖民地的行政官员看来是一种陋习，应该废除，但实际上，它是当地社会建立契约的一种方式，贸然阻止可能会引发当地人的反抗。再如，当传教士接触到各种原始社会的神秘信仰与巫术时，也并不知道该如何对待它们，只有人类学家，才能准确地告诉传教士，巫术在当地整体社会的运转中起到了怎样的作用，如果要改变的话，又应当用怎样的方式。

在布朗看来，在结构功能论指导之下的田野工作，一方面可以形成对某种类型的人类社会的深入了解，并在此基础上通过比较研究，找寻对于人类社会普遍法则的理解；另一方面，又可以提供关于当地的深度知识，进而使英国能够"根据知识和理解对附属民族进行公正的统治"。在他看来：

> 对土著民族的习俗和信仰的研究，其目的不仅仅是构拟其历史，而是发现它们的意义和功能，它们在思想、道德和社会生活中所占的地位。这些能给那些传教士和国家官员提供极大的帮助，他们是致力于解决土著文明适应新条件的过程中所产生的实际问题的，而这些新条件是由于我们国家的占领才产生的。（布朗，2002：29）

也就是说，在这个时候，人类学家已经明晰了自身的双重身份，即知识探索与应用服务。虽然在人类学是否应该直接为殖民统治服务的问题上，不同的人类学家有着不同的见解，但多数人类学家仍旧相信，对于殖民地的行政管理，应当建立在对土著文化彻底而系统的了解之上，而正是在这里，人类学可以"为土著民族的管理和教育建立一个科学的基础"。正是源于这种深度知识的提供，人类学才在一定程度上受到了英国政府的欢迎，甚至某些高校的人类学系还参与到了殖民地官员或殖民军官学校的教学之中。

（3）具体应用

功能分析法很少独立运用于某项研究之中，但其中所包含的整体论思想、对"他者"风俗的理解，以及对某个特定社区社会结构的分析，成为区域国别研究中必不可少的要素。人类学强调，即使最终的研究对象是社会的某个方面或某个主题，但在此之前，仍旧需要对社会有着整体式的观察。在遇到难以理解的"奇风异俗"的时候，研究者不应当简单地为其打上"迷信"或"野蛮"的标签，而是应当将其放置在当地的社会文化背景中加以考察。

例如，罗宾斯（Robbins，2004）在对巴布亚新几内亚的乌拉敏人的研究中便注意到，当地人在 20 世纪七八十年代迅速归信了基督教，但他们所理解的基督教，与西方"标准"的基督教并不相同，而是本土传统文化与基督教信仰相互结合的产物。我们不能简单地用西方的基督教模式对其进行评判，而是必须深入当地社会，在当地文化情境中理解他们的信仰。再如，塞维亚（Sevea，2020）在新近关于马来西亚的著作中，重点考察了当地的巫术与巫师现象，并分析了巫师信仰与伊斯兰教法在当地的融合。作者提到，虽然巫术与巫师在外界看来是难以理解的，但在马来西亚社会，二者都扮演了重要的角色，并深深地介入当地的经济、政治、文化生活。

（4）案例分析

需求功能论的案例分析：

关于马林诺夫斯基的"需求功能论"，可从他对产翁制的阐释中得到很好的理解。在学术生涯晚期的《文化论》[①]中，马林诺夫斯基提到，在很多原始社会里，都有一种"产翁"的风俗，即男人在妻子分娩前后，会模拟和生孩子有关的场景。例如，丈夫会换上女人的衣服，躺在妻子身旁的躺椅上，翻来覆去，表演自己和妻子生育时一样痛苦；还有些地方，男人还会装扮成产妇卧床抱子，代替妻子"坐月子"，而真正的产妇，这时候身体已经恢复了，还会外出干活。这么一种奇特的风俗，应该如何理解呢？当时流行的解释有两种，一种是进化论的解释，即男人试图用这种做法显示，他才是生育孩子的人，所以，这种风俗应该出现于从母权制向父权制过渡的时期。另一种是心理学的解释，即在妻子分娩期间，丈夫感到失落，没人注意他，所以只好用这种方式"刷存在感"。而马林诺夫斯基则试图给出一种功能论的解释。他说，母亲与孩子之间的联结是基于生物性的，是显而易见、牢不可破的，而父亲与孩子之间的联结相对而言就要弱很多。但是，另一方面，孩子生下来之后，父亲的角色又不可或缺，需要让他参与到孩子的养育过程之中。因此，这种产翁的风俗，就是通过仪式性地表演生育过程，让父亲以一种社会性的方式，参与到孩子的生产过程之中，进而对"父职"产生概念。也就是说，父亲和孩子之间，没法建立自然可见的生物性的联结，但从社会角度来看，又需要这样的联结来帮助养育孩子。这就是一种"需求"。婚姻制度规定，父亲有养育的责任，但这种责任是强制的，不利于执行。产翁这种风俗，便以更为和缓、更加能够接受的方式，唤起了父亲对社会责任的感受。

由此，马林诺夫斯基指出，不应当随意对那些看似奇怪的风俗进行评判，而是应当理解它所扮演的功能。他写道："文化是包括一套工具及一套风俗——人体的或心灵的习惯，它们都是直接地或间接地满足人类的需要。一切文化要素，若是我们的看法是对的，一定都是在活动着，发生作用，而且是有效的"（马林诺夫斯基，1987：14）。只要是存在着的文化要素，就一定可以满足某种功能。人类从生理与心理结构上来看，有着共同的生物基础与心理需求，不同社会以不同的方式满足了这些，进而形成了不同的文化形态。这便是人类学应当去研究和理解的对象。

结构功能论的案例分析：

将结构功能论用于实地研究的最典型的案例，当属由英国人类学家埃文斯–普里查德（E. Evans-Pritchard）牵头进行的非洲研究（埃文斯–普里查德，2002）。

1）研究内容。

自 19 世纪末以来，英国在非洲占据了大片的殖民地，此前被视为圭臬的"间接统治"制度，

---

① 马林诺夫斯基，1987. 文化论 [M]. 费孝通，等译. 北京：中国民间文学出版社.

到了 20 世纪三四十年代，开始出现越来越多的问题。非洲的地方社会形态究竟是怎样的？是否应当继续推行间接统治？这成为当时的殖民管理部门亟须了解的问题。在这样的背景下，1930 年代初期，英埃苏丹政府资助埃文斯－普里查德前往非洲中部的努尔地区进行了长期的田野调查，以提供关于努尔人的生活报告，此后，埃文斯－普里查德与福蒂斯（M. Fortes）两位学者又共同组织了一个研究团队，对整个非洲地区的政治制度进行了比较研究。

2）研究步骤。

埃文斯－普里查德在努尔地区前后待了十几个月，采用田野工作的方法，对努尔人的社会制度与政治制度进行了细致的考察。

首先，他发现，努尔人的组织特征与其生态环境有着密切的联系。努尔人生活在旱季－雨季交替的平原之上，这样的环境使得他们与自己的牛群之间形成了共生关系，并迫使他们在村落与营地之间进行季节性的迁徙。这种迁徙使得他们的社会结构具有强烈的不稳定性，以"裂变"为最基本的特征。任何一个个体，都可以在不同的社会情境下归属于大小不同的群体，也可以不断更改自身的群体认同。

那么，这样的社会又如何维持自身的稳定呢？埃文斯－普里查德用社会结构的概念对其进行了分析。他指出，所谓社会结构，指的是具有高度一致性与恒久性的群体之间的关系。在任何特定时刻，不管其所包含的具体个体如何，这些群体都保持同样不变。例如，在努尔人中存在着年龄组的制度，把连续几年实行成年礼的男孩子视为一个年龄组，并规定了不同的年龄组之间不同的行为模式。每一个人在达到某个生命阶段的时候，都会进入特定的年龄组，并按照那个年龄组的行为期待行事。因此，虽然个体不断地变动，但整个社会的结构却保持着基本的样态。

然后，埃文斯－普里查德在对社会结构进行研究的基础上，对努尔人的政治制度进行了细致分析。他发现，努尔部落之间有时会因为牛而互相袭击，但他们之间的群体性械斗是很少见的。社区之间的械斗及由此导致的世仇（the feud）是政治关系的一部分，一旦人们在械斗中被杀戮，血仇的链条便由此开始了。然而，部落内部有自己的办法，通过仲裁来了结这种血仇，这种方法就是豹皮酋长制度。

在努尔社会，当人们遇到纠纷的时候，便会去找豹皮酋长协调解决。这一酋长的角色与现代法官的角色有所不同，他的权威并不是奠定在暴力或强制的基础上，而是一种习俗性的、仪式性的运作。他只是在特定社会情境中的调停人，并且，只有在纠纷双方有着社会关系上的联结，并希望可以避免矛盾激化到更深层的敌对的时候，他的调解才能成功。

在对豹皮酋长及当地的纠纷解决机制进行分析的基础上，埃文斯－普里查德指出，任何努尔社会都具有自我平衡与自我调节的能力，甚至世仇都是为了在对立的部落裂变支之间维持结构平衡。在这样的社会中，个体没有太强的能动性，在绝大多数情况下，只是按照既定的社会规范行事。甚至像豹皮酋长这样的人物，也是结构性的，是由于结构需要而产生的。在这个意义上，酋长不是独立的个体，而是一种机制，可以让社会生活回归到正常状态。

3）研究结果。

埃文斯－普里查德认为，他在努尔地区发现了一种"有序的无政府状态"，这种政治形态与当地的生态环境、社会组织方式之间组成了一个有机整体。

在努尔地区调查的基础上，埃文斯－普里查德又与福蒂斯一起组织了一个团队，对非洲中部和南部的八个社会进行了比较研究。他们将非洲的政治制度分成了两个类别，其中一类是拥有中央集权、行政机器和司法制度的社会，即"原始国家"（primitive states），另一类是缺乏中央集权、行政机器和司法制度的社会，即"无国家社会"（stateless societies）。他们指出，在前一类社会中，间接统治的原则可以很好地适用，只要传统上地方的最高统治者能够巧妙平衡殖民政府与人民之间的关系，便可以减少新旧制度之间的摩擦。而在后一类社会中，由于权力是裂变的，因此，便没有一个可以代表裂变支之间的团结的人物。在这样的社会中，如果采用间接统治的方式，反而会起到相反的效果，正确的方式是委任新的行政代理，建立起官僚体制，并用武力加以支撑。

（5）小结

功能分析法产生于对西方文明的深刻反思。它不再关注人类发展的宏观走向，而是聚焦于对小型社会的民族志研究，并强调社会本身具有调节机制，能在宏观权力不在场的条件下维持自身秩序。这样的方法具有反殖民主义的积极意义。在相对封闭的小型社区研究中，功能分析法可以得到最佳的应用。这也同时构成了这一方法的局限。功能分析法具有强烈的静态色彩，没有加入历史的维度，也难以对冲突与变迁等情况进行讨论。

功能分析法的推崇者往往有着知识与应用上的双重雄心。一方面，他们希望自己对某个社会的深入研究，可以成为人类知识库的组成部分，并为比较研究做出贡献；另一方面，他们也承认，学术研究的学者并非对实践事务漠不关心，如果学者做出的现实研究能够被政府理解并接受，从长远来看就是有利的。功能分析法的倡导者虽然多从政府那里获得资助，但当他们进行分析的时候，却更多偏向土著人而非殖民政府的立场。这种知识独立性，使得功能分析法具有长盛不衰的参考价值。

2. 阐释人类学

（1）发展历程

20世纪初，与英国人类学几乎同时，美国人类学也发展出了自己的脉络。博厄斯及其学生奠定了美国人类学的基调，在文化相对论的指导下，人类学界展开了对世界各地"文化区"（culture zone）的研究。1949年，在纽黑文市（New Haven），美国建立了人类关系区域档案（Human Relations Area Files），作为一个公司法人机构，调查、搜集全球人类过去与现在各种文化、社会、行为的民族志资料，倡导跨文化比较，并将其中的描述性资料汇整为可供学界运用的数据库。

到了20世纪六七十年代，人类学家格尔茨（Clifford Geertz）受符号学与语言学的影响，发展了此前的"文化"概念。格尔茨（1999a：5）认为，文化是"经由象征符号获得和传达的行为模式"，它不是封闭于人们头脑之内的某种东西，而是存在于公共符号之中，透过这些符号，社会成员彼此交流世界观、价值取向、文化精神以及其他观念，并传承给下一代。

格尔茨关于文化的理解，继承了著名社会学家马克斯·韦伯（Max Weber）的阐释学进路，强调不同文化中的人对不同意义世界的建构。格尔茨用眨眼的例子说明了这一点。他写到，让我们设想有两位正在迅速抽动右眼皮的少年：其中一个是无意的抽动，另一个是向一个朋友投去密谋的信号。作为动作，这两个动作是相同的，如果仅对他们做照相机式的"现象主义"观察，我们不知道哪一位是抽动眼皮，哪一位是眨眼示意。但实际上，那一位眨眼示意者正在以准确、特殊的方式传递信息，而这个时候，这位少年和他的朋友就构成了一个小的公共世界，"抽动眼皮"就成为他们共同理解的编码。这就是一种细微的文化。

假如还有第三位少年在场，他想"给他的好朋友们制造一个恶作剧"，外行、笨拙、夸张而滑稽地模仿第一位少年的眨眼示意，那么，这也是一条信息。如果这位少年在家里的镜子前面排练，或者以其他的方式眨眼，那么，这些行为中的信息，也是需要解读的对象。格尔茨认为，这种解读，就是所谓的"深描"（thick description），即对文化的阐释。由此，阐释人类学方法正式诞生。

（2）核心思想

1973 年，格尔茨出版了著名的《文化的解释》一书。在书中，格尔茨给出了他关于文化的定义，即"人是悬挂在由他们自己编织的意义之网上的动物，而文化就是这些网"。进而，格尔茨（1999a：5）写到，作为文化分析的人类学"不是一种探索规律的实验科学，而是一种探索意义的阐释性科学"。这种阐释，为的是"阐释表面上神秘莫测的社会表达方式。"

格尔茨写道：

> 作为可解释性符号（signs，我将忽略地方用法，称之为"符号"[symbols]）的交融体系，文化不是一种力量，不是造成社会事件、行动、制度或过程的原因；它是一种这些社会现象可以在其中得到清晰描述的即深描的脉络。（格尔兹[①]，1999a：5）

也就是说，任何一个事件的发生，都有其政治、社会、经济上的原因。人类学家的核心任务，并不是去追溯这些原因，而是在特定文化背景，或者说舞台中，去阐述事件发生前后的脉络。换句话说，人类学家所要回答的问题是：这件事为什么会在那种文化中发生？它对于当地社会而言，究竟意味着什么？

在这个意义上，人类学家写作的民族志，从事的是解读与翻译的任务。它把某个具体社会的社会生活视为一个文本，通过长期田野调查，试图理解这个文本之后的信息。

> 民族志是深描。民族志学者事实上所面临的是大量复杂的概念结构，其中许多相互叠压，纠缠在一起，它们既奇怪、不规则，又不明确；他首先必须努力设法把握它们，然后加以表述。在他进行活动的最最基层的密林田野工作层面上，这是真实情况：访问调查合作人、观察礼仪活动、推导亲族称谓、追溯财产继承的家系、统计家庭人口数字……记他的日志。从事民族志就像解读一份手稿——陌生、字迹模糊、充满省略、前后不一致、可疑的更改和带偏见的评语，但它并非用习惯上的表音字符写成，而是用行为模式的例子临时写成的。（格尔兹[②]，1999a：11）

这段话通常被认为是阐释人类学方法的集中概括。就像语言学家从事不同语言文本的翻译一样，人类学家所扮演的，就是"文化翻译"的角色。从当地人给出的零碎的信息中，人类学家要努力提取、拼凑、解读，最后得出对当地人意义结构的整体性阐释。

（3）具体应用

阐释人类学聚焦于对地方文化、地方风俗、地方知识的探寻，它所获取的一手材料，可以为社会科学中的宏大概念，如现代化、整合、冲突、结构、宗教等提供现实的案例，并对其普适性始终保持怀疑。例如，格尔茨（1999b）在对印度尼西亚巴厘岛传统国家形态的研究中便指出，巴厘岛的古代王国是一种"剧场国家"的模式，它追求的是排场、庆典、夸示与辉度，而不是西方国家的

---

① 格尔兹即指格尔茨。
② 同上。

权力与暴力。由此，格尔茨对基于西方传统的国家理论进行了反思，并在比较政治学界产生了巨大影响。

再如，在对西伯利亚尤卡吉尔人的研究中，韦尔斯莱夫也深入当地人的观念世界，试图理解他们对人与动物、人与外部世界的看法。韦尔斯莱夫指出，对于尤卡吉尔人而言，人类存在的基本形态便不是如笛卡儿一般，作为一个沉思的主体来抽象地思考这个世界，而是在与他者，包括与动物及其他非人类的交往中，建构对于世界的实践性知识。由此，他们的"万物有灵论"并不是对世界的错误心灵表征，而是与西方不同的另一种认识世界、建构自身与世界关系的方式（韦尔斯莱夫，2020）。

借用阐释人类学的方法，学者可以更好地理解地方性知识、地方性概念，并可以对以西方为中心的社会科学知识体系进行反思。虽然阐释人类学更多的是对个案的描述，但每一个个案，都是一种文化的代表。从不同案例的搜集与比较中，人类学不断探索着对于人类多样性与普同性的认识。这也是人类学为区域国别研究做出的重要知识贡献。

（4）案例分析

格尔茨对于印尼巴厘岛斗鸡仪式的研究，可被视为阐释人类学的经典研究案例。这是格尔茨在20世纪60年代写作的一篇论文，收录于他的经典著作《文化的解释》①。

1）研究内容。

巴厘岛是人类学重要的研究对象，关于当地的神话、艺术、仪式、社会组织、育儿方式、法律形式等，都有很鲜明的地方特征。曾经也有一位学者提出过"巴厘人的气质"的概念，这其实与美国人类学对"文化模式"的关注有着相通之处。如果说，巴厘人与其他地方的人在精神气质（ethos）上有所区别，那么，这一定是源于他们不同的文化。人类学家当如何对这种文化进行研究？

2）研究步骤。

在深入到巴厘社会，被接纳为当地社会一员之后，格尔茨展开了自己的研究。

格尔茨相信，文化不是存在于人类头脑中的观念，而是会通过公共仪式的方式表演出来。因此，他试图在巴厘岛的公共仪式中，寻找理解当地文化的钥匙。

格尔茨发现，在当地，斗鸡仪式具有非常重要的角色。巴厘岛的男人热衷于养鸡和谈论斗鸡，他们甚至会将自我的一部分投射到公鸡身上。当时，在共和体制下，斗鸡属于非法的活动，但巴厘岛人乐此不疲。斗鸡通常于午后开始，持续三四个小时直到日落西山，每次活动由分开的九至十场比赛组成。每场比赛的过程很简单，即两只装着钢刀的鸡在大约4.6平方米的赛圈内相斗，直到其中有一只鸡死去为止。同时，在斗鸡过程中，巴厘人会进行赌博。中心的赌博是正式的，在两只公鸡的所有者之间进行，受到一整套规则的制约，周边的赌博则相对随意很多，参与者也会更为广泛。

格尔茨认为，这看起来是一场简单的仪式，但实际上有着丰富的社会内涵。格尔茨用阐释人类学的方法，深入理解了当地人的观念。他写到，在巴厘岛，公鸡是它们主人人格的代表者，而斗鸡则是社会基体（social matrix）的模拟，即对于村落、亲属群体、水利团体、寺庙机构、种姓等复杂系统的模拟。斗鸡，尤其是中心赌博较大的深层斗鸡，从根本上来说是社会地位关系的戏剧化过程。

例如，人们事实上从不会把赌注押在他自己宗族成员的公鸡的对立面上，他的义务便是为自己宗族的鸡而赌。亲属纽带越是紧密，斗鸡越是深刻，情形越是如此。如果他在心目中判定那只鸡不

---

① 格尔兹，1999a. 文化的解释 [M]. 纳日碧力戈，等译. 王铭铭，校. 上海：上海人民出版社.

会赢，那么他可以不赌，但常规来看，他知道必须给自己宗族的鸡以支持。进一步讲，这一原则会按逻辑扩展，如果他的宗族没有公鸡参赛，那么，他就有义务支持更大的亲属群体，或者村庄，或者自己的家乡。更加值得一提的是，几乎所有的比赛都是社会性相关的，几乎不会出现两只完全没有任何群体关联的公鸡相斗，也不会有来自同一个家族的公鸡相斗。在深层比赛中，参与中心赌博的，也往往是其群体——宗族、村庄等的领导者，其他人只是紧跟其后。换句话说，斗鸡，只是以游戏的形式激起了村庄或宗族之间的竞赛和敌意，正如巴厘人自己表达的那样，斗鸡，如同玩火，只是不引火烧身。

3）研究结果。

格尔茨将巴厘岛的斗鸡仪式作为一个文本来解读，他指出，斗鸡的功能，就在于它的解释作用，即它是巴厘人对自己心理经验的解读，是一个他们讲给自己听的关于他们自己的故事。具体而言，斗鸡的仪式中呈现出了巴厘人生活中的许多主题：动物的野性、男性的自恋、对抗性的赌博、地位的竞争、众人的兴奋、社会基体的关系等等，它们相互组成了一套规则，并建构出了一个象征的结构，在此结构中，人们的内在关系的现实一次又一次地被明白地感知。斗鸡就像是一场戏剧，只不过是社会性的戏剧。通过对斗鸡仪式的解读，人类学家把握到了巴厘人的心理结构。

换句话说，阐释人类学的工作，就是把一个民族的文化视为一种文本的集合体，努力从这些文本的当然拥有者背后去解读它们。所谓"深描"，指的就是"理解他人的理解"，追求的是对被研究者的观念世界、观察者的观念世界以及观察者告知对象的观念世界的相互沟通。这种深描是显微镜式的，要从细小的事情入手，从中把握不同文化的意义模式。

（5）小结

格尔茨开创了"阐释人类学"时代，"深描"亦成为此后一代人类学家经常给自己贴上的标签。与前文提到的功能分析法类似，阐释人类学也具有强烈的从个案反思总体、从微观探索宏观的特征，但相对于功能分析法对于地方组织、地方制度的整体性描述，阐释人类学则更多追求对地方意义图式的理解，这也使得它更具人文主义的色彩。

在对当地人进行理解与阐释的时候，不可避免地会带有人类学家自身的印记，这使得田野工作很难成为完全"客观""真实"的研究，也使得此后开始有人提出了对田野工作本身的质疑。然而，需要认识到，由人为主体展开的任何一项社会科学研究，都不可能是完全客观的，但这并不能否认研究本身的价值。就阐释人类学而言，它极大地开创了文化之间相互理解的渠道，即格尔茨（1999a：34）所言："阐释人类学的基本使命不是回答我们最深切的问题，而是让我们了解在其他山谷放牧其他羊群的其他人所给予的回答，从而把这些答案收入可供咨询的有关人类言说的记录当中。"自从阐释人类学诞生以来，人类学研究更加明确地认识到了自己的知识使命，即不同文化之间的翻译者。这也是区域国别研究应有的研究旨趣与题中之意。

3. 多点民族志

（1）发展历程

冷战结束以后，全球化的议题越发得到学界的关注。全球化与跨国主义带来了对传统封闭社区的巨大影响，使得地方社会去中心化与国际化，人、信息、商品、思想等处于持续流动的状态。全球化带来的地方社会全面且深刻的变化，塑造了新的关于世界和地方的思考方式，也引发了新的社会问题，为传统的社会科学研究带来了多方面挑战。

与此相应，传统的社会科学概念与方法无法理解全球化下的新的社会议题，社会科学的更新成为新的时代要求。在人类学研究方法领域，传统的以社区为单位的田野研究无法应对深刻变化的世界图景。因此，自20世纪80年代起，一批人类学家开始反思民族志研究方法和写作方式。20世纪90年代，在对全球化下研究方法的反思与革新中，乔治·马库斯（Geroge E. Marcus）基于他在汤加的田野经验和对民族志的反思与批评，提出"多点民族志"的新的调查方法（multi-sited ethnography）。

20世纪70年代，当马库斯在汤加进行田野调查时，他发现全球化使汤加经历着"去中心化"与国际化的社会变迁，但马林诺夫斯基式的传统人类学民族志调查方法不足以理解和描述汤加的文化变迁。因此，他开始有意识地关注全球化下的跨区域研究。20世纪80年代，人类学研究方向出现了断裂与分散，"跨学科热"的出现使得新的研究理论与方法探索成为可能。1995年，马库斯明确提出了多点民族志的方法论趋势，认为民族志当由其传统的、被宏观社会结构如资本主义世界体系情境化的单一地点，转换为多个观察和参与的地点，跨越"当地"和"全球"，"生活世界"和"系统"等二分法。因此，所产生的民族志"既在世界体系内，又在世界体系外"（Marcus, 1995）。

文章发表后，迅速引起欧美学界的热烈讨论。随后，马库斯连续发表多篇文章，逐步完善多点民族志的理论与实践。多点民族志在学界的探讨中发展成型，并逐步为学界认可。

（2）核心思想

多点民族志是针对过去研究封闭地方社会的单点民族志提出的。单点民族志虽然同样重视普遍性和整体性问题，但仅是将世界体系作为外在的背景条件，聚焦的仍是地方社会的文化现象。与单点民族志不同，多点民族志在强调地方性视野的同时，也力求贡献于有关"什么是全球化"的讨论。换言之，多点民族志不同于过去将"世界体系"视为一种框架的研究，而是将"世界体系"作为研究对象本身。由此，多点民族志研究破除了传统单点民族志中"地方－全球"的二元对立。

对于"多点民族志"研究来说，不能只是研究独立的民族与文化。在全球化的时代背景下，不能简单地认为其仍保持分离和静止不变，而是应该从世界体系的角度对其进行理解和研究。多点民族志要求将被研究对象置于全球化背景和世界体系之下，这样，才能更为立体、更为生动地还原出错综复杂的权力和关系。

多点民族志的突出特征是民族志调查点选择的灵活性、流动性与动态性。研究对象的分散与现象的全球性要求新时期民族志研究采用分散和移动的方式进行研究。多点民族志的一个核心特征是"跟随"（following），跟随人、隐喻、情节、故事和寓言、冲突等等。这种跟随的本质是跟踪研究对象跨越空间的联系和关系，顺着一个调查点中出现的问题把研究者带入其他的调查点。马库斯直言，"正是与研究主题之间形成的'契约'，将他们推向深刻影响其观察到的地方生活的其他环境中发生的事情"（马库斯，2011：14）。因此，多点民族志的重要问题是：关注什么、如何关注，以及如何追踪。

合作是田野研究方法的潜在特质。马库斯认为传统田野调查方式的合作已经无法适应全球化带来的田野作业图景的变化。传统上，研究者作为有目的的"局外人"，与作为"局内人"的研究对象之间存在权力上的差异。研究的兴趣和日程是人类学家带来和发起的，访谈对象是被动地提供信息与服务。随着研究情境与条件的变化，研究者与研究对象的关系也发生微妙的变化，因而，马库斯提出需要一种替代性的方案以建构协作式的田野调查研究，即"共谋"：

　　共谋，在多点民族志框架中作为"亲密关系"的替代者，首先应当被理解为一个象征，它标志着民族志学者在进行田野调查时，力图追求的知识类型的变化，在这种变化的场景中，民族志学者希望从主题中得到的与其说是地方性知识，不如说是各种焦虑的结合。人们意识到自己受别处事物的影响，但又不知道其中的具体联系，就会产生焦虑。因此，作为当代多点民族志的核心象征，共谋应当首先被理解为一种关系、一种相互吸引的形式，它表明了在田野调查中获得类似民族志知识的可能性。（马库斯，2011：16）

　　"共谋"的达成使研究的多重立场取代了传统民族志研究中研究者与他者的二元对立，并由此创造了研究的集体性。

　　马库斯提出，多点民族志的野心不止于此。传统民族志是作为一种档案式的存在，其功能常常停留在简单描述地方社会的文化现象。但是多点民族志是一种分布式的知识系统，它要求超越民族志研究的对象本身，在一个全球性的关系系统中去考察主体的不同构成，从而揭示更深层次的问题，如文化如何在不断演变的现代社会中运行。

　　如果民族志不再为民族志档案或知识库服务，那么，它要么服务于其他更广泛的议程，要么可以通过民族志的实践来创造自己的议程。民族志的实践，从20世纪80年代的批判的主要观点中衍生出来。因此，在多点民族志的想法中，有一种值得欢迎的野心，一种猜测，这将扩大20世纪80年代后民族志研究的知识功能。正如大多数多点民族志所需要的那样，民族志产生了一些功能，超越案例研究的分析和描述性特征。这就是试图以富有想象力的方式试验"马林诺夫斯基"的基本前提，从而使得多地点的民族志并不仅仅意味着是将它们扩展到额外的地点，而是对田野工作本身进行更多的理论上的反思，对田野工作本身的重新思考。（Marcus，2009：185）

　　多点民族志的方法，被认为是人类学针对全球化做出的方法创新，但它同时也存在许多争议。对多点民族志的批评主要集中在：1）削弱田野调查的力量与深度；2）超出民族志研究的极限；3）次生视角的丧失；4）放弃民族志研究的责任。对于以上几点，马库斯和其他支持多点民族志的学者做出了回应。时间是民族志学者达到深度的要素，但空间也同样可以增加民族志的深度，因此，多点民族志可以通过空间的拓展弥补深度的不足。多点民族志的目标不在于整体性的描述，而是将分散于不同空间的研究对象作为特定主体整合起来，通过这一特定主体去认识全球化的特定现象。多点民族志虽然存在放弃次生视角的可能，但是，通过重新配置文化生产的多个空间，扩大了描述的可能。次生视角作为其中的一部分存在，但是并没有消失。多点民族志没有放弃民族志责任，因为"共谋"本身就是一种责任。作为一个新的研究方法趋势和实践，以上的回应并不能完全否定民族志本身存在的问题。但是作为一个新的趋势，我们可以给多点民族志成长的空间，让其在全球化新时代背景下为理论创造和现象认识提供更多可能。

　　（3）具体应用

　　一方面，多点民族志打破传统民族志研究的地方性与封闭性，打破了"地方－全球"的二元对立，强调空间的非中心性，将全球化情境作为一个研究的一部分，试图在新的社会变化下联结起地方社会与全球结构。另一方面，多点民族志强调研究者与研究对象的共谋关系，强调多主体之间的交互合作，也对全球经济体系内在的不平等关系进行了批判。

　　事实上，早在马库斯明确提出"多点民族志"的概念之前，便已经有人类学家采用类似的方法进行研究。例如，西敏司（Sidney W. Mintz）的著名作品《甜与权力》，便以蔗糖为研究对象，通过在波多黎各、海地、英国等地从事田野调查，揭示了蔗糖生产、消费并被赋予意义的链条，揭示了彼此不认识的人们如何在政治与经济的作用下发生关联，并对殖民主义的罪恶进行了批判（西敏司，2010）。在这一概念被明确提出之后，有更多的人类学家尝试突破传统社区与村落的边界，将事件放置于更宏大的全球视野中进行考察，如罗安清（Anna L.Tsing）关于后苏哈托时代印度尼西亚环境主义运动、伐木工和国际机构的研究。在出版于 2005 年的著作中，她描述了外来资本如何在各种人员与机构的"共谋"中，摧毁了传统的热带雨林，深刻改变了地方图景的故事。在书中，她尤为强调多主体的参与，以及人类学家在田野工作的过程中与他们的合作（Tsing，2005）。2006 年，马库斯与其他同人一道，在加利福尼亚大学成立了现代民族志研究中心（The Center for Ethnography），中心的研究人员包括人类学家、规划师、计算机科学家、法学教授等，他们试图通过跨学科的合作，更好地追踪全球流动，为多点民族志的应用开辟更多可能。

（4）案例分析

项飙（2012）近年来出版的作品《全球"猎身"》[①]，针对印度 IT 工人的案例，分别在印度、澳大利亚、新加坡等地展开田野调查，揭示了全球资本主义市场中的流动链条。

1）研究内容。

"猎身"是印度独有的社会现象，是一个基于全球化的印度信息基础产业的全球性劳动力调配系统。通过研究"猎身"这一跨国的劳动力管理制度，项飙试图探究劳动力如何在全球范围内被调动和管理以适应资本的全球化流转。进一步地，在厘清"猎身"的运作机制后，揭示世界经济的高度不确定性是如何被制度创造的，其社会后果是什么。《全球"猎身"》是基于政治经济学视角的多点民族志研究。

2）研究步骤。

20 世纪 70 年代，资本主义的抽象化空前强化和普及，其典型特征是劳动力市场的高度灵活化、经济的自由化和政治运作的地方化，以及由此导致的市场和具体社会的脱离。"猎身"是资本主义抽象化的一个典例。

项飙研究这一话题的初衷，是了解超出他经验和知识范围的全球化新世界。针对"猎身"现象的全球化特质，项飙主要采用多点民族志的研究方法。2000 年至 2001 年，项飙在印度南部安得拉邦的海德拉巴市、澳大利亚的悉尼、新加坡等地方展开田野调查。在"序二"中，项飙对所采用的方法论进行了阐述。他写道：

> 在我的研究中，安得拉邦的农村、海德拉巴市、吉隆坡和悉尼之间的联系并不都是可以立即观察到的，而直接观察到的联系都是片段式的：一个海德拉巴人正在吉隆坡找工作，另一个则因为身在悉尼的亲戚拒绝为他提供移民担保而备受困扰，还有一个刚从悉尼回到海德拉巴，要招收去吉隆坡的工人……为了厘清这些流动和联系，一个抽象化的过程十分必要。**抽象化将各种联系和流动组织在一个概念体系当中，给那些相互关联的地点赋予结构上的位置和制度上的意义。**我关心的不仅是显现的、行动者自己意识到的种种跨国联系，更重要的是去发掘那些通常被认为是毫不相干的现象之间的联系，从而揭示出我们以前尚未意识到的问题。（项飙，2012：48–49）

---

① 项飙，2012. 全球"猎身"：世界信息产业和印度的技术劳工 [M]. 王迪，译. 北京：北京大学出版社.

"猎身"兴起于全世界Y2K（Year 2000，千年虫问题）热潮渐退与网络公司热潮方兴未艾的交替时期，兴起条件包括互联网技术的广泛应用，经济部门的生产和管理高度去地域化，高科技行业的金融化，移民政策的改革和移民国为保护当地劳动力的制度限制，等等。将地图上看似不相关的地点联结起来，描述"猎身"的全球链条，成为研究的关键任务。

逐渐地，项飙梳理出了"猎身"的轨迹：印度人在世界各地开办劳力行，招收IT工人，根据客户需求项目将劳动力提供给客户。劳力行代表雇主负责统筹调配劳动力的供给，为工人找到合适的工作。这样，雇主便不会与工人发生劳动关系，可以随时减裁工人，劳力行则通过对国家法规的巧妙逃避，解决了政策限制与IT行业对自由劳动力市场的迫切需求之间的矛盾。劳动力市场的流动性与不稳定性带来的经济和社会成本被转嫁到了工人身上，而出于对向上流动的渴望，工人也顺从了这一体制，并通过各种可能的方式，为自己谋求更好的职业与人生规划。

猎身体系的三个部分，最终构成了IT行业的印度三角，即：正式的IT部门、非正式的部门和海外部门。在这个三角体系中，劳力行通过在非正式部门与正式部门之间输送劳动力，假装作为雇主管理调配基层劳动工人，由此串联了正式部门与非正式部门，底层劳动力、地方市场与全球市场。

3）研究结果。

项飙总结了猎身业务的内在运作机制：民族化、个体化和跨国化。民族化是指猎身业务基本上成了印度人的行业，印度的同民族网络构成了猎身业务的重要基础，猎身基本上是一个民族化了的产业。个体化是指工人的个人主义态度，认为个人能力决定一切的意识以及不断向上流动的雄心。个体化是猎身持续长存的重要基石。跨国化是指猎身行业在制度上的意义：猎身行业之所以成为一项制度，是因为它允许资本在全球范围内动用和管理劳动力。

"猎身"体系下，呈现出一个层级分明的国际分工体系。印度是IT劳动力的"出产地"和"原料厂"；马来西亚、新加坡是IT工人步入全球市场的门户，是提高工人能力与竞争力的平台；澳大利亚是重要根据地和跳板，IT工人在此积累经验、提高技能；美国则是这个体系中的最高级，是IT工人的最终理想目的地。猎身体系因而成为一个具有自主性的跨国空间。

通过对猎身体系的研究，项飙揭示了全球化下劳动力作为特殊商品的生产机制，但其意义不止于此：

> 猎身体系的跨国性的重要意义，不仅在于它引发了新的跨国流动和联系，而是因为它导致了新的财富积累策略、新的价值转移方式和新的经济、社会不平等关系。因此，世界资本主义的抽象化——在猎身这个案例中具体体现为不断加剧的资本和劳动力的跨国流动——在很大程度上是由既定的国际经济关系所决定的，反过来又在很多方面强化了既定的格局。（项飙，2012：17）

全球化下每个人似乎都丧失了"自主性"，被迫卷入全球性的生产方式，或成为受益者，或成为牺牲者。项飙希望通过对猎身现象的研究，展示被掩盖的社会事实，形成对现实的新的理解，并最终促进全球参与者的反思与行动。

（5）小结

相较于传统民族志研究，多点民族志更具超越性与创新性。传统的区域国别研究是按区域、按国别划分的，这种按照既定地缘政治版图划分的思路，会形成知识上的相互割裂，难以对流动性、联结性、整体性等议题进行关注。今天，立足于全球化的世界，强调开放性与多学科交叉的区域国别研究意味着传统的单一民族志研究与之并不适配。相反，多点民族志的研究方法为区域国别研究提供了新的方法论可能。

今天世界中区域/国别的分割，是地理图景与政治过程相互叠合的产物，而由市场等贸易行为生发的打破边界、沟通全球的意愿，是当今世界不可忽视的另一股力量。对于这种跨区域、跨国别的现象，多点民族志有着方法上的巨大优势，既可从物与人出发，以小见大，从微观层面对政治、经济过程及其内在动力进行揭示，亦可通过跨越边界的研究，更好地思考边界带给人群的积极与消极意义。（刘琪 等，2023；麻国庆，2022）

四、相关选题建议

本章在介绍人类学基本概念及其与区域国别研究的关系的基础上，对三种人类学经典方法进行了详细介绍，即功能分析法、阐释人类学与多点民族志。这些方法的发展历程、核心思想、具体应用及案例分析的介绍，有助于我们对人类学在区域国别研究中的应用有更深刻的理解。从前文可以看到，每一种方法都有它自身的特点，也有它自身的局限。笔者在此列出一些可以应用人类学方法进行区域国别研究的选题以供参考：

1）对某个特定地区的深入田野工作；
2）对某种特定习俗的功能分析；
3）对某种异文化现象的深入阐释；
4）对某个特定社会的整体性分析；
5）跨文化理解与跨文化交流；
6）不同文化背景下的人观及世界观；
7）市场体系对某个社群/族群的影响与再建构；
8）全球化背景下的物品流动及其背后的政治、经济关系；
9）全球化背景下的人员流动及其带来的影响；
10）超越现有地缘政治格局的新型地区/国家关系。

五、思考题

1）在人类学的几种研究方法里面，你认为哪一种最适用于当前的区域国别研究？为什么？
2）"文化"这个概念应当如何运用到区域国别研究之中？
3）在区域国别研究中，你认为应当如何协调人类普同性与多样性之间的关系？
4）假设你要去世界上某个区域/国家展开研究，你应该如何运用田野工作的方法？
5）你认为可以如何使用多点民族志的方法，对全球化及逆全球化的现象进行研究？

六、本章参考文献

[1] 埃文思－普里查德，2002. 努尔人：对尼罗河畔一个人群的生活方式和政治制度的描述 [M]. 褚建芳，阎书昌，赵旭东，译. 北京：华夏出版社.

[2] 巴特. 2015. 人类学的四大传统：英国、德国、法国和美国的人类学 [M]. 高丙中，等译. 宋奕，校. 北京：商务印书馆.

[3] 布朗，2002. 社会人类学方法 [M]. 夏建中，译. 北京：华夏出版社.

[4] 布朗，2005. 安达曼岛人 [M]. 梁粤，译. 梁永佳，校. 桂林：广西师范大学出版社.

[5] 福蒂斯，埃文思 – 普里查德，2016. 非洲的政治制度 [M]. 刘真，译. 刘海涛，校. 北京：商务印书馆.

[6] 格尔兹，1999a. 文化的解释 [M]. 纳日碧力戈，等译. 王铭铭，校. 上海：上海人民出版社.

[7] 格尔兹，1999b. 尼加拉：十九世纪巴厘剧场国家 [M]. 赵丙祥，译. 王铭铭，校. 上海：上海人民出版社.

[8] 格尔茨，2013. 烛幽之光：哲学问题的人类学省思 [M]. 甘会斌，译. 上海：世纪出版集团，上海人民出版社.

[9] 拉波特，奥弗林，2009. 社会文化人类学的关键概念 [M]. 鲍雯妍，张亚辉，译. 北京：华夏出版社.

[10] 拉斯特，2008. 人类学的邀请 [M]. 王媛，徐默，译. 北京：北京大学出版社.

[11] 梁占军，2021. 世界史视域下的国别区域研究 [J]. 光明日报，12–13（14）.

[12] 刘琪，杨成，2023. 区域国别研究中的人类学角色探析：以英美中人类学的区域国别研究为例 [J]. 世界民族（3）：102–111.

[13] 马林诺夫斯基，1987. 文化论 [M]. 费孝通，等译. 北京：中国民间文学出版社.

[14] 马林诺夫斯基，2002. 西太平洋的航海者 [M]. 梁永佳，李绍明，译. 高丙中，校. 北京：华夏出版社.

[15] 马库斯，2011. 十五年后的多点民族志研究 [J]. 满珂，译. 西北民族研究（3）：12–21.

[16] 周大鸣，《人类学概论》编写组，2019. 人类学概论 [M]. 北京：高等教育出版社.

[17] 麻国庆，2022. 跨区域社会体系视角下的区域国别研究 [J]. 学海（2）：239–255.

[18] 王铭铭，2002. 人类学是什么 [M]. 北京：北京大学出版社.

[19] 韦尔斯莱夫，2020. 灵魂猎人：西伯利亚尤卡吉尔人的狩猎、万物有灵论与人观 [M]. 石峰，译. 北京：商务印书馆.

[20] 泰勒，2005. 原始文化：神话、哲学、宗教、语言、艺术和习俗发展之研究 [M]. 连树声，译. 桂林：广西师范大学出版社.

[21] 西敏司，2010. 甜与权力：糖在近代历史上的地位 [M]. 王超，朱健刚，译. 北京：商务印书馆.

[22] 项飚，2012. 全球"猎身"：世界信息产业和印度的技术劳工 [M]. 王迪，译. 北京：北京大学出版社.

[23] 庄孔韶，2006. 人类学概论 [M]. 北京：中国人民大学出版社.

[24] APPADURAI A, 1990. Arjun disjuncture and difference in the global cultural economy [J]. Theory, Culture & Society (7): 295–310.

[25] DUIJN V S, 2020. Everywhere and nowhere at once: The challenges of following in multi-sited ethnography [J]. Journal of Organizational Ethnography (3): 281–294.

[26] FALZON M A, 2009. Multi-sited ethnography: Theory, praxis and locality in contemporary research [M]. London: Routledge.

[27] KOHN E, 2015. Anthropology of ontologies [J]. Annual Review of Anthropology (44): 311–327.

[28] KUMMELS I, 2023. Indigeneity in Real Time: The Digital Making of Oaxacalifornia [M]. Rutgers: Rutgers University Press.

[28] MACPHAIL T, 2014. The Viral Network: A Pathography of the H1N1 Influenza Pandemic [M]. Ithaca:

Cornell University Press.

[29] MARCUS G E, 1995. Ethnography in/of the world system: The emergence of multi-sited ethnography [J]. Annual review of anthropology (1): 95–117.

[30] MARCUS G E, 2009. Multi-sited Ethnography: Notes and Queries [C] // FALZO M A. Multi-sited ethnography: Theory, praxis and locality in contemporary research. New York and London: Routledge.

[31] ROBBINS J, 2004. Becoming Sinners: Christianity and Moral Torment in a Papua New Guinea Society [M]. Berkeley: University of California Press.

[32] SEVEA T, 2020. Miracles and Material Life: Rice, Ore, Traps and Guns in Islamic Malaya [M]. Cambridge: Cambridge University Press.

[33] TSING A L, 2005. Friction: An Ethnography of Global Connections [M]. Princeton: Princeton University Press.

第九章

民族志理论和方法
与区域国别研究①

　　民族志作为人类学、社会学、语言与教育学的研究方法，对了解一个国家与地区的历史、人文、文化等方面有着重要的借鉴作用。民族志研究是一种深入理解特定社区、文化、社会和历史的方法，它强调对研究对象的深入观察和理解，而非仅仅流于表面的观察。这种方法需要研究者具备一定的田野调查技能，包括实地观察的方法、观察的时间长度，以及如何处理和解释收集到的数据。通过民族志研究方法，研究者可以从宏观与微观不同的角度更好地了解一个族群和社区人们的生活方式、文化语言等的使用与变迁，从而为社会科学跨学科领域发展提供实证数据，更好地探讨地方与国别间的关系。民族志研究方法的重要性在于，它可以帮助研究者从宏观和微观的角度来理解和解释研究对象。从宏观角度看，民族志研究可以帮助我们了解一个地区或国家的历史、人文和文化背景。从微观角度看，民族志研究可以帮助我们深入了解一个社区或族群的生活方式、文化语言的使用和变迁。

　　本章首先从宏观与微观、广度与深度多个角度介绍民族志研究与区域国别研究的关系，包含两者之间的联系与差异。其次，本章对民族志方法进行较为详细的概念与理论的叙述，并介绍民族志研究的具体特征与范式。再次，本章介绍民族志研究的三种典型方法，包括参与式田野观察法、叙事探究以及自我民族志，同时探索其发展历程与相关理论及应用，并通过具体的文献案例来加深对相关方法的理解。最后，基于当前的区域国别研究实际，结合具体的民族志研究方法，为读者提供一些相关的选题建议。

---

① 本章作者：方帆，南安普顿大学哲学博士，汕头大学文学院教授、全球研究中心主任，研究领域：社会语言学、区域国别、外语教育等。本篇的撰写得到了清华大学外国语言文学系董洁教授的指导与建议，特此致谢。

一、民族志研究与区域国别研究的关系

民族志（ethnography）研究方法作为人文社会科学一项重要的研究方法，对了解一个社区、社会人们的生活方式发挥着重要作用。对于民族志研究这一概念翻译的学术论争暂且不在此章进行讨论（徐义强，2018），但我们要明确的是，ethno- 虽然有民族、族群的含义，但是民族志研究更重要的是通过"-graphy"对特定的人群、族群进行探究和描述。民族志研究在区域国别研究领域有着天然的优势，因为民族志研究本身就是探讨跨学科领域的研究方法，它主要对人们的文化、语言、生活、教育等的方方面面进行深入的研究，为更好地了解一个民族和族群的生活提供借鉴意义。

首先，从宏观角度看待文化，民族志方法对区域国别研究中的特定人群文化研究具有重要价值。文化研究是对"文化"这一概念在特定社会语境下的应用方式进行的研究，以及探讨人们如何将某些事物视为文化现象，同时也包括对人们创造文化的方法和途径进行研究。民族和地域都具有自己独有的特征，它们在发展过程中形成了各自特有的历史、地理和经济环境，因此，民族志研究和区域国别研究密切相关。由于两者间既存在共同的特点，又有很大的差异，所以我们不能把民族志研究简单地理解成两种不同学科的交叉融合。从微观角度来看，民族志研究对象往往不是具体的群体或个体，而是一个由一系列相关要素组成的整体；而区域国别的研究则会更多地关注其内部因素，并通过分析各个地区所拥有的资源条件来揭示该地区所处的地理环境及自身发展状况。民族志研究可以看作是区域国别研究的重要研究方法之一，对于深入探讨区域国别关系具有重要的学术价值和实践意义。民族志研究作为研究方法，可以很好地对一个国家地区的历史、文化、宗教、生活习惯等进行深入的探究，揭示各地区之间的语言、文化、社会和经济差异，进一步探索各地区在历史发展过程中所受到的影响，为我们理解区域国别关系提供了重要的依据，加深对区域国别研究中不同领域关系的认识。周大鸣（2012）以在柏林居住的中国移民为研究对象，多角度深入探究他们的生存状态、组织状况、移民目的及意愿，倡议中国要在移民研究的基础上制定合理的移民政策。也就是说，人们可以通过民族志研究，从人类学、社会学角度探讨不同国家地区的文化历史发展与现状、移民变迁、语言使用与身份认同、社会进步等方方面面的话题，从而更好地深入了解一个社区和族群人们的文化生活。

从田野调查的具体实施上看，民族志研究要求研究者到相应的研究地点进行亲身实地观察，与所要的研究对象进行不同角度的观摩、正式与非正式访谈、社区调查，同时还需要研究者进行研究日志撰写与自我反思。区域国别研究作为跨学科研究，则是对特定国家和区域的人文、地理、政治、经济、社会、军事等方面进行的全面深入研究。民族志研究中的田野调查也是区域国别研究中的重要方法，吴小安（2021）在其东南亚研究与东南亚华人研究中就运用了民族志研究方法中的田野调查。

其次，通过民族志研究方法可以更好地探索区域国别研究领域的广度与深度。从广度上来看，民族志研究可以帮助我们了解不同地区之间的语言、文化、社会和经济差异。这些差异不仅反映了各地区的历史和文化背景，也反映了各地区在全球化与本土化进程中所面临的挑战和机遇。通过对不同地区的背景资料进行对比分析，加上研究者的深入田野调查，可以更好地理解各地区之间的联系和互动，从而拓展我们的视野，加深对区域国别关系的认识。从深度上来看，民族志研究可以帮助我们深入了解某一个具体话题。例如，通过对民间故事、口头传统、艺术作品等非物质文化遗产的收集和分析，我们可以了解各地区传统文化的传承情况，以及这些传统文化如何影响当地社会的

发展和变迁（周洁，2021）。通过对社区的语言景观进行研究观察，以及与当地社区的居民进行交流访谈，可以对社区的语言使用和变迁进行深入了解，探讨移民社区的形成、语言使用与语言规范等话题，从而更加充分地了解社区语言文字和语言生活状况（Dong，2011）。此外，民族志研究还可以帮助我们了解各地区的经济发展模式和特点，进一步加深我们对区域国别关系的认识。因此，通过民族志研究我们可以更好地探索区域国别研究领域的广度与深度，同时也为我们深入理解各地区之间的联系和互动提供了有力支持。

民族志研究是一种持续时间长的"浸入式"研究，即研究者将自己放进所调查的文化场所里，而区域国别研究既可以让研究者将自己置身区域国别文化之外对其相关文本与实践内容进行研究，也可以通过民族志方法进行实地深入的调查研究。吴小安（2021）指出，田野调查需重点把握核心人物、核心故事、核心机构与公共场域、核心的权利关系，此类研究特别需要通过民族志的视角进行深入调查与探索。另外，民族志研究的地理幅度与区域国别研究不同。民族志研究主要集中在某一个小而具体的区域，可以小到一所学校甚至是一个实验室，而区域国别研究作为一个学科与新兴发展的领域，其研究范围则比民族志研究要大，一般是以行政区域为划分界限。

综上所述，民族志研究视角对于区域国别研究具有重要的借鉴意义。一方面，民族志研究方法可以为区域国别研究提供研究方法上的指导和借鉴，进而提升区域国别研究的广度和深度；另一方面，两者都是对特定地区的文化进行深入研究，但研究者所处的位置不同。民族志研究方法是浸入到研究领域，换句话说，民族志研究方法是以"局内人"的角度进行调查研究，而区域国别研究则更多的是站在"局外人"的角度进行分析探讨。将民族志研究方法应用到区域国别研究中，可以更好地加深对不同地区或不同文化的理解，从而更好地促进学科融合和社会发展。通过运用民族志研究方法，可以更好地加深对不同地区或不同文化的理解，从而为促进学科融合和社会发展做出更大的贡献。

二、民族志研究概述

民族志虽然是较为复杂与长期的研究方法，但是它却与每个人的日常生活息息相关。我们日常生活就是一个不断经历、感知和反思的过程，其构成了民族志研究最基本与根本的要素，即研究者作为生活的经历者和体验者，对一个地区的民族、人种通过观摩、叙事、交谈等方式，进行不同角度的观察与描述，从而进一步了解不同国家和地区的历史与现状，就是所谓的民族志研究。

1. 核心概念

（1）民族志

《民族志》这一期刊对民族志（ethnography）的概念进行了解释，认为"民族志研究是从广义的、跨学科的角度来理解文化、权力支配、社会结构，涉及民族志的撰写发现，亦是一种研究方法。它所涉及的研究同样关注经验的细节、社会关系的文化结构等因素，以及影响这些因素的隐形的结构力量和权力载体"[①]。民族志是社会学、人类学的一个重要分支。

---

① https://journals.sagepub.com/description/ETH.

（2）民族志研究

民族志研究是质性研究的一个重要分支。"民族志研究起源于文化人类学，旨在提供对目标文化的'厚重描述'（thick description），即在叙述中丰富而详细地描述社区的日常生活，以及参与者对其活动、事件和行为的文化意义和信仰"（Dörnyei，2007：130）。"Ethnography"（民族志）由词根"ethno-"与"-graphy"组合而成，其中"ethno"指一个民族、一群人或一个文化群体，"graphy"指记录、描写。"民族志"是对人以及人的文化进行详细的、动态的、情境化描绘的一种方法，探究的是一个文化整体，具体到人们的生活、态度和行为模式。它要求研究者长期地与当地居民生活在一起，通过自己的切身体验获得对当地居民及其文化的理解。实地观察、田野笔记、面对面访谈和收集人工制品或文件被认为是民族志研究常见的研究工具或技术。

同时我们也要注意到，初学者对民族志研究的理解容易存在一些认知误区，需要加以辨别与思考。首先，民族志研究的对象不是字面上所看到的"民族"二字，而应该是描绘特定文化环境下的物质、文化、社会和精神世界等，并不局限于对民族或种族的描写；其次，民族志研究容易被简单地等同于田野调查，而田野调查只是民族志研究的一种标志性方法，这是由于思维惯性，认为民族志研究就是要做田野调查，所以没有认识到"民族志是一种更加严格的田野调查"（郭建斌 等，2017）。

民族志研究，无论是把其看作一个方法还是研究主体，在社会科学领域或者是具体到区域国别研究都有自身重要的价值。民族志被认为是人类学和语言学唯一真正有影响力的发明，激发了语用学和话语分析等社会科学领域的发展，同时也使得研究者关注到人类互动中的一些小细节（Bloommaert et al.，2010）。目前，民族志的研究方法在国外被广泛应用于社会科学的各个领域，在国内的应用领域也日渐广泛，如有历史民族志、海外民族志、影像民族志、网络民族志等。与此同时，李银兵、甘代军（2016）指出当前民族志书写存在被泛化、神化及丑化的风险，研究者应关注不同范式及其与民族志方法的关系，以强化民族志的书写基础。

需要再次强调的是，民族志研究方法体现了社会学和人类学不同学科的融合，汇集了不同国家和地区的视角，为区域国别研究重新建构经济、社会、文化、政治、文学等不同领域提供了多角度的方法论支撑。与传统的人文社科研究方法不同的是，民族志研究并不是单纯的由多个研究方法累积而成，而是一个具体、独立的研究方法，需要研究者与参与研究的人员对其进行重新定位与审视。民族志研究也为区域国别研究对不同的社会现象，如移民社区、社会关系、身份认同等话题提供了很好的研究视角。

2. 主要特征

民族志研究是一种深入且全面的文化探索方法，它要求研究者具备高度的浸入性、多元视角、参与性和批判性思考的能力（Dörnyei，2007）。

（1）民族志研究方法重点关注参与者

民族志研究作为一种社会科学方法，其核心特征是关注和理解人类社会的多样性。民族志方法特别强调研究者对田野的参与，因为研究者同时作为参与者在研究中的行为习惯、文化探索和自身解读在很大程度上反映了当地社会的真实面貌和历史背景。参与者对自己的行为习惯的主观解读是民族志研究中的关键，因为这些解读反映了当地社会的真实面貌和历史背景。此外，民族志研究还注重对当地社会的物质文化和社会制度进行深入探究，以便更好地理解各地区之间的联系和互动。从质性研究的角度来说，主观性（subjectivity）是存在且被认可的，在民族志研究中，研究者作为参与者以及社区现象的解读者，不可能以绝对的客观进行解读。所以，主观性在民族志研究是被认可的，但同时也需要通过不同的策略，以及研究者的反思来确保数据解读的有效性。

（2）民族志研究要求研究者长期投入自然环境

传统的民族志定义要求研究者必须和研究对象至少住在一起 6～12 个月，因为只有长时间的接触和交流，才能更深入地了解当地社会的真实面貌和历史背景。民族志研究作为一种社会科学方法，其研究对象通常是人类社会和文化现象。因此，研究者必须长期投入自然环境，以便更好地了解当地社会，并通过实地考察，融入当地社会。不过，对于"一年"这个时间界限，现阶段的民族志研究有不同的解读，要求也相对较灵活，更加强调的是研究者和研究对象的动态性，在一定的田野调查期间有丰富的数据，即使在田野的时间没有一年，也可以称之为民族志研究。

（3）研究者对研究社区与人员的浸入本质

随着研究的深入，民族志研究者不断"浸入"直至完全进入新的文化领域。民族志研究者必须完全融入他们所研究的文化社区，以理解该群体的生活方式、价值观、信仰系统等。这种浸入性帮助研究者更好地理解他们的研究对象，并从研究对象的角度看待问题。民族志研究不是一次性的调研，而是一个持续的过程。随着研究的深入，研究者会不断"浸入"到新的层次，获取更深层次的理解和洞察。这需要研究者持有耐心和长期投入的精神。民族志研究强调多角度的观察和解读。研究者不仅要关注他们自己的视角，还要尊重和理解研究对象的观点。通过这种方式，民族志研究可以提供一个更深刻、更全面、更公正的对文化和社会群体的描绘。

3. 主要范式

21 世纪以来，人类学和社会学得到越来越多的认可与关注，民族志研究方法作为其标志性研究方法，虽然在学界存在一些质疑的声音，但其广泛的学科适用性也得到了极大的发挥。李银兵、甘代军（2016）一方面从理论层面指出民族志研究方法存在的问题，如会影响研究对象正常生活等，但可以通过翻译相关经典民族志作品来批判与反思其真实性；另一方面，他们从实践层面指出对民族志书写方法的探索不仅研究硕果累累，而且学术效益颇丰。他们还指出民族志本质上就是书写的产物，这种书写必须建立在充分的田野调查基础上。正是田野调查能提供详细且完整的数据，佐证了民族志研究要求具备真实性，这也使得民族志的研究视野和范围不断扩大，进而形成各种各样的民族志范式。随着全球化进程的加速和不同国家、地区间的交流与互动日益频繁，区域国别研究的重要性也日益凸显。而民族志研究方法作为一种跨学科的研究方法，也逐渐被应用于区域国别研究之中。

（1）科学民族志

科学民族志，顾名思义就是具备科学性的民族志，这种范式崇尚具有科学性的田野调查，可以追溯到 1922 年马林诺夫斯基（Bronislaw Kasper Malinowski）出版的《西太平洋的航海者》

（*Argonauts of the Western Pacific*）。在此著作中，他总结了自己的田野调查经验，认为民族志科学的关键在于实现资料收集与理论研究主体的统一。中国经典的民族志研究可与 20 世纪中国追求"科学"（science）的热潮联系起来，王璐（2016）也在其论述中提出了文献溯源是否会影响民族志的科学性的疑问，指出对溯源科学性的质疑可以与五四运动之后盛行的求真、求实、求辨的科学精神联系起来。此外，他还总结了马林诺夫斯基在著作中所阐述的民族志的科学方法在于实验、实证、参与观察的科学记录，这所体现的便是参与式田野调查的典型特征。但是目前学界对科学民族志的观点褒贬不一，部分学者认为其所谓的科学性不够彻底。

（2）主体民族志

由于传统的科学民族志没有认识到主体本身的多重性特点，以及没有将其放到所处的文化背景中去思考，朱炳祥（2011）提出了"主体民族志"的概念，旨在确立对不同民族志作者及作品的相对性真理的认可与平等性地位。20 世纪 70 年代以来，在后现代实验民族志绽放异彩的同时，传统的科学民族志也在自我更新与完善，主体民族志的出现也呈现出"当代科学民族志"的走向（刘海涛，2016）。刘海涛（2016）概括总结出：主体民族志中的民族志知识是由三个相互影响的主体分工合作共同创造的——"第一主体"为当地居民，是田野叙事的真正主体，为民族志知识生产提供了材料来源；"第二主体"为民族志书写者，是民族志知识生产的组织者，是民族志知识的加工生产者；"第三主体"为读者和批评家，可以说是民族志知识生产的"助产士"。崔应令（2023）在对主体民族志的哲学探析中指出主体民族志体现了儒道伦理哲学的基本精神，是以"人类前途终极关怀"作为目的论诉求，这个观点认识到主体民族志超越了民族志"表述危机"所提出的认识论难题，具有哲学深度。

（3）网络民族志

信息技术的蓬勃发展，让网络生活成了人们日常生活中不可或缺的一部分，大量的网络社区成为民族志研究新的研究对象，网络民族志研究应运而生。网络民族志也被称为虚拟民族志（virtual ethnography）、在线民族志（online ethnography）或数字民族志（digital ethnography），是指在线上进行田野调查的研究，即在虚拟环境中利用网络及针对网络所开展的民族志研究。具体来说，网络民族志是以计算机为中介来完成对线上社区的观察，解释并分析人们用来建构"数字化自我"的呈现策略。通常情况下，在对线上网络进行民族志研究的同时，研究者除了遵循一般的研究步骤（参见图 9-1），一般还会辅之以线下访谈来获取更全面且更具深度的数据。网络民族志是一种可以产生丰富的在线体验背景知识的研究方法，所以对处于数字化环境中的高等教育研究具有积极作用。但与此同时，网络空间的开放性与虚拟性使得其真实性与可信度受到较多质疑，研究者们正在对网络民族志进行反思。例如，面对面田野工作的伦理步骤很少可以被简单地转译到线上媒介中来，网络民族志研究者也面临着一系列的伦理困境，如研究者身份和研究目的应否公开、资料获取应否征询同意、研究成果应否反馈等，所以研究者应当将对人性的尊重贯穿于研究的全过程之中。在进行网络民族志研究的过程中，研究者应始终贯彻尊重人性的原则，包括尊重研究对象、尊重资料获取过程以及尊重研究成果反馈过程。这样做不仅可以更客观地反映不同国家和地区的区域特点，还可以使研究更加正式和严谨。

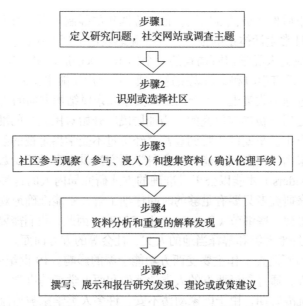

图 9-1　网络民族志研究项目的简要流程（库兹奈特，2016: 73）

三、民族志理论与方法在区域国别研究中的应用

本节主要探讨民族志研究方法在区域国别研究中的几个切入点与数据收集方法，具体包括参与式田野观察法、叙事探究和自我民族志。下面列举的几个研究方法并不是平行独立的关系，它们是相互融合、互相联系的，与其他质性研究方法一起，构成了民族志研究方法的整体。

1. 参与式田野观察法

（1）发展历程

参与式田野观察法，又称田野调查或实地调查，由英国功能学派的代表人物马林诺夫斯基提出。该方法是民族志研究方法的核心，是社会科学研究中的一种常用方法。参与式观察方法是在人类学学科的发展过程中孕育发展并最后成为人类学调查的一个重要方法。田野调查的基本方法是参与式观察与访谈，强调在田野中与研究对象的交际与对话。

西方社会的田野调查法的形成初期是在 19 世纪末期，主要代表人物有泰勒（Edward Burnett Tylor）、摩根（Lewis Henry Morgan）、弗雷泽（James George Frazer）等，他们主要通过阅读参考文献资料、发放问卷、整理书籍等手段来收集原始数据。田野调查法的形成和发展阶段主要是在 20 世纪初期，代表人物有鲍斯（Franz Baos）、马林诺夫斯基和布朗（Alfred Radcliffe Brown）。鲍尔斯强调收集资料的重要性，主张对一个地区的文化历史资料进行认真研究，注重实践与学习当地语言；马林诺夫斯基和布朗是英国功能学派的代表人物，同样强调资料收集的重要性。第一次世界大战期间，曾在英国学习人类学的马林诺夫斯基在美拉尼西亚的特罗布里安群岛进行实地考察时不幸被英国殖民者拘留，战争结束后他才被批准回国。他声称四年的强制田野调查和对当地语言的了解使他能够写出一份涵盖整个日常生活体系的报告，并准确地表达了当地居民在日常行为中的细微差别，这也使得描述日常行为成为人类学田野调查的一个标志（Denzin et al., 2018）。马林诺夫斯基将田野调查定义为长期居住、语言学习和参与观察这三项，重视用功能主义的观点解释文化现象和变迁，布朗则注重在田野调查过程中收集土著社会的亲属关系和亲属结构方面的资料。

在第二次世界大战之后，被参与研究的"当地居民"开始对民族志的准确性提出质疑，因为他们的生活被描绘在民族志中。早期的田野调查甚至经历过不受学界重视的阶段，因为其被质疑缺乏研究和理论分析，但后来由于田野调查能为社会科学研究提供丰富的原始数据而逐渐得到重视。然而，只有"局内人"（insiders）才能以公正且准确的方式研究局内人的这种论点与社会科学研究方法背道而驰。其实，外来研究者只要有足够的时间仔细了解，就能准确地观察和解释其意义，而不会像局内人一样倾向于忽视一些细节（Denzin et al., 2018）。因此，我们需要更加以研究者的身份探究"当地居民"，以便更好地理解和解释当地的人文、社会等的方方面面。

中国文化人类学的田野调查工作主要受西方功能学派的影响。19世纪末20世纪初，西方学者开始来中国进行田野调查，通过翻译西方的人类学著作和西方学者的讲学，对中国的文化人类学研究产生了深远的影响。抗战时期，由于国家动荡不安，许多人类学家被迫流亡海外，但他们仍然坚持在自己的领域里进行研究和教学。在这个时期，中国的人类学家也开始发表大量的论著，介绍西方的人类学理论和方法，同时也介绍中国的文化和社会现象。这些成果为中国的文化人类学研究奠定了基础。自20世纪初期以来，随着西方人类学理论的引入和翻译，中国的人类学家开始关注并学习田野调查的方法和技巧，他们的研究成果对中国的文化人类学研究产生了深远的影响。改革开放以后，中国的人类学和民族学学科得到了快速发展。许多大学都设立了相关的专业和研究机构，同时也加强了对田野调查的重视和应用。基于田野调查的民族志案例不断涌现，这些案例不仅丰富了中国文化人类学的研究内容，也为中国的社会科学研究提供了重要的参考依据。

（2）核心理论

参与式田野观察法强调研究者在田野调查中的参与及投入，要求研究者深入某一特定团体，通过较为长时间在田野的观察、交流，发现不同的瞬息万变的现象以及不同的细节，同时在参与的过程中对田野进行充分的了解，并通过自身的反思对观察的环境与对象进行解读。参与式田野观察法需要以参与者的角度，通过对一个社区的客观描述，更好地了解到田野的真实情况，形成较为准确的民族志研究发现。这与维果茨基（Vygotsky）所提出的社会文化理论（sociocultural theory）相契合，其关注的是价值观、信仰系数、社会团体的技能等文化是如何传给下一代，认为人际活动与社会文化在认知发展过程中具有重要作用，并且与有经验的人或成年人进行互动或对话，有利于形成更为系统的、逻辑的、合理的概念。而参与式田野调查也正是研究者进入研究领域，与"当地居民"进行对话或对其进行观察，形成对该地区的系统认识与理解。参与式田野调查也由于其能详细地记录数据，常被应用于语言学、民族学、考古学、人类学、教育学等领域来构建新的研究理论体系。

同时，民族志研究者本身就是观察的参与者，观察并记录人们的生活方式，并采用主位（emic）（民间或内部）和客位（etic）（分析或外部）的方法描述社区和文化，相关研究应该是在自然环境中进行的，并且与自然环境相呼应。参与式田野观察法的一般步骤包括决定研究领域、进入研究领域、与被观察者建立良好的关系、记录好实地笔记等。参与式田野观察法以实地观察为主，需要研究者与田野的研究对象建立起良好的信任关系，目标在于让当地居民接受自己，参与对方的仪式或习俗活动，重点了解当地居民对自身生活和所处社会形态的看法。与当地居民所建立的良好关系是至关重要的，这可以有利于我们获取更深层、更有价值的数据，正如科佩拉（Korpela，2022）所强调的在实地调查中要与被研究者建立互惠的关系。当然，研究者在用参与式田野观察法进行民族志研究的过程中，要保持客观、中立的态度，确保在相对自然的过程中进行研究，更加客观地描绘当地的生活与文化。

（3）具体应用

参与式田野观察法主要是研究者参与到特定的文化环境中进行观察、访谈与收集角度多样且真实详尽的数据，这种特性使得其深受当代研究者的青睐，并将其融入不同的学科研究。此小节主要选取近年发表的文章来体现其应用的广泛性与有效性。随着我国数字乡村战略的推进，数字劳动已经成为乡村青年参与乡村振兴的重要方式。奚路阳、王管（2023）采用田野调查的方法以求获得全面、真实的第一手资料，主要包括深度、半结构访谈与参与式 / 非参与式观察法，探析在数字劳动中的个体与群体乡村青年如何构建社会认同，以及如何参与乡村文化空间的塑造。一方面，随着乡村青年在数字劳动中的主体性不断凸显，数字劳动中乡村青年的社会认同得以构建，同时也体现了他们由"农民"向"新农人"的身份认知转变；另一方面，乡村青年通过数字平台进行的有关乡村的内容生产、传播和互动，使得他们与深处异乡的人群形成情感上的连接，唤醒他们的乡村共同体意识。此外，鉴于田野调查法能够提供丰富的实证数据，汪卫红等（Wang et al.，2019）则基于当前中国很多高校推广以英语作为媒介语的双语教育大背景下，以民族志研究方法进入田野，通过参与课堂观察、组织访谈并收集相关数据文件，强调基于"超语实践"（translanguaging）的灵活双语使用在英语媒介教学的价值。伊丽莎白（Elizabeth，2018）基于一年的人种学实地调查和在美国休斯敦住房市场进行的 100 多次深入访谈，指出广泛认同的、等级分明的种族刻板印象会在住房交换的不同阶段加剧歧视，还可能会使得少数族裔和少数族裔社区与白人和白人社区之间的不平等变得更持久。这些文章不仅通过田野调查法获得了具有深刻意义的数据，而且其研究结果对分析地区或社会的发展具有重要的借鉴意义。

（4）案例分析

鉴于参与式田野观察法能为区域研究获取详细数据的特点，本小节以 "'The African family is large，very large'：Mobility and the flexibility of kinship——Examples from Cameroon"[①]一文为例，分析如何利用参与式田野观察法探究非洲喀麦隆地区在城市化发展进程中亲缘关系的流动性与灵活性。

1）研究内容。

亲缘关系是非洲社会人类学研究中一个不可避免的话题。基于对喀麦隆东南部的马卡人进行实地考察，作者自下而上地回顾自己自 1971 年开始的近 50 年的历程，强调随着时间的推移、城市化的发展以及跨洲移民的增加，亲缘关系几乎与原本赋予人们的固定地位无关，即亲缘关系的复杂性，并将其与聘礼、巫术、外婚制与血缘等进行结合探究。亲缘关系的这种可塑性不仅可以被视为不断变化的根源，而且对重新评估经典亲缘关系理论具有重要价值。

2）研究步骤。

首先，作者提出了亲属关系是否处于现代化进程的对立面的问题，以作者自身进入研究领域的

---

① GESCHIERE P. 2020. "The African family is large, very large": Mobility and the flexibility of kinship — Examples from Cameroon [J]. Ethnography, 21(3): 335–354.

一些见闻分析"归属"（ascription）与"成就"（achievement）在决定亲缘关系中充当标准的作用并指出亲缘关系的可塑性。其次，作者进一步探索了亲缘关系与城市化进程中的人口迁移以及跨洲迁移，分析了马卡人葬礼上的多重角色和"bushfallers"的词义演变。再次，作者还将亲属关系的灵活性与聘礼、巫术与血缘关系进行结合探究，突出了亲缘关系的过程与本质。最后，作者基于不断变化的社会环境提出要将强调灵活性的亲缘关系理论融入对经典亲缘关系理论的研究。

3）研究方法。

参与式田野观察法。作者主要是通过进入研究领域来获取真实数据，以亲身经历来展现亲缘关系的灵活性。首先，是其刚进入研究领域被要求换助理时的前因后果；其次，结合城市化进程的发展及土地越来越稀缺的实际，分析葬礼以及巫术对在外拼搏的人们的压迫；最后，结合相关研究指出在研究经典亲缘理论时分析亲缘关系的灵活性的重要性。

4）研究结果。

本案例通过作者以参与式田野调查的方式深入非洲喀麦隆地区的马卡人的生活领域，主要论述了亲缘关系的灵活性、亲属关系与跨洲移民，又从理论的角度探析了相关的"新亲缘关系研究"与亲缘关系的灵活性对研究经典亲缘关系理论的重要价值。一方面，决定一个人的社会地位的标准逐渐由以往的"归属"过渡到"成就"。随着城市化的发展，亲属关系的范围不断扩大以及土地资源的日渐稀缺，对于在外拼搏的人们，特别是跨洲移民的人们来说，葬礼成为归属感的一项考验，人们在葬礼上会扮演着多重的角色，如哀悼与跳舞、聊天同时进行或来回切换。另一方面，聘礼、巫术、外婚制与血缘等既体现了亲缘关系的灵活性与局限性，又强调了亲缘关系的过程（"doing"）与本质（"being"）的双重属性。这进一步启示我们要以亲缘关系的这种灵活性及其形成过程的可塑性为契机，重新评估经典亲缘关系的研究，以应对不断变化的外部社会环境。

本研究以非洲喀麦隆地区为研究对象，以参与式田野调查这一民族志研究方法探究亲缘关系的灵活性与可塑性，提供了具有深度的研究角度与研究数据，是民族志研究在区域国别研究中的应用与实践。通过对一个地区的亲缘关系的探索与研究，能很好地了解一个地区的文化。将亲缘关系与社会发展结合起来探究，既能探析一个地区的发展脉络，又能为地区的经济、文化、社会发展提供重要的指导作用。本研究探索了城市化进程中的亲缘关系，特别是移民与跨洲移民，可以为研究移民的身份认同与身份构建提供借鉴意义。

2. 叙事探究

（1）发展历程

随着对于语言的建构功能本身的关注，整个社会人文学科领域都不同程度地出现了叙事转向（narrative turn）的趋势。以下三本经典著作的问世，奠定了叙事探究（narrative inquiry）的理论基础，即西奥多·萨宾（Theodore Sarbin，1986）编纂的《叙事心理学：人类行为的故事性本质》（*Narrative Psychology: The Storied Nature of Human Conduct*）论文集、杰尔姆·布鲁纳（Jerome Bruner，1990）撰写的《意义的行动》（*Acts of Meaning*）以及唐纳德·波尔金霍恩（Donald Polkinghorne，1988）出版的《叙事认知与人文科学》（*Narrative Knowing and the Human Sciences*）。这三本书讨论的范围很广，涵盖社会科学乃至哲学领域的概念和理论思辨，特别是波尔金霍恩（1988）的《叙事认知与人文科学》，突出强调了叙事的作用，即人们是透过叙事才得以在流变状态中的世界里确立自身的秩序和意义的。萨宾（Sarbin，1986）在书中提到了叙事结构的三种基本类型，即前进型、后退型和稳定叙事型；布鲁纳（Bruner，1990）在书中提出了"叙事性认知"这一概念，将其与以往科学性的"范式性认知"区别开来。通过这些先驱者构建的叙事框架，我们得以认识到叙事本身就是建构真实的方式，既可以是被动的也可以是主动的，即我们每个人都作为叙事者或生活在他人的叙事之中。同时，人们基于自身或他人的叙事这一方式得以构建对世界的认识和理解。就这个角度而言，叙事既是一种方法论，也是一种本体论。可见早期就有很多学者对叙事（narrative）这一术语进行了阐释和讨论，这也为后续叙事探究的诞生和推广奠定了基础。

叙事探究的理论基础主要来自美国实用主义哲学家和教育家约翰·杜威（John Dewey）的实用主义思想。杜威以及其他实用主义思想家视经验为人们经历的故事，强调经验对于认识及人生的重大意义，认为经验是联系的、时间的和情境的，即经验既是个人的也是社会的，人总是处在各种关系中，总是处在社会环境中。他们还坚信采取行动是生活的主要手段并鼓励人们去经历和体验人生。从杜威（Dewey，1938）关于时间、空间、经验和社交的著作——《经验与教育》（*Experience and Education*）中，我们不难找到将叙事和时间、空间、人际联系起来的证据。此外，将叙事和时间联系起来这一举动还可以追溯到亚里士多德（Aristotle）的《诗集》（*Poetics*）和奥古斯丁（Augustine）的《忏悔录》（*Confessions*）。正因如此，叙事探究强调用叙事的方式来研究人们的经验，对经验的过去、现在还有未来进行探索。只有对经验进行反思和重构，才有可能揭示身份、知识和人性是如何被构建的。叙事探究也因此适用于各种学科领域，而它在社会科学包括教育中的发展，为叙事探究开创了新局面——它把与人类生活本质相关的理论思想引入了活生生的教育经验。加拿大学者康奈利和克兰迪宁（Connelly et al.，1990）初次采用"叙事探究"作为研究方法探讨基于教师个体经验的专业发展，从个体生命经验的角度关注教师的发展，让教师的声音得以被倾听。正是通过克兰迪宁和康奈利的研究，叙事探究才被作为一种方法论和概念框架推广并置于定性研究的广泛范围内。同时，他们的研究使得教师专业成长研究得到反思，不再受制于以往宏大的传统叙事和量化研究范式，而是从个体生命角度对教师成长给予全面的理解和细微关注。也正是在他们的影响下，20世纪80年代后叙事探究方法被引入中国，逐渐为国人所理解、接受和运用。

（2）核心理论

与很多传统方法不同，叙事探究能够成功地捕捉到个人和社会维度中那些以一般的事实和数据无法定量的东西（量化研究的重点）。叙事探究泛指利用故事进行数据呈现和分析的研究，主要关注实际经验、生活本质，认为故事是理解人类生活经验的有效方式，强调叙事在意义建构中的作用并力求把叙事置于历史知识背景中，把同人类生活本质相关的理论思想引入真实的经验叙事探究。克兰迪宁和康奈利（Clandinin et al.，2000）认为叙事探究的"叙事"不单单指的是故事文本或者讲故事的行为，还包含"探究"这一研究方法。他们把这一包含了研究内容、研究方法和表述方式在内的"叙事"统称为"叙事探究"。克兰迪宁和康奈利认为叙事探究的核心概念为"三维叙事空间"，由个人和社会（互动性），过去、现在和将来（连续性）及地点（情境）构成，这三个常见的要点也将叙事探究的根源追溯回杜威（Dewey，1938）的经验哲学。因此，对于以实地和经验为基础的叙事探究，这三个节点都必须在研究中存在且相互作用。

叙事探究一方面可从个人叙事的故事文本着手，采用内容或主题分析法，通过编码、分类和重组等方式初步分析数据，再通过话语分析法进一步解读故事讲述者的经历、行为、生活体验等，深入了解文本数据背后的含义，了解其过往经历和反思。另一方面，叙事探究多借助自传、叙事访谈、焦点小组访谈和书面文档等方式收集数据，将叙事看作方法论和分析框架，通过故事讲述分析叙事之外的数据，将故事讲述者视为具有互动性的社会主体，综合考虑时空等语境要素及其与社会行为等社会互动因素的相互关系，以确定故事的相关特征。目前，叙事探究主要应用于教育领域，探讨本土教师专业身份的建构（付维维，2020）以及"边缘弱势群体"的资本积累和身份建构（Yung，2020）两大方面。从叙事探究的角度做民族志研究，需要对数据进行解读以及批判性思考。换而言之，研究者不仅要收集数据，还要对数据进行分析和解释，通过受访对象的故事探索深层次的社会现象，进而揭示潜在的社会、政治、经济等因素对文化和社会群体的影响。在本小节的后半部分，我们将通过一些具体的案例应用来进一步说明。

（3）具体应用

在教育、社会科学、人文科学等领域中，叙事探究的研究方法得到了广泛应用。更具体地说，对身份、文化、心理治疗的研究，以及跨文化和组织背景的研究中，如果这些研究的本质都是对真实经验的探讨，那么它们都非常适合运用叙事探究方法。这也就是说，叙事探究可以用于探讨某一弱势边缘群体的身份建构和个人成长。例如，莱萨德、凯恩和克兰迪宁（Lessard et al.，2018）运用叙事探究的方法，以加拿大印第安土著青年及其家庭为对象，探讨了与土著青年、研究者和叙事探究方法相关的脆弱性（vulnerability）等问题。莱萨德、凯恩和克兰迪宁的研究重点回归到研究对象的经验本身，从而转换到对于"土著青年"这一身份的认识，进一步真正认识和理解土著青年在这个复杂多元的世界中如何发展自我。通过叙事研究，土著青年的"印第安特征"既不会轻易地被研究者改写或抹去，亦能避免加重被研究对象的身份脆弱性，导致研究设计的缺漏。黄皓明、桑志芹（2019）采用叙事探究方法，探索成年早期离异家庭子女对于父母离异的介入形态。他们的研究结果发现，子女在早年家庭生活中与父母间三角关系的不同表现即"亲职化"、"亲子联盟"和"替罪羊"，会对子女的介入形态造成影响，并归纳出了三种介入形态，即积极劝离型、无介入意愿的消极介入Ⅰ型与无法介入的消极介入Ⅱ型。

除以上提及的应用，叙事探究也可以用于探讨区域治理，例如，刘晖（2007）以珠江三角洲四所地方大学校长为对象，进行了教育叙事探究，根据校长们对地方大学的生长环境、地方大学与地方政府、地方大学与社会需求等方面的个人经验叙事来分析影响地方大学治理和发展的各种因素。刘晖（2007）的研究发现：地方大学治理是一个在互动中学习的过程；政府权力边界模糊和大学价值观的分歧分别是矛盾的制度原因和观念原因；地方大学的发展受地方政府、社会（市场）和教育主管部门三种外部力量的制约。叙事探究也可用于探讨个人视角下意识形态的流动以及对个人的影响。例如，克拉尔（Kral，2023）采用叙事探究的方法，聚焦具有殖民历史的卢旺达地区中一位英语教师的成长经历，发现他通过调动自身的主观能动性适应在全球化英语霸权主义的影响下国家不断变化的语言景观，以实现自身教师专业发展，并探讨英语教育的去殖民化是如何通过支持性的、多语言的教育学和根深蒂固的世界主义来实现的。此外，叙事探究也可以用于探讨与霸权凌辱和维护人权相关的问题。例如，艾登和阿维坎（Aydinet et al.，2020）采用叙事综合的方法，聚焦从土耳其动荡中逃亡者的经历进行了叙述性的、深入的探索，并通过访谈数据发现逃亡者在讲述自身经历时，经常使用酷刑和公正审判权等词汇。艾登和阿维坎的研究结果显示了逃亡者在动荡中遭受了不同程度的迫害、酷刑和羞辱，其中酷刑是侵犯逃亡者人权的最常用手段。此外，研究结果还显示了逃亡者在拘留期间遇到了缺乏公正审判的问题。

（4）案例分析

鉴于语言在区域国别研究中的话语构建，为进一步了解资本投资与资本流动，进一步探讨弱势群体话语与身份构建，本小节以"Investing in English private tutoring to move socially upward: A narrative inquiry of an underprivileged student in Hong Kong"[①]为例，考察如何使用叙事探究对全球化视域下教育领域中弱势群体的身份认同、流动和建构以及多种资本、资本流动和投资进行分析。

1）研究内容。

在全球范围内，不同家庭背景的语言学习者在学习成绩上的差距越来越大，而通过接受私人辅导或影子教育在很大程度上扩大了该差距。在以英语为第二语言的环境中，许多学生报名了英语私人辅导，希望在高风险的考试中取得好的英语成绩，以确保进入大学。基于该背景，本研究通过纵向叙事探究调查了一个经济困难的学生的经历，即在香港参与英语私人辅导课程来进行自我投资的过程。本研究充分考虑了学生的家庭背景、教育经历以及她在辅导学校长达一年的英语学习经历，收集了多个数据，来源包括与学生进行全年六轮的深入访谈、三篇反思性文章、课堂观察和对学生导师、学校老师和家长的采访等，由此产生了对学生的大量叙事描述。根据诺顿（Norton，2013）的投资概念，分析揭示了参与者如何通过英语私人辅导投资自己以克服现有的教育机会不平等。这名学生认为辅导班是一个扩大她与名校学生社交网络的地方，她希望最终借此能获得摆脱贫困的经济资本。这项研究表明需要进一步研究在影子教育机会背景下语言学习者的教育体验，该研究对有关富裕社会中教育机会不平等的影响具有启示意义。

2）研究步骤。

首先，研究者明确相关研究背景信息和研究问题，然后通过滚雪球抽样调查法确定研究参与者并对其进行为期一年的跟踪，采用多元资料收集方法于2013年9月至2014年8月搜集数据并通过克兰迪宁和康奈利（Clandinin et al.，2000）的"三维叙事空间"，即由过去、现在和将来（连续性），个人和社会（互动性）及地点（情境）构成对数据进行叙事性分析（见图9–2）。其次研究者将研究参与者的生活经历按时间顺序整理，并写了一篇临时叙事，让研究参与者核查并进一步协商和共同构建研究参与者的生活故事，这些叙事可以作为解读的数据。再次，对数据进行分析解读，探索该弱势学生为何以及如何通过英语私人辅导课程投资自己；最后，根据研究目的和研究问题呈现分析结果。

3）研究方法。

多元资料收集方法：以深度叙事探究为研究方法，对香港特别行政区的一名贫困中学生黛安娜（Diana，虚拟名字）进行全年六轮的深入访谈，结合黛安娜写的三篇反思性文章，研究者课堂观察，以及对学生课外辅导导师、学校老师和家长的采访。

数据分析方法：克兰迪宁和康奈利的"三维叙事空间"框架。"三维叙事空间"中个人和社会（互动性）作为第一维度；过去、现在和未来（连续性）作为第二维度；地点（情境）作为第三维度。克兰迪宁和康奈利（Clandinin et al.，2000：54）认为，"使用这组术语，任何特定的探究都是由这个三维空间定义的：研究具备时空维度并尝试解决时空问题；它们同时聚焦于个人和社会的平衡；同时它们按照一定的序列出现在设定的社会位置上"。

---

① YUNG K W H. 2020. Investing in English private tutoring to move socially upward: A narrative inquiry of an underprivileged student in Hong Kong [J]. Journal of Multilingual and Multicultural Development, 41(10): 872–885.

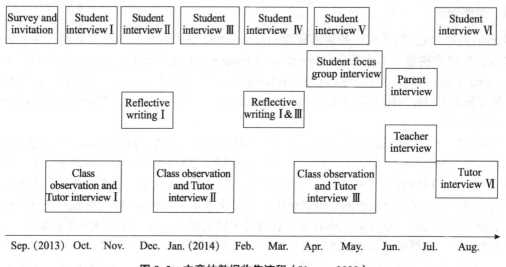

图 9–2　文章的数据收集流程（Yung，2020）

4）研究结果。

本研究揭示了弱势学生在立志追求高等教育、寻得体面工作和通过私人辅导获得应试教育技巧以实现脱贫和克服教育和社会不公平的过程中，经历了复杂甚至有时矛盾的语言学习身份建构。虽然有些过往研究表明私人辅导加剧了教育不平等，但是本研究发现弱势学生可以利用自身私人辅导经验来克服教育甚至社会上带来的不公；本研究还发现私人辅导既可以帮助弱势学生群体慢慢适应学习要求，又可以帮助扩大他们的社会关系圈以进入更有能力的语言学习者群体。本研究还发现，并不是所有的弱势学生都具有一定的社会、经济和文化资本以供他们参与私人辅导课程，因此，私人辅导还需要政府组织和非政府组织提供一定的经济依托和人文关怀以提供更多机会。

本研究通过社会语言学的动机与投资理论在外语学习中的应用，以及对社会弱势阶层群体的叙事探究，深入探讨了教育不平等现象及其对社会经济的影响。本研究通过深入叙事研究这一研究方法，从民族志的视角切入，探讨社会语言学的动机与投资理论在外语学习中的应用，并将这一理论应用于教育领域，旨在揭示教育不平等现象。研究通过对社会弱势阶层群体的叙事探究，深入了解这些群体在受教育过程中所面临的挑战和困境，不仅有助于一个国家和社区更好地理解教育现状，而且能为政策制定者提供具有针对性的建议，以促进教育公平和社会经济协调发展。从区域国别研究的角度，深入的质性研究，如叙事研究这一方法，可以有效地获取多元数据，对进一步了解一个国家与地区的现状如社会历史发展和教育现状等具有重要的指导意义。通过观察经济发展、社会阶层收入与教育权利，分析教育不平等现象对社会经济和社会地位的影响，我们可以提出一些解决方案，以实现社会公平和可持续发展。

3. 自我民族志

（1）发展历程

"自我民族志"（auto-ethnography）这一概念已有几十年的历史，首次正式出现在 20 世纪 70 年代。海德（Heider，1975）用"自我民族志"来描述新几内亚达尼人表述他们自己文化的实践。戈尔德施密特（Goldschmidt，1977）则称所有的民族志为"自我人种志"，因为民族志的表现赋予个人信仰、观点和观察特权。早野（Hayano，1979）第一次在真正意义上使用自我民族志概念，用"自我民族志"来描述人类学家，作为"自己人"对自身文化的研究。虽然这些学者或多或少阐释了研究者为"文化局内人"和"文化局外人"的区别，也察觉到研究者的个人观点对研究过程和结果具有影响，但他们都没有明确强调个人经验在研究中的包容性和重要性。自我民族志实际上是在后现代主义思潮的影响下逐步发展起来的。尽管在 20 世纪 80 年代，很少有学者明确使用"自我民族志"这个词，但许多研究者，特别是进行定性研究或解释性研究的社会科学家，在撰写有关"讲述故事"和"个人叙事"的重要性文章中，指出了传统研究实践的局限性，同时还说明了研究者的个人观点如何影响和促进研究过程、研究结果和文化创造，这也为自我民族志后续的发展和流行奠定了基础。里德·丹纳黑（Reed-Danahay，1997）认为自我民族志是后现代主义的产物，因此它既综合了后现代民族志即否定客观观察，又综合了后现代自传即质疑统一自我的概念。也正是在后现代主义理论的影响下，自我民族志形成了自己较为完整、成熟的认识论、本体论和方法论。因此，在 20 世纪 90 年代，"自我民族志"逐渐成为使用个人经验和反身性来探讨文化经验的一种选择方法，特别是运用在交流中。

自我民族志领域的主要代表人物包括卡罗琳·埃利斯（Carolyn Ellis）、亚瑟·博克纳（Arthur Bochner）、托尼·亚当斯（Tony E. Adams）和斯泰西·琼斯（Stacy H. Jones）等。其中，卡罗琳·埃利斯将自传和个人与文化、社会和政治联系起来，聚焦个人如何建构身份、情感，以及通过建立亲密关系并维持这一关系的意义。埃利斯的《谈判：一个关于爱、失去和慢性疾病的故事》（*Final Negotiations: A Story of Love, Loss, and Chronic Illness*）（Ellis，1995）、与迈克尔·弗莱厄蒂（Michael G. Flaherty）合编的《主体性调查》（*Investigating Subjectivity: Research on Lived Experience*）（Ellis et al.，1992）以及独立出版的《民族志Ⅰ》（*The Ethnographic Ⅰ: A Methodological Novel about Autoethnography*）（Ellis，2004）均备受学界瞩目。埃利斯和博克纳共同撰写的"Autoethnography, personal narrative, reflexivity: Researcher as subject"（2002）是截至 2023 年 10 月份自我民族志领域引用率最高的文章。在其之后，埃利斯还与亚当斯、琼斯一同作为主编系统地编撰了自我民族志的经典教材，如《自我民族志》（*Autoethnography*）（Adams et al.，2015）一书，为自我民族志研究领域的学者及广大硕博研究生提供了深入浅出的理论指引和实践指导。

（2）核心理论

目前，针对民族志的探讨在学界已经逐步形成了多元与跨学科的研究，其中，自我民族志以其个性化的叙述手段和表达性的自我说明，更能深入挖掘个体与文化之间的复杂关系。自我民族志的作者基于自身体验和自我意识撰写自传式个人叙事，将个人身份置于文化中，以此表达文化、讨论文化并深入解读文化。这种方法不仅能够帮助研究者更好地理解自己的文化认同，还可以从个体层面上反映出社会文化的多样性和复杂性。在宏大的社会文化情境下，自我民族志研究者可以反思和考察自己的观念和实践，以自身作为研究对象，可以更好地为学术研究提供更深入的见解（Reed-Danahay，1997）。作为一种自传体写作，自我民族志研究者既是研究者也是研究对象，侧重于从个体层面上即"自我"来描述研究者自身的看法和实践，并向外触及个人经验的社会和文化层面。

自我民族志在发展过程中形成了不同的表达方式，其中最为推崇的是个人叙事或唤起式叙事（evocative narrative）。这种叙事方式强调通过聚焦个人的亲身日常事务讲述有关双重学术身份和个人认同特征的故事（项飚 等，2020）。通过这种叙事方式，研究者可以更好地展示自己的观点和态度，同时也能够引发读者对相关问题的思考。基于叙事的自我民族志，还有反思民族志（reflexive ethnography）这一表达方式，这种叙事方式强调研究者根据亲身文化体验对自我进行反思性修正，并在自我与他人的互动中深化对文化本质的认识，用"自我"来了解"他者"。通过这种方式，研究者可以更好地了解自己与他人的差异和共同点，从而为学术研究提供更为全面的观点。在区域国别研究中，自传式民族志的应用主要聚焦于区域身份建构、区域文化冲突等方面的研究。通过这种方法，研究者可以深入了解不同地区、不同族群的文化特点和价值观，从而为解决地区性和全球性问题提供有益的参考。

（3）具体应用

自我民族志将民族志同个人故事结合起来，将分析的宏观层面同微观层面相结合，为将个人和社会相联系、相结合提供了新的解释。自我民族志通过对自我和他人日益增长的文化理解进行内省的、反思性的探究，结合各种社会文化实践活动来联系、维系或改变自我和他人，进而夯实社会文化发展的基础。因此，自我民族志适合运用到自我研究以及与他人有关的自我研究，通过自我认识来理解和深化对同自我有关的他人、家庭、族群、文化、国家乃至世界的认识，这也说明了自我民族志在区域国别研究方面的巨大潜能。进一步来说，自我民族志可以用于探究各国或各地域中存在的各种结构关系的自我意识。随着全球化和本土化的发展，包括个人与群体之间的、强势与弱势之间的各种社会文化结构普遍存在，而这些表层的结构关系进而会塑造和影响更深层次的社会文化结构因素，诸如地位、群体、身份、性别、阶层以及年龄等方面的自我意识。

近年来，自我民族志研究多关注弱势边缘群体的自我发展和生命历程以及对自身阶级跨越的尝试。例如，朗（Run，2012）试图运用自我民族志的研究方法，讲述自身作为一名在肯尼亚生活了几年的苏丹难民的经历，让人们对难民群体如非裔澳大利亚人有更深入的理解和更多的关注。朗从自己的经历并结合他人的自传发现，在西方世界的侨民身份建构中，作为黑人的身份评价远胜过作为非洲人的身份。因此，要积极构建非洲裔澳大利亚人的身份，朗呼吁非洲移民将他们的个人经历融入公共话语，为自己发声。格普塔（Gupta，2017）运用自我民族志的方法，结合自身同牵涉儿童保护和家事法庭制度的贫困家庭的接触经历，探讨了贫困和结构性不平等因素对家庭和儿童的社会实践所产生的影响。研究发现，能力方法（capability approach）可以帮助贫困弱势家庭挑战新自由主义意识形态以及维护自身人权和社会公正。

董海军（2019）使用自我民族志，通过展示自己的亲身经历和自我意识唤起对寒门子弟的成长经历的共情和理解，引发对底层成长的反思，实现自我重构和召唤他者加入的两大民族志任务。董海军以我者的角度，围绕自身的成长环境、体验和思路历程，探讨家庭背景、个人效能和社会结构等因素如何共同作用来约束或驱动寒门弟子走出原生家庭的阶层，实现阶级流动，并论述了成功是嵌入在个人努力与时势结构机会中的，而且受多因素共同影响。林晓珊（2019）同样采用自我民族志的研究方法，多维度、长时间地聚焦自身个人生命历程境遇，探讨了内在心理因素和情感结构以及家庭背景对于底层家庭孩子教育获得和阶级跨越的影响。林晓珊通过论述自己从"草根"走向"象牙塔"的个人经历，旨在引起底层子弟的精神共鸣以及社会各界对阶级固化的审视和对这些底层子弟的关注，为底层子弟创造和提供更多的资源、机会和渠道，让底层子弟看得到上升的希望。

（4）案例分析

鉴于自我民族志能够帮助了解区域身份建构和文化冲突这一特点，通过聚焦弱势群体的身份建构和文化价值塑造，本小节以《"走出乡土"：农村第一代大学生的自我民族志》[①]为例，考察如何

---

① 王兆鑫，2020. "走出乡土"：农村第一代大学生的自我民族志 [J]. 北京社会科学（5）：26–36.

使用自我民族志对社区文化中弱势群体的身份构建进行分析。

1）研究内容。

鉴于弱势群体日益成为当下国家社会重点关注对象，本研究运用自我民族志的研究范式和叙事方法，基于研究者自身的读书经历，聚焦微观个体、家庭、学校和乡土社会对自我教育获得和身份认同的建构与影响，试图回答并揭示个体成为农村家庭第一代大学生的幕后逻辑和"走出乡土"的生命内涵，映射"教育"对农村孩子的重要意义。研究发现，家庭与乡土社会中特有的对读书人的认同和崇拜与个体的自我能动性和抗逆力是密切相关的。研究还表明，乡土中的孩子面临着来自本体内部、国家、社会、民族和世界的多重文化冲击，虽然乡土社会中看重的读书文化为无数乡土中的孩子提供了"走出去"的出路，但是通过读书实现"走出去"，于乡土孩子也是一个充满不确定性和挑战的过程。

2）研究步骤。

首先，作者对本文的研究的背景做了阐释，表明关注农村孩子读书，特别是农村第一代大学生升学的重要性与"走出乡土"的意义所在。其次，作者对第一代大学生研究做了文献综述并提出国内现有研究的不足之处。再次，作者介绍了自我民族志方法与相应的本研究实例；在分析部分，作者紧扣"我的家庭和乡土：上学文化、经济和情感""我的出路和未来：'走出去'、不容易和'好日子'"两个大主题详细讨论了个体、家庭、学校和乡土社会对其教育获得和身份认同的建构与影响。最后，作者对本研究进行批判和总结。

3）研究方法。

作者通过自我民族志研究方法，采用本位与客位的双重角度，通过第一人称叙事方法关注自我主体、自我意识和自身经历，通过对自我生命史进行追溯和论述，揭示自己在求学过程中面临的困境以及成功"走出乡土"蕴含的文化意义。

4）研究结果。

本研究发现，乡土社会中和家庭中特有的教育环境对于个体追求功业的道德修养，与"读书"这一取得"成功"的出路不谋而合，读书因此成为农家孩子"走出去"和获得乡土社会认同的主流文化，与"过上好日子""好孩子"的认同和追求密不可分；同时，个体自身对未来生活过上"好日子"的向往追求与获得家庭、乡土社会认同的"好孩子"身份形象，大大提升了自身能动性和抗逆力；此外，乡土中的"贵人"文化也丰富了个体的社会和情感支持。本研究通过微观具体视角为聚焦教育问题中个体行为和个体与家庭环境、社区环境和文化的相互建构与影响提供了借鉴和参考。

从区域国别角度来看，中国是一个地域辽阔、文化多样的国家，但具体到不同地区，教育的发展水平和特点可能存在差异。其中，特别是农村地区，教育教学资源欠缺、办学条件差且城乡差异明显。因此，研究亟待聚焦农村地区，探讨农村教育以及乡土弱势群体的现状和出路，为促进国家和地区的协调发展提供参考性见解。同时，运用自我民族志进行相关研究不失为一个好方法，能够让农村弱势群体自主地为自己发声，向世界吐露自己的心路历程和自我建构。本研究从自我民族志的角度，揭示了教育环境对个体提高道德修养和追求成功的共同作用，为其他发展中国家和地区提供了有益的借鉴。此外，中国的乡村振兴战略和教育改革也在不断推进，以提高农村地区的教育质量和满足农民子女的教育需求。这些政策和措施有助于缩小城乡差距，促进农村地区的发展，为农民子女创造更多的成长机会。

四、相关选题建议

本章对三种较常用于区域国别研究领域的民族志研究方法进行了详细介绍，包括参与式田野观察法、叙事探究和自我民族志。当然，民族志研究在近期也通过"虚拟民族志"（virtual ethnography）、"网络民族志"（netnography）等角度运用在不同的领域之中（Costello et al., 2017）。通过方法论的不断创新与区域国别研究学科领域的交叉融合，我们希望可以通过介绍这些方法的相关理论及应用，并分析相关案例，帮助读者加深对民族志研究方法在区域国别研究中的应用的理解。笔者在此列出一些可以应用民族志研究方法进行区域国别研究的选题以供参考：

1）区域文化认同感的田野观察研究；
2）地区政策话语的田野观察研究；
3）区域共同体建设的田野观察研究；
4）少数民族地区的文化建设田野观察调查研究；
5）叙事探究在个体全球本土化实践知识和专业发展方面的研究；
6）叙事探究在个体情感体验与多重身份建构方面的研究；
7）叙事探究在全球与区域文化方面的研究；
8）自我民族志在个体全球和地方区域身份认同中的研究；
9）自我民族志在全球本土化教师专业发展中的研究；
10) 自我民族志在村落社会与弱势群体中的研究。

五、思考题

1）民族志研究方法在区域国别研究领域具有哪些优势和作用？进行区域国别研究时，民族志研究方法需要研究者具备哪些技能和素质？

2）请简述民族志研究方法的三个主要特征，并阐释其应该如何应用到区域国别研究中。在进行区域国别研究时，如何选择合适的民族志研究方法？需要考虑哪些因素？

3）参与式田野观察法、叙事探究和自我民族志这三种民族志理论与方法各有什么特点和应用领域？请结合自身经验，谈谈在进行民族志研究时可能遇到的困难和问题，以及如何解决这些问题。

4）区域国别研究与民族志研究之间有哪些联系和区别？在进行民族志研究时，如何确保研究的有效性和可靠性？可以采取哪些措施来提高研究质量？

5）如何通过民族志研究来更好地理解和探讨地方与国别之间的关系？如何处理文化差异和语言障碍对民族志研究的影响？

六、本章参考文献

[1] 陈杰，2023. 区域国别学的中国特色塑造 [J]. 国际关系研究（2）：104–117，158.
[2] 崔应令，2023. 主体民族志的哲学基础探析 [J]. 民族研究（2）：81–96，141.
[3] 董海军，2019. 成长的驱动与机会：底层苦难经历的自我民族志 [J]. 中国青年研究（7）：24–29.
[4] 付维维，2020. 挣扎与成长：教师自我身份认同的叙事探究 [J]. 教师教育论坛，33（1）：79–83.

[5] 郭建斌，张薇，2017. "民族志" 与 "网络民族志"：变与不变 [J]. 南京社会科学（5）：95–102.

[6] 黄皓明，桑志芹，2019. 三角关系视角下成年早期子女对父母离异介入的叙事探究 [J]. 苏州大学学报（哲学社会科学版），40（3）：36–45.

[7] 库兹奈特，2016. 如何研究网络人群和社区：网络民族志方法实践指导 [M]. 叶韦明，译. 重庆：重庆大学出版社.

[8] 刘晖，2007. 他们眼中的地方大学治理：珠江三角洲四所地方大学校长叙事探究 [J]. 教育研究，（5）：40–46.

[9] 林晓珊，2019. 境遇与体验：一个阶层旅行者的自我民族志 [J]. 中国青年研究（7）：15–23，37.

[10] 刘海涛，2016. 主体民族志与当代民族志的走向 [J]. 广西民族大学学报（哲学社会科学版），38（4）：2–6.

[11] 李银兵，甘代军，2016. 近十年中国大陆民族志研究综述 [J]. 广西民族研究（6）：72–81.

[12] 王璐，2016. 现代中国的 "科学民族志"：以民国年间学界有关民族志溯源的研究为例 [J]. 励耘学刊（文学卷）（1）：15–25.

[13] 王兆鑫，2020. "走出乡土"：农村第一代大学生的自我民族志 [J]. 北京社会科学（5）：26–36.

[14] 吴小安，2021. 区域与国别之间 [M]. 北京：科学出版社.

[15] 项飙，吴琦，2020. 把自己作为方法 [M]. 上海：上海文艺出版社.

[16] 奚路阳，王管，2023. 乡村青年数字劳动中的社会认同建构与乡村文化空间重塑：基于浙江省 L 村青年群体的田野调查 [J]. 中国青年研究（4）：73–80.

[17] 徐义强，2018. 从人种志、民族志到田野志：围绕 "Ethnography" 翻译的人类学学术论争 [J]. 民俗研究（3）：51–58，160.

[18] 周大鸣，2012. 柏林中国移民调查与研究 [J]. 广西民族大学学报（哲学社会科学版），34（3）：10–16.

[19] 周洁，2021. 走向产城人文融合的文化生态保护：理论演进、实践探索与机制建设 [J]. 深圳大学学报（社会科学版），38（3）：48–56.

[20] 朱炳祥，2011. 反思与重构：论 "主体民族志" [J]. 民族研究（3）：12–24，108.

[21] ADAMS T E, JONES H S, ELLIS C, 2015. Autoethnography [M]. Oxford: Oxford University Press.

[22] AYDIN H, AVINCAN K, 2020. Intellectual crimes and serious violation of human rights in Türkiye: A narrative inquiry [J]. The International Journal of Human Rights, 24(6): 1127–1155.

[23] BLOOMMAERT J, DONG J, 2010. Ethnographic Fieldwork: A Beginner's Guide [M]. Bristol: Multilingual Matters.

[24] BRUNER J S, 1990. Acts of meaning [M]. Cambridge: Harvard University Press.

[25] CLANDININ D J, CONNELLY F M, 2000. Narrative Inquiry: Experience and Story in Qualitative Research [M]. Sans Francisco: Jossey-Bass.

[26] CONNELLY F M, CLANDININ D J, 1990. Stories of experience and narrative inquiry [J]. Educational Researcher, 19(5): 2–14.

[27] COSTELLO L, MCDERMOTT M, WALLACE R, 2017. Netnography: Range of Practices, Misperceptions, and Missed Opportunities [J]. International Journal of Qualitative Methods, 16(1): 1-12.

[28] DENZIN N K, LINCOLN Y S, 2018. The SAGE Handbook of Qualitative Research [C]. 5th ed. Thousand Oaks: Sage.

[29] DEWEY J, 1938. Experience and Education [M]. New York: Basic Books.

[30] DONG J, 2011. Discourse, Identity, and China's Internal Migration: The Long March to the City [M]. Bristol: Multilingual Matters.

[31] DÖRNYEI Z, 2007. Research Methods in Applied Linguistics [M]. Oxford: Oxford University Press.

[32] ELIZABETH K G, 2018. Compounding Inequalities: How racial stereotypes and discrimination accumulate across the stages of housing exchange [J]. American Sociological Review, 83(4): 627–656.

[33] ELLIS C, 1995. Final Negotiations: A Story of Love, Loss, and Chronic Illness [M]. Philadelphia: Temple University Press.

[34] ELLIS C, 2004. The Ethnographic I: A Methodological Novel about Autoethnography [M]. Walnut Creek: Alta Mira Press.

[35] ELLIS C, Flaherty M G, 1992. Investigating Subjectivity: Research on Lived Experience [C]. Newbury Park: Sage.

[36] GESCHIERE P. 2020. "The African family is large, very large": Mobility and the flexibility of kinship — Examples from Cameroon [J]. Ethnography, 21(3): 335–354.

[37] GOLDSCHMIDT W, 1977. Anthropology and the coming crisis: An autoethnographic appraisal [J]. American Anthropologist, 79: 293–308.

[38] GUPTA A, 2017. Learning from Others: An autoethnographic exploration of children and families social work, poverty and the capability approach [J]. Qualitative Social Work, 16(4): 449–464.

[39] HAYANO D M, 1979. Auto-ethnography: Paradigms, problems, and prospects [J]. Human Organization, 38: 99–104.

[40] HEIDER K G, 1975. What do people do? Dani auto-ethnography [J]. Journal of Anthropological Research, 31: 3–17.

[41] KORPELA M, 2022. "Then we decided not to tell the adults": Fieldwork among children in an international school [J]. Ethnography. Ahead of Print.

[42] KRAL T, 2023. "Eventually we'll all become Anglophones": A narrative inquiry into language-in-education policy in Rwanda [J]. Globalisation, Societies and Education, 21(3): 377–391.

[43] LESSARD S, CAINE V, CLANDININ D J, 2018. Exploring neglected narratives: Understanding vulnerability in narrative inquiry [J]. Irish Educational Studies, 37(2): 191–204.

[44] Norton B, 2013. Identity and Language Learning: Extending the Conversation [M] 2nd ed. Bristol: Multilingual Matters.

[45] POLKINGHORNE D E, 1988. Narrative Knowing and the Human Sciences [M]. Albany: State University of New York Press.

[46] REED-DANAHAY D, 1997. Auto/ethnography: Rewriting the Self and the Social [M]. London: Routledge.

[47] RUN P, 2012. "Out of place"? An auto-ethnography of refuge and postcolonial exile [J]. African Identities, 10(4): 381–390.

[48] SARBIN T R, 1986. Narrative psychology: The storied nature of human conduct [M]. New York: Praeger Publishers.

[49] Wang W, CURDT-CHRISTIANESEN X L, 2019. Translanguaging in a Chinese-English bilingual education programme: A university-classroom ethnography [J]. International Journal of Bilingual Education and Bilingualism, 22(3): 322–337.

[50] YUNG K W H. 2020. Investing in English private tutoring to move socially upward: A narrative inquiry of an underprivileged student in Hong Kong [J]. Journal of Multilingual and Multicultural Development, 41(10): 872–885.

第十章

经济学理论和方法
与区域国别研究①

本章探讨从经济学视角进行区域国别研究。首先，介绍经济学的核心概念、研究范式，构建出对经济学的基本认知。其次，本篇重点探讨经济研究与区域国别研究交叉结合的思路，应用三种经济学理论方法进行区域国别研究。具体来说，国家竞争优势理论是一种理解、分析国家或地区、产业全球竞争地位的系统理论与方法；投入产出分析法可以把世界经济作为一个整体，在世界投入产出表的基础上，分析国家、区域之间的经济关联；国际贸易网络分析法用于研究国家在贸易网络中的地位、相互之间的贸易联系。需要指出的是，经济学研究与区域国别研究有较高的契合，这里所讨论的三种经济学理论与方法并非两个学科结合的全部，而是比较适合高校学生。通过对这三种典型的经济理论与方法的学习，高校学生可以从微观、中观到宏观视角理解一国的经济概况，并学会应用这些方法分析一国的竞争优势、竞争力产生的根源，与其他国家经济活动的相互关联性，在国际贸易网络中的地位与联系。

本章首先介绍经济学研究与区域国别研究之间的关系；其次，介绍经济学相关核心概念，为之后学习三种经济学理论与方法做好铺垫；最后，阐述国家竞争优势理论、投入产出分析法和国际贸易网络分析法，为从经济学的角度进行区域国别研究打下基础。

一、经济学研究与区域国别研究的关系

区域国别学旨在对特定国家或者区域，从人文、地理、政治、经济、社会、军事等方面对其进

---

① 本章作者：何武，对外经济贸易大学经济学博士，上海对外经贸大学讲师，研究领域：国际贸易、全球价值链、数字贸易。

行全面深入的研究，是多学科、跨学科、学科交叉融合的综合领域。区域国别研究需要从经济学角度进行研究，经济活动是人类社会活动中非常重要的一部分，马克思政治经济学也指出经济基础决定上层建筑——经济基础是上层建筑（社会意识形态、政治法律制度和设施等）赖以产生、存在和发展的物质基础。因此，经济学研究是区域国别研究的一个不可或缺的研究视角。

从现实情况来看，我们当前处于经济全球化时代——在科技革命尤其是信息技术革命的条件下，通过国际贸易、国际金融、国际投资以及技术和人员的国际流动，世界各国、各地区的经济越来越紧密地结合成一个高度相互融合、相互依存的有机整体。特别是 20 世纪 90 年代以来，资本、技术、劳动力等生产要素更大规模地在全球范围内的流动和配置，使各国经济越来越依赖于世界统一的市场体系，国家间相互依存关系达到了前所未有的广度和深度。生产全球化、资本全球化以及金融全球化成为经济全球化最迫切的要求（裴长洪，2022）。在多边层次上，世界银行、世界贸易组织、国际货币基金组织以及各种区域一体化组织，都致力于制定更有利于商品、资本跨国流动的规则体系，促进贸易、投资自由化。全球贸易模式从产业间贸易、产业内贸易到产品内贸易，即当前全世界范围内的一些不同经济体为生产某一最终产品（手机、电脑、汽车、飞机等）进行密切的分工合作，这被称作全球生产网络（global production network，GPN）、全球价值链（global value chain，GVC）分工模式。全球价值链分工模式已经成为经济全球化与国际分工的新常态（Baldwin et al.，2015；Matton et al.，2013）。如果认为 20 世纪 80 年代之前也存在价值链分工，那么，那时的分工格局主要是发达经济体之间的"北–北"模式。而如今的分工格局则是"北–北"模式与"南–北"模式、"南–南"模式并存，而且后者特别是"南–北"模式日益重要，即越来越多的发展和转型经济体逐渐参与到全球价值链分工之中（程大中，2015）。所以，若想从经济角度对某一区域国别进行深入、可靠的研究，必须从全球经济贸易体系出发，即在全球生产、贸易网络中进行区域国别经济研究。

在经济学科目当中，与区域国别研究关系比较密切、具有全球经济贸易视角的是"世界经济"与"国际经济学"。"世界经济"学科把世界经济作为一个有机整体，主要从历史发展与辩证的角度研究世界经济运行的内在规律以及世界经济内部各经济体之间的相互关联、相互作用。作为现代主流经济学的一门学科，"国际经济学"主要研究国家之间的贸易、资本流动与货币比价的内在规律；学术上越来越多地使用国际经济学中的数理与计量模型的研究方法。区域国别研究一方面可以充分利用"世界经济"的发展动态、多角度（科技革命、经济制度演变等）的研究方法，另一方面可以吸收"国际经济学"的量化研究方法。

二、经济学研究概述

不同的学者对经济学定义的侧重点存在差异。马歇尔认为："经济学是一门研究人类一般生活事物的学问。"曼昆对经济学的定义：经济学研究社会如何管理自己的稀缺资源。经济学教材最畅销的作者之一——萨缪尔森认为，经济学（economics）研究的是一个社会如何利用稀缺的资源生产有价值的商品，并将它们在不同的个体之间进行分配（萨缪尔森 等，2014）。马歇尔强调经济学在人们社会生活研究范围内的普遍性，曼昆的经济学研究聚集于有效率地利用稀缺资源，萨缪尔森在曼昆的基础上还关注商品分配。总之，现实世界中的资源是有限的，而人们的欲望是无限的，经济学主要研究如何解决这种两难的困境，即如何高效地利用资源生产出商品，尽可能地满足人们的需求、欲望。

具体来说，经济学研究主要回答以下三个基本问题：

1）生产什么和生产多少？一个社会必须决定生产哪些商品，以及每一种商品应该生产多少。

2）如何生产？一个社会必须决定由谁来生产，使用哪些资源，以及采用什么生产技术。

3）为谁生产？一个社会必须决定生产出来的商品如何分配，每个人应享用哪些商品以及应享用的商品数量是多少。

当代经济学有两大分支：微观经济学和宏观经济学。微观经济学（microeconomics）研究作为单个实体的市场、企业、家庭的行为。学界一般认为微观经济学发源于亚当·斯密的《国富论》（1776年）。宏观经济学（macroeconomics）研究经济的总体运行，包括通货膨胀、失业和经济增长；现代意义上的宏观经济学起源于约翰·梅纳德·凯恩斯于1936年发表的革命性巨著《就业、利息与货币通论》。

1. 核心概念

（1）经济效率

经济效率（economic efficiency）要求在给定技术和稀缺资源的条件下，生产最优质量和最多数量的商品和服务。在不会使其他人境况变坏的前提下，如果一项经济活动不再有可能增进任何人的经济福利，则该项经济活动就被认为是有效率的。

（2）投入与产出

投入（inputs），狭义上也被称作生产要素（factors of production），指的是生产商品和服务过程中所使用的物品或劳务。生产要素主要包含土地（或自然资源）、劳动和资本。生产要素中的资本是指一个经济体在商品生产过程中投入的已产出的耐用品，它包含机器设备、厂房等。广义上的投入还包括生产过程中一次性投入的中间产品（零部件）。这种界定主要是为了更好地刻画现代厂商的生产情况——绝大部分厂商都需要部分采用其他厂商生产出来的中间产品来生产自己的产品。当然，在逻辑上，这些中间产品的生产最终可以完全溯源到土地（或自然资源）、劳动和资本这三种生产要素的投入。

产出（outputs）是指生产过程中产出的各种有用的物品或劳务，它们可以直接用于当期的消费或用于下期的再生产。

（3）国内生产总值与国民生产总值

国内生产总值（gross domestic product，简称GDP）是指一国或一地区在一定时期内（通常为一年）运用生产要素所生产的全部最终产品的市场价值（高鸿业，2018）。GDP测度的是最终产品的价值，中间产品价值不计入GDP，否则会造成重复计算。GDP一般仅指市场活动导致的价值。家务劳动、自给自足的生产等非市场活动不计入GDP。

国民生产总值（gross national product，简称GNP）是指某国国民所拥有的全部生产要素在一定时期内所生产的最终产品的市场价值。

GDP是一国范围内生产的最终产品的市场价值，是一个地域概念；GNP则是一个国民概念。GNP=GDP+国际要素净收入（本国要素在国外的收入–外国要素在本国的收入）。GDP指标能够帮助决策者判断经济是在萎缩还是在膨胀，是需要刺激还是需要控制。如果没有GDP指标，政策制定者就会不知所措。GNP 在一定程度上更能反映一个国家的综合经济实力，国际竞争就是 GNP 竞争。

（4）国际贸易与对外贸易额

国际贸易（international trade）是指国家（或地区）之间商品的交换。对外贸易额（value of foreign trade）是指一国（或地区）在一定时期内出口和进口的商品总价值。在全球化时代，国际贸易是联系国家之间最重要的纽带之一。经济学其中一个原理指出："两国之间的贸易可以使两个国家的状况都变得更好。"（曼昆，2014）两国之间贸易额越大，经济合作越密切，就越能促进两国的经济效率和增加人们的总体福利水平。一般情况下，两国之间的贸易额与两个国家的国内生产总值的乘积正相关，而且两国距离越远，贸易额越少（类似于牛顿的万有引力定律），国际贸易领域称之为"贸易引力模型"（gravity model）。

（5）要素禀赋理论

作为一种传统的、经典的贸易理论——解释国际贸易产生的原因、国际分工的模式，要素禀赋理论又称赫克歇尔—俄林理论（H-O 理论），该理论认为国家之间要素禀赋的差异是国家贸易产生的根本原因。其传达的思想与我国的一句俗语"靠山吃山，靠水吃水"所表达的意思不谋而合，即一国参与国际分工需要充分利用自身的资源优势。要素禀赋理论也被可以认为是对比较优势理论的扩展，也就是说比较优势来源于一国要素的丰裕程度。从动态视角来看，比较优势要素是不断变化的，从初级的自然资源、非熟练劳动，到熟练劳动、资本，再演进到高级的知识密集型人才、高端工艺技术。那么，一国竞争优势的源泉在于培育、积累高端的生产要素；区域国家经济竞争力的比较，重要的一方面就是比较分析相应国家高端生产要素的供给情况。

2. 主要范式

（1）发展历程

自开山鼻祖亚当·斯密于 1776 年出版《国富论》以来，西方经济学主要经历了古典主义、新古典主义、凯恩斯主义与新自由主义这些流派。在不同的经济学流派中，经济学分析范式有所不同。古典经济学时期，亚当·斯密从分工、自由竞争的角度来研究经济效率与国家财富；马克思主义经济学的核心是建立在劳动价值论的基础上，形成"生产力与生产关系相互作用"分析范式。新古典主义时期，阿尔弗雷德·马歇尔引入了边际分析，构建了"供给与需求"的分析范式，奠定了现代微观经济学体系。同时期，里昂·瓦尔拉斯也是边际分析的奠基者之一，将数学方法第一次大规模地引入经济学研究，建立了经济学一般均衡的数学模型分析———切商品的供给和需求间的均衡，市场上所有各种商品的供求和价格都是相互影响、相互依存的。20 世纪 30 年代，约翰·梅纳德·凯恩斯提出了有效需求理论体系（内核是边际消费倾向递减、资本边际效率递减与心理上的流动偏好），倡导在经济衰退时政府应该进行干预，构建了"消费、投资、利率与总收入"的宏观经济分析范式。后凯恩斯主流经济学派用 IS-LM 模型完善了总需求分析，并用总供给分析来补充总需求分析，建立了总需求总供给模型。20 世纪七八十年代，由于凯恩斯学派的干预政策无效，反而带来了经济滞胀的问题，学界开始回归自由的市场经济——新自由主义，它主要包含货币学派、供给学派和理性预期学派。货币学派强调货币供给量对经济的重要影响这一分析思路。供给学派从降低税率，刺激供给的角度来分析经济增长。理性预期学派认为人们能做出符合理性的预期，从而对政府的任何政策都采取对策，使政府政策无效；市场机制本身是完善的，自动依靠价格的调节作用，使市场处于供求平衡的状态。

（2）最新动态

作为社会学科的经济学，将科学方法运用于经济研究当中已经司空见惯了。即经济学研究的科学方法——认真观察经济现象，在一定的假设条件下提出相关经济理论，最后在现实经济环境中验证该经济理论的真伪。就当前经济学的研究范式而言，无论是理论经济学研究还是实证经济学研究，数理模型或计量方法这些数理、量化的方法都越来越多地被使用。理论经济学研究的范式一般为构建经济数理模型（效用函数、生产函数等），求解模型（消费者效用最大化、生产者利润最大化与市场出清），分析政策影响。实证经济学研究的范式通常为构建经济学计量模型（依据经济学的知识与逻辑），搜寻数据，计量分析与验证（排除内生性问题、确保结果的可靠性），提出政策建议。

在经济全球化时代，各国经济相互关联、依存，一国国内的经济政策能否发挥预期的效果必然受制于国际经济贸易环境，而一些大国国内的经济政策也会对其他国家产生不可低估的影响。因此，现在经济学研究也更多聚焦于开放环境下的世界经济、国际经济的问题，如国际贸易、国际投资、汇率、区域经济一体化、全球价值链等。

三、经济学理论和方法在区域国别研究中的应用

1. 国家竞争优势理论

（1）发展历程

美国哈佛商学院的迈克尔·波特（Michael Poter）1990 年出版了《国家竞争优势》一书，书中提出了"国家竞争优势"理论（又称"钻石"模型）。该理论产生的背景如下：20 世纪 60 年代开始出现了新的国际分工现象，一是发达国家之间的贸易大幅增加，二是出现了产业内贸易。传统贸易理论（绝对优势理论、比较优势理论与要素禀赋理论）无法解释这些新的贸易现象。在这种情况下，一些新国际贸易理论产生了，如规模报酬递增论、偏好相似理论、产品生命周期理论、产业内贸易理论等，这大大深化了人们对国际分工、贸易和竞争的理解，但这些新贸易理论只是从某一方面对贸易现实进行解释。波特的国家竞争优势理论是从多角度、多层次来具体解释国家竞争优势的来源。波特的"钻石"模型是一种理解国家或地区、产业全球竞争地位的全新方法，被企业和政府广泛地应用于思考经济，评估地区或产业的竞争优势，并依据该理论制定相应的政策。

（2）核心理论

国家竞争优势理论认为，决定一个国家某种产业竞争力的主要因素有四个：生产要素，需求条件，相关及支撑产业，企业战略、结构和同业竞争。这四个要素具有双向作用，形成"钻石"体系。四个主要要素之外还有两个辅助要素——"机会"与"政府"，从而构成了一个完整的"钻石"模型，如图 10–1 所示。

具体解释如下（张鸿 等，2015）：

1）生产要素。

生产要素可以划分为基本要素与高级要素。基本要素包括自然资源、气候、地理位置、非熟练

劳动力等先天拥有的，或不需要花费太大代价便能得到的要素。高级要素是指需要通过长期投资或培育才能够创造出来的，如高科技、熟练劳动力等。

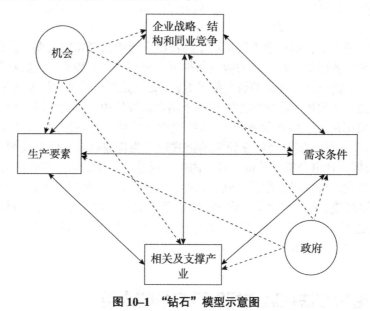

图 10–1 "钻石"模型示意图

波特认为，一国可以因基本要素相对丰裕而获得比较优势，但对于竞争优势而言，高级要素却是最为重要的。因为高级要素丰裕可以获得高级的比较优势。

一国高级要素是在基本要素的基础上产生的。此外，基本要素的劣势还有可能对一国形成压力，刺激创新，形成高级要素。波特指出，虽然要素禀赋在贸易类型的决定中十分重要，但这并不是竞争力的唯一源泉，最为重要的是一国不断创造、改进和调动其生产要素的能力，而不是要素的初始禀赋。

2）需求条件。

国内需求大，有利于促进竞争，形成规模经济。此外，如果国内消费者特别"挑剔"，要求复杂且品位较高，便会促使企业提高产品质量和服务水平，从而取得竞争优势。例如，芬兰、瑞典的移动通信竞争力居于全球前列，其中两国领先的消费需求功不可没。

3）相关及支撑产业。

相关产业是指共用某些技术、共享相同的营销渠道和服务而联系在一起的产业或互补性的产业，如电脑与电脑软件。支撑产业是指某一产业的上游产业，它主要向其下游产业提供原材料或中间产品。产业之间都是相互关联的，拥有发达的、完善的相关与支撑产业，有利于提高企业的产品质量、降低成本，从而获得竞争优势。

4）企业战略、结构和同业竞争。

这是指影响企业创新、保持竞争力的内外部环境。企业战略需要密切结合外部环境与企业自身情况进行科学研究、调整与部署。如果企业战略方向偏了，将很有可能面临破产的风险，更无从谈起培育、保持企业的竞争力。企业内部结构对其运营效率会产生影响，扁平化或垂直化组织结构都各有优缺点。不同的行业，不同的规模，不同的发展时期，合理的企业组织结构都会有所不同，需要企业根据自身情况做出动态调整。

企业所处的外部环境，特别是同业竞争环境对企业的效率与竞争力有直接的影响。强大的本地、本国竞争对手是企业竞争优势产生并得以长久保持的最有力刺激，它会迫使企业努力降低成本、提高技术水平。国内同行业企业之间的竞争在短期内可能损失一些资源，但从长期来看则是利大于弊的。国内的激烈竞争还迫使企业向外扩张，努力达到国际水准，开拓国际市场。

5）机会。

机会主要是指外部大环境的变化，给企业发展带来的机遇。例如，基础科技的发明创造、市场需求的剧增、金融市场的重大变化、政府的重大决策、战争等。机会其实是双向的，它往往使新的竞争者获得优势，同时使原有的竞争者丧失优势，只有适应新的大环境变化的厂商才能获得发展的"机遇"。

6）政府。

在现代经济体系中，政府一般都发挥着一定的影响力。纯粹的自由市场经济体系和纯粹的计划经济体系几乎很难发现，世界各国的经济都是一种混合经济（mixed economy）。波特指出，政府能做的只是提供企业所需要的资源，创造产业发展的环境，鼓励创新。例如，发展基础设施、打造低廉的丰富的融资渠道等。政府最重要的角色莫过于保证国内市场处于活泼的竞争状态，制定竞争规范。

（3）具体应用

波特的"钻石"模型通常被用来分析一个国家或地区，尤其是一个产业的竞争力状态，并发现影响其竞争力最重要的因素是哪些方面，从而有针对性地制定政策。国内的一些学者运用波特的"钻石"模型研究我国的茶产业、水产品等产业或产品的竞争力（何喆，2018；王慧 等，2016），国外也有学者利用该理论研究许多产业或产品竞争力的问题。例如，相关研究涉及的行业有汽车业（Sledge，2005）、旅游业（Esen et al.，2012）等。

此外，一些学者还将"钻石"模型运用在其他领域的研究。例如，蓝庆新和窦凯（2019）根据"钻石"模型理论梳理出影响中国数字贸易的重要因素、变量指标，然后再运用计量模型对相关影响因素进行回归分析。卡若等（Kharub et al.，2017）通过"钻石"模型研究中小微企业的竞争力。

（4）案例分析

国家竞争优势理论是一个从微观的企业、中观的行业到宏观的政府与机遇，从生产要素到需求特征的多层次、不同角度分析一个国家竞争力的系统性模型，为研究区域国家经济竞争力提供了一种比较实用的思路与方法。本部分以马哈茂德（Mahmud）的一篇工作论文"A critical examination of the implications of Porter's Diamond Model for companies' competitiveness"[①]为例，示范如何应用国家竞争优势理论深入分析德国汽车行业竞争力的来源。

1）研究内容。

本文应用波特"钻石"模型对德国的汽车行业竞争力进行研究分析。具体将分析德国汽车行业所涉及的生产要素，需求条件，相关及支撑产业，企业战略、结构和同业竞争，机会以及政府。

2）研究步骤。

首先，作者对波特的国家竞争优势理论模型进行概述。其次，作者根据"钻石"模型的四个主要要素：生产要素，需求条件，相关产业和支持产业，企业战略、结构和同业竞争，以

---

① MAHMUD D, 2019. A critical examination of the implications of Porter's Diamond Model for companies' competitiveness [Z]. working paper.Z

及两个辅助要素：机会和政府，查找德国汽车在这些方面相应文献资料，并进行深入分析。最后，作者得出了德国汽车取得竞争优势的原因，使读者更好地理解了德国汽车竞争优势来源，以及为国家如何保持、创造竞争优势提供思路与参考。

3）研究方法。

研究借助波特"钻石"模型分析框架，从影响德国汽车的生产要素，需求条件，相关及支撑产业，企业战略、结构和同业竞争，机会和政府出发，采用文献研究方法进行研究，如表 10-1 所示。

表 10-1　德国汽车产业国家竞争力的构成要素

生产要素	德国拥有促进高技能、知识性和生产性劳动的环境的科学和工程设施（Nair et al，2007）
需求条件	德国消费者对新型、创新、高性能汽车的期望值较高（Zhang，2019）
相关及支撑产业	德国的钢铁行业能够提供生产汽车所需的优质材料（Dögl et al.，2012）。而且，德国拥有强大的 IT 基础设施，以利于不断的创新需求，例如西门子通过其技术提供创新的 IT 解决方案和效率提升
企业战略、结构和同业竞争	存在激烈的企业间竞争（德国三大汽车集团：戴姆勒、宝马、大众）
机会	欧盟出台了新的法规——"全球统一的轻型汽车测试程序"（Worldwide Harmonised Light Vehicle Test Procedure），这是一种更为严格和稳健的 CO_2 排放测试方法
政府	在教育和研究领域持续投入巨资，例如 2017 年拨款 30 亿欧元用于创新研究（FMF，2017）。政府还对道路基础设施进行投资，即德国高速公路，不设限速

4）研究结果。

德国汽车产业"钻石"模型四大主要要素与两个辅助要素研究结果如下：

第一，生产要素方面。德国拥有这种高级人力资源的强劲供应，非常有利于其汽车行业的创新，有利于其保持强有力的竞争力。

第二，需求条件方面。德国本国消费者对新型、高性能汽车的高端需求，大大地促使其本地汽车企业积极推动汽车的创新，形成优势，并将这种优势扩展到国际汽车市场。

第三，相关及支撑产业方面。德国钢铁行业可提供有力的支撑，强大的 IT 基础设施也有助于汽车行业的创新。

第四，企业战略、结构和同业竞争方面。德国作为汽车制造强国，有不少知名的汽车集团，例如大众、宝马和戴姆勒等。可以说，德国国内汽车集团之间的竞争非常激烈，形成了良好的竞争环境。这必然促进德国汽车企业一方面努力降低现在的制造成本，另一方面积极创新，提高汽车品质，进而形成了德国汽车行业的竞争优势。

第五，机会方面。欧盟对环境保护的重视，以及出台法规帮助控制 CO_2 排放。这将对传统燃油汽车产生限制，而对绿色节能的汽车产生促进作用，尤其是电动新能源汽车。能适应新环境的汽车集团将获得更好的竞争优势。

第六，政府方面。对教育和研发持续大量的投入，有助于人力资本的积累以及促进汽车行业的创新。再者，政府对道路基础设施的投资，有利于汽车的消费需求。德国高速公路不设速度限制，这会引导汽车集团设计高速性能更加优异的汽车，并在高速性能方面形成竞争优势。

总之，借用波特的"钻石"模型，我们可以观察到为什么德国可以说是汽车产业发展最好、最具竞争力的国家之一。主要因素归结如下：德国拥有促进高端人才发展的环境和设施，人力资源非常丰富；德国消费者开放的心态，对高性能、新功能汽车的需求偏好；强有力的钢铁和 IT 行业支撑，提供优质上游产品和服务；国内激烈竞争的汽车市场环境；政府对教育和研发的重视与大力支持，对道路基础设施的积极投资；等等。

同时，我们还必须看到未来很有可能发生的变化，即从机会角度来看，当前，欧盟和其他国家或地区对环境保护越来越重视，并出台了一些政策或法规来控制汽车 CO_2 和其他污染的排放。这对传统燃油汽车必然带来很大的影响，尤其是德国汽车关键的竞争优势是在传统燃油汽车方面，德国汽车行业将面临较大的调整或洗牌。

该案例示范如何通过"钻石"模型，深入分析德国汽车竞争力形成的主要原因。在区域国家研究中，我们可以针对关心的国家整体，或其具体行业的经济竞争力进行研究；同时，还可以与其他区域国家进行比较研究。

3. 投入产出分析法

（1）发展历程

投入产出框架主要用来分析一国内部或者国家之间产业间的经济相互依存关系。对经济相互依赖关系的研究，最早可以追溯到 18 世纪法国重农学派的创始人弗朗斯瓦·魁奈——古典政治经济学奠基人之一（Miernyk，1965）。后来，一般均衡分析大师里昂·瓦尔拉斯构建了一个经济模型，该模型显示了经济体生产部门之间的相互依赖关系，以及各部门对生产要素的竞争性需求。他的系统还包括代表消费者收入和支出的方程，它允许消费者用一个部门的产品来替代其他部门生产的产品。它还考虑了各部门的生产成本、商品的总需求和总供给以及生产要素的需求和供给。在 20 世纪 30 年代，哈佛大学教授瓦西里·列昂季耶夫（Wassily Leontief）基于经济相互依赖的概念发展了生产的一般理论，他给出了理论实证内容并出版了美国经济的第一张投入产出表。

（2）核心理论

投入产出分析是研究经济系统各项活动中的投入与产出之间的数量关系，或者说研究国民经济各个部门在产品的生产和消耗之间的数量依存关系。

投入分为中间投入和最初投入。中间投入是在当期生产过程中被完整地消耗掉的中间品，这些中间品的价值全部进入消耗该中间品的部门的产出价值中。最初投入是在当期生产过程中投入的初始生产要素，它在生产过程中只是被部分地消耗，如资本品、劳动力。最初投入对应着经济学中的增加值，也被称为增加值投入。从产出的去向来看，我们可以把产出分为中间需求和最终需求。中间需求是指当期需要对其进行进一步加工的产品，也被称为中间产品，其作用是作为中间投入被当期各部门生产消耗掉。最终需求是指当期已经最终加工完毕的产品，也被称为最终品，其进入市场的形式为消费、形成资本（投资）。每个经济部门（行业）一方面作为生产部门把自己的产品分配给其他部门，另一方面也需要消耗其他部门的产品。

1）投入产出表的基本结构。

投入产出分析工具为投入产出表，也被称为部门联系平衡表，其基本结构如表 10-2 所示。投入产出表是一张行列交织的棋盘式平衡表，其描述对象是一个相对独立的经济系统在一定时期内所发生的投入产出关系。行的方向表示经济系统各组成部门的产出及其需求（使用）去向；列的方向表示各部门生产活动的投入及其来源。投入产出表包含实物表和价值表，如无特别指明，我们仅讨论价值表。

表 10–2　投入产出表基本结构

		中间需求（使用）				最终需求（使用）			总产出
		行业 1	行业 2	⋮	行业 n	消费	投资	合计	
中间投入	行业 1	x_{11}	x_{12}	⋯	x_{1n}	Y_{1c}	Y_{II}	Y_1	X_1
	行业 2	x_{21}	（第 I 象限）			Y_{2c}	（第 II 象限）	Y_2	X_2
	⋮	⋮	⋯			⋮		⋮	⋮
	行业 n	x_{n1}				Y_{nc}		Y_n	X_n
最初投入（增加值）	固定资产折旧	D_1	D_2	⋯	D_n				
	劳动者报酬	V_1							
	生产税净额	T_1	（第 III 象限）						
	营业盈余	M_1							
	合计	N_1	N_2	⋯	N_n				
总投入		X_1	X_2	⋯	X_n				

第 I 象限，反映部门之间的相互关联（相互提供产品与消耗产品），是投入产出表最重要的一部分；其中，x_{ij} 表示 i 行业提供给 j 行业生产所消耗的价值。第 II 象限，是第一象限在水平方向的延伸，反映每个行业产品用于最终使用的情况；该表具体最终使用去向分为消费、投资和出口。第 III 象限，是第一象限在垂直方向的延伸，反映每个部门所"消耗"的最初投入的情况；具体包含固定资产折旧、劳动者报酬、生产税净额和营业盈余。固定资产折旧看作当期机器设备、厂房等投入，劳动者报酬为一般打工者的工作投入，生产税净额可理解为政府部门人员为维持整体经济秩序而进行管理的投入，营业盈余可看作行业企业老板的工作投入。

2）投入产出表的重要平衡关系。

第一，行平衡关系：

中间需求 + 最终需求 = 总产出，即 $\sum_{k=1}^{n} x_{jk} + Y_j = X_j$。

第二，列平衡关系：

中间投入 + 最初投入 = 总投入，即 $\sum_{i=1}^{n} x_{ij} + N_i = X_j$。

第三，总量平衡关系

总投入 = 总产出，即 $\sum_{i=1}^{n} x_{ij} + N_j = \sum_{k=1}^{n} x_{jk} + Y_j = X_j$。投入产出表在编制的时候采用复式会计方法，即收入等于支出。类似的，把一行业作为一个整体来看，要求其总投入等于总产出，即同一行业的总投入等于总产出。

中间投入合计 = 中间需求合计，第 I 象限的所有中间投入也是中间使用。

初始投入合计 = 最终需求合计，即 $\sum_{j=1}^{n} N_j = \sum_{i=1}^{n} Y_i$。

3）投入产出分析的重要概念与指标。

直接消耗系数 $a_{ij} = \dfrac{x_{ij}}{X_j}$，表示 j 行业单位总产出，需要直接消耗多少量 i 行业的产品，反映直接拉动效应。数值越大，a_{ij} 表明 j 行业产品生产对 i 行业产品消耗越大，拉动效应也就越大。一个具有 n 个行业的经济系统，具有 $n \times n$ 个直接消耗系数，它们可以排列成一个 n 行 $\times n$ 列的数值阵列（矩阵），即**直接消耗系数矩阵（记作 A）**，该矩阵中的第 i 行、第 j 列的数值元素为 a_{ij}。

完全消耗系数 b_{ij}，表示 j 行业每生产 1 单位最终产品，需要完全消耗（直接消耗和间接消耗）多少量 i 行业的产品，完全消耗系数反映部门间的完全依存关系，其计算公式如下：

$$b_{ij}=a_{ij}+\sum_{k=1}^{n}a_{ik}a_{kj}+\sum_{s=1}^{n}\sum_{k=1}^{n}a_{is}a_{sk}a_{kj}+\sum_{t=1}^{n}\sum_{s=1}^{n}\sum_{k=1}^{n}a_{it}a_{ts}a_{sk}a_{kj}+\cdots \quad (i,j=1,2,\cdots,n)$$

其中，第一项为直接消耗量（系数），第二项 $\sum_{k=1}^{n}a_{ik}a_{kj}$ 为 j 行业对 i 行业第一轮间接消耗量，第三项 $\sum_{s=1}^{n}\sum_{k=1}^{n}a_{is}a_{sk}a_{kj}$ 为第二轮间接消耗量，依此类推。同样，所有完全消耗系数 b_{ij} 也可组成一个 n 行 $\times n$ 列的矩阵，即**完全消耗系数矩阵（记作 B）**，其计算公式如下：

$$B=A+A^2+A^3+\cdots=(1-A)^{-1}-I$$

公式中，I 为 n 行 $\times n$ 列的单位矩阵，$(1-A)^{-1}$ 为 $(1-A)$ 的逆，被称为**列昂季耶夫逆矩阵（又称完全需要系数矩阵，记作 C）**。[①] 完全需要系数表明增加某一行业单位最终需求时，各个行业所需要生产的产品总量。完全需要系数矩阵主对角线（左上到右下）上的元素，代表该行业一单位最终产出对本行业的总产出需要量。通常对角线的元素都大于 1，即生产 1 单位某行业最终需求，要求该行业自身的总产出必须大于 1。由于除了本行业产出一单位的价值，其自身与其他行业之间还存在相互消耗关系，因此其总产出量（完全需要系数）必然超过一个单位。其超过自身一单位部分和非主对角线上的元素都体现了国民经济各部门之间的完全消耗关系，即**完全消耗系数矩阵（B）=完全需要系数矩阵（C）－单位矩阵（I）**。

感应度系数，它反映当各行业各增加一单位最终使用时，该行业需要为其各行业提供的产出量，即该行业受到的需求感应程度，计算公式如下：

$$E_j=\frac{\dfrac{1}{n}\sum_{j=1}^{n}c_{ij}}{\dfrac{1}{n^2}\sum_{i=1}^{n}\sum_{j=1}^{n}c_{ij}}$$

其中，E_i 为 i 行业的感应度系数，c_{ij} 为列昂季耶夫逆矩阵中第 i 行业、第 j 列的元素。当该系数大于 1 时，表示该行业的被影响程度超过社会平均水平。一般来说，感应度系数最大的部门是国民经济的"基础产业"，它们对整个经济具有重要的推动作用。

影响力系数，它反映某行业增加一单位最终使用对其他行业的生产需求波及程度，其计算公式如下：

$$F_j=\frac{\dfrac{1}{n}\sum_{i=1}^{n}c_{ij}}{\dfrac{1}{n^2}\sum_{i=1}^{n}\sum_{j=1}^{n}c_{ij}}$$

---

① 这里涉及矩阵的基本运算法则（加减法、乘法、逆运算），可参阅《线性代数》相关教材，实际问题求解可运用相关软件（Excel、Stata、Matlab 等）来完成。

其中，F_i 为 i 行业的影响力系数，c_{ij} 为列昂季耶夫逆矩阵中第 i 行业、第 j 列的元素。影响力系数越大，该行业对其他行业的拉动作用也就越大。该系数如果大于1，则表示该行业生产对其他行业生产的波及影响程度超过社会平均影响力水平。

（3）具体应用

投入产出分析方法的应用领域非常广泛，主要包括生产分析、经济结构分析、进出口需求分析、能源分析、环境分析等。中国投入产出学会课题组等（2006）利用全国2002年投入产出表测算我国目前的产业关联现状及其特点，与1997年相比，2002年高新技术产业部门位居影响力前列，而且影响力系数排序略有上升；纺织业、服装皮革羽绒及其制品业影响力系数也略有上升。能源部门的感应度系数值远远高于社会平均水平，重工业部门的感应度系数高于轻工业和高技术产业部门，金融保险业的感应度系数排序有所上升。一些学者通过投入产出法对一些具体产业进行关联性、波及效应分析（黄桂田 等，2018；祝合良 等，2018）。

在能源和环境领域，投入产出方法也被广泛地使用。在20世纪70年代初的石油危机期间，以能源使用为中心的投入产出模型开始得到发展。一些学者应用投入产出模型分析经济结构变化对能源和环境排放的影响（Han et al.，1994；Casler，2001；Dietzenbacher et al.，2006）。国际贸易中碳排放的问题也逐渐被学者关注（Lin et al.，2010；齐晔 等，2008）。例如，齐晔等（2008）采用投入产出法估算了1997—2006年中国进出口贸易中的隐含碳。对进出口商品都采用中国的碳耗水平所做的保守估计发现：1997—2006年通过产品的形式我国为国外排放了大量的碳；1997—2004年隐含碳净出口占当年碳排放总量的比例在0.5%～2.7%，2004年之后迅速增加，2006年该我国隐含碳净出口占当年碳排放总量的10%。

此外，一些学者还尝试应用投入产出方法对中国的"双循环"进行测度（黄群慧 等，2021；黄仁全 等，2022）。

（4）案例分析

投入产出分析法是用来研究经济体各行业之间投入与产出的关联关系，为研究区域国家经济部门之间的关联提供了一种比较实用的思路与方法。本部分以程大中（2008）在《经济研究》期刊上的一篇论文《中国生产性服务业的水平、结构及影响：基于投入—产出法的国际比较研究》[①]为例，示范如何应用投入产出模型法比较分析中国和13个经济合作发展组织（OCED）经济体的生产性服务业。

1）研究内容。

本案例采用投入产出法，比较分析中国和13个OECD经济体（澳大利亚、丹麦、芬兰、法国、德国、希腊、意大利、日本、爱尔兰、挪威、西班牙、英国、美国）的生产性服务业发展水平。具体从物质性投入、服务性投入、影响力系数与感应力系数指标方面进行比较研究。研究发现：相对于13个OECD经济体，中国国民经济及其三次产业中的物质性投入消耗相对较大，而生产性服务性投入消耗相对较小。中国与OECD经济体的服务业的影响力系数都较小，但后者的感应力系数高于中国，这表明中国服务业的增长对国民经济产生的应有的带动作用很小，而且对其他部门的推动作用也不大。

2）研究步骤。

首先，对生产性服务业进行界定。生产性服务业是指为生产者提供作为中间投入的服务的行业。

---

① 程大中，2008. 中国生产性服务业的水平、结构及影响：基于投入—产出法的国际比较研究 [J]. 经济研究（1）：76–88.

生产性服务业的界定是基于对服务业的"功能性分类"。该案例界定的生产性服务业包含：批发零售贸易与修理，旅馆和餐饮业，运输与仓储，邮政与电信，金融保险业，房地产、租赁和其他商务活动，计算机及其相关活动，研究与开发，教育，公共管理及国防，社会安全，卫生及社会服务，其他团体、社会和私人服务。

其次，介绍所应用的方法、指标与数据。该研究主要应用投入产出分析方法，指标为生产性服务业投入率、产业影响力系数与感应力系数。生产过程中的中间投入包含物质行业和服务行业，生产性服务业投入率是指生产性服务业投入在总投入中的比例。感应度系数为完全需要系数行均值与完全需要系数行整体均值的比例，它反映某行业受到其他行业的波及效应。影响力系数为完全需要系数列均值与完全需要系数行整体均值的比例，反映某行业对其他行业的波及效应。在数据来源方面，中国相关数据来源于中国投入产出表（2000 年），13 个 OECD 经济体的相关数据来自"OECD 投入 – 产出数据库"（The OECD Input-Output Database）。

3）研究方法。

在投入产出模型的基础上，以中国和 13 个 OECD 经济体的生产性服务业为研究对象，并应用比较分析方法，对中国和 13 个 OECD 经济体的生产性服务业的物质性投入、服务性投入、影响力系数与感应力系数的指标方面进行比较研究。之后，进一步比较分析了这些经济体生产性服务业的具体细分行业的影响力系数与感应力系数。

4）研究结果。

第一，生产性服务投入方面。这 13 个 OECD 经济体的生产性服务投入占国民总产出的比重介于 14.9% ～ 29.5% 之间，平均为 21.7%，其中英国最高（29.5%）、希腊最低（14.9%），但中国的相应比重仅为 12.2%。相对而言，中国的生产性服务投入最低。

具体到各生产性服务各细分行业来看，这 13 个 OECD 经济体的"房地产、租赁和其他商务活动"所占比重最高平均达 30.82%；其中，美国的这一比重最高，为 40.3%。接下来的行业依次为"批发零售贸易与修理""金融保险业""运输与仓储""邮政与电信"等。对于中国，"商业饮食业"所占比重最高（35%），接下来是"运输邮电业"（27.3%），"公用事业及居民服务业"为 19.3%，"金融保险业"仅占 12.6%。这说明 2000 年，中国的生产性服务投入大多是源于"商业饮食业"这样的劳动密集型产业，而技术、知识与人力资本含量的生产性服务投入规模则相对较小。

第二，产业关联性分析（影响力系数与感应力系数）。这 13 个 OECD 经济体生产性服务业的影响力系数相对较小，平均为 0.805；感应力系数较大，平均为 1.12（除希腊和芬兰外，其余国家均大于 1；最高的英国为 1.243）。中国服务业的影响力系数与 OECD 经济体的情况基本相似，但中国服务业的感应力系数（0.766）则明显低于后者。

具体分行业来看，13 个 OECD 经济体的服务部门中影响力系数较大的是"旅馆和餐饮业""运输与仓储""计算机及其相关活动""批发零售贸易与修理"等。感应力系数大于 1 的服务部门有："房地产、租赁和其他商务活动"（2.754）、"批发零售贸易与修理"（2.010）、"运输与仓储"（1.590）、"金融保险业"（1.582）。中国影响力系数最大的服务部门是"公用事业及居民服务业"，最低的是"金融保险业"；感应力系数除了"商业饮食业"的大于 1，其他均小于 1，感应力系数最小的是"金融保险业"和"其他服务业"。

中国与 OECD 经济体的生产性服务业及其分行业的影响力系数都较小，说明它们对其他各部门产出的拉动作用较低。中国生产性服务业的影响力系数都小于 1（"商业饮食业"除外），表明中国生产性服务业的功能相对较弱。

总的来说，当时中国生产性服务业的发展具有相对"独立性"：一方面，生产性服务业的发展并不能对国民经济产生应有的推动作用；另一方面，生产性服务业受其他部门的需求拉动作用也不大，即生产性服务业发展主要依靠其自身的自我增强作用。

该案例示范如何通过投入产出模型，比较分析经济体各部门之间的关联关系。在区域国家研究中，我们可以直接使用世界投入产出表，分析区域国家经济部门之间的联系。

4. 国际贸易网络分析法

（1）发展历程

国际贸易学中通常应用对外贸易依存度的指标（进出口额除以 GDP）来衡量一国经济发展在多大程度上依赖对外贸易。或者应用贸易密集度来反映一国对另一国贸易关系的强弱。国际贸易的本质是贸易网络，两国的贸易相互依赖不仅取决于其直接贸易关系，同时也受到其他贸易伙伴的"第三方效应"影响（Chaney，2011；刘林青 等，2023）。斯奈德等（Snyder et al.，1979）从贸易网络视角出发，将所研究的 118 个国家分成核心、半核心与边缘国家。史密斯等（Smith et al.，1992）比较研究不同时期（1965 年、1970 年与 1980 年）贸易网络结构（核心—边缘）的变化趋势。国际贸易网络是一个典型的社会网络，其结构和特征特别适合用社会网络的理论和方法来研究（马述忠 等，2016）。之后，不断有学者将社会网络分析法应用到全球贸易网络。随着计算机技术的发展，国际贸易网络的特征通过数据可视化软件（Gephi、Pajek、Ucinet 等）直观地展现出来。

（2）核心理论

社会网络是由多个节点（国际贸易中代表单个经济体）和各节点之间的连线（代表经济体之间的贸易关系）组成的集合。按照关系的强度是否有差异，社会网络可分为无权网络与加权网络。无权网络只反映节点之间是否有连接（是否有贸易往来），不能描述节点之间相互作用的强度（贸易量多少）。加权网络不仅能更好地体现真实网络的特点，而且反映了网络中节点之间的相互作用细节。权重的加入，能够令网络模型进一步接近实际网络的真实情况，使网络指标反映的现实情况更为深入（陈银飞，2011）。

一个国际贸易无权网络用一个 $N \times N$ 邻接矩阵 A 表示，矩阵的每个元素 a_{ij} 表示经济体 i 与经济体 j 之间是否存在贸易往来。如果经济体 i 与经济体 j 之间存在贸易往来，则 $a_{ij}=1$；如果不存在，则 $a_{ij}=0$。对于无向边（经济体之间关系没有方向性），则 $a_{ij}=a_{ji}$。一个国际贸易加权网络可以用一个加权的 $N \times N$ 邻接矩阵 W 表示，矩阵的每个元素 W_{ij} 表示经济体 i 与经济体 j 之间的贸易量多少（进出口贸易总额）。显然，这样构建的国际贸易加权网络中任何两个经济体（节点）i 与经济体（节点）j 之间的关系都是无方向性的，也称无向边，即 $W_{ij}=W_{ji}$。

网络中心性是社会网络分析方法的一个重点研究领域，是衡量网络节点在网络中重要程度的关键变量，直接反映了节点在网络中的控制能力以及中心地位。在中心度的测量方面，可以采用点度数（degree）来反映节点在网络中的中心性（Freeman，1979）。**点度数**是与该节点相连的其他点的个数。全球贸易网络中各个经济体的点度数可以通过与该经济体存在贸易往来的经济体数来度量。其绝对点度数的计算公式如下：

$$d_i = \sum_j a_{ij}$$

其中 d_i 为经济体 i 的绝对点度数，a_{ij} 为国际贸易无权网络邻接矩阵 A 中的元素。在全球贸易网络当中，高点度数意味着该经济体处于全球贸易的中心位置，与较多的经济体发生了贸易关系，对整个贸易网络具有较高的控制力。

网络联系强度反映了社会网络中节点之间关系的强弱。可以采用点强度来衡量节点之间关系的强弱。**点强度**（strength）也称节点的权重，是无权网络中节点 i 的度数的推广。全球贸易网络中各个国家的点强度反映了该国与其他国家之间的贸易强度。其计算方法如下：

$$s_i = \sum_j w_{ij}$$

其中 s_i 为经济体 i 的点强度，w_{ij} 为国际贸易加权网络邻接矩阵 W 中的元素。在全球贸易网络中，经济体点强度较高则意味着其在全球贸易网络中的贸易额比重较大，其地位比较重要。

网络的差异性（disparity）反映与节点 i 相连的边上权重分布的离散程度。全球贸易网络中节点的差异性反映了一经济体的对外贸易是集中在少数经济体还是分散于很多经济体。差异性的计算公式如下：

$$h_i = \frac{(n-1)\sum_j \left(\frac{w_{ij}}{s_i}\right)^2 - 1}{n-2}$$

其中 h_i 为经济体 i 的差异性，n 为全球贸易网络中的经济体数目，s_i 为经济体 i 的点强度。对于经济体 i，如果贸易分布越均匀，则 h_i 越接近于 0；如果贸易越集中在少数经济体，则越接近于 1。

国家贸易依赖是指一国（经济体）对另一国（经济体）贸易的依赖性，它与两国之间直接贸易关系的重要性相关，与国际贸易网络中两国各自的可替代贸易关系相关（Emerson，1962；刘林青等，2021）。i 国对 j 国的国家贸易依赖 TD_{ij} 计算公式如下：

$$TD_{ij} = Extd_{ij} + Imtd_{ij}$$

其中，$Extd_{ij}$ 为 i 国对 j 国的出口依赖，$Imtd_{ij}$ 为 i 国对 j 国的进口依赖。i 国对 j 国的出口依赖计算公式如下：

$$Extd_{ij} = S_{ij}^2(C_{si}/C_{pj})$$

其中，$S_{ij} = X_{ij}/X_i$ 为 i 国对 j 国的出口额占 i 国总出口的比重；X_{ij} 为 i 国对 j 国的出口额，X_i 为 i 国的总出口额。C_{si} 为 i 国的出口集中度，C_{pj} 为 j 国的进口集中度，它们是通过赫芬达尔－赫希曼指数（HHI）的方式测量，反映了贸易依赖关系"第三方效应"的影响，其计算方式分别为 [1]：

$$C_{si} = \frac{\sqrt{\sum_{k=1}^n \left(\frac{X_{ik}}{X_i}\right)^2}a - \sqrt{\frac{1}{n}}}{1 - \sqrt{\frac{1}{n}}}, \quad C_{pj} = \frac{\sqrt{\sum_{k=1}^n \left(\frac{M_{jk}}{M_j}\right)^2}a - \sqrt{\frac{1}{n}}}{1 - \sqrt{\frac{1}{n}}}$$

---

[1] 本书中的进口集中度 C_{pj} 的计算公式与刘林青等（2023）期刊文章上的表示上略有差别。分子上面第一项的根式里，原文为 $\sum_{k=1}^n \left(\frac{x_{jk}}{X_j}\right)^2$，其中没有具体说明 X_j 的含义。为了与出口集中度 C_{si} 公式中的符号区别开来，防止产生歧义，我们使用 M_j 代替 X_j；其中对分子部分的理解不会产出歧义，j 国从 k 国的进口相当于 k 国对 j 国的出口，即 $M_{jk} = x_{kj}$。

其中，M_j 为 j 国的总进口额，M_{jk} 为 j 国从 k 国的进口额。

i 国对 j 国的进口依赖计算公式如下：

$$Imtd_{ij}=P_{ij}^2(C_{pi}/C_{sj})$$

其中，$P_{ij}=M_{ij}/M_i$ 为 i 国从 j 国的进口额占 i 国总进口额的比重，M_{ij} 为 i 国从 j 国的进口额，M_i 为 i 国的总进口额。

（3）具体应用

国内外有不少学者采用社会网络的分析方法来研究全球贸易网络的结构特征。全球贸易越来越集中在少数国家（Bhattacharya et al.，2008）。一些国家却具有很强的贸易关系，大多数国家的贸易关系都很弱，贸易关系紧密的国家倾向于与贸易关系松散的国家发生贸易关系，富裕的国家贸易强度大且聚集系数高（Fagiolo et al.，2010）。陈银飞（2011）根据 2000—2009 年的国际贸易数据，采用社会网络分析方法研究也发现，全球贸易网络为负向匹配网络，而且大多数国家贸易伙伴多，但同时贸易份额也大的国家却很少。

在全球贸易网络中核心 – 边缘结构方面，斯奈德等（Snyder et al.，1979）根据 1965 年的贸易数据网络，把 118 个国家分成核心、半核心与边缘国家，发现核心国家几乎都是 OECD 成员国。史密斯等（Smith et al.，1992）动态比较了 1965 年、1970 年与 1980 年的国际贸易网络特征，研究表明核心国家随时间推移越来越多。2000—2009 年国际贸易网络核心 – 边缘特征是，美国的核心度一直在下降，日本、德国、英国、法国与中国、印度、俄罗斯、巴西的核心度均在上升；次贷危机后，美国下降更显著，中国、印度、俄罗斯和巴西则上升得更显著，接近危机前的两倍。

就具体商品的全球贸易网络特征而言，一些学者也运用社会网络分析法进行了相关研究。格普哈特（Gephart et al.，2015）研究从 1994 年到 2012 年海产品贸易网络的情况，泰国和中国的影响力增加，贸易伙伴关系的数量增加超过 65%，而且海产品贸易网络强度也大幅增强。马述忠等（2016）基于 1996—2013 年的农产品贸易数据，采用社会网络分析方法研究表明，全球农产品贸易网络的密度值在整体上呈上升趋势，各国之间的农产品贸易关联日益加深。大多数国家的贸易额在全球农产品贸易中的比重都较小，会与较多的国家发生贸易关联，且贸易在各贸易对象之间的分布较为均匀。还有学者研究了天然气、集成电路等商品的贸易网络特征（Geng et al.，2014；李庭竹 等，2023）。

除了运用具体双边贸易额构建一般关系的贸易网络，一些学者还进一步建立了国际贸易依赖网络、竞争网络、互补网络（李敬 等，2017；刘林青 等，2023）。

（4）案例分析

国际贸易网络分析法是用来研究经济体在国际贸易网络中的地位与相互之间的关联关系，为研究区域国家贸易之间的关联提供了一种比较实用的思路与方法。本部分以刘林青等（2023）在《统计与决策》期刊上的一篇文章《网络视角下国家贸易依赖的统计测度：基于中美贸易依赖演变的分析》[①]为例，示范如何应用国际贸易网络分析法研究中国在全球贸易网络中的地位，以及中美贸易的相互依赖性。

1）研究内容。

本案例设计了国家贸易依赖新的计算方法，充分考虑贸易的"第三方效应"，构建国际贸易依

---

① 刘林青，杨理斯，闫小斐，2023. 网络视角下国家贸易依赖的统计测度：基于中美贸易依赖演变的分析 [J]. 统计与决策，39（2）：147–151.

赖网络，对中美 1995—2018 年的贸易依赖进行统计测度。其结果显示：中美非对称性贸易相互依赖在 2010 年发生逆转，中国成为双边贸易中的优势方；在全球贸易依赖网络中，中国的入度中心性在 2008 年超越美国，成为新的网络中心。

2）研究步骤。

首先，构建两国贸易依赖的测度公式，i 国对 j 国的出口依赖，公式如下：

$$Extd_{ij}=S_{ij}^2(C_{st}/C_{pj})$$

即，i 国对 j 国的出口依赖（$Extd_{ij}$）与 i 国对 j 国出口占其总出口比重 S_{ij}、i 国自身的出口集中度（C_{si}）成正比，与 j 国的进口集中度（C_{pj}）成反比。其中，C_{si} 和 C_{pj} 参考前面"国际贸易网络分析"的"核心理论"部分。

i 国对 j 国的进口依赖，公式如下：

$$Imtd_{ij}=P_{ij}^2(C_{pi}/C_{sj})$$

也就是说，i 国对 j 国的进口依赖（$Imtd_{ij}$）与 i 国对 j 国进口占其总进口比重 P_{ij}、i 国自身的进口集中度（C_{pi}）成正比，与 j 国的出口集中度（C_{sj}）成反比。

i 国对 j 国的国家贸易依赖（NTD_{ij}）等于进口依赖与出口依赖之和，即：

$$NTD_{ij}=Extd_{ij}+Imtd_{ij}=S_{ij}^2(C_{si}/C_{pj})+P_{ij}^2(C_{pi}/C_{sj})$$

其次，根据贸易数据构建贸易依赖网络。数据来源于 CEPII- 贸易数据库，涵盖 1995—2018 年 251 个国家和地区 5038 种 HS6 位编码下的产品出口贸易额数据。参照 Hausmann、Hidalgo（2014）的处理方式，最终选取 126 个国家（GDP 占全世界的 95%，贸易额占全世界的 92%）作为本文构建网络的对象。为了简化，并参考凌爱凡、欧阳海琴（2022）的方法，每个国家仅保留对外贸易依赖程度最高的 2 条关系构建网络。经过以上方法处理之后，网络中每个节点的出入度中心度均为 2，故入度中心度的大小更能反映节点在网络中的嵌入情况和中心位置，即对该国有高度贸易依赖的国家数量。[①]

最后，比较分析中美两国在全球贸易依赖网络的地位变化情况。重点分析入度中心度前 10 名国家的变化情况，以及比较分析中美两国在 1995 年与 2018 年在全球贸易依赖网络的地位变化。

3）研究方法。

文章基于国际贸易网络视角，设计了国家贸易依赖新计算方法，建立了 126 个经济体的国际贸易依赖网络。应用动态比较分析方法，对 1995 年到 2018 年中美两国之间的总体贸易依赖性、进口依赖与出口依赖进行研究。之后，测度了 1995 年和 2018 年的国际贸易依赖网络的中心度，并进行比较分析。

4）研究结果。

第一，中美两国相互之间的贸易依赖趋势。

总体上，中国对美国的贸易依赖呈现下降趋势，而美国对中国的贸易依赖呈现上升趋势。2010 年中国首次扭转持续 15 年的中美非对称性贸易相互依赖局面，成为双边贸易中的权力优势方（见图 10–2）。

[①] 贸易依赖网络中依赖关系是有方向性的，因此中心度分为出度中心度和入度中心度，出度中心度反映该国对其他国家的依赖情况，入度中心度则反映其他国家对该国的依赖情况。出度中心度 $D_i^{out}=\sum_{k=1}^n d_{ik}$，入度中心度 $D_i^{in}=\sum_{k=1}^n d_{ki}$，$d_{ii}=0$。

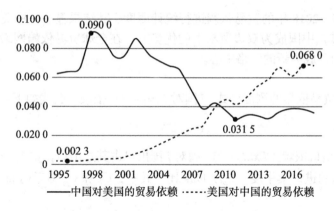

图 10–2　1995—2017 年中美贸易依赖趋势

具体来看，如图 10–3 所示，中美间非对称性贸易相互依赖关系发生逆转源于美国对中国进口依赖的快速增加以及中国对美国出口依赖的迅速减少。

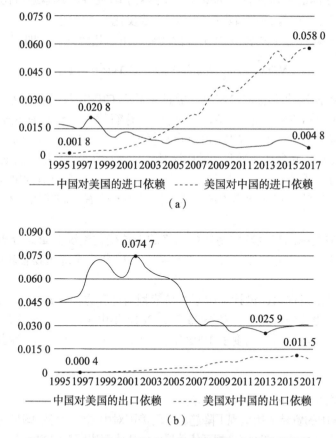

图 10–3　中美进口依赖（a）与出口依赖（b）趋势比较

第二，全球贸易依赖网络特征及中美两国在其中的地位情况。

在 1995 年的全球贸易依赖网络中，如图 10–4 所示，德国、美国和日本为三个主要中心，法国、英国、意大利等欧洲发达国家为多个次中心的结构。也就是说，1995 年在全球贸易中，大部分国家都主要对德国、美国和日本形成依赖。而此时，中国在全球贸易依赖网络的中心地位尚不明显。

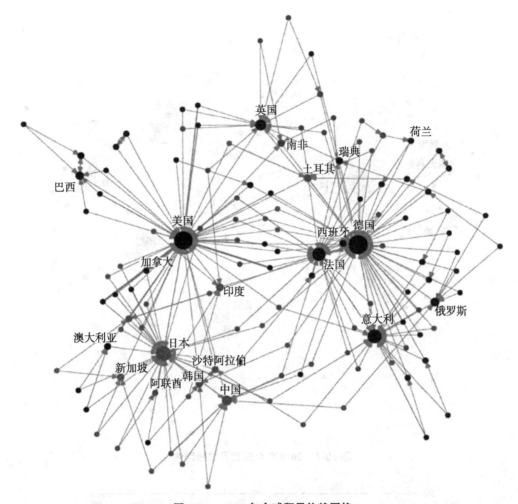

图 10-4　1995 年全球贸易依赖网络

从图 10-5 和图 10-6 来看，中国在全球贸易依赖网络中的地位在 2018 年得到大幅提升，成为入度中心度排名第一的国家。根据具体数据，对中国存在高度贸易依赖的国家达到 78 个，覆盖六大洲，数目占全网络的 61.90%，比 1995 年增加近 8 倍。这表明，2018 年中国已正式走近国际贸易的舞台中央，成为全球贸易依赖网络的中心国。而美国相比 1995 年，贸易依赖网络中的地位呈现大幅下降之势。

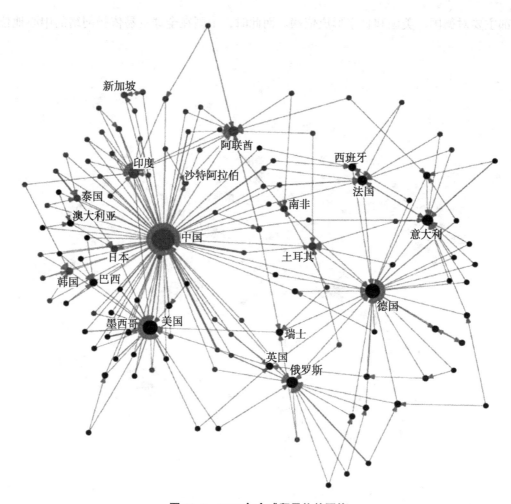

图 10-5　2018 年全球贸易依赖网络

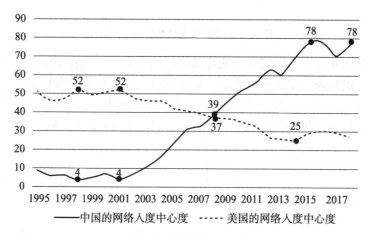

图 10-6　1995—2018 年中美在全球贸易依赖网络中的入度中心度

四、相关选题建议

本章在介绍经济学研究相关的核心概论、研究范式的基础上，对三种较常用于区域国别研究的方法进行了详细介绍，具体包括国家竞争优势理论、投入产出分析法和国际贸易网络分析法。这些经济学研究相关理论、方法及应用的介绍、案例研究的探讨，加深了我们对经济学研究方法在区域国别研究中的应用与理解。笔者在此列出一些可以用应用经济学研究方法进行区域国别研究的选题以供参考：

1）基于"钻石"模型的中国生产性服务业竞争力分析；

2）基于"钻石"模型的中美芯片产业竞争力比较分析；

3）中国经济高质量发展研究：基于钻石模型的分析；

4）中美经济脱钩的影响研究：基于世界投入产出表分析；

5）俄乌冲突对世界农业的影响：基于投入产出分析法；

6）中美贸易战对中国经济国内国际双循环格局的影响分析：基于世界投入产出表分析；

7）稀土贸易网络特征研究；

8）新冠肺炎感染疫情对全球医药贸易网络的影响；

9）装备制造业全球贸易网络演变的特征研究；

10）中国新能源汽车在全球贸易网络中的地位走势研究。

五、思考题

1）经济学研究与区域国别研究的关系是什么？经济学研究对区域国别研究的作用与意义是什么？

2）国家竞争优势理论是如何从微观、中观和宏观三个层面来比较区域国家之间的竞争优势的？

3）在国家竞争优势理论看来，与区域中的其他国家相比，哪种生产要素更能体现出一个国家的竞争力？这种竞争力的根源是什么？

4）在生产全球化的时代，投入产出模型是如何分析不同国家行业之间的生产技术关联的？一个国家最终需要的变化如何影响其他国家的生产活动？

5）在经济全球化背景下，商品贸易是国家之间联系最重要的渠道之一，如何分析一个国家在商品贸易网络中的重要性？如何结合国家竞争优势理论与国际贸易网络分析方法，从产业链的上游、中游和下游具体分析一个国家的相对竞争力？

六、本章参考文献

[1] 陈银飞, 2011. 2000—2009 年世界贸易格局的社会网络分析 [J]. 国际贸易问题（11）: 31–42.

[2] 程大中, 2008. 中国生产性服务业的水平、结构及影响：基于投入—产出法的国际比较研究 [J]. 经济研究（1）: 76–88.

[3] 程大中, 2015. 中国参与全球价值链分工的程度及演变趋势：基于跨国投入—产出分析 [J]. 经济研究, 50（9）: 4–16, 99.

[4] 高鸿业，2018. 西方经济学（宏观部分）·第七版. [M]. 北京：中国人民大学出版社.

[5] 龚静，尹忠明，2018. 增加值核算体系下我国服务贸易出口的国际分工地位与竞争力研究：基于世界投入产出数据库的上游度指数与显示性比较优势指数分析 [J]. 国际商务（对外经济贸易大学学报）（5）：73–84.

[6] 何喆，2018. 基于钻石模型的中国茶产业国际竞争力研究 [J]. 农村经济（8）：25–30.

[7] 黄桂田，徐昊，2018. 中国钢铁的产业关联效应及国际比较：基于投入产出表的研究 [J]. 经济问题（11）：1–8.

[8] 黄群慧，倪红福，2021. 中国经济国内国际双循环的测度分析：兼论新发展格局的本质特征 [J]. 管理世界，37（12）：40–58.

[9] 黄仁全，李村璞，2022. 中国经济国内国际双循环的测度及增长动力研究 [J]. 数量经济技术经济研究，39（8）：80–99.

[10] 蓝庆新，窦凯，2019. 基于"钻石模型"的中国数字贸易国际竞争力实证研究 [J]. 社会科学（3）：44–54.

[11] 李敬，陈旎，万广华，等，2017. "一带一路"沿线国家货物贸易的竞争互补关系及动态变化：基于网络分析方法 [J]. 管理世界（4）：10–19.

[12] 李庭竹，杜德斌，2023. 全球集成电路贸易网络结构演化及中国对外依赖分析 [J]. 中国科技论坛（3）：93–103.

[13] 凌爱凡，欧阳海琴，2022. 贸易网络中心性对跨国直接投资的影响研究：基于全球市场的经验数据 [J]. 南昌大学学报（人文社会科学版），53（2）：42–45.

[14] 刘林青，杨理斯，闫小斐，2023. 网络视角下国家贸易依赖的统计测度：基于中美贸易依赖演变的分析 [J]. 统计与决策，39（2）：147–151.

[15] 马述忠，任婉婉，吴国杰，2016. 一国农产品贸易网络特征及其对全球价值链分工的影响——基于社会网络分析视角 [J]. 管理世界（3）：60–72.

[16] 曼昆，2014. 经济学原理（微观经济学分册）[M]. 梁小民，译. 北京：北京大学出版社.

[17] 裴长洪，2022. 中国开放型经济学 [M]. 北京：中国社会科学出版社.

[18] 齐晔，李惠民，徐明，2008. 中国进出口贸易中的隐含碳估算 [J]. 中国人口·资源与环境（3）：8–13.

[19] 萨缪尔森，诺彻豪斯，2014. 经济学 [M]. 萧琛，主译. 北京：商务印书馆.

[20] 王慧，罗慧，孙炜娟，等，2016. 基于钻石模型的中国水产品出口竞争力分析：以山东省为例 [J]. 世界农业（9）：150–156.

[21] 叶作义，张鸿，下田充，等，2015. 全球价值链下国际分工结构的变化：基于世界投入产出表的研究 [J]. 世界经济研究（1）：56–64，128.

[22] 张鸿，文娟，2015. 国际贸易 [M]. 上海：华东师范大学出版社.

[23] 中国投入产出学会课题组，许宪春，齐舒畅，等，2006. 我国目前产业关联度分析：2002 年投入产出表系列分析报告之一 [J]. 统计研究（11）：3–8.

[24] 祝合良，王明雁，2018. 基于投入产出表的流通业产业关联与波及效应的演化分析 [J]. 中国流通经济，32（1）：75–84.

[25] BALDWIN R, LOPEZ-GONZALEEZ J, 2015. Supply-chain trade: A portrait of global patterns and several testable hypotheses [J]. The World Economy, 38(11): 1682–1721.

[26] BHATTACHARYA K, MUKUKHERJEE G, SARAMAKI J, et al., 2008. The international trade network: Weighted network analysis and modelling [J]. Journal of Statistical Mechanics: Theory and Experiment (2): 02002.

[27] CASLER S D, 2001. Interaction Terms and Structural Decomposition: An Application to the Defense Cost of Oil [M] // LAHR M L, DIETZENBACHER E. Input-Output Analysis: Frontiers and Extensions. New York: Palgrave: 143–160.

[28] CHANEY T, 2011. The network structure of international trade [J]. American Economic Review, 104 (11): 3600–3634..

[29] DIETZENBACHER E, SAGE J, 2006. Mixing oil and water? Using hybrid input-output tables in a structural decomposition analysis [J]. Economic Systems Research, 18(1): 85–95.

[30] DÖGL C, HOLTBRÜGGE D, SCHUSTER T, 2012. Competitive advantage of German renewable energy firms in India and China [J]. International Journal of Emerging Markets,7(2):191–214.

[31] EMERSON R M, 1962. Power-dependence relations [J]. American Sociological Review, 27(1): 31–34.

[32] ESEN S, UYAR H, 2012. Examining the competitive structure of Turkish tourism industry in comparison with diamond model [J]. Procedia-Social and Behavioral Sciences, 62: 620–627.

[33] FAGIOLO G, REYES J, SCHIAVO S, 2010. The evolution of the world trade web: A weighted-network analysis [J]. Journal of Evolutionary Economics, 20(4): 479–514.

[34] FREEMAN L C, 1979. Centrality in social networks: Conceptual clarification [J]. Social Networks, 1: 215–239.

[35] GENG J B, JI Q, FAN Y, 2014. A dynamic analysis on global natural gas trade network [J]. Applied Energy, 132: 23–33.

[36] GEPHART J A, PACE M L, 2015. Structure and evolution of the global seafood trade network [J]. Environmental Research Letters, 10(12): 125014.

[37] HAN X L, LAKSHMANAN T K, 1994. Structural changes and energy consumption in the Japanese economy 1975–1985: An input-output analysis [J]. The Energy Journal, 15: 165–188.

[38] HAUSMANN R, HIDALGO C, 2014. The Atlas of Economic Complexity: Mapping Paths to Prosperity [M]. Cambridge: MIT Press Books,.

[39] KHARUB M, SHARMA R, 2017. Comparative analyses of competitive advantage using Porter diamond model (the case of MSMEs in Himachal Pradesh) [J]. Competitiveness Review: An International Business Journal, 27(2): 132–160.

[40] LIN B, SUN C, 2010. Evaluating carbon dioxide emissions in international trade of China [J]. Energy Policy, 38: 613–621.

[41] MAHMUD D, 2019. A critical examination of the implications of Porter's Diamond Model for companies' competitiveness [Z]. working paper.

[42] MATTON A, WANG Z, WEI S J, 2013. Trade in Value Added: Developing New Measures of Cross-Border Trade [M]. London: Centre for Economic Policy Research and the World Bank.

[43] MIERNYK W H, 1965. The Elements of Input-Output Analysis [M]. New York: Random House.

[44] NAIR A, AHLSTROM D, FILER L, 2007. Localized advantage in a global economy: The case of Bangalore [J]. Thunderbird International Business Review, 49(5): 591–618.

[45] SMITH D, WHITE D, 1992. Structure and dynamics of the global economy: Network analysis of international trade, 1965-1980 [J]. Social Forces, 70 (4): 857–893.

[46] SNYDER D, KICK E L, 1979. Structural position in the world system and economic growth, 1955–1970: A multiple-network analysis of transnational interactions [J]. American Journal of Sociology, 84 (5): 1096–1126.

[47] SLEDGE S, 2005. Does Porter's diamond hold in the global automotive industry?[J]. Advances in Competitiveness Research, 13(1): 22–32.

第十一章

地理学理论和方法
与区域国别研究[①]

本章将首先介绍地理学与区域国别研究的共性与关联；其次，对地理学研究方法进行概述，包括对相关概念和常用研究方法的整体介绍；再次，分别对地理学研究中常用的方法包括地理空间数据可视化、探索性空间数据分析法、地理加权回归法进行详细介绍，包括每种研究方法的发展历程、核心思想应用与案例分析；最后，给出一些相关的选题建议。

一、地理学与区域国别研究的关系

地理学是研究地理要素和地理综合体的空间分异规律、时间演变过程及区域特征的学科，具有综合性、区域性、交叉性的特点，其研究内容是地球表层人与环境相互作用的机理，研究过程需要耦合自然要素和人文要素（傅伯杰 等，2015）。而区域国别学是一门聚焦于特定的地域性问题的综合性、交叉性、实践性的新兴学科，它重视自身创造知识与思想形态的地域适应性和时空关联性，重视从特定地域时空结构上来开展适宜性研究，通过构建综合性与适地性的知识体系，努力形成对这一特定区域的一般性、普遍性、特殊性问题具有解释力、运用性、操作性的集成化的区域国别学学科群落与知识体系，以为天下治理而用（刘鸿武，2020）。

地理学与区域国别学研究从研究内容、方法与特点等方面均存在一定的关联与共性。首先，从研究内容上来看，区域国别学关注于特定的时空地域，并基于特定的时空地域所涉及的经

---

① 本章作者：王雪辉，东北师范大学区域经济学博士，上海对外经贸大学会展与传播学院讲师，研究领域：区域经济学、经济地理学、旅游管理等。

济、历史、文化等多领域跨学科的研究，对现实中某一国家或某些区域进行研究，其研究内容具有较强的对象性（谢韬 等，2022）。而地理学关注的研究内容也存在较强的对象性，是对地球表层各要素的相互作用以及人地关系的研究。二者从研究内容上看具有很强的共性，且目前不少世界地理学研究就是基于地理学与区域国别学的交叉开展的，如关于"一带一路"、"21世纪海上丝绸之路"、中国对非洲直接投资的相关研究。其次，从研究方法上来看，地理学与区域国别学注重实地考察与理论分析的结合，区域国别学是基于特定的地域性问题。因此，尤其要求去所研究的区域或国别进行实地调研，掌握最真实有效的信息，这样才能做出有意义的研究（刘鸿武，2022）。地理学也讲究"格物致知"，研究中注重"过程、格局、机理"的研究逻辑与方法（傅伯杰，2014）。其中，过程是理解事物的动态演化，格局是认识世界的空间表观，机理是对不同时空尺度下的地理格局与过程的影响因素与机制进行剖析，是从根本上理解与解决地理学综合研究的有效途径与方法。最后，从研究特点上来看，地理学与区域国别学均存在综合性、区域性和交叉性的共同特点，区域国别学从根本上来说是对世界多样性和统一性研究的具体实现形式，是一种全面、综合和复合的研究（赵可金 等，2022）。地理学的综合性通过要素多样化来体现，区域性表现为区域分异或区域差异，交叉性体现在地理学本身就是自然学科与人文学科的交叉（傅伯杰，2014）。

随着中国与世界的联系日益广泛和深入，参与全球治理的意愿和能力逐渐提升，在国际事务中的影响力不断扩大，区域国别学研究亟须多学科交叉融合，解决国际社会与中国发展的现实问题。地理学作为一门"探索自然规律，昭示人文精华"的学科，其理论、方法和技术已经成为解决人类社会面临的社会经济与可持续发展等世界性问题的基础（傅伯杰 等，2015）。因此，地理学与区域国别学的交叉融合，尤其是应用地理学方法研究区域国别学领域的问题，对区域国别学科的全面发展、多学科交叉融合具有重要的意义。通过多学科交叉融合，建设具有中国现代化特色的区域国别学，构建开放包容的"人类命运共同体知识体系"，以更好地为中华民族伟大复兴服务，为推动构建人类命运共同体服务。

二、地理学研究方法概述

地理学的研究始于观察。在19世纪以前，以定性描述为主的地理勘察、地理探险和与之相联系的地图是地理学研究的基本手段和方法。目前，定性描述的地理学已经向具有独特研究手段的定量化地理科学华丽转身。全球定位系统（global positioning system，GPS）已经从传统定位走向基于移动网络的位置服务，极大地改善了人为活动数据的获取性。遥感（remote sensing）技术已经从航空遥感走向多卫星组网的多分辨率、全天候、全波段、多要素地球立体观测，实现了从点观测到不同分辨率的面观测，提高了数据尺度的多样性。随着地理信息系统（geographical information science，GIS）技术的发展，地理学空间分析逐渐从"看"地图发展为空间实体与空间关系可表达的GIS，正迈向多分辨率海量数据、多维显示的数字地球系统。总体来看，3S技术（指遥感、全球定位系统和地理信息系统的简称）已贯穿解决地理学问题的各个环节，而且已经融入地理科学研究的重要内容，实现了地理现象的可表达、可观测、可计算与可服务。基于3S技术的支持以及计算机技术的发展，野外台站观测与室内控制实验逐渐从单点观测向网络化发展，逐渐深化了对地理现象过程与机制的认识（傅伯杰，2014）。需要说明的是，本篇中的地理学研究方法以时空数据分析为主，主要原因在于目前地理学与区域国别学交叉的研究主要利用时空数据分析完成，如本章案例中介绍的空间数据可视化、探索性空间数据分析法、地理加权回归法，均是利用地理学相关方法完成对区域国别研究话题的研究。

1. 核心概念

（1）地理空间数据（geospatial data）

在大多数地理应用中，所研究的空间范围是容纳人类活动的地球表层空间或者该空间的一部分，如一个国家或城市，我们称之为地理空间（刘瑜 等，2023）。地理空间数据通常是指用于描述自然现象和社会事件的发生及演变的空间位置、分布、关系、变化规律等方面的信息资料。随着获取渠道的多样化、采集过程的规范化以及采样粒度的精细化，地理空间数据普遍呈现属性描述多样化、特征分布时空化、结构关系层次化等特点（周志光 等，2018）。简而言之，地理空间数据可以认为是具有地理空间属性的数据。

（2）地理信息系统

地理信息系统是一种特定的十分重要的空间信息系统。它是在计算机硬、软件系统支持下，对整个或部分地球表层（包括大气层）空间中的有关地理分布数据进行采集、储存、管理、运算、分析、显示和描述的技术系统。与地图相比，GIS 具备的先天优势是将数据的存储与数据的表达进行分离，因此基于相同的基础数据能够产生出各种不同的产品。

（3）3S 技术

3S 技术是指遥感、全球定位系统和地理信息系统的简称，广义的说法则是遥感、地理信息系统和全球导航卫星系统（global navigation satellite system，GNSS），其中 GNSS 泛指所有卫星定位系统，包括 GPS。

（4）地理空间效应（geospatial effect）

是指由于地理空间的基本特性以及要素在空间中不同的位置及其衍生的空间配置，而对分析结果产生影响的效应（刘瑜 等，2023）。例如，空间依赖的近邻效应[①]，空间近邻效应遵守距离衰减原理，随着空间距离的增大呈现减小的变化趋势。

2. 地理学综合研究方法

地理学综合研究是对地球表层各要素的相互作用以及人地关系的研究，帮助我们认识地球表层系统的过去、现状和未来的趋势，把握其变化的脉搏（傅伯杰，2014）。当代地理学研究方法已经从勘察、观测、记录、制图等传统的研究方法向空间统计、对地观测、GIS、室内外模拟、建模、决策系统等现代科学方法转变，继承了地理学原有的传统优势，并逐渐走向综合性、定量化、最接近地球系统科学的理念。例如，建立流域科学决策支持系统，需要通过野外观测、遥感观测等不同手段，建立由数据库、模型库和知识、经验组成的决策支持系统，对流域的可持续性提出未来预测，

---

① 空间近邻效应是指区域内各种经济活动之间或各区域之间的空间位置关系对其相互联系所产生的影响。

并将不同的情景和决策结合起来（傅伯杰，2017）。

（1）应用现状

随着地理空间观测数据的多年积累，地球环境、社会和健康数据监测能力的增强，地理信息系统和计算机网络的发展，时空数据集大量生成，时空数据分析实践快速增长（王劲峰 等，2014）。时空分析的目的是从时空数据中发现规律和异常，分析关联和探究机理，并进行预警和预测。时空可视化是以图的形式将时空数据展示出来，时空可视化对于地理学的意义就如显微镜对于生物学的意义。人类视觉先将属性的位置依赖关系及时间变化信息直接传入大脑，人脑再根据直觉和形象思维进行知识推理和综合分析。相对于电脑，人脑擅长处理非数值量，虽然其处理过程尚不完全清楚。时空数据可视化作为统计数值分析的先导和补充，提供背景信息和提示时空规律，包括时空立方、时空轨迹、时空剖面、时空动画等方法进行时空数据的处理与呈现（王劲峰 等，2014）。地理学研究也逐渐开始与其他学科交叉融合，如与经济学、城市规划学、计量经济学、环境学、动植物与医学等领域交叉融合，共同解决具有交叉特性的现实问题与学科发展瓶颈。

（2）最新动态

随着时空数据的积累和大数据时代的到来，有大量的时空数据分析挖掘工作。工欲善其事，必先利其器，需要对已有的时空数据分析方法做系统的归纳总结，形成工具箱，并且研发新的工具。按照使用目的的不同，时空数据分析主要包括可视化工具集、变化统计工具集、插值与格局识别工具集以及机理建模工具集等四大类。前三类是单变量方法，时空机理工具是多变量方法。不同的方法不是完全独立、割裂的，有时可以同时或组合使用。例如，时空机理工具集是为了建立因变量和自变量之间的关系，也可以用于空间插值①。变化探测工具是为了度量时空变化，也可以作为其他时空分析的先导（王劲峰 等，2014）。

在服务国内重大需求和国际全球战略的过程中，地理学正在扮演越发重要的角色，在新型城镇化、生态环境保护、水土资源管理、地缘政治等领域拥有广阔的发展前景。中国地理学正面临前所未有的机遇，需要紧紧围绕国家重大需求，创新发展综合性的理论、方法和技术，逐步形成具有鲜明中国特色、深远国际影响的地理科学体系，为中国和全球的可持续发展服务（王劲峰 等，2014）。

三、地理学理论和方法在区域国别研究中的应用

本节对现有地理学期刊中对区域国别相关话题的研究方法进行详细介绍，具体包括：地理学中对空间数据的可视化，重点介绍多种空间数据可视化的方法与应用；探索性空间数据分析法，重点介绍地理学研究中广泛使用的全局与局域空间自相关方法与应用；地理加权回归法，重点介绍地理加权回归方法的理论发展与应用。每个小结均包含理论介绍与对应的案例应用。

---

① 空间插值为统计学名词，常用于将离散点的测量数据转换为连续的数据曲面，以便与其他空间现象的分布模式进行比较，它包括了空间内插和外推两种算法。

1. 地理空间数据可视化

（1）发展历程

可视化（visualization）是将数据通过直观的视觉形式展现给用户，帮助用户理解复杂现象、诠释复杂数据、探究隐藏规律（Herman et al.，2000）。可视分析（visual analytics）在经典可视化技术的基础上，有效地集成数据挖掘、模型分析等理论和方法，利用交互可视界面对复杂数据进行探索和分析（吴加敏　等，2002）。针对地理空间数据的不同来源、分析目标及特有的空间信息特征，国内外学者设计了多种可视分析工具，如基于自然环境（Qu et al.，2007）、社交活动（Wu et al.，2014）等各个行业数据的可视分析系统。在地理空间分析领域，地理信息系统和统计分析软件是常用的地理空间数据分析工具。

在信息可视化中，点、线、面、体是经典的视觉元素，其广泛应用于地理空间数据可视分析的过程中。空间位置信息是地理空间数据中的基本属性，是指行为、事件发生的具体地点。在地理空间数据的可视分析研究中，研究者通常借助点的设计描述实体属性数据的分布和位置信息，如钢铁资源的空间位置、城市或交通站点的位置等。线是对点进行连接的可视化方法，通常表示两个或多个视觉元素之间的关联关系，地理空间数据中诸多有价值的信息可以借助线可视化的方式描述，如路径、流量、趋势等。大量研究工作对线可视化进行优化处理，如线聚类和线捆绑等技术。区域是地理空间数据中具有相邻空间位置或者相似属性的地域范围，例如，地图中各个国家、省份、城市等行政区域，或基于人类社交行为的属性区域等。在具体的地理空间数据可视分析研究中，区域的定义可以大致分为固定划分区域、属性聚类区域和交互指定区域等。空间立体元素可视化是指在二维平面地图的基础上，在空间维度上绘制实体或者叠加属性。除此之外，地理空间数据普遍具有多维、时空、层次等特点，如国家统计局定期发布的各个地区的宏观经济数据，全国各个空气质量监测站点实时公开的污染指标数据等。在数据的可视化过程中也会呈现多维数据、时空数据、层次数据的可视化（周志光　等，2018）。

随着大数据的发展，地理学不少研究开始利用多源数据结合，包括手机信令数据（指的是手机在使用过程中产生的一系列信息，包括手机的位置、通话记录、短信记录、上网记录等）、共享单车数据、出租车数据以及地铁数据、轨迹数据及面向社交网络中的流行媒介推特数据等。值得一提的是，近年来大数据的应用为地理学研究提供了更多的可能性，如POI数据（point of interest/point of information），也称信息点或兴趣点，一个POI可以代表一栋大厦、一家商铺、一处景点或一个公交站点。当POI数据量达到上万或上亿的时候，通常能为地理学时空数据分析带来更多可能性。随着3S技术的融合和空间信息处理技术的发展和广泛应用，空间数据的可视化以及基于可视化技术的空间分析、空间数据挖掘和知识发现已经发展成为空间信息处理的重要手段和关键技术。可视化方法已由数据的空间展现逐步发展成为可以表现数据的内在复杂结构、关系和规律的技术，更是由静态空间关系的可视化发展到表示系统演变过程的可视化，以及虚拟地理空间的动态可视化（周志光　等，2018）。

（2）核心思想

空间数据是一类具有多维特征，即时间维、空间维以及众多的属性维的数据。其空间维决定了空间数据具有方向、距离、层次和地理位置等空间属性，其属性维则表示空间数据所代表的空间对象的客观存在的性质和属性特征，其时间维则描绘了空间对象随着时间的迁移行为和状态的变化。

一般说来，空间数据具有以下特点：1）具有空间结构，观察不独立，数据不确定而且有较大的冗余；2）数据项之间的关系区域性的空间关系；3）数据非正态分布并具有不确定和随时间变化的特征（吴加敏 等，2002）。可视化方法非常巧妙地将计算机的展示能力同人类基于视觉的认知和形象思维能力融合在一起，通过空间数据来实现对于复杂系统的组成结构、相互关系和发展演化规律的认识和知识的发现及获取。基于可视化的空间数据分析根据多种不同的时间和空间尺度、不同的观察角度、不同部分的选择与聚集等多维综合探索与处理来揭示出空间数据中所隐含的内在联系与发展演化规律（吴加敏 等，2002）。

经典的统计分析软件和地理信息系统难以有效地发掘地理空间数据中隐含的复杂关系模式及结构特征。可视分析则是在有效地融合可视设计和数据挖掘模型的基础上，借助交互技术引导用户全面而细致地分析和探索地理空间数据中潜在的对象、过程、事件，以及所呈现的多维、时空、动态、关联等特征（周志光 等，2018）。空间分布模式及其规律是地理学的基础性问题，因此，空间分析成为地理学的四大传统（空间分析传统、区域传统、人地关系传统和地球科学传统）之一，即关注地理要素的位置、形态、距离、方向等特性，并从中寻求一般性的规则（Pattison，1990）。空间分析是地理学研究的抓手，并传承到地理信息科学领域（刘瑜 等，2022）。这主要体现在通过对一般性地理分析方法的构建，刻画地理要素分布模式，揭示驱动因素，模拟现在、反演过去、预测未来，从而支持空间决策（傅伯杰，2017）。

（3）具体应用

事实上，具有空间属性的信息基本都可以通过空间数据可视化的方法进行直观的表达。对地理空间数据的可视化，可以结合多维、时空、层次等特点，利用点、线、面、体等视觉元素映射方式，开发与设计交互式的可视分析系统工具，能够有效帮助用户快速理解和分析地理空间数据中隐含的复杂特征结构。因此，该方法广泛应用于各个行业领域，如自然环境、城市交通和人文经济等。

随着传感器技术的快速发展，自然环境数据被更加准确和细致地采集和记录，针对具有显著地理空间属性的自然环境数据进行可视分析能够有效揭示各种自然现象的位置分布、时空迁移、动态演变等特征和规律。城市交通数据同样具有显著的时空属性，能够有效记载交通对象的位置分布、移动、流量等现象，对城市交通数据进行可视分析，有助于居民健康出行、优化城市规划建设、解决交通拥堵等问题。典型的城市交通数据记录传感器包括交通枢纽安装的监控设备、出租车辆装载的全球定位系统以及公共自行车站点的用于记录车辆借出、归还的电子设备等。基于上述传感器采集的数据，可视化领域的研究学者设计了多种面向城市交通数据的可视分析工具，帮助领域专家快速分析和掌握城市交通运行状况。人类社会的社交活动、经济行为等数据同样存在显著的地理空间属性，国内外研究学者针对人文社会经济领域的数据，开展了大量的可视分析研究，用以揭示不同地理空间范畴的人群活动规律、社交行为、经济运行状况等信息，为社会繁荣稳定、经济发展评估等决策提供有效支持。虽然越来越多的地理空间数据被采集和记录，但地理空间数据分析的需求也将持续增长，目前该领域还存在很多重大的问题和挑战，尤其是面向不同组织形式的地理空间数据可视化，仍有待于持续深入的研究。

（4）案例分析

开展"一带一路"沿线国家的风险评估对"五通"目标的实现和"走出去"战略具有重要意义。本节以刘海猛等（2019）发表在《地理研究》期刊上的《"一带一路"沿线国家政治–经济–社会风险综合评估及防控》①为案例,展示地理学研究方法中基础的空间数据可视化在区域国别学研究中的应用。

1)研究内容。

文章基于政治、经济和社会三个维度 18 个指标构建评价体系,对"一带一路"沿线 74 个国家的综合风险进行评估和排序,运用空间自相关、冷热点分析等剖析了 2001—2016 年不同风险的时空演变特征,并提出风险防控建议。结果表明:第一,2001—2016 年,"一带一路"沿线国家综合风险整体呈下降趋势, 政治风险变化幅度较小, 经济风险经历了"下降—上升—再下降—再上升"的演变过程,社会风险总体呈下降趋势,综合风险波动剧烈的国家主要集中在西亚、欧洲和东南亚。第二,2001—2016 年,"一带一路"沿线国家政治、经济、社会风险均存在显著的集聚性和区域差异性, 高危险和较危险等级国家主要分布在北非、中亚、西亚、南亚和东南亚。第三,政治、经济和社会 3 个风险子系统存在较显著的相关性,政治风险高的国家往往伴随着较高的经济和社会风险。第四,中国对"一带一路"部分国家的投资存在投资量大与风险等级高并存的"投资悖论"现象。未来应从政府和企业两个层面共同努力,建立动态评级和预警机制,做好风险防控,逐步打造"一带一路"利益共同体、责任共同体和命运共同体。

2)研究步骤。

文章首先构建"一带一路"沿线国家政治 – 经济 – 社会风险综合评估的指标体系,综合运用层次分析和德尔菲法计算政治、经济、社会风险每个子系统以及系统整体的风险值,并划分风险等级;其次,运用空间自相关、冷热点分析(可知高值或低值要素在空间上发生聚类的位置,热点区说明存在高值聚类,冷点区说明存在低值聚类)等剖析"一带一路"沿线国家 2001—2016 年各类风险的时空演化特征;最后,基于评估结果,从政府和企业两个层面提出了风险防控建议。该研究对促进"一带一路"沿线国家基础设施互联互通,经贸合作水平提高,产能扩大与投资合作等方面起到科学支撑作用,对中国企业和公民"走出去"的安全保障提供一定的参考。

3)研究方法。

国家风险至今没有公认或统一的定义,不同机构和学者对国家风险评价的指标选取有不同的标准,但主要涵盖了政治风险、经济风险、社会风险、金融风险、主权信用风险、突发灾害风险、军事风险等方面的内容。文章借鉴前人研究,对各类人文方面的风险归纳划分为政治、经济和社会三大类, 政治风险参考世界银行评价体系,选取了腐败控制、政治稳定、政府效力、管制质量、法制程度、公民参与等指标,从而构建了该文的国家政治 – 经济 – 社会风险综合评估指标体系。为了综合风险指数的计算,文章首先采用离差标准化的方法对不同正负方向的指标去量纲化,并对原始数据进行线性变换,使结果落到 [0,1] 区间,指标权重的确定本文采用层次分析法(AHP)和德尔菲法相结合的方式。分别计算政治、经济和社会子系统的指标权重,然后将 3 个子系统的风险结果进行求和,作为综合风险值,最后对计算后得到的政治、经济、社会以及综合风险值进行空间可视化。

4)研究结果。

研究结果展示了"一带一路"沿线国家政治风险的空间格局演化与风险集聚情况。2001—2016 年,"一带一路"沿线国家政治风险国别分布具有高度集聚性,在 1% 的显著性水平下,莫兰指数(Moran's I)为 0.52,整体呈现以中亚、西亚为核心的政治风险热点区(高值聚类区)和以欧洲(西欧)板块为核心的政治风险冷点区(低值聚类区)。2001 年政治风险等级高的国家主要分布在南

---

① 刘海猛,胡森林,方恺,等,2019."一带一路"沿线国家政治 – 经济 – 社会风险综合评估及防控 [J]. 地理研究,38(12):2966–2984.

亚、西亚和中亚板块，政治风险指数超过或等于0.6的国家有28个，其中阿富汗、伊拉克、缅甸、乌兹别克斯坦4国的政治风险指数超过0.8；同时，政治风险等级比较低的国家主要位于欧洲板块以及北非，如阿尔及利亚、荷兰、德国、奥地利等。2008年，政治风险指数超过0.6的国家有27个，政治风险排名最高的国家依然是阿富汗、缅甸、伊拉克等，总体集聚格局保持稳定；但相比于2001年，2008年西亚、南亚及北非地区的政治风险有扩散的趋势，伊朗、巴基斯坦、阿塞拜疆、阿尔及利亚、利比亚、越南、柬埔寨和泰国政治风险上升一个等级，而东南亚的印度尼西亚政治风险有所下降。到2016年，"一带一路"沿线国家政治风险总体上有所下降，除了阿富汗、利比亚、也门和伊拉克等几个高等级政治风险国家，其他国家如缅甸、老挝、哈萨克斯坦、伊朗等国家的政治风险级别有所下降。总的来说，2001年、2008年和2016年政治风险国别集聚格局基本保持稳定，高等级政治风险国家数量有所减少。

研究结果也展示了时空格局的变化趋势，2001—2016年，"一带一路"沿线国家高经济风险等级国家的数量有所下降，经济风险热点区主要在南亚和西亚，冷点区主要在东南亚地区，存在较显著的空间集聚性，在5%的显著性水平下，莫兰指数为0.15。这验证了一国的经济风险容易通过邻国传播，导致整个区域性风险（如亚洲金融危机、欧洲债务危机）。2001年，经济风险指数大于或等于0.49的国家有26个，主要分布在南亚、西亚和东欧地区，其中土耳其、塞尔维亚、乌兹别克斯坦、缅甸、阿富汗5国的经济风险大于或等于0.56，属于经济风险高危地区；2008年，经济风险指数大于或等于0.49的国家下降到17个，但除了南亚、西亚和欧洲，北非的埃及也成了经济风险高危地区；至2016年，经济风险指数大于或等于0.49的国家数量进一步下降为14个，南亚和西亚地区的经济风险有所减弱，如印度、阿富汗、土库曼斯坦、乌兹别克斯坦等国都实现了经济风险的"降级"，但北非地区成了经济风险高危区，尤其是北非地区的埃及和利比亚。

2001—2016年，"一带一路"沿线社会风险表现为以欧洲板块为核心的社会风险冷点区和以中亚、南亚和东南亚板块为主的社会风险热点区，风险国家呈集聚态势，其中高社会风险等级的国家数量下降明显。2001年，社会风险指数大于或等于0.32的国家有32个，主要分布在南亚、西亚和中亚地区，其中阿富汗、伊拉克、不丹、土库曼斯坦、也门、东帝汶、柬埔寨、缅甸和巴基斯坦9国的社会风险超过或等于0.40，属于社会风险高危地区；2008年，社会风险指数大于或等于0.32的国家数量急速减少到3个，西亚、北非及蒙俄地区的社会风险有所减弱，南亚和东南亚经济风险有一定程度的增加；2016年，"一带一路"沿线国家的社会风险减少的趋势明显，主要集中在中亚和南亚地区。

国家综合风险由政治风险、经济风险和社会风险加权求和得到。根据历史经验，一个国家的政治、经济、社会状况一般是紧密相连、相互影响的。为了进一步比较"一带一路"沿线各国家综合风险的波动情况，研究计算了2001—2016年各个国家的综合风险的标准差，结果显示综合风险变动剧烈的国家主要集中在西亚、欧洲和东南亚地区，其中综合风险波动幅度排名前十的国家是利比亚、伊拉克、斯里兰卡、格鲁吉亚、沙特阿拉伯、黑山、土耳其、也门、希腊、阿尔巴尼亚。整体来看，综合风险高的国家波动幅度较大。但也应注意到，捷克、阿联酋、波兰、希腊、土耳其、格鲁吉亚、沙特阿拉伯等中低风险等级的国家，其风险的波动性也较大。

2. 探索性空间数据分析法

（1）发展历程

探索性空间数据分析（exploring spatial data analysis，ESDA）是以空间截面数据为对象，旨在发现数据分布的趋势、离群值 [①]（是指在数据中有一个或几个数值与其他数值相比差异较大）、空间中的相关关系等。探索性空间数据分析（ESDA）是一系列空间数据分析方法和技术的集合。具体来说，就是描述数据的空间分布并加以可视化，以识别空间数据的异常值，检测社会和经济现象的空间集聚，以及展示数据的空间结构，揭示地理现象之间的空间相互作用机制（Anselin et al.，2004）。探索性空间数据分析中最常用的就是全局空间自相关和局部空间自相关分析两种方法。

空间自相关分析是指邻近空间区域单元上某变量的同一属性值之间的相关程度（陈彦光，2009）。该分析方法最初可能起源于生物计量学研究，现今则成为理论地理学方法之一。莫兰（Moran，1948）基于生物现象的空间分析将一维空间概念的相关系数推广到二维空间，从而定义了莫兰指数；此后不久吉尔里（1954）提出了吉尔里指数的概念，该系数也是用来度量空间相关程度的指标，空间自相关分析方法雏形由此形成。在地理学的计量运动期间空间自相关分析方法被引入地理学领域，此后数十年经过广大地理学家的努力，空间自相关逐渐发展成为地理空间分析的重要主题之一（陈彦光，2009）。尤其是在莫兰指数和吉尔里系数的基础上，安塞林（Anselin，1995）发展了空间自相关的局部分析方法，莫兰散点图分析方法的出现代表着空间自相关分析的一个显著进步。空间自相关不仅仅是一种空间统计方法，该理论还关系到托布勒（Tobler）的地理学第一定律。而地理学第一定律则是地理分析的基本定律之一。该定律指出：所有的地理事物都存在关系，但距离较近的事物比距离较远的事物更有关系（Tobler，1970）。近年来学界对于探索性空间数据分析方法的应用，关于空间权重矩阵如何选择和准确赋值、空间自相关测度方法的选择和解释、空间相互作用的全局与局域性等方面均有了深入的探讨，极大地丰富了探索性空间数据分析方法的理论与实证研究。

（2）核心思想

探索性空间数据分析是研究地区社会经济发展空间分布特征的基本统计方法，它以空间相关性的测度为核心，通过对某事物或现象的空间分布的可视化分析来发现其空间的关联性和聚集性，简称 ESDA 方法。ESDA 的核心是认识与地理位置相关的数据间的空间依赖、空间关联或空间自相关关系，涉及空间权重矩阵的构建、全局空间自相关、局部空间自相关的度量以及空间关联的识别等。

全局空间自相关可以衡量区域之间整体上的空间关联与空间差异程度。度量全局空间自相关的常用指标是全局莫兰指数（Global Moran's I）、吉尔里指数（Global Geary's C）和热点分析（Getis-Ord Gi*）指数。其中，莫兰指数反映的是空间邻接或空间邻近的区域单元属性值的相似程度，而吉尔里指数与莫兰指数存在负相关关系。全局空间自相关反映的是在研究区域内，相似属性的平均聚集程度，局部空间自相关则可以回答这些区域的具体地理分布。

当需要进一步考虑到是否存在预测值的高值或低值的局部空间聚集，哪个区域单元对于全局空间自相关的贡献更大，以及在多大程度上空间自相关的全局评估掩盖了反常的局部状况或小范围的局部不稳定性时，需要采用局部空间自相关分析方法（Anselin，1995）。局部空间自相关分析的意义在于：一、当不存在全局空间自相关时，寻找可能被掩盖的局部空间自相关的位置；二、当存在全局空间自相关时，探讨与分析是否存在空间异质性；三、空间异常值或强影响点位置的确定；四、寻找可能存在的与全局空间自相关的结论不一致的局部空间自相关的位置，如全局空间自相关分析结论为正全局空间自相关，分析是否存在有少量的负局部空间自相关的空间位置，这些位置是

---

① 也称逸出值，是指在数据中有一个或几个数值与其他数值相比差异较大。

研究者所感兴趣的。由于每个空间位置都有自己的局部空间自相关统计量值，因此，可以通过显著性图、聚集点图和 LISA 集聚图等图形将局部空间自相关的分析结果清楚地显示出来，这也是局部空间自相关分析的优势所在。

（3）具体应用

探索性空间数据分析是一系列空间数据分析方法和技术的集合。具体来说，就是描述数据的空间分布并加以可视化，以识别空间数据的异常值，检测社会和经济现象的空间集聚，以及展示数据的空间结构，提示现象之间的空间相互作用机制。近年来不少学者正致力于将探索性空间数据分析与 GIS 相结合，在社会经济发展领域进行应用研究，例如，分析自然灾害的空间分布（熊俊楠 等，2019）、流行病的空间分布（闫铁成 等，2013）、物种的空间分布（许涵 等，2013）、犯罪事件的空间分布（王洋 等，2017）、经济活动的空间分布与聚集（孟斌 等，2005）等等，涉及农业、地质、土壤、水文、环境、经济以及地理等领域。也有不少学者将探索性空间数据分析方法与空间计量经济学模型结合，基于地理学"空间、格局、机理"的研究框架探讨地理要素或现象，如程叶青等（2013）估算了全国 30 个省区 1997—2010 年碳排放强度，采用空间自相关分析方法和空间面板计量模型，探讨了中国省级尺度碳排放强度的时空格局特征及主要影响因素。结合空间数据可视化、探索性空间数据分析方法与空间计量经济学模型揭示地理学要素或现象的空间、格局、机理成为近年来地理学论文中较为常用的方法。

（4）案例分析

随着冷战结束以及全球化深入发展，国家之间的经济相互依存明显加强，地缘政治在内容和形式上从以安全为主的高政治向以经济为主的低政治转变，地缘经济成为研究焦点。本节以杨文龙等（2016）发表在《地理学报》上的《中国地缘经济联系的时空演化特征及其内部机制》[①]为案例，来展示以全局与局域 Moran's I 为典型的探索性空间数据分析方法在区域国别学相关研究的应用。

1）研究内容。

文章运用空间探索性方法、碎化指数和显性比较优势指数等工具，揭示中国在全球经济空间中地缘经济联系的演化特征；借助灰色关联度分析方法探索中国地缘经济联系演化的内部机制。结论为：一、中国地缘经济联系经历了"孕育—萌芽—兴起—繁荣"四个阶段，与经济发展以及产业结构调整存在显著的相关性。二、中国的优势部门仍以劳动密集型产业为主，逐步形成了资金和技术密集型产业的竞争优势，初级产品劣势日益显现。三、中国经济权力空间的异质化特征明显，地缘经济联系呈现大国集聚效应和地理临近效应。随着时间推移，地缘经济联系空间趋于均质化，经济权力半径不断向外围拓展，不仅同美、日、欧等发达国家和地区保持着稳定的地缘经济联系，与非洲、拉丁美洲等发展中国家和地区的联系也不断加强。四、资本禀赋、科技禀赋和人力禀赋是中国地缘经济联系时空演化的主要内在动力，资本禀赋是中国地缘经济发展的核心驱动力，科技禀赋是重要的推动力，人力禀赋是主要的基础优势。

2）研究步骤。

首先，文章借助 ArcGIS 分析软件，基于中国与全球各国间的商品贸易额数据刻画中国地缘经济，定量分析中国地缘经济的全球联系。其次，根据贸易商品类型，运用显性比较优势指数，从时间横向切片，揭示中国地缘经济的内部优势时序演化；采用空间探索性工具，分析中国地缘经济联

---

① 杨文龙，杜德斌，刘承良，等，2016. 中国地缘经济联系的时空演化特征及其内部机制 [J]. 地理学报，71（6）：956–969.

系的空间特征以及空间相互作用模式；利用碎化指数、均匀度指数分析中国地缘经济空间分布格局的演化趋势，探讨中国与全球各国地缘经济联系在时间上的演变规律和在空间上的联系模式。最后，基于生产禀赋，采用灰色关联分析工具，探究中国地缘经济联系时空演化的内部机制，以期把握中国地缘经济的时空演化规律及其内部决定因子，为中国未来地缘经济的布局、战略资源的投放以及国内经济的调整寻找着手点，为中国地缘战略提供科学依据和决策参考。

3）研究方法。

文章采用探索性空间数据分析方法中全局与局域空间自相关方法分析中国地缘经济联系的空间特征与相互作用模式。对于全局空间自相关特征，文章采用了全局 Moran's I 方法来测度中国地缘经济联系的总体空间特征，并讨论了全局空间相关性随时间的变化特征。为了进一步考察其局域空间相关特征，文章使用局域 Moran's I 来反映中国地缘经济局部格局并结合 LISA 集聚图对其进行可视化分析。LISA 集聚图中将 4 种集聚类型对应 Moran 散点图的 4 个象限，分别对应于区域单元与其邻居之间四种类型的局部空间联系形式：第一象限代表了高观测值的区域单元被同是高值的区域所包围的空间联系形式；第二象限代表了低观测值的区域单元被高值的区域所包围的空间联系形式；第三象限代表了低观测值的区域单元被同是低值的区域所包围的空间联系形式；第四象限代表了高观测值的区域单元被低值的区域所包围的空间联系形式。

4）研究结果。

文章计算了 2001—2012 年中国地缘经济的全局空间自相关 Moran's I 值，并对其进行 Z 统计量检验，如表 11-1 所示。结果发现，Moran's I 值均为正，且在 1% 显著水平上均表现为极显著，说明中国地缘经济在 2001—2012 年表现为正的相关性，在空间分布上呈现集聚现象，既临近与中国地缘经济联系密切的国家，也临近与中国地缘经济联系疏远的国家。以 2008 年作为时间切片从横向来看，2008 年之前 Moran's I 随时间推移呈现波动上升的趋势，2008 年之后 Moran's I 随时间推移呈现下降的趋势。这就说明 2008 年爆发的全球金融危机导致中国地缘经济的空间格局发生了变化，空间集聚性逐渐减弱。

表 11-1　2001—2012 年中国地缘经济的全局 Moran's I 值

	2001 年	2002 年	2003 年	2004 年	2005 年	2006 年	2007 年	2008 年	2009 年	2010 年	2011 年	2012 年
Moran's I	0.210	0.214	0.220	0.230	0.224	0.230	0.230	0.225	0.218	0.216	0.219	0.219
Z 值	8.103	8.155	8.286	8.541	8.343	8.479	8.479	8.206	8.022	7.880	7.874	7.927
Y 值	0.000	0.000	0.000	0.000	0.000	0.000	0.000	0.000	0.000	0.000	0.000	0.000

（杨文龙 等，2016）

但中国地缘经济总体差异仅能反映其空间分异状况，不能揭示空间相互作用，也不能表明地区的空间集聚特征。文章采用 LISA 集聚图反映中国地缘经济局部格局及其空间关联模式。LISA 集聚图将空间集聚程度分为 4 个类型：一、高高集聚区（H-H），该区域内的国家（地区）与中国有较紧密的地缘经济联系，并且其周围国家与中国的地缘经济联系也较紧密；二、高低集聚区（H-L），该区域内的国家与中国有较紧密的地缘经济联系，但其周围国家与中国的地缘经济联系较疏远；三、低低集聚区（L-L），该区域内的国家与中国地缘经济联系较为疏远，并且其周围的国家与中国地缘经济联系也较为疏远；四、低高集聚区（L-H），该区域内的国家与中国地缘经济联系较为疏远，但其周围国家与中国有较紧密的地缘经济联系。随时间推移，四个类型的空间集聚范围均有不同程度的变化。

第一，高高集聚区（H-H）。主要集中在东亚、南亚和北美地区中经济水平高的国家或地区。2001年该类型的集聚区核心的国家或地区仅有4个，包括日本、韩国等。这些国家或地区及其周边国家或地区与中国地缘经济联系密切，是中国地缘经济联系的增长极。2005年该类型增加了越南和菲律宾。2009年该类型的国家或地区增加至8个。2012年该类型的国家或地区与2009年的相同。其中有7个地处亚洲，与中国邻近，且大部分为东盟的成员国或对话伙伴。中国具有与该类型国家或地区间的经济联系、要素流动、文化交流、技术溢出等优势。

第二，高低集聚区（H-L）。主要集中分布在南美和非洲区域，该类型的国家是墨西哥、巴西和安哥拉，与中国距离较远，不具备地理邻近优势，但与中国的特殊关系，使得它们与中国具有密切的地缘经济联系，并与周边国家或地区具有一定的差异。墨西哥作为中国在北美地区的第二大贸易国，与中国贸易具有高度互补性，双方形成密切的经济联系。中国与巴西均为金砖国家成员，有助于中国与巴西经济联系的稳定。中国是安哥拉内战后重建的援助国，并且双边具有极强的贸易互补性，中国参与安哥拉的基础设施建设以及出口大型机械、运输设备等高技术产品，进口石油、天然气等能源。

第三，低低集聚区（L-L）。主要集中于中亚、南非和南美地区的第三世界国家。该类地区本身经济水平低。从空间分布上看，该类型的国家有60~80个，所占比重较大，为30.3%~40.4%。从时间切片的横向来看，2001—2012年该类型的国家个数有所减少，低低集聚区面积逐渐缩小。2001年该类型国家的个数为80个，2005年为74个，2009年为69个，2012年为60个。这表明中国与该类型国家间的经济联系逐年加强，深化了与第三世界国家的经济联系。

第四，低高集聚区（L-H）。该类型的国家自身经济水平低，与中国地缘经济联系疏远，周边国家与中国密切的经济联系无法带动其与中国经济联系的进一步强化。2001年仅有蒙古和朝鲜属于该类型国家；2005年该类型国家增加了老挝、柬埔寨和缅甸；2009年和2012年该类型国家基本与2005年的相同。表明中国地缘经济在各区域（东亚、南亚）内出现极化现象。

综上所得，地理邻近的地缘优势以及中国市场的强大吸引力，使中国与周边国家（地区）具有形成区域经济一体化的潜力；而距离较远的国家按照与中国建立紧密的地缘经济联系的基础条件可分为同贸易框架下的高互补性、中国对能源的高需求性两种类型。

3. 地理加权回归法

（1）发展历程

地理加权回归（geographical weighted regression，GWR）是一种基于空间变化关系建模的局部线性回归方法，它在研究区域的每一处都产生一个描述局部关系的回归模型，从而能很好地解释变量的局部空间关系与空间异质性。从本质上来说，该方法是在局部点变量之间依赖关系的规律性分析中，以一定的核函数、空间带宽和空间位置信息为依据纳入一定的近邻局部点，并以这些近邻点在全局上的依赖关系来替代局部点变量之间的依赖关系（范巧 等，2021a）。

地理加权回归方法源起于空间变参数回归（Foster et al.，2011），主要的建模思路涵盖两种逻辑：一是在局部点分析中基于空间带宽①（spatial bandwidth）而纳入不同的近邻点来阐释空间异质性所

---

① 带宽是指权重与距离之间函数关系的正衰减参数，带宽的大小直接影响GWR模型的空间变化，可以将带宽看作光滑参数。

形成的局部分析方法；二是在全局分析中基于随机扰动项包含异方差性和空间相关性的设定，在使用加权最小二乘法消除这种异方差性时所形成的空间异质性特征阐释方法（Páez，2004）。一般来说，空间位置信息由局部点之间的距离来表征，这种距离的计算既要考虑地理上的距离，也要考虑经济规模或体量特征（Shi et al.，2006），这种距离既可以是欧氏距离[①]，也可以是基于更具一般性的距离测算方法下得到的一组距离（Lu et al.，2016）。空间带宽包括固定带宽和自适应带宽两种类型，固定带宽以固定的距离阈值为依据来确定需要纳入的近邻局部点；自适应带宽以纳入的近邻局部点个数为依据来确定各个局部点对应的可变化的空间带宽。核函数是将局部点之间空间位置信息转换成空间影响效应关系的函数式，这种转换需要符合地理学第一定律。依据核函数、空间位置信息和空间带宽，可以确定空间权重矩阵。在 GWR 分析中，空间权重矩阵一般是与纳入近邻局部点维度相同、仅主对角线上有元素且其余元素为零的行列式。空间权重矩阵反映了纳入分析框架的近邻局部点对目标分析局部点的空间影响关系强度。基于空间权重矩阵，结合参数估计的加权最小二乘法，可以实现对 GWR 模型的参数估计。

地理加权回归模型方法源起和发展的 30 多年来，学界始终不遗余力地推动其创新发展。例如，在仅包含局部解释变量的 GWR 模型中加入全局解释变量所形成的 GWR 模型，被定义为半参数地理加权回归模型（semi-Parameter geographically weighted regression，SPGWR）。通过对模型中时间和空间尺度的扩展，目前该方法已扩展至多尺度地理加权回归模型（multi-scale geographically weighted regression，MGWR）以及多尺度半参数地理加权回归模型（multi-scale semi-parameter geographically weighted regression，MSPGWR）。当变量存在空间非平稳性，传统的计量经济学模型由于无法识别影响因素的异质性可能产生估计偏误。而经典的地理加权回归模型虽然可以探讨变量的潜在空间非平稳性，却预设所有模式化的过程，皆在相同的空间尺度中操作（Fotheringham et al.，2017）。MGWR 是对 GWR 框架的扩展，相较于 GWR 方法，MGWR 取消了对尺度的预设，它允许模型中的每个变量在一个独特的空间尺度上变化，因此被称为多尺度的 GWR（Yu et al.，2019）。该方法通过消除所有变量在相同空间尺度上变化的限制，可以最大限度地减少过拟合[②]、共线性与参数估计中的偏差，为局部空间过程的推理提供新的功能，为多尺度局部模型提供独特的诊断，并大大提高估计程序的效率（Oshan et al.，2019）。其公式如下：

$$y_i = \sum_{j=1}^{k} \beta_{bwj}(u_i, v_i) x_{ij} + \varepsilon_i(u_i, v_i)$$

公式中，y_i 为观测值，x_{ij} 为第 j 个自变量，(u_i, v_i) 为样本的空间坐标，β_{bwj} 为第 j 个变量的参数估计量，bwj 为第 j 个变量回归系数使用的带宽，k 为参与分析的空间单元总数，ε_i 为残差项。

对模型解释变量及其参数属性相关的地理加权回归模型的延展，还包括对地理加权主成分分析的引入和考虑被解释变量不同数据特征的地理加权回归，以及基于近邻局部点对目标分析局部点的全息映射，构建适应面板数据空间计量局部分析的内生时空权重矩阵（Paul et al.，2011；范巧 等，2021b）。目前，对多尺度地理加权回归模型、多尺度半参数地理加权回归模型的建模范式架构，以及对时空地理加权回归模型的建模范式架构等问题的研究，是地理加权回归模型族研究中较为前沿的研究话题（范巧 等，2021a）。

---

① 欧氏距离（也称欧几里得度量）指在 m 维空间中两个点之间的真实距离，或者向量的自然长度（即该点到原点的距离）。在二维和三维空间中的欧氏距离就是两点之间的实际距离。

② 过拟合：是指为了得到一致假设而使假设变得过度严格。

（2）核心思想

地理加权回归是一种适用于"空间非平稳性"（地理学第二定律）地理现象的空间分析方法，为局部回归模型。GWR 通过建立空间范围内每个点处的局部回归方程，来探索研究对象在某一尺度下的空间变化及相关驱动因素，并可用于对未来结果的预测。由于它考虑到了空间对象的局部效应，因此其优势是具有更高的准确性。地理加权回归模型是对某个时间点的截面数据进行分析。"空间关系建模"可利用回归分析建立空间关系模型，从而可更好地理解某一现象（因变量）的关键影响因素（自变量）或预测其未来变化。例如，为什么某一现象会持续地发生，是什么因素导致了这种情况？对某种现象建模以预测其他地点或者其他时间的数值？传统的全局回归模型（如普通最小=乘法 [OLS] 线性回归模型）假定回归参数与样本空间位置无关，即变量间的关系具有"各向异性"，不随空间位置的变化而改变，回归结果是研究区域内的某种"平均值"。该假设违背了现实地理世界的空间异质性或非平稳性规律，因此，全局回归无法反映地理现象中因变量及其影响因素之间的空间异质性。空间数据一般具有空间非平稳性的特征，用一般线性回归模型来拟合空间数据，其分析结果不能全面反映空间数据的真实特征。地理加权回归模型是一种相对简单而又有效的探测空间非平稳性的新方法，属于局域空间分析模型。它允许不同的地理空间存在不同的空间关系，其结果是局域而不是全域的参数估计，因此能够探测到空间数据的空间非平稳性（覃文忠 等，2005）。

（3）具体应用

鉴于地理加权回归方法对空间非平稳数据处理的优势，该方法被广泛应用于自然与人文科学方面的研究（覃文忠 等，2005）。近年来，地理加权回归方法被用来讨论我国经济发展（苏方林，2005）、区域创新（方远平 等，2012）、住房价格（沈体雁 等，2020）、流动人口购房意愿（王强 等，2022），以及企业或政府福利机构的选址问题（汪斌 等，2022）。地理加权回归主要应用的是空间权重矩阵模型，依托有所差异的地理空间权重来分析信息数据的空间对应情况，因而也有不少研究针对现实问题的需求将多种地理权重应用于地理加权回归模型。

当然，多尺度地理加权回归分析方法与多尺度半参数地理加权回归也凭借其对统一尺度框架的突破，人文自然科学研究中有所应用，如对我国高新技术企业空间分布影响因素的讨论，就是基于空间数据非平稳的前提下，讨论了多种影响因素的尺度效应（肖凡 等，2022）。相信随着地理加权回归模型的发展与完善，该方法可以有更广泛的应用，以解决更多存在空间数据非平稳的现实问题。

（4）案例分析

鉴于"21 世纪海上丝绸之路"沿线国家航运网络是区域国别学研究的重要问题，且在近年来受到较多关注。本节以郭建科等（2022）发表在《地理学报》上的文章《中国与"21 世纪海上丝绸之路"沿线国家航运网络及经贸联系的耦合特征》[①]为案例，分析如何利用地理加权回归方法探讨中国与"21 世纪海上丝绸之路"沿线国家航运网络及经贸联系耦合关系的影响因素。

1）研究内容。

文章截取 2008 年、2018 年两个时间断面，首先运用复杂的网络模型刻画中国与"海上丝路"沿线国的港口航运网络结构，进而通过构建指标体系分析该网络与各国经贸联系的耦合特征，揭示

---

① 郭建科，梁木新，2022. 中国与"21 世纪海上丝绸之路"沿线国家航运网络及经贸联系的耦合特征 [J]. 地理学报，77（6）：1531–1545.

航运网络对沿线贸易的支撑能力，最后结合时空地理加权回归模型分析其影响因素的空间异质性。结果表明：一、整体上看，两个年份的港口航运网络均具有明显的复杂网络特征，网络稠密程度提升了111%，但网络整体运行效率下降了8.73%。二、港口航运网络与经贸联系的协调性上升了5%，明显上升的国家主要分布在东亚和东南亚。至2018年，约36%的沿线国与中国航运联系网络滞后于经贸联系水平，航运网络支撑能力明显不足；约28%的沿线国航运要素供给相对过剩；其余国家中多数已由低级协同优化为中级协同。从国际区域层面看，二者的协调性具有明显的空间俱乐部趋同现象。三、耦合关系的影响因素存在明显的区域差异，但总体上，贸易规模、港口航运效率、外贸经济效益是促进航贸联系协同效应的最主要因素，而航线覆盖面、港口中转能力、贸易壁垒影响较弱。

2）研究步骤。

作者以"海上丝路"为背景，借鉴复杂网络方法刻画中国与沿线国家的港口航运网络结构，通过构建指标体系，结合耦合协调度模型与空间马尔可夫链，从国家、国际区域尺度研究中国和沿线国航运网络与经贸联系的耦合特征及动态变化，揭示航运网络对沿线贸易的支撑能力；并运用时空地理加权回归方法，分析航运网络与经贸联系耦合关系的影响因素在不同国际区域或国家的空间异质性，为识别"海上丝路"互联互通的薄弱环节，优化中国国际产业链与供应链互动格局提供理论参考。

3）研究方法。

文章应用时空地理加权回归模型探讨中国与"海上丝路"沿线国家航贸联系耦合特征的影响因素。时空地理加权回归模型（geographically and temporally weighted regression，GTWR）是基于地理加权回归加入时间因子构建的时空依赖的局部模型，探究自变量对因变量影响的时空异质性。具体公式为：

$$y_i = \beta_0(\mu_i, v_i, t_i) + \sum_{ik}\beta_k(\mu_i, v_i, t_i)x_{ik} + \varepsilon_i$$

式中：y_i 为观测值，x_{ik} 为自变量，β_0 和 β_k 为参数，k 为单元数（个），(μ_i, v_i, t_i) 是 i 点的时空坐标，$\beta_0(\mu_i, v_i, t_i)$ 为常数项，$\beta_k(\mu_i, v_i, t_i)$ 是 i 点的第 k 个回归参数，ε_i 是第 i 个地区的随机误差。利用 GTWR 模型年均局域估计结果，以东亚、东南亚、南亚、西亚、西北欧、东欧、地中海欧洲、北非、西非、中－东非、南部非洲等11个区域为尺度，各回归系数取其均值进行可视化处理。

4）研究结果。

中国与"海上丝路"沿线国家航贸联系耦合特征的影响因素具有显著的空间差异性，各因素对二者协调性作用程度存在明显的个体差异，整体以地区呈现带状分布。按照影响程度大小的绝对值，依次为：贸易规模 > 港口航运效率 > 外贸的经济效益 > 进出口周转效率 > 港口对外交流能力 > 航线覆盖面 > 港口中转能力 > 贸易壁垒。

第一，就贸易联系对耦合特征的影响而言，贸易额回归系数的空间分布呈现由西非向东亚递减的趋势，最大值在西非，最小值在东亚。这表明非洲和地中海欧洲地区与中国的贸易规模对二者协调性的正向效益相对较强。原因在于非洲地区是"海上丝路"的重要组成部分，随着非洲经济的崛起以及中国—非洲全方位交流的不断深化，中国—非洲贸易规模扩大，在推动其港航经济繁荣的同时，也极大地推动了非洲地区航贸联系的互动能力；而与日韩等国家的贸易额已达到一定规模，相对影响作用不明显。净贸易条件指数回归系数的空间分布呈现以南亚—南部非洲为中轴线向两边递减的格局，最小值与最大值分别在东亚和南亚，即南亚在外贸的经济效益方面正向作用明显，随着中国与南亚、南部非洲的进出口贸易结构的改变，合作方式的转变，双边贸易的效益化有所提升，进一步促进了对二者的协调性。关税是对二者耦合特征影响作用最小的因子，其分布格局整体呈现以南亚—西亚为轴向两边递减的"中部高两端低"的特征，最大值在南亚，最小值在西非，表明关税对中国与南亚地区贸易联系可持续发展的影响作用较强，贸易不通畅仍是中国—非洲航贸联系的最大阻碍。

第二，从航运网络对二者耦合特征的影响来看，度中心性系数的空间分布呈"南高北低"的分布特点。非洲大部分地区及东亚港口对外交流能力的提升对于二者耦合协调度的正效应明显。究其原因在于以南非为核心港口的经济圈随着中国—非洲经贸的全方面合作，对港航交通的需求增强了其港口对外交流能力，进而改善了该地区航运与经贸发展水平低且不均衡的局面；而日韩、东盟等国家因其与中国隔海相望，与中国的航运联系基本为直航，贸易对航运的需求促进了其航运与贸易的互动能力。邻近中心性体现的港口航运效率格局呈现由西非向东亚递减的趋势，日韩及东盟国家港口是离中国最近的港口国家，同时也是中国面向"海上丝路"的重要门户，该地理位置赋予了其较强的港口航运效率，其效率和效益已具备一定值，相对而言并不是该地区的薄弱环节，相反，以西非为主的非洲地区航运效率的提高，其耦合效应的作用有所增强。港口的调节能力、衔接功能总体呈现由西非—西北欧向东亚递减的格局。随着"海上丝路"交流的深化，中国与非洲的港口联系相对加强，提高了该地区港口的调节中转功能，相对网络中港口中转功能强的地区（东亚、东南亚等）来说，二者的协调效益提升明显；欧盟是中国第一大贸易伙伴，随着中国—欧洲航运网络布点连线地不断完善，欧盟作为链接中国与欧洲地区港口的重要枢纽，其中转衔接能力的增强对其二者耦合特征的影响作用较大。航线覆盖面对二者耦合特征的影响整体上呈现"北高南低"的分布特征，其影响力排序为：东亚、西北欧、东欧＞东南亚及地中海欧洲地区＞非洲地区。其中，南部非洲地区航线覆盖范围及通达能力相对不足造成了航运要素相对滞后，进而阻碍该地区二者协调能力的发展，而东亚等地区的航线支撑对航贸联系协调性作用仍比较明显。

四、相关选题建议

本章在对地理学研究方法与相关概念介绍的基础上，对三种常用于研究区域国别研究领域的方法进行了详细介绍，包括地理空间数据可视化、探索性空间数据分析法、地理加权回归分析法等。以上方法的介绍与对应案例的分析，有助于我们对于地理学与区域国别学交叉研究有更深刻的理解。笔者在此列出一些可以应用地理学相关方法进行区域国别研究的选题以供参考：

1）"一带一路"视域下中国与中亚国家地缘经济合作关系；
2）中国对非洲投资的空间区位分析；
3）世界投资环境比较与政治风险评价；
4）地缘政治视角下的跨境（跨地方）流动研究理论和方法；
5）跨境流动、城市治理与主观幸福感；
6）南海地缘环境视域下海南自由贸易港的建设与泛南海国家合作；
7）中美国家公园生态系统服务与社会价值分析；
8）全球城市创新能力的时空演化过程与动力机制分析；
9）全球城市资源优势与发展潜力时空演化分析；
10）地缘安全视角下中国国际河流资源的开发利用与可视化分析。

五、思考题

1）空间数据的特点是什么？空间数据与非空间数据的差别是什么？

2）地理空间数据可视化的意义是什么？

3）探索性空间数据分析方法的理论基础是什么？

4）举例说明地理加权回归方法适合哪些现实问题的研究与应用。

5）阐述应用地理学理论和方法研究区域国别学领域问题的应用价值与发展前景。

六、本章参考文献

[1] 陈彦光，2009. 基于 Moran 统计量的空间自相关理论发展和方法改进 [J]. 地理研究, 28（6）: 1449–1463.

[2] 程叶青，王哲野，张守志，等，2013. 中国能源消费碳排放强度及其影响因素的空间计量 [J]. 地理学报, 68（10）: 1418–1431.

[3] 范巧，郭爱君，2021a. 一种新的基于全息映射的面板时空地理加权回归模型方法 [J]. 数量经济技术经济研究, 38（4）: 120–138.

[4] 范巧，郭爱君，2021b. 地理加权回归模型方法与研究新进展 [J]. 数量经济研究, 12（2）: 134–150.

[5] 方远平，谢蔓，2012. 创新要素的空间分布及其对区域创新产出的影响：基于中国省域的 ESDA-GWR 分析 [J]. 经济地理, 32（9）: 8–14.

[6] 傅伯杰，2014. 地理学综合研究的途径与方法：格局与过程耦合 [J]. 地理学报, 69（8）: 1052–1059.

[7] 傅伯杰，2017. 地理学：从知识、科学到决策 [J]. 地理学报, 72（11）: 1923–1932.

[8] 傅伯杰，冷疏影，宋长青，2015. 新时期地理学的特征与任务 [J]. 地理科学, 35（8）: 939–945.

[9] 郭建科，梁木新，2022. 中国与"21 世纪海上丝绸之路"沿线国家航运网络及经贸联系的耦合特征 [J]. 地理学报, 77（6）: 1531–1545.

[10] 刘海猛，胡森林，方恺，等，2019."一带一路"沿线国家政治 – 经济 – 社会风险综合评估及防控 [J]. 地理研究, 38（12）: 2966–2984.

[11] 刘鸿武，2020. 中国区域国别之学的历史溯源与现实趋向 [J]. 国际观察（5）: 53–73.

[12] 刘鸿武，2022. 中国特色区域国别学的建设目标与推进路径 [J]. 大学与学科, 3（3）: 46–63.

[13] 刘瑜，郭浩，李海峰，等，2022. 从地理规律到地理空间人工智能 [J]. 测绘学报, 51（6）: 1062–1069.

[14] 刘瑜，汪珂丽，邢潇月，等，2023. 地理分析中的空间效应 [J]. 地理学报, 78（3）: 517–531.

[15] 孟斌，王劲峰，张文忠，等，2005. 基于空间分析方法的中国区域差异研究 [J]. 地理科学（4）: 11–18.

[16] 沈体雁，于瀚辰，周麟，等，2020. 北京市二手住宅价格影响机制：基于多尺度地理加权回归模型（MGWR）的研究 [J]. 经济地理, 40（3）: 75–83.

[17] 苏方林，2005. 基于地理加权回归模型的县域经济发展的空间因素分析：以辽宁省县域为例 [J]. 学术论坛（5）: 81–84.

[18] 覃文忠，王建梅，刘妙龙，2005. 地理加权回归分析空间数据的空间非平稳性 [J]. 辽宁师范大学学报（自然科学版）（4）：476–479.

[19] 汪斌，武继磊，高云霞，2022. 养老机构床位空置分布影响因素的空间分析：以北京市为例 [J]. 人口与发展，28（4）：118–128.

[20] 王强，崔军茹，崔璨，等，2022. 流动人口购房意愿影响因素的空间异质性：基于 MGWR 模型的研究 [J]. 地理科学，42（8）：1381–1390.

[21] 王劲峰，葛咏，李连发，等，2014. 地理学时空数据分析方法 [J]. 地理学报，69（9）：1326–1345.

[22] 王洋，金利霞，张虹鸥，等，2017. 社会空间视角下广州居住地犯罪风险的格局与模式 [J]. 地理研究，36（12）：2465–2478.

[23] 吴加敏，孙连英，张德政，2002. 空间数据可视化的研究与发展 [J]. 计算机工程与应用（10）：85–88.

[24] 肖凡，王姣娥，黄宇金，等，2022. 中国高新技术企业分布影响因素的空间异质性与尺度效应 [J]. 地理研究，41（5）：1338–1351.

[25] 谢韬，陈岳，戴长征，等，2022. 构建中国特色的区域国别学：学科定位、基本内涵与发展路径 [J]. 国际论坛，24（3）：3–35，155.

[26] 熊俊楠，李进，程维明，等，2019. 西南地区山洪灾害时空分布特征及其影响因素 [J]. 地理学报，74（7）：1374–1391.

[27] 许涵，李意德，骆土寿，等，2013. 海南尖峰岭不同热带雨林类型与物种多样性变化关联的环境因子 [J]. 植物生态学报，37（1）：26–36.

[28] 闫铁成，肖丹，王波，等，2013. 中国大陆 130 例人感染 H7N9 禽流感病例流行病学特征分析 [J]. 中华疾病控制杂志，17（8）：651–654.

[29] 杨文龙，杜德斌，刘承良，等，2016. 中国地缘经济联系的时空演化特征及其内部机制 [J]. 地理学报，71（6）：956–969.

[30] 赵可金，刘军，2022. 区域国别学的学科定位与发展空间：赵可金教授访谈 [J]. 俄罗斯研究（5）：3–30.

[31] 周志光，石晨，史林松，等，2018. 地理空间数据可视分析综述 [J]. 计算机辅助设计与图形学学报，30（5）：747–763.

[32] ANSELIN L, 1995. Local indicators of spatial association: LISA [J]. Geographical Analysis, 27: 93–115.

[33] ANSELIN L, FLORAX R, REY S, 2004. Advances in Spatial Econometrics: Methodology, Tools and Applications [M]. Berlin: Springer.

[34] FOSTER S. A, GORR W L, 2011. An adaptive filter for estimating spatially-varying parameters: Application to modeling police hours spent in response to calls for service [J]. Management Science, 32: 878–889.

[35] FOTHERINGHAM A S, YANG W, KANG W, 2017. Multiscale geographically weighted regression (MGWR) [J]. Annals of the American Association of Geographers, 107: 1247–1265.

[36] GEARY R C, 1954. The contiguity ratio and statistical mapping [J]. The Incorporated Statistician, 5(3): 115–146.

[37] HERMAN I, MELANÇON G, MARSHALL M, 2000. Graph visualization and navigation in information visualization: A survey [J]. IEEE Transactions on Visualization & Computer Graphics 6: 24–43.

[38] LU B, CHARLTON M, BRUNSDON C, et al, 2016. The Minkowski approach for choosing the distance metric in geographically weighted regression [J]. International Journal of Geographical Information Science, 30: 1–18.

[39] MORAN P A P, 1948. The interpretation of statistical maps [J]. Journal of the Royal Statistical Society, 10(2): 243–251.

[40] OSHAN T, LI Z, KANG W, et al, 2019. MGWR: A Python implementation of multiscale geographically weighted regression for investigating process spatial heterogeneity and scale [J]. ISPRS International Journal of Geo-Information, 8(6): 269.

[41] PÁEZ A, 2004. Anisotropic variance functions in geographically weighted regression models [J]. Geographical Analysis, 36: 299–314.

[42] PATTISON W D, 1990. The four traditions of geography [J]. Journal of Geography, 89: 202–206.

[43] PAUL H, BRUNSDON C, MARTIN C, et al, 2011. Geographically weighted principal components analysis [J]. International Journal of Geographical Information Science, 25: 1717–1736.

[44] QU H, CHAN W-Y, X U A, et al, 2007. Visual analysis of the air pollution problem in Hong Kong [J]. IEEE Transactions on Visualization & Computer Graphics, 13: 1408–1415.

[45] SHI H J, ZHANG L J, LIU J G, et al, 2006. A new spatial-attribute weighting function for geographically weighted regression [J]. Canadian Journal of Forest Research, 36: 996–1005.

[46] TOBLER W R, 1970. A computer movie simulating urban growth in the Detroit region [J]. Economic Geography, 46: 234–240.

[47] WU Y, LIU S, YAN K, et al, 2014. Opinion flow: Visual analysis of opinion diffusion on social media [J]. IEEE Transactions on Visualization and Computer Graphics, 20: 1763–1772.

[48] YU H, FOTHERINGHAM A S, LI Z, et al, 2019. Inference in multiscale geographically weighted regression [J]. Geographical Analysis, 52: 87–106.

中国人民大学出版社读者信息反馈表

尊敬的读者：

感谢您购买和使用中国人民大学出版社的 ＿＿＿＿＿＿＿＿＿＿＿＿＿＿＿＿＿＿ 一书，我们希望通过这张小小的反馈表来获得您更多的建议和意见，以改进我们的工作，加强我们双方的沟通和联系。我们期待着能为更多的读者提供更多的好书。

请您填妥下表后，寄回或传真回复我们，对您的支持我们不胜感激！

1. 您是从何种途径得知本书的：
   □书店　　　　□网上　　　　□报纸杂志　　　　□朋友推荐

2. 您为什么决定购买本书：
   □工作需要　　□学习参考　　□对本书主题感兴趣　　□随便翻翻

3. 您对本书内容的评价是：
   □很好　　　　□好　　　　□一般　　　　□差　　　　□很差

4. 您在阅读本书的过程中有没有发现明显的专业及编校错误，如果有，它们是：

   ＿＿＿＿＿＿＿＿＿＿＿＿＿＿＿＿＿＿＿＿＿＿＿＿＿＿＿＿＿＿＿＿＿＿

   ＿＿＿＿＿＿＿＿＿＿＿＿＿＿＿＿＿＿＿＿＿＿＿＿＿＿＿＿＿＿＿＿＿＿

   ＿＿＿＿＿＿＿＿＿＿＿＿＿＿＿＿＿＿＿＿＿＿＿＿＿＿＿＿＿＿＿＿＿＿

5. 您对哪些专业的图书信息比较感兴趣：

   ＿＿＿＿＿＿＿＿＿＿＿＿＿＿＿＿＿＿＿＿＿＿＿＿＿＿＿＿＿＿＿＿＿＿

   ＿＿＿＿＿＿＿＿＿＿＿＿＿＿＿＿＿＿＿＿＿＿＿＿＿＿＿＿＿＿＿＿＿＿

   ＿＿＿＿＿＿＿＿＿＿＿＿＿＿＿＿＿＿＿＿＿＿＿＿＿＿＿＿＿＿＿＿＿＿

6. 如果方便，请提供您的个人信息，以便于我们和您联系（您的个人资料我们将严格保密）：

   您供职的单位：＿＿＿＿＿＿＿＿＿＿＿＿＿＿＿＿＿＿＿＿＿＿＿＿

   您教授的课程（教师填写）：＿＿＿＿＿＿＿＿＿＿＿＿＿＿＿＿＿＿

   您的通信地址：＿＿＿＿＿＿＿＿＿＿＿＿＿＿＿＿＿＿＿＿＿＿＿＿

   您的电子邮箱：＿＿＿＿＿＿＿＿＿＿＿＿＿＿＿＿＿＿＿＿＿＿＿＿

请联系我们：黄婷　程子殊　王新文　王琼

电话：010-62512737，62513265，62515580，62515573

传真：010-62514961

E-mail：huangt@crup.com.cn　　chengzsh@crup.com.cn　　wangxw@crup.com.cn
　　　　crup_wy@163.com

通信地址：北京市海淀区中关村大街甲59号文化大厦15层　　邮编：100872

中国人民大学出版社